『제국의 위안부』,
지식인을 말한다

『제국의 위안부』, 지식인을 말한다

박유하 지음

뿌리와
이파리

들어가면서

2014년 6월 16일, 그보다 10개월 전에 낸 『제국의 위안부—식민지 지배와 기억의 투쟁』이 '위안부' 할머니들의 명예를 훼손했다면서 갑자기 소송을 당한 이후로, 언론과 대중은 나를 향해 수많은 혐오 발언과 비난을 쏟아냈었다. 그런데 나를 그런 정황에 놓이도록 만든 것은 사실 지식인들 간의 대립이었다. 고발 이후에도 위안부 문제 관계자나 일부 학자들은 이런저런 형태로 소송에 관여했지만, 고발장의 논지 자체가 2008년에 한국에 소개된 한 재일교포 지식인의 논지를 옮겨놓은 것이라고 할 수 있기 때문이다.

하지만 나는 갑작스러운 사태와 재판 대응에 쫓기느라 그런 비판들에 즉각적으로 대응하지는 못했다. 이들의 글 중 일부는 세간에 널리 읽히는 학술지에 실리거나 법원에까지 제출되었는데, 당시에 쓴 답변들은 그런 정황 속에서 학술적 반론으로서라기보다 '재판' 대응을 위해 어쩔 수 없이 썼던 글이다.

『제국의 위안부』 고소고발사태란, 정말은 학술공간에서 이루어졌어야 할 논의를 그렇게 법정에서 이루어지도록 만든 사태이기도 하다. 나에게 비판적이었던 한일 '지식인'들은 이 기간 동안 나를 공론의 장에 부르지 않았을 뿐 아니라, 재판도 대중의 마녀사냥적 비난도 방관했다.

이 책과 함께 내는 『〈제국의 위안부〉, 법정에서 1460일』이 소송에서의 논점과 경과를 간추린 책이라면, 이 책은 『제국의 위안부』를 둘러싼 지식인들의 비판에 대한 내 생각을 정리한 책이다. '지식인'이 재판을 직간접으로 지원했던 만큼, 크게는 『〈제국의 위안부〉, 법정에서 1460일』과 겹치는 부분도 있지만, 이 책은 좀 더 세세한 부분을 다루고 있다. 말하자면, 이 책은 학계가 만들어주지 않았기에 내가 직접 만든, '공론의 장'의 첫 시도다.

이 책을 만들기로 하면서 새로 쓴 글도 많지만, 재판 전후에 쓴 당시의 글을 가급적 넣었다. 재판 과정을 겪으면서 쓴 글들의 시간성도 중요하다고 생각했기 때문이다. 당시 쓴 글들은 일부 수정·보완했다. 독자적으로 쓴 글들이다 보니 문맥상 어쩔 수 없이 반복한 부분도 있으나, 굳이 정리하지 않았다.

처음에는 황망하고 시간이 없어서, 나중에는 사방에서 가해지는 비판/비난들의 획일성 및 공격성과 마주할 기력과 의욕이 없어서 답변을 쓰지 못했지만, 그러면서도 "반론을 하지 못해서 반론하지 않고 있다"는 비난과 조롱이 힘들지 않았다면 거짓말이다. 간간이 짧은 반론을 페이스북을 통해 시도하면서, 더 이상은 여력이 없으니 비판이 있으면 재판 종료 이후에 해달라고 호소해보기도 했지만, 집요한 집단공격은 멈춰지지 않았다.

그 과정에서 뚜렷하게 드러난 건 이른바 '진보지식인'들의 지극히 '보수'적인 태도였다. 그들은 눈앞에 제기된 낯선 생각을 있는 그대로 보려 하지 않고 정치적 의도를 의심했고, 자신의 의심을 정당화하기 위해 나의 학문적 역량을 의심했다. 그리고 그런 생각에 대한 사람들의 공감을 얻기 위해 나를 '일본 우익'과 비슷한 부류로 치부했다. 심지어는 그런 자신의 주장을 위해 나의 책을 교묘하게 왜곡하기도 했다.

많은 이들이 그런 비판/공격을 의심하지 않았는데, 그건 지원단체가 제공해온 '위안부' 문제를 둘러싼 정보가, 무려 4반세기를 거치면서 '상식'으로 정착된 결과이기도 했다. 그동안 페이스북에 이어 홈페이지까지 개설해 책을 무료로 공개했고, 있는 그대로 읽어준 이들의 글을 적지 않게 홈페이지와 페이스북에 올리면서 해명을 시도했음에도, 지식인들조차 위안부 문제에 대한 자신의 '상식'으로 『제국의 위안부』를 재단했다.

위안부 문제 관계자들과 운동가들은 내가 형사기소당한 직후에 기소를 비판하는 성명을 낸 해외 지식인들까지도 비난했다. 이 과정이 보여준 건, 자신들과 다른 생각과 태도는 정치적인 스탠스를 의심하며 부정하는 태도였다. 이들이 대부분 이른바 '진보' 진영에

속한 이들이었다는 사실은 민주화 이후 30년, 냉전 종식 후 4반세기가 이제 검증 대상이 되었음을 내게 다시 한번 알려주었다.

반론이라고는 하지만, 이 책은 사실 필요최소한도의 반론에 지나지 않는다. 여전히 갈등을 빚고 있는 '한일합의' 문제나 '법적 책임'이라는 오래된 사고에 대한 고찰까지 담기에는 시간과 지면이 부족했다. 이 부분에 대해서는 다른 책에서 시도하기로 한다.

이 책은 나를 위한 책이지만, 처음부터 지금까지 나와 함께해준 분들께 보내는 책이기도 하다. 소수의 위치에 서기를 두려워하지 않고 결코 넓지 않았던 공간에 변함없이 함께 서주신 모든 분에게 깊은 감사를 전하고 싶다. 그분들이 계셨기에, 그 좁았던 공간이 조금씩 넓어졌고, 나는 숨을 쉴 수 있었다.

2018년 6월 초순에

남산 자락에서

박유하

차례

제2부 피소 이후

제3부 비전문가들의 헤이트스피치

제5부 도쿄 대학 3·28 연구집회에 답한다

제1부

반발에서 피소까지

1. 서경식의 공격[1]

2008년 9월, 한국의 진보지를 대표하는 『한겨레』는 재일교포 서경식 교수의 칼럼을 싣는다.[2] 내용은 2005년에 『화해를 위해서』를 낸 나와, 그 책을 높이 평가해준 일본의 진보지식인 사회에 대한 비판이었다. 내가 알기로는 이 글이 한국에서 시작된 나에 대한 첫 비판이다. 중요한 건 그의 글이 나에 대한 비판을 넘어, 일본의 진보지식인들을 식민지지배에 대해 사죄하고 싶지 않은 이들로 쓰고 있었다는 점이다. 이후 그런 생각은 한국의 진보층에 꽤 넓게 확산되게 된다. 그리고 3년 후, 『제국의 위안부』보다 8년 전에 쓰인 책 『화해를 위해서』에 대한 본격적인 비판이 담긴 서경식의 책이 한국에 번역되었다.[3] 그러자, 주로 대학인들이 읽는 『교수신문』에서 나에게 반론을 쓰지 않겠느냐는 문의가 왔다. 이 글은 그때 쓴 글이다.

---

1 박유하, 「우경화 원인 먼저 생각해 봐야」, 『교수신문』 2011년 4월 18일자.

2 서경식, 「타협 강요하는 '화해'의 폭력성」, 『한겨레』 2008년 9월 12일자.

3 『언어의 감옥에서: 어느 재일조선인의 초상』, 돌베개, 2011. 3. 그리고 2017년 11월에 서경식은 『日本リベラルの頽落』(高文研)라는 책을 발간한다. '일본 진보의 타락'이라는 10년 전부터의 그의 주장을 본격적으로 펼친 셈이다.

서경식 교수의 비판에 대답하기 전에 먼저 문제의 배경에 대해 정리해두기로 한다.

1990년대 초반에 이른바 '위안부 문제'가 불거지면서 사죄와 보상을 둘러싼 논란이 지금까지 이어져온 것은 누구나 아는 사실이다. 그리고 이 문제가 20년이 다 되어가도록 해결되지 않는 이유를 한국인의 대부분은 '일본이 사죄도 보상도 하지 않았기 때문'이라고 생각한다. 일본이 1993년에 공식 사죄를 하고 '도의적 책임'을 지겠다는 말과 함께 '아시아여성국민기금'이라는 것을 만들어 1997년부터 보상을 시작했고 2003년의 기금 해산 시점에서 위안부 피해자의 '반 가까이'가 보상금을 받았다는 사실은 한국에는 별로 알려진 바가 없다. 물론 위안부 문제에 관여해온 단체나 학자들은 이 사실을 알고 있다. 그러나 그들이 일본이 '보상'하려 했다는 사실을 한국사회에 알리려 한 흔적은 없다.

일본은 왜 '국가적 책임'을 표명할 '국회'결의를 이끌어내지 못하고 '도의적 책임'을 지겠다면서 국민기금을 조성했을까. 그 이유는 1965년의 한일조약이 한일 간의 과거에 대해 서로 간에 과거에 관한 요청을 '영구히' 하지 않겠다고 되어 있는 데에 있었다. 그래서 식민지배 책임을 느끼지 않거나 1965년의 '조약'을 들어 반대하는 이들이 많은 가운데 그 시점에서 가능한 '보상'을 하고자 일본 정부는 '국민기금'을 조성했던 것이다.

문제는 이때 일본의 진보층이 양분됐다는 점이다. 국민기금을 '책임 회피'의 '술책'으로 간주한 이들은 '국가보상'을 주장하며 기금을 격렬히 반대했고, 이후 일본의 진보는 오늘까지 이 문제를 놓고 대립상태다. 서경식 교수의 비판은 기금을 반대했던 이들의 생각을 대표하는 것이기도 하다.

일본의 사죄도 보상도 없었다는 인식이 일반화되어가는 속에서 나는 한국에 좀 더 충분한 정보 제공이 필요하다고 생각했다. 정보의 양과 질에 따라 논의의 기반은 달라지기 때문이다. '화해를 위해서'라는 말에 담은 것은 그런 생각이었다. 말하자면 제대로 된 논의가 가능한 기반을 만들고 싶었을 뿐, '무조건 화해'가 필요하다고 말한 적은 없다. 무엇보다 나의 책(『화해를 위해서』의 일본어판 『和解のために』, 平凡社, 2007)의 반은 일본 우파 비판이었다.

그런 나의 책을 일본의 진보지식인들은 과분하리만큼 높이 평가해주었지만, 예상대로 국민기금반대운동을 했던 이들은 격하게 비난했다. 그리고 비판자들은 대부분 '기금'에 대한 비판 때 그랬던 것처럼 어떤 정치적 '의도'를 찾으려 했다.

그러나 이들은 『화해를 위해서』가 한국을 향해 먼저 집필된 책이라는 점을 간과하거나 무시하고 있다. 한국에, 일본의 '사죄와 보상'의 현황에 대해 알리고 그 배경을 이해할 수 있도록 현대 일본과 전후 일본에 관한 기본 정보를 제공하기 위한 책이라는 점을. 나는 다만 '전후 일본'이 '자민당' 일당체제이긴 했어도 평화헌법과 민주주의체제를 도입하고 '새로운 일본'을 만들려 했다는 점을 말했고, 위안부 문제에 관해 좀 더 진전된 논의의 장을 마련하고자 했을 뿐이다. 그래야만 제대로 된 비판—일본의 우파조차 받아들일 수 있는 비판—도 나올 수 있다고 생각했기 때문이다.

서 교수는 최근 출간한 『언어의 감옥에서』(돌베개, 2011)에서, 일본의 리버럴(진보)이 '국민주의'의 틀에 안주하고 있고, 실은 식민지지배 책임을 질 생각이 없으며 '도의적 책임'이라는 말로 책임을 회피하려 한다고 말한다. 그러나 일본의 우파와는 구별되고 싶어하고, 그러던 터에 나의 책이 그들이 말하고 싶었던 '화해'(이들은 내가 말한 '화해'를 역사에 대한 망각으로 이해한다)를 말했기 때문에 환영했다는 것이다. 그런 상황은 피해자에 대한 '폭력'이고 식민지배 책임을 묻는 세계적 조류에 저항하는 '위험한' 움직임이라는 것이 책에 수록된 「타협 강요하는 '화해'의 폭력성」이라는 글의 요지다. 그러나 『화해를 위해서』는 서 교수가 말하는 '식민지배 책임을 묻는 세계적 조류'와 무관한 책이 아니다. 그것은 국민기금 역시 마찬가지다. 위안부 문제란, 서 교수가 말하는 것처럼 설사 '강제로' 끌려가지 않았다 해도 식민지배 구조 속의 일이다.

그런데 그런 지적은 이미 6년 전에 『화해를 위해서』에서 내가 한 말이기도 하다. '법적으로' 1965년에 식민지배에 대한 보상이 끝났다 하더라도, 1990년대에 정부가 예산의 반을 출자하며 다시 보상을 한 것이었으니 '국가보상'의 형태를 취했으면 좋았을 거라고 나는 분명히 썼다. 그러나 서 교수는 나의 책에 그런 지적이 있다는 사실은 말하지 않는다.

문제는 그런 그의 글쓰기가, 나의 책이나 '일본 리버럴'에 식민지배 책임의식이 없는 것으로 독자들이 생각하도록 만든다는 점이다. 내 책의 내용 절반이 일본 우파 비판이라는 것을 고작 한 줄로 처리하는 것도 그런 글쓰기의 결과다. 그리고 식민지배에 대해 제대로 말하는 건 오로지 서 교수를 중심으로 한 일부 지식인들뿐인 것 같은 구도가 만들어졌다.

물론 '국민기금'에 숨어 있을지 모르는 의식적/무의식적 '식민지주의적 의도'를 묻는 일은 중요하다. 하지만 그 작업은 아시아여성기금에 참여한 이들의 순수한 의도를 보는 일과 병행돼야만 공평하다. 또, '일본의 리버럴'과 '국민 대다수'가 국민기금에 참여한 것을 두고 그저 식민주의 책임을 질 생각이 없어서 행한 행위로 간주하려면, 먼저 그들이 그런 형태로나마 '책임을 지려 했'다는 사실부터 말하는 것이 공정하다. 그러나 서 교수는 그런 말은 하지 않는다. 서 교수와 나의 근본적 차이는 '전후 일본'과 '현대 일본'에 대한 인식 차이뿐 아니라 주장의 '방식'과 '순서'에도 있다. 서 교수는 전후 일본이 '양심적 지식인'을 낳은 적도 없었고 일본 국민의 '대다수'가 식민지배에 대한 반성이 없다고 말한다.

하지만 그것은 사실인가. 물론 나 역시 '전후 일본'의 모순과 한계를 모르는 것은 아니다. 일본의 제국주의와 민족주의의 문제점을 비판하는 작업을 나 역시 20여 년 전부터 해왔고 그건 나의 작업의 원점이기도 하다(일본어판은 2007년에, 한국어판은 문학동네에서 2011년에 나온 『내셔널 아이덴티티와 젠더』는 그런 작업의 일환이다). 그러나 일본 전후의 모순과 식민지주의에 대한 비판을 '전후 일본의 가능성'조차도 일반 인식이 되어 있지 않은 공간—한국을 향해 말하는 일은 한국을 오히려 기만하는 일이다.

내가 '전후 일본'에 관해 긍정적으로 말한 이유는 단 한 가지, 앞서도 말한 것처럼 '기본 정보'의 공유를 위해서다. '전후 일본'의 모순과 한계를 말한다 해도 그 이전에 '전후 일본'이 어떤 노력을 해왔는지 어느 정도의 성과를 이뤘는지는 알고 비판하는 것이 논의의 수준을 심화할 수 있을 것이기 때문이다.

서 교수의 '전후 일본' 비판은 후쿠자와 유키치福澤諭吉와 마루야마 마사오丸山眞男를 같은 도마 위에 올려놓고 비판하는 식의 거친 시도로 가득하다. '진보의 한계'를 말하는 일은 중요하고 필요하지만, '진보'와 '보수'에 대한 비판이 같은 문맥에서 다루어지는 것은 과연 옳은가. 서 교수가 '일본 진보'와 나에 대한 비판 속에서 일본 우파에 대한 이야기를 간간이 섞어 독자를 혼란시키는 일에 대해서도 같은 이야기를 할 수 있다.

나 역시 식민주의 비판이 필요하다는 서 교수의 주장에는 전적으로 공감한다. 하지만, 세계가 변하지 않는 이유를 오로지 세상의 '레토릭'과 '책략'으로 간주하는 서 교수의 비판 '방식'은 옳은가. 서 교수의 말처럼 서 교수의 책이 '인기가 없'다면, 그것은 그가 생각하는 것처럼 '일본 국민의 대다수'가 '국민주의'나 식민주의에 젖어 있기 때문이 아니라 그의 주장 속에 선입견에 근거한 곡해가 많기 때문일 것이다. 예컨대 서 교수는 천황제 유지가 곧 식민지배 긍정인 것으로 간주하지만, 전후 일본이 천황제 유지를 조건으로 헌법 9조를 선택했다는 사실은 모르고 있다. 1910년의 조약이나 1965년의 조약에 관한 현재 진행 중인 구체적인 논의에 대해서도 서 교수는 무관심한 것으로 보인다.

'자이니치在日'에 대한 차별이나 그 밖의 일본사회의 모순을 일본 리버럴까지 뭉뚱그려 '식민지배에 대한 책임의식'이 없기 때문으로 단정하는 행위는 그래서 '폭력'적이고 그의 표현을 빌린다면 '위험'하기까지 하다. 자신과 조금 다른 생각에 대해 너무나 손쉽게 '반동'의 딱지를 붙이는 '폭력'은 그가 말하는 '세계평화'에 기반이 돼야 할 '신뢰' 아닌 '불신'을 조장할 뿐이기 때문이다.

'일본 리버럴'의 '우경화'를 비판하려면 무엇이 그들을 '우경화'로 몰고 가는지를 먼저 생각해야 한다. 분명한 것은 '일본 리버럴'

을 적으로 돌리는 일은 사죄와 보상을 점점 더 어렵게 만들 뿐이라는 점이다.

나는 2010년 일본의 신문에 쓴 칼럼에, 위안부 문제의 보상이 필요하다고 썼다. 또 보상을 거부하는 우파의 사고를 비판적으로 검토하는 책을 준비 중이다.[4] 다만 서 교수와는 다른 방식의 말걸기가 될 것이다. 딱지붙이기와 선입견으로는 그들을 변화시킬 수 없을 것이기에.

---

4 일본어로 쓰일 예정이었던 그 책(『식민지배란 무엇인가』라는 제목의 책이 될 터였다)의 일부를 같은해 12월부터 일본어로 일본 인터넷 매체에 연재하기 시작했는데, 그 다음해에 한일관계가 급변하는 것을 보면서 내용을 위안부 문제로 한정하여 한국어로 먼저 쓰게 되었다. 그 책이 『제국의 위안부』(뿌리와이파리, 2013)다.

2. 발간 직후의 서평

2013년 8월에 『제국의 위안부』를 냈다. 위안부 관련 문제를 제대로 보게 되기 시작하면서 내내 맞닥뜨려왔고 나 자신부터 불편하기도 했던 내용이었기에 조심스러운 발간이었지만, 의외로 언론의 평가는 나쁘지 않았다. 이하는 그 일부다.

"가라유키상은 강력한 국가권력, 가부장제 아래 있는 가난한 여성의 고난을 보여준다." "물론 박 교수가 식민지의 가난한 여성이 이국으로 떠날 수밖에 없는 '구조적 강제성'을 만든 일본을 면책하지 않는다."(『경향신문』 2013년 8월 9일자, 백승찬 기자)

"물론 저자 역시 조선인 부모에 의해 팔려가거나 조선인 업자에 의해 강제로 끌려갔다 하더라도 인간으로서의 존엄성을 훼손하게 되는 구조를 기획하고 마지막 순서로 가담한 이들은 일본군이었다고 명쾌히 말한다. 그러나 식민지지배가 야기한 야만의 폭력인 위안부 문제를 지금처럼 장기화하고 미해결 상태로 몰아넣은 것은 냉전적 사고 때문이었다는 것이 저자의 해석이다." "하지만 자신들이 겪은 이야기들을 담담히 말해왔던 위안부의 이야기를 듣는 이들은 자신들이 듣고 싶은 이야기만 가려서

들어왔고, 그런 의미에서 우리 모두가 그들의 체험을 왜곡하는 데 가담해온 셈이라는 주장이 괜한 것만은 아닐 성싶다."(『서울신문』 2013년 8월 9일자, 김성호 선임기자)

"저자가 그런 천박한 일본 우익의 목소리에 동조하는 것은 결코 아니다. 다만 그 인권침해 범죄의 책임이 일본제국주의에만 있는 것이 아니라 식민지배와 가난, 가부장제, 국가주의의 복합적 산물임을 강조한다." (기억 속의 위안부가 가녀린 어린 소녀만은 아니라는 지적과 함께—필자) "그러면서 묻는다. 이런 착종된 이미지가 일본에 대한 증오를 강화시키면서 동족을 팔아먹은 우리의 죄를 눈감게 만든 것은 아니냐고. 저자의 이런 도발적 주장에 수긍하기란 분명 쉽지 않다. 하지만 일본군 위안부 문제에 일본만 매섭게 노려봐온 우리 자신의 모습도 한번쯤 거울에 비쳐볼 때도 되지 않았을까."(『동아일보』 2013년 8월 10일자, 권재현 기자)

"의외로 일본군인의 절망적인 감정이 슬프게 느껴졌다. … 그런 점에서 일본군인도 제국의 피해자였을지 모른다는 생각을 했다." "위안부 역시 피해자이자 가해자가 아니었을까." "가부장적인 사회. 아무렇지도 않게 여성의 성을 착취하는 구조에 대해 종합적으로 판단해야 위안부를 등장시킨 시대에 대한 근본적인 성찰이 가능할 것이다." "일제가 근본적인 원인을 제공했지만 우리 안의 협력자에 대한 이야기 없이 제대로 된 성찰은 불가능하다." "이 책을 읽기 전까지는 일본이 위안부 문제에 대해 보상한 적이 없다고 알고 있었다. … 그러나 독도, 위안부 문제에 우리가 분노로만 대응하는 것에는 문제가 있다." "1965년 한일협정에서 개인청구권이 소멸된 과정을 봐도 일본이 무책임했다고 보기는 어렵다. … 일본 입장에서는 충분히 반발심이 들 만하다." "나는 이 책을 읽고 나서 위안부에 대한 인식이 상당 부분 수정되었음을 느꼈다." "불편하긴 했지만, 위안부 문제에 대한 인식이 넓어진 것 같다. 또 일제강점기와 관련된 모든 문제를 분노로 표출하는 게 올바른 대응방식인지 고민하게 되었다." "책을 보면서 제국의 가장 무서운 점은 피해자를 가해자로 만든다는 점이라는 걸 절실히 느꼈다. 제국주의는 일본군이 피해자로, 위안부가 가해자가 되는 역설과 혼란을 만든다. 하지만 민족감정의 과잉 때문에 우리는 이런 상상을 하기 어렵다." "위안부는 우리 민족만의 문제가 아니라 보편적인 여성 문제가 아닐까. 만만치 않고 민감한 주제지만 현재 우리가 위안부 문제에서 얻을 교훈은 그런 게 아닐까 생각했다."(『오마이뉴스』 2013년 9월 26일, 김경훈 · 박현진 · 김규정 기자)

이들은 모두, 다소 당혹스러워하면서도 나의 의도를 정확하게 받아주었다. 말하자면 나의 의도에 대한 의구심 없이, 마음을 열고 『제국의 위안부』와 마주해준 이들은 적지 않았다. '언론'이 일반인을 대변하는 것이라면, 이런 감상들이야말로 책을 읽은 이들의 일반적인 감상이었다. 이 외에도 잡지와 텔레비전의 인터뷰 요청도 적지 않았다.

그로부터 1년 후에 나온 『제국의 위안부』 일본어판에 대한 일본인들의 반응 역시, 나의 문제제기— 일본을 향한 비판과 물음에 적극 응답해준 것이었다.

"박유하가 시도한 것은, 위안부 한 사람 한 사람의 여러 형태로 다른 목소리에 귀를 기울이는 작업이었다." "일찍이 자신의 신체의 '주인'일 것이 허용되지 않았던 위안부들은, 지금은 자기 자신의 '기억'의 주인이 되는 것을 거부당하고 있다." 아주 오래 전에 식민지지배 전쟁은 끝났다. 하지만 그건 정말 먼 '과거'의 일일까. 전쟁을 초래한 편견이나 고집이 지금도 우리들 안에 살아 있는 거라면, 그 '과거'도 아직 살아 있다.(다카하시 겐이치로高橋源一郎, 「논단시평」, 『아사히 신문』 2014년 11월 28일자, 번역은 필자, 이하 같음)

"이 문제제기에 일본 측이 어떻게 대답해나갈 것인지의 물음이 우리를 향하고 있다."(스기타 아쓰시杉田敦, 『아사히 신문』 2014년 12월 7일자)

"어디서나 다 있었던 일이라고 일본이 강변하지 않고 제국주의 팽창을 넘어서는 사상을 새롭게 제기할 수 있다면 세계사적 의의는 크지 않은가?(라는 박유하의 물음에) 나는 반대할 이유를 생각해낼 수 없다."(야마다 다카오山田孝男, 『마이니치 신문』 2014년 12월 21일자)

"나는 이 책을 읽고 위안부 할머니에 대한 아픈 마음이 한층 깊어졌을 뿐이다."(와카미야 요시부미若宮啓文, 「와카미야의 東京小考」, 『동아일보』 2014년 7월 31일자)

그런 반면 일본의 우파 지식인 이케다 노부오池田信夫는 "고루한 지배책임론을 들고 나왔다"면서 "일본 좌파보다 무서운 책"이라고까지 했다. 비판이기는 하지만, 이케다가 "이 책은 제목에 나타나는 것처럼 위안부 문제를 일본의 '제국주의'가 초래한 것으로 간주한다"는 지적은 적확하다는 의미에서 새겨들을 만하다. 이케다는 나의 의도를 정확히 파악했고, 대부분의 일본인 독자들은 그렇게 판단해주었기 때문이다.

이케다는 그런 해석을 근거로 해서 "일본제국이 영토 확장을 원해서 아시아를 침략한 것이 아니라 러시아의 남진에 대항하는 전쟁을 위한 '자급권'을 구축하려 했던 것이 조선 지배의 목적"이라면서 위안부 문제의 "본질적인 문제는 일본의 조선 지배가 무엇이었는가 하는 지정학적 인식이다. 그런데, 낡은 '일제의 대륙 침략'이라는 도식으로 쓰는 이 책은 학문적으로 낡았다"고 비난했다. 한편으로는 기존 상식과 다른 발언을 한 "용기"를 칭찬하는 포즈를 취하면서도 기본적으로는 비판했던 것이다.[5]

이케다는 트위터 팔로워가 28만 명이 넘는 경제학자인데, "일본의 조선 지배"를 "러시아의 남진"에 대항하기 위한, 어쩔 수 없는 선택이었고 "대륙 침략"이 아니라고 생각하고 있다는 것은 분명하다. 그렇게 일본 우파 중에서도 일본의 책임을 인정하지 않으려 하는 이는 오히려 나를 비판했다. 『제국의 위안부』의 요지는 '제국' 비판이었으니 당연한 일이었다. 나에게 호의적인 우파가 있었다면, 그들은 책임을 일찍부터 인정했거나 책을 읽고 인정하게 된 이들이다.

분명, 『제국의 위안부』를 평가한 보수우파도 없지 않았다. 하지만, 진보계열지 『도쿄 신문』, 『홋카이도 신문』, 『아사히 신문』, 『마이

5 이케다 노부오, 「시대착오적 '일제'사관—『제국의 위안부』時代錯誤の'日帝'史観—『帝国の慰安婦』」(https://m.newspicks.com/news/713050). 이 글은 2017년 1월 16일 서평 형식으로 대체되었고, 표현에 다소 차이가 있다. 하지만 처음 이 글을 보았던 시점의 2014년 글을 인용해둔다. 이케다는 약 1년 후에 다시 한번 「일본의 조선 지배는 '제국주의'였나」라는 글에서 『제국의 위안부』를 거론하며 "위안부 문제의 원인을 (미국을 포함한) '제국'에서 찾는 것은 잘못되었다"(http://ikedanobuo.livedoor.biz/archives/51966190.htm)고 주장한 바 있다.

니치 신문』이 발간 이후 서평과 인터뷰 기사와 칼럼 등을 통해 적극적으로 언급해주었던 반면, 보수계열지 『산케이 신문』과 『요미우리 신문』은 침묵을 지켰다. 그것이 『제국의 위안부』 고발 이전까지의 중심적 상황이었다. 그런데 이후, 일부 재일교포 등 비판자들이 이런 정황을 한국사회에 반대로 전하는 일이 일어나게 된다. 그런가 하면 한국에서는 주목을 받지 못했다는 이야기가 일본에 전해졌다.

3. 가부장적 오만의 비판 문법 ―이재승의 『제국의 위안부』 비판에 답한다[6]

『제국의 위안부』가 발간되자, 학자로는 법학자 이재승이 가장 먼저 목소리를 냈다.[7] 그런데 처음부터 끝까지 부정하는 혹평이었다. 그의 적의는 '감정의 혼란과 착종: 위안부에 대한 잘못된 키질'이라는 제목에서도 드러나는데, 비교적 호의적이었던 신문서평에 대한 첫 이의제기이기도 했다. 그가 보기에 문제적인 책을 한국사회가 긍정적으로 받아들인 데에 대한 반발의 마음이 강했는지, 그의 글은 그 자신의 '감정'의 동요가 만든 '혼란'을 적나라하게 드러내고 있었다. 그렇지만, 고발 이후에 『제국의 위안부』 비판에 나선 이들이 압도적으로 많았던 데에 비하면, 이재승의 비판은 고발 이전에 쓰였다는 점에서 최소한의 덕목이 있었다. 그

---

6 이 글은 2015년 여름에 쓴 초고를 2018년에 보완한 글이다. 『제국의 위안부』가 나온 직후, 2013년 가을에 나온 이재승의 이 글에 대해 답변을 곧바로 쓰지 않은 것은 그의 글이 너무나 적의로 가득해 반론 의욕이 생기지 않았기 때문이다. 그런데 곧바로 세간에 회자되면서 나에 대한 비판 자료로 사용되었을 뿐 아니라 고발 이후에는 원고측이 나의 '범죄'를 증명하는 증거 자료로 이재승의 글을 법원에 제출하기에 이르렀다. 그래서 어쩔 수 없이 거칠게나마 반론을 써서 나도 법원에 제출했다. 그러나 이후 그 글을 다시 손질할 수 있는 여유를 갖지 못한 채로 시간이 흘렀고, 다시 마주할 수 있게 된 건 결국 이 책을 준비하면서였다.

7 이재승, 「감정의 혼란과 착종: 위안부에 대한 잘못된 키질」, 『아포리아』, 2013년 9월 28일.

런데 고발 이후에는 법원에 제출되어 사법부가 학문을 재단하는 도구로 기능하게 된다.

1) 감정적 '혼란'의 연원－가부장적 사고와 법지상주의

이재승 교수 서평은 기존 위안부 연구에 대해서는 전폭적인 신뢰를 보내고 있다. 그러나 나의 연구에 대해서는 처음부터 전全부정하는 자세로 일관한다. 그 이유는 『제국의 위안부』가 그가 가졌던 기존 '상식'을 흔드는 이야기였기 때문일 것이다. 낯선 외부자의 시각에 대한 그의 반발은, 어쩌면 한국사회의 한 단면을 상징하는 것이기도 하다.

학문이란 끝없는 자기갱신의 길이다. 때로 스스로 자신의 연구조차 부정하고 수정·보완해야 하는 운명을 갖는 것이 학문의 속성이다. 그런데 그는 위안부 문제에 관해 국제사회가 인정했다거나 헌법재판소가 판단을 끝냈다는 식으로 기존 권위를 내세우며 이견 자체를 허용하려 하지 않는다. 그리고 그런 생각과 태도가 이후 고발과 검찰의 기조가 된다. 이재승에게 학문이란, 오로지 기존 학설을 지키고 답습하는 것으로 존재한다. 그가 그의 전공이기도 한 '법'을 지상의 가치인 것으로 전제하면서 법지상주의와 가부장제적 훈계의 자세를 취하는 이유도 그런 식의 보수성에 있다.

(1) 법지상주의

이재승은 "형법 226조에 의하면…" 하는 식의 어법으로 일본의 '국가'로서의 '범죄'를 증명하는 일에 주력한다. 그의 논지는 오로지 '법'에 초점이 맞추어져 있고, 위안부 문제에 대한 그의 언급도 일본이 형법 226조 등을 위반하였으니 범죄라고 말하는 식이다. 그런 그의 태도는 법정에서의 검사의 태도와 다르지 않다.

말하자면 복합적 요인이 있기 때문에 중층적 관점으로 접근해야 하는 대상에 대해 그는 오로지 '범죄'인지 아닌지를 묻고, 그가 참조한 '법'에 위배하면 책임이 있고 아니면 책임이 없다는 식이다. 결국 그에게는 법이라는 잣대와 다른 방식으로 논의 대상에 접근하려는 모든 시도는 그저 "물타기"이고 일본의 "책임을 흐리는" 일이 된다.

그런 식의 경직된 법지상주의의 가장 큰 문제는 그런 사고를 만드는 것이 뒤에서 쓰는 것처럼 가부장적 사고라는 점에 있지만, 더 큰 문제는 그의 논지가 그가 생각하는 위안부 이미지에서 벗어나는 존재들은 일본 국가에 책임을 물을 수 없게 만든다는 점에 있다. 내가 『제국의 위안부』를 쓴 근본적인 이유는 일본 국가에 제국주의의 책임을 묻기 위한 데에 있지만, 동시에 현실문제 해결에 도움이 되고자 했던 데에도 있다. 나는 나의 시도가 20년 이상 접점을 찾을 수 없었던 사죄와 보상 문제에서 일본과 접점을 찾을 수 있는 길을 여는 하나의 힌트가 될 수 있기를 바랐다.[8]

이재승의 사고는 법학자답게 오로지 법체계에만 기대고 있는데, 한 국가의 책임 문제를 고작 한 시대의 사고체계일 뿐인 법에만 의존해 판단하는 것은 인간에 대한 깊은 이해를 놓칠 수도 있다. 법은

---

8 실제로 일본에서 나의 책이 긍정적으로 받아들여진 것을 그런 의미에서 고무적으로 생각한다.

하나의 공동체의 질서를 지켜주는 규범으로서 그 의의가 크지만, 그렇다고 해서 역사와 국가, 인권의 문제가 '법'이라는 잣대만으로 그 모든 것이 이해되거나 해결되는 것은 아니다. 예를 들면 현재는 누구나 당연한 것으로 인식하는 인권 문제도 그 이전에는 전혀 문제로 인식되지 않았던 일이 비일비재하다. 말하자면, '법'을 기반으로 하지 않고도 우리는 위안부 문제가 여성/민족/계급차별이 만든 남성중심주의적 근대국가 시스템이 빚은 문제라는 것을 이해할 수 있고 또 단죄할 수 있다.

'책임'이란 한 시대나 개인의 사고방식 때문에 훼손된 한 개인의 인생에 대해 당사자와 주변인들이 어떤 태도와 행동을 취해야 하는지의 문제이기도 하다. '법'은 정의의 실현 수단으로서 중요하지만 때로는 '법'이 과잉 사용되거나 혹은 법만으로 물을 수 없는 책임도 존재한다는 것을 이재승은 간과하고 있다.

결국, 한 국가와 국민의 과거 역사에 대한 인식 문제를 오로지 '법'만을 중심으로 사고하는 이재승의 태도는 오히려 더 많은 문제를 놓치게 만든다. '범법했으면 책임을 묻고 그렇지 않으면 책임을 물을 필요도 없다'는 그의 주장이 그럴듯해 보이지만 실은 치명적인 결함을 갖는 주장일 수밖에 없는 이유도 거기에 있다.

공동체의 규범으로서 법이라는 제도는 분명 중요하지만, 모든 문제에서 만능인 것은 아니다. 한 개인의 문제조차 단칼로 무 자르듯 판단하기 어려운 경우가 많은데, 하물며 1억 명 이상의 집단을 둘러싼 문제에서, 함께 공유해야 할 인식을 추궁하고 정립해나가는 근거를 오로지 법에만 두는 그의 발상은 오히려 수많은 한계를 드러내고 만다.

법은 선명성을 추궁한다. 죄는 어느 쪽에 있는가? 누가 얼마나 '더' 잘못했는가? 죄의 크기를 곧 형량이라는 수치로 환산해야 하는 공간인 만큼 그런 사고가 중심이 되는 것은 물론 이해할 수 있다. 그러나 나는 위안부 문제를 국가의 문제인 동시에 '인간'의 문제로 보려 했고, 그건 내가 인문학자이기 때문이다. 나의 그런 방식을 이재승이 그저 "연막"으로 생각하는 것은, '다른' 생각은 그저 어두운 의도가 있기 때문으로 생각하는 뿌리 깊은 의구심—일종의 식민지 트라우마 현상—에 사로잡혀 있기 때문이다.[9]

그러나 나는 문학(사상) 연구자이고, 문학이란 자신과 인간과 세상에 대한 사유와 표현양식을 연구하는 학문이다. 단일한 사고로 규정할 수 없는 복잡한 심리와 감성을 가진 인간들이 만든 과거와 현재는 물론, 그 과거와 현재가 미처 인식하지 못했던 구조까지 고찰하려는 학문이기도 하다.

국민 없는 국가가 있을 수 없듯, 인간 없는 법은 있을 수 없다. 그런데도 그가 휘두르는 '법'에는 '인간'이 아니라 무색투명한 '국가'만 존재한다. 말하자면 이재승과 나 사이에 존재하는 차이는 과거와 현재—역사와 '마주하는 방식' 자체다.

이재승의 법지상주의적인 논의는 결과적으로 폭력마저 용인한다. 그리고 바로 그 점이 내가 이재승의 사고에 동의할 수 없을 뿐 아니라 위험하다고까지 생각하는 이유다.

---

9 이른바 '친일파'가 기득권으로서 우리 사회를 잠식하고 있다는 담론이 분명히 언제 나왔는지는 분명하지 않지만, "'친일'을 문제삼기 시작한 지는 별로 오래되지 않았다. 길게 잡아야 1987년 이후로 30년이 채 되지 않는다"(정병욱, 「한국에서 식민지 기억, '친일'이라는 물음」, 『아시아문화』, 2014.8.)는 지적은 새겨들을 만하다. 중요한 건 현재 우리 사회에 널리 확산된 사고가 결코 자명한 것이 아니라 한 시대의 사고와 구조가 만든 것이라는 점을 아는 일, 담론의 기원을 보는 일이다.

사실 한일 간의 과거 갈등이 대부분 법정이라는 공간, 혹은 '법'을 최우선시하는 방식으로 이루어져온 데에 대한 근본적인 검토가 이제 필요하지 않은가, 나는 생각한다.[10] 달리 말하자면, 과거의 '역사'는 물론, 국가 간 갈등에 대한 접근이 주로 (사실만을 다루는) 역사학자와 법학자 중심으로 이루어져온 이 4반세기의 역사 역시 이제 재검토되어야 한다.

그가 문학을 그저 '상상력'(허구)의 소산으로 치부하고 나의 접근 방법을 그저 "문학적 상상력"으로 폄하하는 것도 그런 구조가 만든 우월의식과 그가 기대고 있는 법지상주의가 만든다. 그가 보기에 문학 텍스트란 그저 허구에 불과하지만, 문학은 때로 역사나 증언이 보여주지 않는 부분을 보여주는 일로 사료가 말하지 않는 간극을 메꾸어주고, 더욱 근본적인 '사태의 본질'을 보여주기도 한다.

또한, 문학에서의 '상상력'이란 오에 겐자부로大江健三郎가 말한 것처럼 타자에 대한 윤리의 첫걸음이기도 하다. 역사적 책임을 '법

---

10 이재승은 2015년 여름에 발표한 글에서도 내가 "국가의 규범 침해도 부정하고 국가의 직접적 책임도 부정한다"면서 나를 비판했다(이재승, 「사죄와 책임—식민지 잔혹행위를 중심으로」, 여성가복족부/한국여성진흥원 주최 『2015 광복 70주년 기념 국제 학술심포지엄: 일본군 '위안부' 문제와 식민지 피해, 그 책임의 방법』 자료집, 2015.8.14., 12쪽). 그러나 나는 '직접 책임'을 부정한 적이 없다. 그는 마루야마 마사오가 말했던 무책임 사상을 내가 반복하고 있다고까지 말하는데, 전후 일본 국민들을 향한 분석 개념을 현대 한국인에게 대입해 생각하는 안이한 자세는 차치하고라도, 그는 조선총독부의 지시와 동원 행위, 아직 아무도 그 내용을 구체적으로 입증한 바 없는 사항을 마치 사실인 것처럼 언급한다. 하지만, 위안부의 '강제성'은 조선인을 군인으로 동원한 '강제성'과 크게 다르지 않지만, 군인들처럼 '법'을 적용해 동원한 것이 아니다. 이재승은 그런 진실부터 직시해야 한다. 그래야만, '법'에 기대어 모든 문제를 판단하는 방식의 한계를 알게 될 것이기 때문이다. '위안부'들은 징병 등의 대상이 된 남성은 물론, 간호부 등 다른 여성들에게는 적용된 국가의 시혜적인 '법'의 외부에 놓여 있었다. 그것은 그들의 '일'에 대한 사회적 차별이 만든 일이고 결국 계급의 문제라는 점을 이재승의 '법지상주의'는 깨닫지 못한다.

적' 책임 중심으로 사고하도록 만드는 법지상주의는 규탄의 언어와 경직된 태도들을 양산하는 하나의 요인이기도 하다. 위안부 문제를 둘러싼 갈등이 20년 이상 지나면서 오히려 증폭된 것도 그런 근본주의적 '태도'에서 기인한 부분이 적지 않다.

이재승의 어법이, 내가 상식적 기억에 "전쟁을 선포"했다거나 "판세를 뒤집어보려 했다"거나 파편화 "전략"을 사용한다는 식으로 오로지 승패를 염두에 둔 단어로 점철되어 있는 것도 그 때문이다. 그에게 이 세상은 오로지 승패로 판가름되는 세계인데, 그런 만큼 아주 단순하다. 이재승의 언어가 이 세계의 복잡성을 파악하는 학문적 언어가 아니라 승패를 겨루어야 하는 법정의 언어, 운동의 언어에 갇혀 있는 것도 그 때문이다. 그런 태도에는 학자가 제기한 '근거'를 내세운다 해도, '학문'이 존재할 여지가 없다. 그가 나의 "방법"에 대해 초조해하면서 "가해자와 피해자의 구도를 무너뜨린다"고 말하는 것 역시 이재승의 세계가 선명한 가해자/피해자만이 존재하는 이분법적 세계이기 때문이다.

그러나 나는 대상을 "무너뜨리기" 위해서가 아니라 "이해하기" 위해 사유한다. 이해하기 힘든 일로 보여도 표면 뒤에 존재하는 이면도 보려고 노력하는 것이 이 세계를 마주하는 가장 겸손한 자세라고 생각하기 때문이다. 대상에 대한 '판단'은 그다음의 일이다.

조선인 위안부 문제는 적과 아군이 분명한, 평등한 전쟁 구도가 아니라 제국에 포섭된 불평등한 식민지 구도가 만든 문제다. 조선인이자 일본인으로 살기를 종용받았던 시대의 사람들에게 일어난 일이다. 그러한 사태를 마주하면서 그저 자신처럼 적과 아군으로 나누는 이분법적 사고를 하지 않았다는 이유만으로 "물타기"라고 비난하는 이재승의 태도는 구조적으로 근본주의적일 수밖에 없다.

(2) 선명성 욕구

사태와 대상의 '죄'를 선명하고 명료하게 하고 싶어하는 욕망은 많은 경우 증오와 규탄을 정당화한다. 순수하게 정의를 추구하는 의지인 경우도 물론 없지 않지만, 그 경우 그러한 욕망은 무수히 존재하는 다른 모순들에 눈감으며 진행된다. 나는 그런 모순을 보려 했다. 이재승은 나의 시도를 오로지 일본 국가의 책임을 희석시키기 위한 것으로 간주하지만, 위안부 문제가 단순한 정치·외교 문제를 넘어 국민감정을 동반한 문제가 되어버린 이상 인간의 심리와 정황을 보지 않고는 풀기 어렵다. 그리고 그것이 바로 내가 문학 텍스트를 역사를 바라보는 작업에 일부 사용한 이유이기도 하다. 문학 텍스트는 때로, 역사 사료에 드러나지 않는 감성과 내면, 때로는 사료 이상의 진실을 보여주기 때문이다.

(3) 가부장적 남성우월주의

한 사회의 규범—법만을 우리가 사는 세상에 대한 판단도구로 사용하는 이재승은 구체적인 논거에 들어가기 전에, "상식에 도전했다"는 말로 내가 우리 사회의 공통인식에서 외부자임을 독자들에게 인식시키려 한다. 그것만으로 '상식'에 동의해왔던 사람들이 나에 대한 비판적 자세를 취하도록 만들 수 있기 때문이다. '상식'이란 공동체의 최소한의 규범, 법이 되기 이전의 정의이고, 그것을 공유하지 않는 자는 추방되어야 하기 때문이다. 이재승이 글제목에 '감정'이라는 단어를 사용한 것은 그런 심리적 축출에 특히 효과적이다. 한 사람의 저자를 이재승이 '감정'이 앞선 존재로 규정하는 이유는 자신을 남성=문명(이성)=로고스의 주체로, 나를 여성=비문명(감정)=파토스의 주체로 대치시킨 (무의식적) 도식화의 시도이기 때문이다. 그가 반복적으로 『제국의 위안부』 서평에서 사용하는 단어들—혼란, 착종, 흥분, 몰입, 혼돈, 모호 등의 단어는 저자가 이성적 주체가 아닌 '감성적' 주체임을 강조하고, 신뢰할 만한 '올바른 판단'이 가능한 건 오로지 '이성'의 주체로서의 남성-자신임을 강조하는 효과를 갖는다. 물론 이런 단어들은 그 옛날 마녀사냥 이래로 여성에 대한 배척을 합리화할 때 사용되어온 도구였다.

물론 이재승이 실제로 여성들이 '이성'적 주체일 수도 있음을 모를 리는 없다. 그럼에도 굳이 그런 식의 수사를 사용하는 것은 그가 '문학' 역시 감성적인 것으로 인지하기 때문이다. 그가 '문학' 연구자의 시도를 적대적으로 대하는 이유이기도 하다.

이재승이 "뒤틀린", "연막", "가위질" 같은 단어들로 정합성, 선명성, 온전성 등에 대한 사람들의 욕망을 환기시키면서 결함과 불투명과 비도덕성의 이미지를 나에게 덧씌우는 이유도 나를 비정상적인 '감정 주체'로 몰아 배척하기 위해서다. 그리고 최종적으로 "감정의 오류", "언어적 마법", "종교적 수준"이라는 단어까지 동원해 『제국의 위안부』가 감정 과다의 오류가 만든 "종교"에 근접한 비이성적인 글이라고 규탄하고 마는 것도, 『제국의 위안부』는 혼돈을 야기시키는 "마법"이니 건강한 '국민'은 읽어서는 안 된다고 말하기 위해서다.

그에게 『제국의 위안부』란 일본의 책임을 "부인"하기 위해 책임을 "회피"하는 장치를 사용, 끊임없이 일본의 책임을 "축소/왜곡/

무화"하기 위해 "열심히, 심혈을 기울여, 집요하게, 공허한 헛소리" 나 하는 책이기 때문이다. 또 그에게 나는 그런 목적을 위해 "위안부를 매춘부라고 잡도리하면서 심오한 진리를 발견한 듯 우쭐해하는" 경박한 "감정" 주체일 뿐이다. 그저 감정으로 "하나씩 일본의 불법성을 지워가는 존재"이고, 바로 그렇기 때문에 "위험"한 존재인 것이다.

이재승의 모든 수사가 결국 "위험"하다는 단어로 집약되고 마는 것은 그의 경계의식이 만든 일이다. 그의 목적은 듣는 이에게 경계심과 공포심을 유발시켜, "마법"에 빠지기 전에 배척과 추방을 위한 행동에 참여하라고 선동하는 데에 있다. 그런데 『제국의 위안부』는 과연 누구에게 "위험"한가?

앞에서 이미 말한 것처럼, 나는 일본의 책임을 부정하기는커녕 오히려 책임의식을 갖지 않았던 이들을 향해 책임을 물었다. 문제는 『제국의 위안부』가 일본의 책임을 "무화/희석/면제"시킨다는 비판 이상으로, 훈계와 꾸짖음의 태도가 드러내는 여성혐오를 숨기지 않고 담은 가부장적 태도에 있다. 그에게 '위험'하지 않은 여성이란, 어디까지나 남성이 허락한 민족주의적 틀 안에 있는 여성들이다. 다시 말해 '국민'화된 여성들이다.

말하자면 이재승의 『제국의 위안부』에 대한 반감은 이 책에 '민족'의 틀을 벗어난 (것으로 보이는) 여성들이 등장하기 때문이다. "젊은" 학자들조차 비슷한 태도를 보였던 이유도 거기에 있다. 그의 분노는 『제국의 위안부』가 남성중심주의적 가부장적 사고를 비판한 책이라는 데에 있다.

말하자면 『제국의 위안부』에 대한 규탄은 가부장제하에 고통받아온 여성들에 대한 남성들의 억압을 무화/희석/면죄하는 시도이다. 다시 말해, 그의 서평에 나타나는 그의 공포는 직접적으로는 '일본에 대한 면죄'에 대해서지만, 그 연원은 '국가'의 정치를 대부분 담당했던 주체일 뿐 아니라 일본군의 일원으로서 그가 주장하는 "성폭력"의 주체이기도 했던 한국/남성의 책임을 직시하는 일에 대한 거부감에 있다.

'위안부'라는 존재가 성을 매개로 한 존재인 이상, 위안부 문제가 여성에 대한 남성의 착취 문제이기도 하다는 건 너무나 명백한 사실이다. '일본인 위안부'들의 존재가 그것을 증명한다.

문제는 한국인 여성운동가/연구자들조차 일본인 위안부에 대한 관심을 불편해했다는 사실이다.[11] 한국도 미국도 이 문제에서 자유롭지 않다는 것이 증명되었음에도, 또한 '여성'의 인권 문제라고 공식적으로 주장하면서도, 관계자들은 '남성'의 책임을 문제시한 적이 한 번도 없다.

"책임"을 묻는 이유가 반복을 막기 위한 것이라면, 당연히 사태의 복합적인 요인을 전부 이해해야 한다. 따라서 일본의 책임뿐 아니라 남성의 책임도 물어야 한다. 나의 문제제기가 남성들의 성욕을 정당화하고 그 해소를 위해 여성들마저 자신들이 일으킨 전쟁터에 동원했던 '국가'의 책임을 묻지 않는 일이 되는 것이 아닌데도 이재승은 내가 국가책임을 부정한 것처럼 규정한다.

---

11 우에노 지즈코上野千鶴子는 2000년에 도쿄에서 개최된 여성국제전범재판에서 위안부 문제를 둘러싸고 한국인 관계자들과 민족/젠더문제에서 의견 차이가 있었다는 사실을 지적한다(사토 히사시佐藤久가 옮긴 일본어판 『和解のために』[平凡社, 2006]에 붙인 우에노 지즈코의 해설 「과감하게 불 속의 밤을 줍다あえて火中の栗を拾う」, 247~248쪽).

2) 논지 비판에 대해

(1) '강제성'에 대해

이재승은 위안부 문제를 "인도에 반한 성노예제"라고 규정한다. 나 역시 위안부 문제를 여성의 프롤레타리아화에 기댄 노동착취 문제라고 생각한다. 그러나 조선인 위안부 문제를 오로지 군대가 주체가 된 물리적 강제동원으로만 이해하는 이들이 한국사회에서 주류인 이상, 또 이재승이 '성노예'의 주인, 즉 착취의 주체를 오로지 '일본'이라는 국가 주체에서만 찾으려 하는 이상, 조금 더 섬세한 규정이 필요하다.

수요를 만들고 위안소를 설치하고 이용했다는 측면에서 위안부 문제에서의 주범은 분명 (일본) 국가다. 하지만 일본 국가는 조선인을 포함한 여성들을 직접 강제동원하거나 강제동원하라고 지시하지는 않았다.[12]

이미 지적한 것처럼, 기본적으로는 강제로, 혹은 속아서 온 사람들이 없도록 하는 것이 일본의 당시 방침이었다.[13] 또 너무 어리거나 속아서 온 사람들은 되돌려 보내거나 다른 곳에 취직시키기도

---

12 도노무라 마사루外村大, 「위안부는 어떻게 동원/모집되었는가」, 동아시아화해와평화의목소리 제3회 심포지엄 『'위안부' 동원과 재현의 정치학』 자료집, 2017년 7월 1일.

13 여성을 위한 아시아평화국민기금女性のためのアジア平和國民基金 편, 『정부 조사 '종군위안부' 관계자료집성政府調査「従軍慰安婦」關係資料集成 1』, 1997. 유괴 등을 막기 위해 영사관 등이 "미리 이하의 필요서류를 구비해 도착과 동시에 당영사관에 제출, 허가를 받아야 한다"라고 적힌 자료가 게재되어 있어서, 서류 제출을 의무화하고 있었음을 알 수 있다. 영사관이 요구한 자료는 "본인의 사진 2매, 임시작부영업허가신청서를 개인별로 1통, (호주나 친권자의) 승낙서, 인감증명서, 호적등본, 작부영업자에 대한 조사서"였다(1937년 12월, 주상해일본총영사관 특무과).

했다는 사실도 보인다.[14]

이재승은 『일본군 관리인 일기』의 해제를 쓴 안병직 교수를 인용하며 위안단이 강제연행이라고 하지만, 위안단을 조직했다는 사실과 그 위안단 구성원들의 동원이 '강제적'이었는지는 별개 문제다. 실제로 위안부로 동원된 이들의 모습은 결코 하나가 아니다. 더구나 그들 간의 차이는 그녀들 자신도 인식하고 있었다.[15]

『제국의 위안부』에서도 지적했듯이, 조선인 위안부라는 존재는 원래는 일본인 여성이 충당해야 할 역할을 대체한 것이었다. 그것은 식민지화의 결과였고, 나 역시 그 정황을 '구조적 강제성'이라는

---

14 그 사례의 하나로, 이 책의 다른 글에도 인용한 대목을 붙여둔다. "9월 들어, 업자들이 위안부의 숫자 감소를 이유로 충원을 신청했기 때문에, 지부는 허가했다. 10월, 징한선京漢線을 경유해 두 조선인의 인솔하에 30여 명의 여자들이 조선에서 도착했다. 어떤 사람이 어떤 수단으로 모집했는지 지부가 알 수는 없었으나, 그중 한 여자가 육군 장교들 집회소인 가이코샤偕行社에 취직한다는 약속을 하고 왔는데 위안부일 줄은 몰랐다고 울면서 취업을 거부했다. 지부장은 업자가 그 여자한테 일을 시키지 못하도록 하고, 적절한 다른 곳에 취직시키라고 명령했다. 아마도 소개업자 같은 사람들이 속임수를 써서 모집한 것일 터였다."(나가사와 겐이치長澤健一, 『한커우漢口 위안소』, 図書出版社, 1983년, 221쪽)

15 한국정신대연구소가 엮은 『강제로 끌려간 조선인 군 위안부들 3』(한울, 1999)에는 "대학병원 간호원 시험" 쳐서 합격해 다녔던 23세 여성(실제로는 스물일곱이나 스물여덟이었을 것으로 추정된다는 주석이 본문에 붙어 있다. 243쪽.)이 "아는 사람이 돈벌게 해준다고 가자"고 해서 "일본 여자 둘하고" 같이 부산으로 간 체험이 실려 있다. "딱 배 타고 내가, 아 내가 속았다 싶은 생각이 들어예. 그래도 간호원 양성꺼정 댕기고 했는데 눈까리는 안 높습니꺼, 그지예(웃음). 그런데 딱 드가이꺼네(들어가니까) 여자들이 영 나쁘게 돌아댕기고 하던 그런 여자들이 많습디더. 열에 여덟은 그래 빕디더(보입디다). 그래 내가 보니까 굉장히 더럽다 싶어예. 내 생각에. 구찌베니(입술연지)도 이래 바르고 눈썹도 이래 진하구로(진하게) 기리고(그리고) 담배도 막 피우고 그래예. 요새는 화장 그래 안 하지만도 그때는 그래 합디더예. 그래서 내가 거서 생각을 했어요. 아이고 주인 아주무이하고 주인 아저씨한테 내가 속았구나. 저런 여자들 델꼬 가서 부리먹는 그기구나. 그 당시 나는 처녀는 아이지(아니지). 내가 그리 양심을 속이가 되나. 시집은 안 가도 내가 그런, 어떤 남자한테 속은 일이 있었어예. 결혼하고 이런 건 못 해도, 연애하고 그거는 있었어예. 내가 처녀로 그래 갔다카마 하나님이 날 안 나무랩니꺼? 처녀는 아니지예."(김끝순[가명], 244쪽)

개념으로 제시했다.

하지만 그것은 일본 국가가 주체가 된 '불법적' 강제동원과 같지 않다. 식민지 통치란, 식민지인들이 저항하지 않을 수 있는 방식으로 통치해야 했고 식민지인들을 제국의 '국민'=신민으로 포섭해야 했다. 지원자들은 오랫동안 물리적 강제성을 증명하려 애써왔지만, 그런 집착은 오히려 식민지 통치의 교묘한 구조를 은폐한다. 가장 큰 문제는, '강제연행'에 대한 집착이 이른바 '자발적'으로 간 위안부들을 일본의 사죄와 보상으로부터 배제한다는 점이다.

(2) '법적 책임'에 대해

이재승이 경찰-공무원-업자 3인조가 함께 연행했다는 기존 연구를 무비판적으로 수용하는 것은 그런 정황이 물리적 강제성을 증명하는 것으로서 일본의 '범법'을 확인해주는 것으로 생각하기 때문이다. 물론 일본군은 위안소를 설치했고, 경우에 따라 직접 관리하기도 했다. 하지만 군대에 의한 위안부의 이송과 관리를 "강제이송"으로 간주하는 것은 비약일 뿐이다. 특히 이송 중의 위안부의 저항은 대부분 일본 국가나 군대에 대한 저항이 아니라 유괴자나 업자에 대한 저항이었다. 그런데도 이 정황을 불법 요소를 가진 '범죄'로 간주하고 그에 기반하여 국가 책임을 물으려 하는 이재승의 논지는 지극히 옹색하다.

수십 년에 걸친 일본의 지배가 만든 문제를 고작 범법 여부로 물어야 한다는 발상은 일본에 대한 비판을 오히려 축소시킨다. 다시 말해 이재승이 물으려 하는 '법적 책임'조차 오히려 무효화한다. 물리적/강제성 요소가 없었다면 책임이 없다는 얘기가 되기 때문이다. 범법행위가 있으면 책임이 있고 범법행위가 없으면 책임이 없다는 식의 이재승의 주장은 지극히 법학자다운 발상일 뿐이다.

가난한 여성들을 국가가 동원해 착취한 문제로 보는 것만으로도, 물리적 강제성 여부와 상관없이 일본 국가의 책임은 충분히 물을 수 있다. 그런 의미에서도, 책임을 묻기 위한 것이라면, 이재승이 집착하는 "준강간/강간캠프" 등의 단어는 이재승의 생각만큼 유효하지 않다. 식민지배란 원래 강간적인 것이기 때문이다. 더구나 "강간캠프"란 유엔 보고서에서 사용된 말인데, 적의 여성을 가두어두고 강간을 일삼았던 공간을 말한다. 분명히 식민지화는 상징적인 강간행위이고 실제 강간도 적지 않았지만, 그렇다고 해서 엄연히 다른 종류의 피해를 같은 것으로 간주하는 것은 기만일 뿐이다. 그리고 궁극적으로는, 한국의 논리를 궁색하게 만들 뿐이다.

위안부 문제에 관해 물리적/직접적 책임을 묻는 것도 중요하지만, 상징적/구조적 책임을 묻는 것은 더 중요하고 꼭 필요하다. 설사 일본이 '법적 책임'을 지고 천황이 사죄한다 해도 국민감정이 그에 동반되지 않으면 큰 의미가 없기 때문이다. 그저 묻는 행위 자체가 아니라 실제 응답을 이끌어내는 것이 목적이라면, 도덕적 책임을 묻는 쪽이 더 많은 일본 국민들의 참여가 가능하다는 점에서도 법적 책임의 한계는 명확하다. 식민지배는 국가뿐 아니라 국민도 "일상적으로" 가담해야만 유지되는 것이니 당연한 일이기도 하다. 물론 사상범으로 간주되어 고문당하고 목숨을 잃은 이들에 대한 책임에 관해서도 마찬가지다. '범법'—법을 위반했는지 여부에 매달렸던 이제까지의 운동방식이 위안부 문제 해결을 어렵게 만든 요소라는 것은 무려 4반세기를 넘어선 지난 세월이 증명한다.

내가 10여 년 전에 이미 지적했던 업자의 존재를 다시 지적한 것은, 법적 책임이라는 틀 속에서의 논의가 궁색해보였고, 이 문제의 근본이 경제적 착취임에도 그 부분이 보이지 않았다는 사실을 말하고 싶었기 때문이다. 제국은 직접적인 정치 지배의 형태를 띠지만 그 저변에는 경제 지배와 착취구조가 작동한다. 위안부의 자유를 막은 주체가 일차적으로 업자일 수밖에 없는 이유는 위안부가 일차적으로 업자의 노예였기 때문이다.

이재승은 업자의 책임을 묻는 일이 말단에 책임을 전가하는 일이라고 말하지만, 그런 인식은 말단의 책임에는 눈감겠다는 이야기가 된다. 더구나 그들은 실은 자신의 말단으로 위안부들을 지배한 이들이었다. 규모가 컸을 경우, 적지 않은 부를 쌓기도 했다.[16]

말단이든 아니든, 중간착취자들의 책임을 묻지 않는 일은 위안부 문제에서의 계급의 책임을 무화시킨다. 말하자면 '책임의 탈계급화'를 초래한다.

업자에게도 책임을 물어야 하는 이유는 하나 더 있다. 국가에 의한 국민동원은 협력자/가담자가 있기에 가능해진다. 업자를 비롯한 협력자에 대해 물어야 하는 이유는, 국가가 잘못된 정책을 국민에게 강요할 경우 국민이 거부할 수 있어야 하기 때문이다. 다시 말해 그저 과거를 보기 위해서가 아니라 현재와 미래를 위해서, 협력자의 책임은 추궁되어야 한다.

---

16 니시노 루미코西野瑠美子 외, 『일본인 위안부—애국심과 인신매매日本人慰安婦—愛國心と人身賣買と』(現代書房, 2015). 일본 본토는 물론 부산 등에까지 진출해 위안소를 여러 개 경영했던 일본인 업자가 등장하는데, 많은 부를 쌓았을 것으로 추정할 수 있다. 일본 본토에서 식민지로 사업을 확장했다는 사실 자체가 이 사업이 수익이 적지 않은 사업이었음을 말해준다.

(3) "파편화"라는 이해

이재승은 내가 언급한 사례들—위안부의 연애나 착한 군인들을 예외라면서 "파편화 전략"이라고 비난한다.

그러나 우선 말할 수 있는 것은, 그러한 예들이 예외라는 증거는 어디에도 없다는 점이다. 증언집 전체에서 그러한 이야기가 적다는 것이 곧 그런 '사실'이 적다는 이야기가 되는 건 아니다. 피해자의 구술이 채록자가 듣고 싶어하는 이야기에 초점이 맞추어질 뿐 아니라 구술 기록자들도 시행착오를 거쳐 구술록(증언집)을 만들어왔다.[17]

진심이 담겨 있건 아니건, 군인과, 특히 장교와 개인적인 친밀함이 생기는 것은 위안부에게는 고통이 경감된다는 것을 뜻했다. 다른 사람들을 상대하지 않아도 되었기 때문이다. 그런 의미에서 군인과의 친밀관계는 위안부들에게 오히려 바람직한 정황이었다. 이재승이 그런 이야기를 "파편"으로 보고 싶어하는 것은 자신이 상정한 '바람직한' "위안부 이야기"만을 허용하려는 욕망이 시키는 일이다. 다시 말해 이재승은 '위안부'를 있는 그대로 보지 않고 관리 대상으로 두려 한다.

반대로, 설사 "친절"한 일본군의 존재가 예외였다고 해도 소수/예외를 배제하지 않고 직시해야 하는 이유가 있다. 당시 조선인을 차별하고 매춘부라고 호명하며 인간 취급을 하지 않았던 군인들이 대다수였다면 더더욱, 황량한 전쟁터에서 인간적인 모습을 보인 군

17 예를 들면, 2016년 9월에 일본에서 열린 일본구술사학회 심포지엄 등은 이 부분에서 획기적인 성과를 거두었다고 평가할 수 있다. 특히 야마시타 영애山下英愛는 「韓國の'慰安婦'聞き取り作業の歷史―『証言集』を中心に」를 통해 증언 채록의 이면에 대해 설명하면서, 이른바 '증언집'이 채록자의 시각에 따라 시행착오를 거친 결과물일 수밖에 없음을 보여준다.

인들은 동시대의 대세에 거스른 이들로서 후예들의 주목을 받을 자격이 있기 때문이다. '예외'를 보는 작업은 사태의 총체적/종합적인 이해를 돕는다.

이재승이 이러한 정황에 부정적인 이유는 일본에 대한 증오와 반발이 희석되는 것을 우려해서일 것이다. '국가'가 아니라 '일본'이라는 고유명만을 강조하고 싶은 이들에게 그런 정황은 그저 자신의 주장을 방해하는 것으로 간주된다.

그러나 한 국가가 '법적 책임'을 지는 이유가 당사자의 마음을 위로하기 위해서뿐 아니라 해당 국민 간의 이해와 화해에도 있다면,[18] 그저 '범죄'로서 지탄하고 처벌하려는 이재승의 시도로는 불충분하다. 내가 이 문제에서 '인간'을 보려 한 이유도 거기에 있다.

(4) 식민지 고유의 범죄라는 이해

이재승은 한혜인의 연구[19]를 원용해 일본이 한반도에서 직업소개소의 법령을 느슨하게 만들어 식민지의 여성 동원을 용이하게 했다고 주장한다. 하지만 한혜인이나 이재승의 인식에는 한반도에 일본인도 100만 명 가까이 살았다는 사실, 그리고 한반도의 일본인 여성도 위안부로 나갔다는 사실[20]에 대한 인식이 결여되어 있다. 직업

---

18 2015년에 이루어진 '한일합의'를 통해 지급된 보상금은 70퍼센트 이상이 수령했음에도 지원단체와 함께하는 일부 할머니들은 수령하지 않았고, 위안부 문제를 둘러싼 갈등은 이어지고 있다.

19 한혜인, 「총동원체제하 직업소개령과 일본군 위안부 동원: 제국 일본과 식민지 조선의 차별적 제도운영을 중심으로」, 『사림史林』 46호, 수선사학회, 2013.

20 조선에서 떠난 이른바 '위안단'에는 일본인도 섞여 있었다. 업자를 포로로서 조사한 미군 자료에는, 서울의 한 업자가 데리고 간 위안단 중에 "703명의 조선인 여성, 90명의 일본인의 집단", "일본인 및 조선인 위안부가 있었다"는 표기가 보인다(女性のためのアジア平和國民基金編, 『政府調査「従軍慰安婦」関係資料集成 5』, 1998, 108쪽).

소개소 운영에서 조선인/일본인의 차이가 있었는지 여부까지 밝혀야만 "조선인"이라는 민족요인이 처음부터 타깃이 되었는지 여부를 말할 수 있다.

공식적으로 모집된 위안부들 일부가 군인들의 고향 여성들을 대상으로 했다[21]는 점에서 알 수 있는 것처럼, 위안부 운용의 추가적이면서도 본질적인 목적은 자국 남성을 위로하는 일이었다. 당연히 자국 여성이 가장 적합한 대상으로 여겨졌다. 일본인 여성들이 장교를 상대로 한 이유도 거기에서 찾아야 한다. 그들이 가장 원하는 상대는 조선인이 아니라 일본인이었기 때문이다. 왜냐하면 그들에게는 의사疑似가족의 역할이 요구되고 있었기 때문이다. 조선인 여성이 그나마 일본인 여성 다음으로 인기가 있었던 것은 '조선인'이 외모와 언어에서 일본인 여성과 가장 가까웠기 때문일 것이다. 나는 그런 정황을 두고 '대체 일본인'의 역할이었다고 썼다.

『제국의 위안부』에서도 언급했지만, 조선인 여성이 많았던 것은 그저 피지배민족 여성이었기 때문이 아니라 식민지에 가난한 여성이 더 많았기 때문이다. 식민지화란 경제적 착취구조 속에 놓이는 일이고, 그러한 차별/착취 구조를 용이하게 했던 것이 정치적 지배였다.

그저 일본이라는 고유명만을 규탄하는 일은 이런 모든 것을 보이지 않게 만든다. 이러한 구조를 봐야 하는 이유는, 이재승이 의심

21 "현재 종업여성들은 약 1000명 전후 되는데, 그중 850명은 군이 통제하고. 각 부대가 향토에서 부른 이들도 150명으로 추정된다."(「陸支密大日記 31号」에 포함되어 있는 波集団(광둥廣東을 중심으로 한 제21군-인용자)司令部의 「戰時旬報」 1939년 4월 12~21일, 女性のためのアジア平和國民基金編, 『政府調査「從軍慰安婦」關係資料集成』⊠, 1998, 40쪽)

하는 것처럼 일본의 국가 책임을 희석하기 위해서가 아니라 오히려 명확하게 묻기 위해서다. 선명성을 추구하려면, 오히려 그런 방식으로 작동시켜야 한다.

(5) 매춘 차별과 남성의 책임

위안부 문제의 근본은 남성의 여성에 대한 성적 착취와 폭력에 있다. 따라서 그 첫 번째 책임 주체는 당연히 남성이다. 그럼에도 불구하고 이 문제에서 남성의 책임이 거론된 적은 아직 없고,[22] 여성을 구매할 수 있었던 이들의 계급적 책임이 거론된 적도 없다.

'제국'이란 유산계급의 정점에 존재하는 상징체계이다. 내가 '제국'의 책임을 물으려 했던 이유는 거기에 있다. 그 안에서 어떻게 일본군이 조선의 여성을 물상화-도구화했는지 무상착취했는지에 대해서 썼던 이유도. 이재승처럼 이 문제를 고유명—'일본'의 책임으로만 이해하게 되면 반복을 막을 수 없다.

이재승이 '위안소'를 "강간캠프"라고 말하는 이유는 유엔 보고서의 영향을 받은, 매춘으로 인식하는 일이 범죄 규정을 어렵게 할 거라는 생각에서겠지만, 이는 매춘이니 일본의 문제가 없다는 얘기와 다르지 않다. 즉 강제가 아니면 문제가 없다는 논지가 갖는 모순과 같은 모순을 내포하게 되는 것이다. 이재승의 생각은 가부장적 사고가 만든 매춘차별적 사고에서 나온 것이고, 문제는 그런 사고가 근대국가시스템을 지탱한 사고이기도 하다는 점이다.

---

22 니시 마사히코西成彦는 전시 성폭력에 여성혐오 기제가 숨어 있음을 분석했다(「전시 성폭력과 미소지니-아쿠타가와 류노스케의 『덤불 속』을 읽다」, 아사노 도요미·오구라 기조·니시 마사히코 편, 『대화를 위해서-〈제국의 위안부〉라는 물음을 펼치다』, 뿌리와이파리, 2017. 6., 163~182쪽. 일본어판은 クレイン, 2017. 5.)

(6) 아시아여성기금에 대해

이재승은 '아시아여성기금'(이하, '기금')을 부정한다. 그러나 내가 '기금'을 평가한 것은 전쟁에 가담한 사람과 그 후예들―'국민'의 책임을 묻는 일이 필요하다는 생각에서였다. '기금'에는 국민들이 참여했고 또 눈에 띄지 않는 형태이기는 했지만 정부도 주도적으로 참여했다.

중요한 것은 '기금'에는 1990년대 일본 국민의 마음이 담겨 있었다는 점이다. 그럼에도 지원단체 등 관계자들은 그 점을 경시했고, 그런 인식을 무비판적으로 확산시킨 언론의 안이한 보도는 일본인들의 그런 마음을 확인할 기회를 놓치도록 만들었다.

사죄란 무엇인지, 어떤 방식이 가장 우리에게 받아들여질지를 비롯해서, 근본적으로 논의해야 할 사안이 아직 많다. '기금'에 대한 비판은 '기금'의 옳고 그름을 떠나 법중심주의, 국가를 국민의 상위로 보는 시각이 만든 것이다. 그런 의미에서는 '기금'을 부정하려면, 법중심주의, 국가상위주의에 근거한 사죄와 보상이 국가/국민 간 관계회복에 가장 효과적인지도 검토되어야 한다. 그럼에도 이재승은 그런 절차 없이 '기금'을 오로지 일본의 "도덕적 간계"로 간주하면서 『제국의 위안부』가 그저 양식있는 일본인을 위로하는 것이라고 단언한다.

(7) 전후/현대 일본―천황제와 평화헌법

이재승의 기금 불신은 현대 일본이 천황제를 유지하는 한 일본은 변하지 않았다고 하는, 일부 진보진영 및 서경식의 사고의 영향을 받은 것으로 보인다.

하지만 일본이 천황제를 남겨둘 수 있었던 것은 미국이 제시한 평화헌법을 받아들였기 때문이었다. 달리 말하자면, 일본은 물론 한국인들도 일본이 지키기를 바라는 평화헌법은 천황제와 교환된 것이었다.[23] 따라서, 천황제 비판은 가능하지만, 헌법 9조의 유지를 바란다면 천황제를 유지하고 있는 현실에 대한 비난이 얼마나 의미가 있을지도 의문이다. 그리고 현대 일본의 천황제가 이미 정치라기보다는 문화로 기능한다는 사실도 짚어둘 필요가 있다.

이재승은 마루야마 마사오가 사용한 무책임의 체계를 일본 비판과 나에 대한 비판에 사용하는데, 그 개념은 일본인이 일본인 스스로를 반성하며 규정한 자기비판의 용어였다. 말하자면 그 개념은 '반성하는 일본'이 만든 개념인데, 이재승은 이 개념을 그저 '반성 없는 일본'을 규정하기 위한 개념으로 사용하는 모순을 범한다. '아시아여성기금'을 그저 책임을 회피하기 위한 수단으로만 보는 시각과 다르지 않다.

3) 책임과 포지션

(1) 자기인식과 자기비판

일반적으로 천황제 비판은 일본 좌파들의 자기비판의 맥락에서 이야기된다. 이재승은 인권과 민주주의에 철저한 내부적 변화와 내적 성숙을 요구하면서 그들에게 혁명이 필요하다고 훈계하듯 말하지만, 이는 전부 일본 좌파들이 자신들에게 해온 이야기였다.

---

23 고세키 쇼이치古關彰一, 『일본국헌법의 탄생日本國憲法の誕生』(中央公論新社, 1989; 문고본은 岩波書店, 2009; 한국어판은 김창록 옮김, 뿌리와이파리, 2010)

일본의 전후는 좌파가 이끌었다. 정치는 보수적이었을지 모르나 학문과 문화는 진보좌파가 이끌었다고 해도 과언이 아니다. 그리고 그 '보수'적 정치도 스펙트럼은 넓었고, 그것이 바로 오랜 자민당 집권의 비결이기도 했다. 하지만 이재승은 그런 사실도 모르고 있는 듯하다.

이재승이 일본이라는 고유명에만 집착하면서 업자 문제를 부정하고, 한걸음 더 나아가 딸과 누이와 부인을 앞장서 내보냈던 아버지와 오빠와 남편들의 책임을 부정하는 건 어쩌면 당연한 수순이다. 이재승의 비판은 남성/계급의 책임을 은폐하기 때문이다. 그의 어법을 빌려오자면, 일제 시대 조선인의 후예인 자신의 책임을 회피하기 위해, 이재승은 모든 책임을 일원화하고 단순화해 '일본'이라는 고유명으로만 책임을 추궁한다.

물론 일본 군인들에게도 남성으로서의 책임이 있다. 그러나 그들 중에는 사죄하고 반성한 이들도 적지 않았다. 그러나 위안부 문제 발생 이후, 한국에서는 누구 하나 자신의 누이를 집에서 내모는 데에 가담했다거나 여성들을 직접 납치했다는 사죄와 반성을 한 이가 없다. 물론 위안소를 이용한 25만 조선인 군인/군속 역시, 증언은 했지만 반성은 하지 않았다.

책임을 다층적으로 묻는 이유는 인간과 사회적 구조를 더 깊이 이해하기 위해서다. 구조를 이해하면, 일원/일면적인 단죄 이상으로 문제적인 사태의 반복을 막을 수 있기 때문이다. 결과적으로 더 나은 미래를 만들 수 있기 때문이다. 이재승이 일본을 그저 독일과 비교하는 상식적인 수준의 비판을 반복하는 건, 일본과 우리의 관계가 폴란드와 독일의 관계와도 다르고 프랑스와 독일의 관계와도 다르다는 점을 모르거나 간과하기 때문이다. 종주국-식민지 관계였던 일본-조선의 관계를 그저 독일과 단순비교하는 것은 일본제국의 구조에 대한 이해를 오히려 가로막는다.

(2) 수치에 대해

이미 잘 알려진 것처럼, 한국 정부 역시 미군 위안부를 관리했다. 이는 미국을 위해(혹은 안보라는 명목으로) 국가 운영의 주체였던 남성들이 여성들을 배치한 일이기도 하다. 물론 한국이 베트남에서 위안소를 경영하거나 이용했다는 이야기[24]는 이재승에겐 그저 '물타기'로만 여겨질 것이다. 그러나 자신에 대한 자성 없는 돌멩이는 힘을 갖지 못한다.

일본 남성들은 자국 군인을 위해 자국인과 식민지·점령지의 조선인을 동원했지만, 한국 남성들은 미국을 위해 자국 여성을 동원했다. 이는 오빠와 아버지가 자신들의 안위를 위해 딸들을 내놓았던 것과 다르지 않은 구조다. 한국은 미국 병사를 대신해서 베트남까지 파병 나갔고, 미국 군인 대신 죽어갔다. 조선인 여성은 일본인 여성들을 보완해 '위안부'로 동원되었고, 조선인들은 여성을 지키지 못했다.

수치 없는 규탄은 그 누구도 바꾸지 못한다. 전쟁 경험 없는 일본 젊은이들이 책임을 져야 한다면, 한국인에게는 나라를 잃어 여성들을 속수무책으로 전쟁터에 내보냈던 국가 운영 주체로서의 남성들, 그 남성의 후손으로서의 자신에 대한 자각도 필요하다.

---

24 『주간 분슌週刊文春』 2015년 4월 2일호.

이재승은 내가 제시한 '위안부'의 목소리를 예외로 치부하지만, '위안부' 할머니 중 기존의 운동방식에 회의했던 이는 적지 않다.[25] 지원단체도 연구자도, 당사자의 생각을 무시하고 위안부 문제에 관한 모든 일을 결정해온 측면이 없지 않다. 나는 『제국의 위안부』를 통해 그들의 목소리를 전하려 했을 뿐이다. 진정한 의미에서의 '당사자주의'의 실현을 위해서.

4) 책임이란 무엇인가

이재승은 "인정"이 중요하다고 외치지만, 법원이나 정부가 인정한다고 해서 그것이 곧 국민의 인정이 되는 것은 아니다. 역사인식을 공유한 상황이란 국민들이 일상적으로 만나는 자리에서 역사 문제를 화제 삼아도 감정적 갈등 없이 대화가 되는 정황이기도 하다. 따라서 수상이나 천황의 인정이나 사죄도 어디까지나 국민을 실질적으로 상징/대표하는 것일 때 의미를 갖는다. 내가 90년대의 일본의 사죄를 평가한 이유도 거기에 있었다.

그런데 이제, 일본인들의 인식은 90년대보다 현저하게 후퇴했다. '혐한' 역시 나날이 확산되고 있는 중이다. 이대로 가면 차세대마저 심각한 갈등관계를 이어갈 것이다. 하지만 그런 사태에 대한 '책임'을 묻고 자성을 말하는 이는 없다.

"호박에 줄친다고 수박이 되지 않"는다는 그의 말은, 그가 규탄

---

25 수요집회에 동원당하지 않도록 해달라고 호소했던 심미자 할머니는 그 대표적인 분이다. 결국 정대협과 반목한 채 작고했지만, 이후에도 비슷한 목소리를 낸 분들은 존재한다.

하는 대상이 처음부터 호박이라는(진짜가 아니라는) 편견과 독단이 만든다. "치밀한 범죄"라는 표현 역시 이재승의 편협한 일본관을 보여줄 뿐이다.

한일 간의 문제에서 일본에 책임이 있다는 것은 두말할 필요가 없다. 하지만 사죄나 보상 요구 못지않게 필요한 것은 '왜' 그런 일이 일어났는지를 생각하는 작업이다. 그래야만 역사에 대한 총체적 사고가 가능해지고, 마음을 다한 '사죄'를 이끌어낼 수 있고, 함께 가는 미래를 구축할 수 있는 공동연구도 가능해지기 때문이다.

90년대 이후의 역사인식 논쟁은 김영삼 정권이 시작한 '역사 바로세우기'라는 강박 아래 한국사회를 '사고의 감옥'에 가두었다. 이재승의 비판어법은 그런 현장을 보여준다.

4. 박노자의 공격[26]

2005년에 낸 『화해를 위해서』는 몇몇 호의적인 리뷰를 받았다. 하지만 지원단체는 묵살하는 가운데 나의 문제제기는 더 이상 확산되지 않았다. 그리고 위안부 문제를 둘러싼 한일 갈등은 점점 더 심각해졌다. 그래서 나는 2013년 여름에 『제국의 위안부』를 냈다. 그리고 나서 다시 위안부 할머니들을 만나기 시작했는데, 일본의 사죄와 보상에 대한 할머니들의 생각이 『제국의 위안부』에 쓴 내 인식이나 생각과 다르지 않다는 것을 확인할 수 있었다. 다음해 봄, 나는 일본학 학자들, 주일특파원을 경험한 중견 언론인들과 함께 '위안부 문제, 제3의 목소리'라는 주제로 심포지엄을 열었다. 할머니들의 '다른' 목소리와 함께, 그간 한국의 '상식'이었던 생각과는 조금

---

26 박노자는 2014년 봄부터 위안부 문제에 관한 나의 페이스북 글을 비판하는 등 비판을 시작했다. 「역사와 화해의 문제-파시스트는 화해가 아니라 단죄의 대상」(『레디앙』 2014년 6월 5일), 「용서라는 이름의 폭력」(『한겨레』 블로그, 2014년 6월 11일)이라는 두 개의 글이 내가 고소당하기 직전에 쓰여졌다는 것은 시사적이다. 그리고 고발 직후, 언론의 왜곡보도로 내가 온 국민의 비난을 받고 있던 시간에도 비판을 멈추지 않았다. 하지만 고발 이후로는 재판 대응과 다른 집단적 비난 대응에 쫓겨 다시 답변할 수 없었다. 이후 박노자는 정영환이 고발 직후부터 자신의 블로그에 게재했던 글을 모은 책이자 가장 집요했던 비판서 『누구를 위한 '화해'인가』(푸른역사, 2016)에 긴 해제 「해제: 역사수정주의, 혹은 현재의 합리화로서의 '역사'」(207~225쪽)를 쓰기도 했다. 박노자는 『화해를 위해서』가 나왔을 무렵, 그 책을 높이 평가하는 글을 쓴 적도 있는데, 이후 서경식의 논지를 그대로 취해 비판에 나섰다는 점에서 서경식 논지의 한국으로의 수용 정황을 극명하게 보여주는 사례이기도 하다.

'다른' 생각을 내보내기 위해서였다. 내가 발표한 글은 왜 『제국의 위안부』를 냈는지에 대한 글이기도 했다.[27]

그 시기를 전후해서, 페이스북에서 몇몇 학자들이 나를 비판하기 시작했다. 그중에서도 강한 어조로 비난에 나선 것은 박노자였다. 이하는 그런 시기에 쓰인 글이다. 그런 와중에 목소리를 내보낸 할머니 중의 한 분, 나눔의집에 거주하시던 분이 돌아가셨고, 그 일주일 후에 나는 할머니 아홉 분의 이름이 원고로 적힌 나눔의집의 고발장을 받았다.

1) 페이스북에서의 논쟁

박노자 비판에 대한 답변[28]

며칠 전에 쓰신 비판[29]을 이제야 봤습니다. 모르는 사이도 아니니 저에게 태그를 걸어주셨으면 좋을 뻔했습니다. 전에도 그런 일이 있었는데, 저에 대한 비판은 주로 제가 없는 자리에서 이루어지는 듯합니다.

최근엔 한국여성사학회에서 저를 월례회에 초청하려다가 반대하는 이들이 있다는 이유로 미루어지는 일이 있었습니다. 저에게 연락했던 분은, 그런 분들을 다시 설득해 가을 이후엔 성사시키고

27 「위안부 문제를 다시 생각하는 이유」. '판매 금지 등… 청구 가처분 소송'에서 '일부 인용' 결정이 나온 뒤 2015년 6월에 낸 '제2판 34곳 삭제판'에 수록했다.

28 박유하 페이스북의 2014년 6월 7일자 글.

29 2014년 6월 3일 박노자가 페이스북에 링크한 블로그 글. 이틀 후에 주 33의 『레디앙』에 게재되어 더 확산되게 된 글이다.

싶다 했는데 어떻게 될지 모르겠습니다.[30]

제가 아쉬운 건 다른 이도 아닌 학자들이 대화 자체를 거부하는 상황입니다. 하나의 사안에 대해 의견이 다르다면 대화를 해야 접점을 찾을 수 있지 않을까요. 대화 없이 비판/비난/무시하는 태도가 학문의 왜소화를 한국에서 부르고 있다는 생각이 드는군요.

아무튼 저의 책 『제국의 위안부』에 대해 다시 써주신다니 감사드립니다. 그땐 제게도 알려주시면 고맙겠습니다. 그때를 기다리는 것이 바람직할 수도 있지만, 쓰실 시간이 없을 수도 있으니 일단 이미 쓰신 글(페이스북 본문과 블로그에 쓰신 글)에 대해 몇 가지 질문을 던집니다. 대답해주시면 감사하겠습니다.

1. 제가 위안부 문제의 범죄성을 인식하지 못했다고 쓰셨는데, 무엇을 근거로 그렇게 판단하셨는지요? 또 "파시스트적 범죄"라 칭하신 위안부 문제에 대해 제가 좋게 언급한 부분이 있는 것처럼 쓰셨는데, 그런 부분이 책에 있다면 알려주시기 바랍니다.

2. 이 문제에 대한 저의 접근방식에 '국가의 개입'이 있었고 국가와 '야합'을 했다는 것으로 읽히는데, 맞는지요. 맞다면, 그렇게 쓰신 근거를 말씀해주시기 바랍니다.

3. 박 선생님이 말한, 조선인 여성이 '강제적으로 성노예가 되었다'는 인식을 대부분의 한국인들은 물리적 강제연행으로 간주합니다. 저는 강제연행 사례를 부정하지 않았고 다양한 케이스가 있지

---

30 이후에도 연락은 오지 않았고, 비판자/그룹들이 나를 불러 논의를 시도하는 일은 결국 오늘까지 없었다. 그들은 나의 책이 학문적 고찰 대상이 아니라는 말로 그런 정황을 변명했지만, 그런 말이 핑계에 지나지 않았음은 일본에서 '학술서'로 인정해주었다는 사실이 보여주었다. 이들의 태도는 한국 아카데미즘의 장이 비슷한 의견을 가진 이들끼리만 소통하는 닫힌 공간으로 기능한 대표적인 사례라 할 것이다.

만 어떤 경우건 일본이 책임을 져야 하는 사안이라고 썼습니다. 박 선생님이 그간의 인식과 다른 위안부 존재를 무시하는 건 매춘에 대한 차별의식이 만든 일로 보이는군요. 박 선생님은 차별 문제에 관심이 많은 분으로 아는데, 그런 케이스들을 애써 무시하는 이유를 알려주시기 바랍니다.

4. 일본이 피해자의 요구를 거절했다고 하셨는데, '아시아여성기금'은 국가적 보상의 의미를 담을 수 있는 보상이었다고 책에서 많은 페이지를 할애해서 썼습니다. 기금에 담긴, 일본 정부와 '보통 일본인'의 마음, 그리고 그 마음의 보상금을 받은 60분의 할머니들의 선택이 무시되어야 하는 이유를 설명 부탁드립니다.

제가 '국가배상' 요구가 어렵다고 쓴 이유는 문제가 없어서가 아니라 '범죄'로서 물을 '법' 자체가 근대국가 시스템에 존재하지 않았기 때문입니다. 그건 물론 남성 중심의 시스템이었기 때문이지요. 그러니 이 문제는 한국이 '요구'하기보다 일본이 주체적으로 해결해야 할 문제라는 것이 저의 생각입니다.

5. 마지막으로, 박 선생님이 일본에 대한 저의 "변론"으로 간주하신 부분은 변론이 아니라 알려지지 않았던 '사실'과 '기억'입니다. 대부분의 학자들은, 일본에 대해 자신이 익숙치 않은 사고와 방식으로 접근하면 곧바로 면죄하는 걸로 간주하더군요. 해결해야 하는 주체가 일본인 이상, 저의 방식은 그들을 설득할 수 있는 논리를 만들어내는 일입니다. 20년 이상 해결이 되지 않았던 이유는 그간의 지원 활동과 연구에 그런 노력이 없었기 때문이라고 생각합니다.

그런 '다른 기억'들은 제가 만들어낸 것이 아니라 존재했음에도 잊혀졌던 기억들입니다. 무엇보다 그런 기억과 행위들은 선생님이 강조하시는 '일본에서 이 문제를 해결하기 위해 발로 뛰는 일본인' 들의 윗세대들의 것이기도 합니다. 현대 일본에 존재하는 그런 이들과의 연대가 중요하다면, 비인간적인 시스템 속에서 그나마 인간적이고자 노력했던 과거의 그들의 행위와 기억이 무시되어야 할 이유는 없습니다.

그런 일들을 떠올리는 것은 일본을 면죄하기 위해서가 아니라 지배와 폭력의 기억을 떠올리는 한편으로 용서하는 힘을 기르기 위해서입니다. 그 용서는 일본을 위해서가 아니라 자신을 위한 것입니다. 미움이라는 트라우마에서 해방되기 위해서이지요.

왜냐하면, 어떤 사죄가 있다 해도 '용서하려 하지 않는 담론'들이 존재할 것이기 때문입니다. 대부분은 개인의 문제이기도 하지만, 그런 담론을 필요로 하는 정치 혹은 다른 세력이 그렇게 만드는 경우가 많습니다. 박 선생님이 그런 쪽에 계시는 것은 아니겠지만, 선생님의 그런 생각이 그런 세력에 이용될 가능성은 많다고 봅니다. 그러나 아시아의 평화를 위해서는 그런 적대와 증오를 키우는 담론들을 넘어서야 하고, 그게 제가 이 긴 댓글을 쓴 이유입니다.

답장을 부탁드리기는 하지만, 특별한 경우가 아니면 더 논쟁하지는 않겠습니다. 해결 주체인 일본을 설득하는 것이 제게는 더 큰 과제이기 때문입니다. 다만 그동안 하지 않았던 이야기는 조금씩 해나갈 생각이니 관심 있으시면 제 담벼락에 들러주시기 바랍니다.

참고하십사고, 얼마 전에 일본 학생들을 대상으로 했던 강의에 대해 학생들이 남겨준 의견을 일부 첨부해둡니다. 이들이 받아들여준 방식으로 일본에서 제 얘기가 받아들여진다면 조만간 해결도 가능하지 않을까… 생각합니다. 그러니 불필요한 우려는 안 하셔도

되겠습니다.

마지막으로, 다른 사안에 대해 말하면서 '위안부' 문제를 결부시키는 식의 동일시와 일반화는 삼가시는 것이 좋을 듯합니다. 똑같이 위안부'로 불려온 사람들조차 다 조금씩 다른 체험을 했고, 그런 상황 하나하나를 개별적인 고유성으로서 성실하게 마주하고 함께하는 것이 그분들을 존중해드리는 일일 테니까요.

박노자 답변[31]에 대한 재반박[32]

우선 간단히 씁니다. 아쉽게도 '응답'으로서의 근본적 오류를 저지르고 계신 듯 합니다.

첫째, 지난번 질문에 쓰려다 말았는데, 제가 말한 '화해와 용서'의 개념은 9년 전(2005)에 말한 개념이고 이번 책에선 메인 개념이 아닌데 굳이 그 개념을 이 책을 판단하는 전제로 하고 계신 점, 또한 그 책에서조차 '용서하자'는 것이 아니라 사태를 판단하기 위한 기본 정보조차 알려져 있지 않았으니 더 알고 '논의의 지평' 자체를 바꾸어야 한다는 것이 저의 주장이었지요. '화해하자'가 아니라 '화해를 위해서'(책제목을 다시 기억해주세요) 무엇이 필요한지 생각해 보자는 거였구요.

저도, 기금을 평가했지만 남은 보상은 국고금으로 해야 한다, 국가 사죄도 필요하다고 썼는데, 그 부분도 무시하셨군요.

제가 말한 건 '국회 입법'이 위안부 문제로는 요구하기 어렵다는

---

31 박노자 페이스북 글에 링크된『한겨레』블로그 2014년 6월 11일자 글(http://blog.hani.co.kr/gategateparagate/67740).

32 박유하 페이스북의 2014년 6월 11일자 글.

것이고, 가능하다고 주장한 사람들의 정치성이었지요.

그런데 사실은 박 선생님 못지 않게 저도 '국가'에 대해 비판적이어서지만, 일정한 역할은 기대해도 저는 사실 '국가 사죄'라는 것에 근본적인 의미는 두지 않습니다. 국가 자체가 법이고 남성중심주의니까요. 아마도 그게 저와의 차이점인 것 같군요. 국가를 지탱한 '역사'학자나 '법'학자와의 차이이기도 하고요.

둘째, 저의 질문은 박 선생님이 비판한 그런 얘기를 하지 않았다, 그러니 그 근거를 대달라는 논지였습니다. 다시 말해 위안부 문제가 죄가 아니라고 한 적이 없는데 마치 그렇게 말한 것처럼 근거도 대지 않고 비판하는 건 곤란하다, 는 것이 요지였습니다. 말하자면 원론적인 질문인데, 저에 대한 편견을 바탕으로 세부적인 비판을 하고 계신 셈입니다. 이재승 교수의 비판에 제가 대답하지 않은 것도 그래서입니다. 이런 걸 동문서답이라고 하는가 싶습니다.

정말 제 책에 대해 다시 쓰실 생각이 있다면, 아마도 여름 안에 일본어판이 나오니까 그 책을 보시고 써주시길 부탁드립니다. 그 책이 현재의 제 생각의 최종판이기도 하고, '일본'을 향해 말한 문맥에서 판단해주시는 일이 필요할 듯하니까요.

사실 이번 책은 일반서여서 90년대 이후 한일 지식인들의 역사인식 논쟁 자체에 대한 제 생각이 빠져 있습니다. 조만간 다시 책을 쓸 생각이니 그때 다시 선생님의 생각에 대해서도 재고찰할 생각입니다. 이런 의견 차이는 일본에 대한 생각 차이가 아니라 '사상'의 문제인 듯하니까요.

선생님의 다른 문제제기에서는 많은 부분 공감합니다. 건필하시길 빕니다.

박노자의 재비판[33]에 대한 답변 1[34]

저의 논의를 경제·정치안보적 야합주의자들과 똑같은 선상에 놓고 논의하신다는 것 같아 실망스럽습니다. 조금 더 깊은 논의를 해주실 걸로 기대했는데요.

제가 예를 들면 이재승 교수의 비판글에 반박을 안한 건, 형법 몇 조에 의해 '국가'라는 애매한 조직체를 단죄할 수 있다고 생각하는 사고와 저의 책을 "문학자다운 상상력"으로 썼다고 말해버리는 야만적 사고틀을 가진 분과 생산적 논의가 가능하지 않을 것 같기 때문입니다.

예전에 『화해를 위해서』를 썼을 때도 논의에 필요한 최소한의 정보와 인식을 공유한 다음 논의하자는 게 제 의도였습니다. 그땐 긍정적으로 읽어주셨으니 기억하시지요? 이미 말씀드린 바 있지만, 제목이 '화해하자'가 아니라 '화해를 위해서'였다는 걸 다시 상기해주시기 바랍니다. 그런데도 마치 "야합"자들의 음모인 것처럼 묶는 시도는 심히 우려스럽군요.

선생님처럼 총명하신 분이 왜 이토록 경직되었을 뿐 아니라 거친 정리를 하시게 되었는지 솔직히 이해되지 않는군요. "부르주아 이데올로기"라는 "적"의 설정에 너무 몰입하신 거 아닌가 싶습니다.

---

33 박노자 페이스북 2014년 6월 27일자 글.

34 박유하 페이스북 2014년 6월 27일자 글.

박노자의 같은 글[35]에 대한 소회[36]

박노자 교수는 어제 올린 글에서 "왜 하필이면 박유하 교수가 보인 태도처럼 한국의 '지식인'들에게 본인들보다 훨씬 더 '낮은' 계급에 속하는 과거 제국주의적 폭력의 피해자가 이렇게도 손쉬운 이용의 대상이 되는지"에 대해 쓰겠다고 말했습니다. 이제까지, 나눔의 집 소장이나 그에 동조하는 이들이 마치 내가 위안부 할머니를 그저 이용한 것처럼 말할 때도 특별히 반박하지 않았지만 박노자 교수 같은 분께 이런 말을 들으니 탄식이 절로 나오는군요.

할머니들을 그저 이용이나 당하는 존재로 생각하는 건 할머니를 잘 몰라서일 겁니다. 할머니와 저의 명예를 위해, 할머니의 수락을 받고 녹취했던 녹취록 중 하나를 공개합니다.

녹음을 올리는 것이 쉽지 않아 일단 스크립트를 올립니다. 너무 길어 좀 생략했지만, 할머니는 어느 날 저에게 당신의 재산 처리에 관한 "소당"(상담)을 해오셨습니다. 병원 입원을 권유했던 저에게 "선생님 마음은 안다"고 하셨던 할머니의 목소리가 새삼스럽게 위안이 됩니다. 여기 계신 건 '소녀도 투사도 아닌' 그냥 한 사람의 고독한 영혼일 뿐입니다.[37]

---

35 앞의 주 33)의 박노자 페이스북 2014년 6월 27일자 글.

36 박유하 페이스북 2014년 6월 27일자 글.

37 페이스북에는 배춘희 할머니가 유산처리를 나눔의 집에 맡겨야 할 지 여부를 나에게 상의한 내용을 올려 두었다. 또한, 후에 할머니와의 통화기록 전부를 형사법원에 제출하기도 했다.

2) 박노자에 대한 추가답변(2018년 2월 작성)

나를 비판하는 이들은 많은 경우 나의 글 자체를 비판하는 것이 아니라 다른 사례를 가져와 그것이 나쁘니까 그와 비슷한 사태로 보이는 위안부 문제에 대해 이렇게 쓴 박유하의 책은 문제다, 라는 식의 논지를 펼친다. 말하자면 나의 논지 자체를 비판하는 것이 아니라 다른 논지에 대한 비판을 가져와 나를 비난하는 식이다. 박노자 역시 마찬가지인데, 나를 비판하기 위해 그가 먼저 가져오는 것은 우크라이나에 관한 이야기이다. 우크라이나에서 일어난 사태를 두고 "파시스트적 범죄"라면서, 위안부 문제를 똑같은 것으로 간주하는 방식이다. 그러면서 "파시스트적 범죄를 좋게 봐가면서까지 화해를 추구할 수는 없지 않습니까?"라거나 "그의 피해자나 피해자 후계집단들은 그의 유령과 그 어떤 화해도 할 수 없습니다"라고 말하는 것이다.

말하자면 박노자는, 전혀 다른 사태를 묶어서 『제국의 위안부』가 "파시스트적 범죄"를 옹호하는 책인 것처럼 왜곡한다. 그는 위안부 문제를 "전례가 없는 초대형 범죄"라면서 내가 "극우 민족주의자들의 소행을 합리화"했다고 주장하는데, 그가 위안부 문제 전문가가 아닌 점을 감안한다 해도 이런 인식은 명색이 학자로서는 너무나도 거칠고 투박했다. 그의 논지는 "가난뱅이들이 서로 손잡을 날, 그리고 과두 재벌들과 함께 투쟁할 날은 언젠가 올 것"이라는 부분에서 보이는 것처럼 많은 경우 계급 문제로 이어지는데, 그러면서도 『제국의 위안부』가 위안부 문제를 둘러싼 '계급' 문제, '계급'의 책임에 대해 고찰한 책이라는 사실에는 관심이 없었다.

박노자가 나의 책을 일본을 옹호하는 책으로 간주하고 "용서와 화해의 이면에 얼마나 끔찍한 국가주의적, 폭력적 사고가 도사리고 있는지 살펴보도록 하겠"다면서 가져오는 근거는, 위안부 문제를 "국가적인, 젠더화된 강간"으로 보는 시각이다. "전시강간은 17세기부터 국제법에서 엄중하게 금지"되었다면서 이후의 관련 조항들, 제네바 협약, 헤이그 협약에 언급하고 인도네시아에 거주했던 네덜란드 여성들을 위안부로 만들었던 일본 군인은 처벌되었다고 말한다.

그런데 박노자는, "한데 비백인 점령지 여성(중국, 비율빈) 내지 비백인 식민지 여성(조선인)을 성노예화시킨 전범들은 어떤가요?"라면서 네덜란드 케이스와 조선인 위안부 케이스를 같은 일로 취급한다. 『제국의 위안부』의 중요한 논지 중 하나는 그 양쪽이 실은 다르다는 사실이었다. 위안부 문제가 "범죄"라면 더더욱, 범죄의 유사점과 차이점을 정확하게 파악하는 일이 필요하고, 그래야만 책임이든 처벌이든 요구 가능해진다. 하지만 박노자는 그저 기존의 사고방식에 기대어 사고할 뿐이다.

나아가 일본이 국제여성인신매매방지조약에 사인했고 "비준 당시 조선 등 식민지를 예외로 두는 교묘한 단서를 달았"다면서 일본의 악랄함을 강조하지만, 식민지를 예외로 둔 것은 일본이 유독 "교묘"해서가 아니라 그 법을 만든 주체였던 제국 국가들이 처음부터 그렇게 만들었기 때문이었다.[38] 더구나 "식민지가 예외"라면 '불법'

---

38 일본 교토의 붓쿄仏教 대학 이승엽 교수의 페이스북 2018년 1월 8일자 포스팅. 이승엽은 '강제연행'론자들이 일본의 부도덕의 근거로 드는 '미성년을 취업하지 못하게 하는 법 적용에서 식민지는 제외되었다'는 기존 설에 대해, "조약 자체에 (본토의 법을) 식민지 및 속령 등에 적용하지 않을 수 있다는 양해 내용이 있었을뿐더러 식민지

이 아니게 되니 오히려 박노자가 주장하는 '일본의 불법'을 묻는 건 더 어려워진다.

그럼에도 박노자는 오로지 추측과 예단만으로 "일본국을 용서하라는 것입니까?"라며 나를 비난하고, "일본국이든 대한민국이든 비슷한 수준의 사실상의 깡패조직"이라면서 "'기금' 만들고 '총리 편지'와 같은 격식을 차리는 척도 해보고, 돈도 보다 많이, 개인별로 주고… 그러나 범죄를 범죄라고 부르지 않고 책임자 처벌 등을 아예 외면하고 국가적인 법적 해결을 회피하고, 그리고 계속해서 세계체제 주변부에 대한 각종 범죄행각을 밥 먹듯이 하는 차원에서는, 우리 대한민국과 일본국은 호형호제죠. 일란성 쌍둥이."라는 주장을 펼친다. 앞서 우크라이나와 일본을 아무런 근거 없이 결부시켰던 것처럼, 한국와 일본을 아무런 맥락 없이 갑자기 동일시하는 것이다. 물론 한국은 여러 가지 측면에서 과거의 일본에서 행해진 문제점을 그대로 답습한다. 하지만, 설사 "일란성 쌍둥이"라 해도 똑같은 성인이 된다는 보장은 없다.

박노자는 기금이나 총리의 편지가 어떤 의미를 갖는 것인지에 대해 『제국의 위안부』에 쓴 내용은 완벽하게 간과하거나 무시한다. 그가 무시하는 이유는 오로지 하나, 그의 머릿속의 "대한민국=깡패+일본"이라는 거친 억측뿐이다. 그런 거친 규정이 그로 하여금 『제국의 위안부』를 "깡패국가 일본국을 용서하라"는 책이자 "결국 깡패국가 대한민국에 대한 긍정적 수용을 의미"하는 책으로 간주하

와 속령에 적용하지 않은 것은 영국도 마찬가지였다"고 지적한다. "본국의 여성을 대신해 '위안부'로 동원하기 위해 식민지에서의 국제조약 비준을 유보했다는 논지는 성립할 수 없다"는 것이다.

도록 만들고 있다.

흥미로운 건, “다른 건 몰라도 진보와는 무관한 이야기죠. 계속 횡포를 부리고 있는 강자를 ‘용서’하라고 약자에게 이야기하는 이상의 폭력이 있을까요?”라는 식으로, 나를 ‘진보와는 무관’한, ‘약자를 괴롭히는 강자’로 표상하는 부분이다.

말하자면, 박노자는 자신의 책의 주 독자인 진보적 시민들을 향해, ‘박유하는 진보의 정의의식과는 무관한 (이상한) 타자’로 표상한다. 그리고 독자들의 적개심과 배타심에 호소하는 것이다. 박노자가 불과 며칠 후에 내가 고발당하게 될 것을 알았는지 여부는 모르지만, 이런 식의 글이 고발 직후 나를 향해 돌을 던진 이른바 ‘진보’ 대중을 양산했음은 분명하다. 그로부터 8개월 후에 이재명 성남시장은 “이 여자 아직도 교수 자리에 있나요. 친일파와 같은 하늘 아래서 숨을 쉬어야 한다니”라는 말을 SNS에 써서 순식간에 수천 명의 동조자를 모았는데, 그들의 언어폭력을 유발하는 ‘선동’적 성격의 발화였다는 점에서 박노자의 어법은 정치가의 어법과 다르지 않았다.

‘지식인’의 역할이, 눈앞에서 일어나는 사태에 대해 거리를 두고 명징하게 사고하는 것이라면, 박노자는 이 시점에서 ‘지식인’이기를 스스로 포기했다.

3) 정영환의 『무엇을 위한 ‘화해’인가』 「해제」에 대해 –짜깁기와 정치성

이후 박노자는 2016년 7월에 한국에 번역된 재일교포 정영환의 책에 대한 해제에서 『제국의 위안부』를 다시 비판했다. 크게는 서경식이 내놓고 이후 정영환이 이어가게 되는 '일본 진보지식인의 박유하 이용', '일본 진보의 우경화/타락'이라는 관점을 충실히 답습한 글이었다.

"진보적 이미지까지 띤 것처럼 보였던 박유하는 이 과제에 대한 적임자로 보이지 않을 수 없었을 것"(212)이라거나, 『화해를 위해서』의 '오사라기 지로大佛次郎 논단상' 수상에 대해 "사회적 영향력이 있는 학계 중진들이 전체적인 학문 검증 절차를 거친 후에 받곤 하는 상"이라면서도(『화해를 위해서』 수상 당시의 심사위원 중 한 사람인 이리에 아키라入江昭 교수는 미국역사학회 회장을 지낸 진보지식인이다), "1990년대 초반 이후의 일본은 우향우의 시대"였고 『제국의 위안부』에 대한 시상을 일본의 헤이트스피치와 이어 보려고 시도하는 점들이 그렇다. 그러면서 "과거의 좌파나 자유주의자들도 시류에 편승하면서" "우에노(上野千鶴子 교수) 등이 정대협의 과도한 민족주의를 비판하고 가부장제 문제를 특권화하여 국가의 범죄성을 희석시키는 주장을 전개"한 시기였다고, 역시 구체적인 근거는 없이 주장한다.

앞서 언급한 서경식의 글에서 본 것처럼, 이런 인식은 박노자 자신의 것이 아니다. "한국의 반일민족주의야말로 민주평화국가 일본과 그 과거 식민지 사이의 화해에 대한 가장 큰 걸림돌이 된다는 박유하의 한일관계 해석은 매우 자연스럽게 받아들여졌다"는 인식 역시 마찬가지인데, 나는 그렇게 말한 적이 없거니와, 한국만을 비판한 것도 아니다. 그럼에도 박노자는 그런 부분은 완벽히 무시할 뿐 아니라 나의 조심스러운 문제제기를 거칠게 뭉뚱그려 왜곡전달,

적개심의 대상으로 만든다.

박노자가 언급한 『반일민족주의를 넘어서』(사회평론, 2000)는 일본에 소개되는 과정에서 애초에 번역출판하기로 했던 보수계열 출판사(분게이슌주샤文藝春秋社, 번역자가 소개한 곳이었다)가 책 내용을 왜곡하려 했기 때문에 출간 직전에 책을 거둬들이고 출판을 중지하는 사태마저 겪은 책이다. 그 책이 정말 "한국의 반일민족주의야말로 민주평화국가 일본과 그 과거 식민지 사이의 화해에 대한 가장 큰 걸림돌이 된다"는 책이었다면, 그렇게 할 이유가 없었다. 박노자는 자신의 선입견으로 나와 나의 책을 함부로 재단했다.

"주류에의 합류를 갈망하는 좌파/자유주의 진영 출신"이라는 이해 역시 서경식이 제기한 인식인데, 일본에서 '리버럴'이란 '진보'라는 뜻일 뿐 자유주의자라는 뜻이 아니다. 그럼에도 박노자는 자의적인 번역으로 독자들을 착각하게 만든다.

더구나 박노자는 자신이 비난한 일본의 진보지식인들이 일본의 지식계에서 충분히 "주류"라는 것을 인지하지 못하고 있다. 전후 일본에서 현대 일본까지, 일본 아카데미즘의 주류는 단언컨대 진보 지식인들이다. 박노자가 서경식의 주장인 '주류로의 영합 욕망'설을 그대로 가져와 일본 진보지식인을 비판하는 건 그 사실을 모르기 때문이다. 그러면서 그들이 "전후(사실상 이전 체제의 계승국이며 식민주의적 패러다임 청산에 실패한)의 '민주와 평화'를 강조하며 과거 피침략국들과의 갈등을 피해자들의 '민족주의'로 돌리는 식의 사이비 '자유주의적' 역사수정주의를 표방하게 되었다", "박유하라는 기표가 이 정도로까지 유용했던 이유는" "박유하의 '화해 담론'이 체면을 잃지 않으려는 전향 지망자들에게 각종 알리바이를 훌륭하게 제공해주기 때문이다"라고, 서경식의 주장을 앵무새처럼 반복한다. (박유하의) "구 식민지 출신 여성이라는 입장이야말로 '반일민족주의 해체 작업'의 주도자 역할에 매우 유익"(215쪽)했다는 말 역시 서경식 등의 주장이다.

그런데, 박노자의 이런 발언들은 결국, 이후에 등장하는 '전향'이라는 단어로 귀결된다. 말하자면, 그는 진영논리로 모든 사태를 파악한다. 일본 지식인들의 나에 대한 평가가 "외피적인 중도타협의 절충성"이며, 그것이 "'연성' 전향에 원용하는 데 도움이 되었을 것으로 보인다"는 이해 역시, 그가 세상에 대한 이해를 오로지 이념 문제로 파악하고 있다는 것을 보여준다. "국가 개입을 전면 부정하는 자민당 극우형의 논리를 그대로 받아들인다면 '연성' 전향이 아닌 '항복형' 전향이 된다"는 단언은, 오히려 박노자가 자신이 비판하는 일본 지식인들의 책을 읽지 않았음을 보여준다. "해당 지식인에게 '체면' 내지 '지적 권위'의 문제도 되지만, 이것보다 일차적으로 '시장'의 문제가 되기도 한다. 이미 진영으로 나뉘어 있는 일본의 지식시장에서 '진보' 출신으로서 극우파 독점의 매체에 지면을 얻어 활약하고 기존의 극우성향 필자들과 경쟁하는 것은 그다지 쉽지 않을 수도 있다. 이런 상황에서 일면 국가의 개입도 인정하지만 동시에 '업자 책임'에 방점을 찍은 박유하의 논리를 받아들이면 '위안부 문제'로 계속 화해를 거부하는 한국인/조선인 '민족주의'자들과 선을 그어 일본 주류의 자민족중심주의에 더 가까워지는 한편, 진보진영에서의 기존의 포지션을 그대로 유지할 수 있게 된다"(이상, 215쪽)는 말에 이르면, 모르면 용감하다는 말을 떠올리지 않을 수 없다. 일본 전후 아카데미즘의 주류는 진보지식인이었고, 박노자가 이 해설에서 언급한 우에노 지즈코 같은 이는 학자로서도 '여성학의 파이오니아'로 불리는 명실 공히 학계의 대가이지만 동시에 일반인을 독자로 하는 책도 수십만 부가 팔리는 사람이다. 따라서 "극우파 독점의 매체에 지면을 얻어"야 할 필요도 없고, 당연히 "기존의 극우 성향 필자들과 경쟁"해가면서 "시장"을 확보해야 할 필요도 없다. 박노자는 내가 생산하는 담론들이 "한국과 일본, 그리고 미국의 일부 유력자들에게 유용할 수 있었던 이유"라거나 "박유하 특유의 '한일 화해' 담론에 호의적으로 반응한 가장 일차적이고 표면적인 이유는 신자유주의시대에 알맞은 한일 자본 간 관계 설정의 필요성 때문이었을 것"(211쪽)이라고 주장하기도 하는데, 이런 사고라면 남북 화해에 대해서도 같은 말을 할는지도 모르겠다. "사실상 가해자의 책임을 면책시켜주는 박유하식 '은근한 역사수정주의'는 그만큼 '연성' 전향에 안성맞춤이 된다"는 주장은 서경식의 논지에 자신의 평소 주장을 접합시킨, 말 그대로 '상상의 나래'일 뿐이다.

심지어 그는 나의 2009년 논문까지 가져와 "연합국(백인) 포로에 대한 일본 간수들의 가해행위에 조선인 위안부도 가담했다고 주장하면서 대미 적대를 기반으로 한 일제 말기의 내선일체와 같은 식의 한일 '일체화'의 가능성도 암시한다"고까지 상상력을 발휘한다. "이런 부분들은 아마도 '친미'를 제외한 다양한 스펙트럼의 일본 우파에 호소력을 가질 수도 있을 것이다"라는 단언은, 러시아에서 자라고 노르웨이에서 생활하는 박노자에게조차 한국인적 '식민지 트라우마'가 깊이 각인되어 있음을 보여준다.

박노자가 언급한 논문은 바로 2007년에 처음 시작된 김부자의

비판에 대한 첫 반론이었고, 김부자가 자신의 논문을 실었던 바로 그 잡지, 즉 좌파 페미니스트가 편집고문을 맡고 있던 진보잡지 『임팩션インパクション』이었다. 그런 '진보' 잡지를 우파가 읽을 이유가 없는 일본의 정황을 박노자는 모르고 있다. 『제국의 위안부』가 "중국인 위안부와 식민지 조선 출신 위안부와의 차별화를 노리는 미국의 동북아시아 전략에 부합된다"는 말은 박노자의 모든 주장이 정치적 판단의 결과라는 것을 오히려 드러내준다. 그의 말이 맞다면, 『제국의 위안부』에서 아시아에 남아 있는 미국의 기지 문제를 비판적으로 언급할 이유가 없다.

"강제연행 자체를 부정하고, 강제성이 있었다면 주로 업자들의 책임"(217쪽)이라는 박노자의 요약은 정영환의 논조를 그대로 요약한 왜곡과 과장이다. 나는 『제국의 위안부』에서 강제연행을 부정하지 않았기 때문이다. 나는 그저, 조선인 '위안부' 증언집에서의 사례를 참고해 조선반도에서는 이른바 강제연행이 "공적으로는"(공적 정책/방침으로는) 실시될 수 없었다고 썼을 뿐이다. 기만과 선동은 언론이나 일부 대중만의 것이 아니다. 권위로 포장된 '지식인'은 때로 대중 이상의 과장과 왜곡을 행한다.

"박유하가 '개선'하고자 하는 현재의 한일관계는 어디까지나 중국과 북한을 잠재적 적국으로 가정하는 기반 위에 세워진 미·일·한 삼각동맹의 일부분인데, 이 삼각동맹을 공고화시키자면 '잠재적 적국의 국민'과 '우리' 사이의 이간책이 필요하다", "미국의 대한·대일 전략과도 맞아떨어진다"는 박노자의 '진단'은 터무니없는 피해의식을 넘어선 '이간'의 현장인 동시에 박노자의 글이 '이념'을 넘어서지 못하는 이유를 보여주고 있기도 하다. 나는 중국이나 북한을 잠재적 적국으로 간주한 적이 없을 뿐 아니라 오히려 중국과 북한을 포함한 동아시아 평화를 갈구해왔다.

"한국 지배엘리트 집단의 과거를 은근히 합리화"(218쪽), "친일인명사전 편찬진 등 좌파민족주의적 경향의 지식인들의 상징자본을 가치절하시킴으로써 신자유주의적인 '국제화' 주도자들이나 그들과 가까운 일부 '탈민족파'의 주가를 올려주는 한편, 일본에서는 과거의 좌파와 자유주의자들에게 매우 좋은 주류화의 기회를 부여해준다"(219쪽)는 말들 역시 근거는 말하지 않고 쓰여진, 박노자의 상상이 만든 '선동'일 뿐이다.

박노자의 다른 언급들, "상호모순적 주장의 병렬"이라거나 "용어의 부정확한 사용", "하타 이쿠히코의 학설에 기반"하고 있다는 등의 지적 역시 정영환의 주장이고, 결국 이 해제에서 박노자의 고유한 시각은 일본 진보지식인들에 대한 서경식의 비판을 "연성 전향"이라고 단어를 바꾼 것뿐이라 할 수 있겠다.

그런데 나는 이미 2005년에 쓴 『화해를 위해서』에서 하타 이쿠히코의 시각을 비판했고, 2013년에 『제국의 위안부』를 낸 직후에는 하타설을 좀 더 구체적으로 비판했다.[39] 그럼에도 박노자는 "페미니스트 연구자임을 자칭하는 박유하가 이와 같은, 철저하게 군인/남성 본위의 위안부 문제 이해를 사실상 대부분 공유"하고 있다고 일갈하고, "박유하에 의해 재가공된 하타설이 위주가 된 책이 일본

---

39 「위안부 문제를 어떻게 생각해야 하는가—하타 이쿠히코·요시미 요시아키의 의견에 대해慰安婦問題をどのように考えるべきか－秦·吉見意見について」, 메이지가쿠인明治學院 대학 주최 강연 자료, 2013년 7월 15일. 「박유하 기소에 대한 항의 성명朴裕河起訴に対する抗議声明」(www.ptkks.net)에 한국어/일본어/영어 버전으로 올려져 있다.

의 자칭 좌파나 자유주의자들에 의해 절찬"받고 있다거나 "결국 과거 체제비판자들의 '연성 전향'의 경향 속에서 하타와 같은 정통 보수와 박유하에 대해 절찬을 아끼지 않는 아사히 신문의 '진보적' 자유주의자들 간 차이들이 점차 소멸되어 하나의 커다란 보수적 주류로 통합되어간다는 것은, 박유하 사태가 우리에게 보여주는 제일 중요한 부분일 것이다"라는 식으로 허황된 주장을 펼친다.

"조선이라는 종족 자체를 '거짓말쟁이'로 그린다"(221쪽), "조선인들을 불온한 사기집단으로 치부하는 재특회 등의 인종주의적 조선인멸시론을 방불케 하는 이와 같은 이야기가 자칭 자유주의자들 사이에서 호평될 수 있다는 것은 일본의 사이비 '자유주의'의 어설픈 풍경을 너무나 웅변적으로 보여준다", "피해자의 목소리를 듣는다고 하면서 사실상 한일 사회 주류의 목소리에 더 귀를 기울여온 박유하의 자세", "증언에 대한 곡해", "과거에 대한 왜곡", "아전인수의 방법", "위안부 문제는 협상 과정에서 언급되지 않았다", "위로금을 보상이라 한다", "전후 일본의 일그러진 '통념' 공유"(223쪽)한다는 등의 언급과 박유하의 바람이 "적당한 '망각'", "박유하의 역사수정주의의 시도"라는 단언들 역시 대부분 정영환 등의 주장을 옮겼을 뿐이므로, 이에 대해서는 정영환에 대한 반론에서 다루기로 한다.

해제 글에서 박노자의 독창적인 것으로 보이는 것은 "한국에서는 한일 유착을 원하는 엘리트들과 과거의 트라우마를 그대로 지니는 다수 평민 사이의 괴리만을 노골화시켰을 뿐"(224쪽)이라는 말에서 드러나는 것처럼 자신의 관심사인 계급 문제에 대입시켜 읽으려는 시도뿐이다. 하지만 그는 정작 내가 업자 문제를 제기한 이유가 계급에 대한 문제의식에서였다는 사실은 보지 못했다. 안타까운 일이다.

제2부

피소 이후

1. '세계'의 인식과의 싸움 —『제국의 위안부』를 말한다[1]

『제국의 위안부』를 내고 나서 10개월이 지난 2014년 6월 16일, 나는 피소당했다. 그러자 『교수신문』이 다시 나의 입장에 관해 원고를 써달라고 의뢰했다. 아래 글은 그에 부응해 쓴 글이다. 이후에 쓰게 될, 법원과 여론을 상대로 한 수많은 글들 중 첫 번째 글이기도 하다.

---

1 「'세계의 상식'에 던진 도전장… '다른' 해법도 있다」, 『교수신문』, 2014년 6월 30일자. 『교수신문』은 소개글을 이렇게 달았다. "『제국의 위안부』가 출판된 것은 작년 여름, 8월이었다. 사실 이 책이 출판된 이후 인터넷서점 등에서 책을 구입한 독자들은 비판적인 목소리를 쏟아냈다. 물론, 저자의 주장에 호의적이고 동의하는 목소리도 있었다. 이런 가운데 박노자 오슬로대 교수(한국학)가 『레디앙』(2014년 6월 11일)에 "박유하 교수가 말하는 '용서와 화해'의 이면에 얼마나 끔찍한 국가주의적, 폭력적 사고가 도사리고 있는지"를 따지며 저자의 주장에 동의할 수 없다고 비판하고 나섰다. 이에 대한 저자의 반론과 박노자 교수의 재반박이 이어지고 있는 가운데, '나눔의 집' 측이 이 책에 대한 '판매 금지'를 사법부에 요청하는 사태가 발생했다. 학자의 학문행위와 학문적 자유에 대해 깊이 고민해온 『교수신문』은 저자의 책 『제국의 위안부』에 대한 관련 분야 연구자들의 깊이 있는 서평과 함께, 과연 한 사람의 학문적 주장을 문제 삼아 이를 사법적 판단으로 몰아갈 수 있는지, 이것이 학문의 자유에 대한 침해가 되지는 않는지 등의 문제를 다양한 관점에서 검토하고자 한다. 아울러 저자의 민족주의 인식, 동아시아 화해의 방법 등에 대해서도 진정성 있는 학문적 논쟁이 이어지길 기대하면서, 『제국의 위안부』 지면논쟁 첫 회로 저자 박유하 교수의 글을 싣는다."

2014년 6월 16일, 세월호 참사에서 꼭 두 달 후였던 이날은 개인적으로는 세월호만큼의 충격과 크기로 기억될 것 같다. 나의 책 『제국의 위안부—식민지지배와 기억의 투쟁』이 나눔의집에 계신 위안부 할머니들의 명예를 훼손했다면서 판매 금지를 요구하는 고소고발을 당했기 때문이다. 뿐만 아니라, 법률적 재판에 들어가기도 전에 고소고발의 주체(위안부 할머니들이 원고로 돼 있지만, 실은 나눔의집 소장과 그에게 의뢰받은 젊은 변호사가 소송의 실질적 주체이다)가 책 내용을 왜곡해 언론에 전달한 탓에 여론재판이라는 곤욕까지도 치러야 했다.

작년 여름에 낸 책을 둘러싸고 이제 와서 이런 일이 벌어진 배경에는, 내가 책을 낸 이후 나눔의집 위안부 할머니들 중 일부 분들과 꽤 깊은 교류를 갖게 된 일이 있다. 나눔의집 소장은 나와 할머니의 교류를 경계하면서 방해조차 했는데(그 과정에서 나는 나눔의집의 문제를 많이 알게 됐다), 그에 더해, 최근에 나와 비슷한 문제의식을 갖는 학자·언론인·지원단체 대표와 함께 열었던 심포지엄(동아시아의 미래를 생각하는 사람들 주최, 「위안부 문제, 제3의 목소리」, 2014년 4월 29일)이 언론에 긍정적으로 받아들여진 것이 이번 고소고발 사태의 직접적인 원인으로 작용했다. 이는 추측이 아니라, 법원에 제출된 고소장에 실제로 심포지엄에 대한 언급과 경계의식이 적혀 있었기에 하는 이야기다.

그동안 한국의 지원단체는 일본 정부가 아무것도 하지 않은 것처럼 말하면서 위안부 문제의 해결방식으로 '법적 해결'을 주장해왔다. 하지만, 그들의 주장은 정확하지 않을 뿐 아니라 '법적 해결'이라는 해결방식의 근거로 삼는 논리들에도 몇 가지 문제가 있었다.

그런데도 그들의 인식과 운동방식이 아무런 검증 없이 그대로 '한국의 생각'이 돼버린 상황에 나는 문제를 느꼈었다. 말하자면 20년 이상 문제가 해결되지 않는 이유는 일본 탓만이 아니라 정확하지 않은 비판과 잘못된 운동방식에도 있다고 생각했다. 그래서 이 20여 년 동안 위안부 문제를 둘러싸고 어떤 일이 있었는지를 설명하고, 조선인 위안부라는 존재가 도대체 어떤 존재였는지를 근본적으로 다시 한번 생각해보려 했던 것이다.

그런데 나와 마찬가지로 지원단체에 비판적인 생각을 갖게 된 이들이 함께 심포지엄을 열고 우리가 내보낸 메시지에 한일 언론이 주목하는 상황에 대해 그들은 위기의식을 느꼈던 것 같다. 심지어 고소장은, '해방 후 한국'에 대해 언급하면서 "70세가 다 되어가도록 그 이전의 자신의 모습을 직시할 수 없다면… 용기가 부족해서라고 할 수밖에 없다"(134쪽)라고 썼던 부분을 위안부 할머니에 대해 한 말로 오해하고 "일본군 위안부의 명예를 악의적으로 훼손"했다고 하는 식의 터무니없는 오독까지 하고 있었다. 그리고 내가 사용한 단어나 인식들을 아무런 근거 없이 무조건 '허위'라고 주장하는, 오히려 위안부 문제에 관한 고발자들의 무지를 드러내는 주장들이 나열돼 있었다.

나는 이 책에서 두 가지를 시도했다. 하나는 단순히 학문적 논의에 그치지 않고 국가 간 '해결'이라는 것이 요구되는 문제에 필수적일 가능한 한 많은 정보와 그에 기반한 새로운 인식 제공. 또 하나는 위안부 문제를 기존 연구들은 '전쟁'이 야기한 문제로 풀려 했지만 조금 더 범위를 넓혀 '제국'(확장된 국가세력)의 문제로 푸는 작업. 근대 초기에 이루어진 사람들의 '이동'과 연계해서 현대의 기지 문제까지 다루게 된 건 두 번째 시도의 결과였다. 그 과정에서 의도한 것이 과거의 제국인 일본에 대한 비판이라는 것은 말할 필요도 없는 일이지만, 현재의 동아시아 갈등의 배경에 미국이라는 존재가 있다는 사실도 환기시키고 싶었다. 다시 말해 위안부는 국가세력을 확장하려 한 '제국주의'가 만든 존재지만, 이후의 냉전에 의해, 현재까지 이어지고 있는 또다른 현대의 '제국'이 여전히 만들고 있는 현대의 위안부 문제가 보이지 않고 있다는 데 대한 지적이 이 책의 또 하나의 의도였다.

오랜 시간에 걸쳐 만들어진 '세계의 상식'에 도전장을 던지는 이 책이 어떻게 받아들여질 것인지 우려하지 않을 수 없었다. 하지만 출간 직후의 언론의 반응은 예상 밖으로 호의적이었다. 하지만 책에서 제기한 인식은 더 이상 확산되지 않았고, 한일관계는 더한층 악화돼가기만 했다. 심포지엄을 열었던 건 그 때문이고, 무엇보다 지원단체와는 '다른' 해결법을 원하는 할머니들의 목소리를 전하기 위해서였다.

그렇게, 세상에는 거의 들리지 않았던 목소리와 함께 기존의 큰 흐름 속에서 이 역시 묵살되고 들려오지 않았던 목소리들—예를 들면 일본이 1990년대에 행한 사죄와 보상은 민간기금의 형태를 띠었지만 실질적으로는 정부가 중심이 된 사죄·보상이었다는 사실, 수도권을 중심으로 하는 지원단체들의 운동방식(소녀상을 세우거나 일본이 아닌 세계에 호소하는 방식)에 대한 지방 지원단체의 비판, 그리고 위안부 문제를 해결하기 위해서는 이제까지의 운동방식과 상식이 되고 만 정보와 인식을 재검토하고 이 문제를 원점으로 돌아가 다시 생각해야 한다는 의견 등을 내보냈다. 그에 기반해, 기존 지원단체의 의견에만 의존할 것이 아니라 위안부 당사자를 포함한 다양한 목소리를 들을 수 있는 협의체 구축, 두 나라에 부족했던 정보를 전달하고 서로에 대한 이해를 심화시키는 작업, 바깥에서 타국을 향해 서로를 비난하는 것이 아니라 서로를 마주보고 행하는 문제 해결이 필요하다는 제안을, 한·일 양국의 정부와 언론과 지원단체를 향해 제기했다.

말하자면 이번 고소고발 사태는 그간의 지원단체와 소수의 연구자들의 주장이 위협받는 일에 대한 '원천봉쇄 시도'라고 나는 이해한다. 그리고 아이러니하게도 그런 시도와 왜곡된 보도자료가 야기한 마녀사냥은, 역사 문제를 둘러싼 일부 진보진영의 인식과 담론에 대한 나의 문제의식이 옳았음을 다시 한번 확인하는 계기가 됐다.

따라서 나는 이번 사태가 나의 책에 대한 관심이나 비판을 넘어 진보담론의 어떤 현장에 관해 논하는 공론의 장으로 이어지기를 바라고 있다. 그렇게 해서 이번 일이 한국사회의 문제에 대해 근본적으로 성찰할 수 있는 또 하나의 계기가 될 수 있다면, 내게 갑작스럽게 닥친 폭력적인 사태에도 그나마 의미 부여가 가능할 것이기 때문이다.

2. 인식은 어떻게 폭력을 만드는가 –서경식의 비판에 대해[2]

고소 이후 나는 페이스북을 통해 가능한 한도 내에서 자기변론을 폈다. 한동안 여러 학자들과 논쟁을 하기도 했다. 이하는 그 과정에서 쓰게 된 글이다.

최근에 재일교포 작가 서경식 교수가 한국에서 강연을 했다고 들었다. 그리고 그 강연에서 서 교수가 다시 한번 나를 비판했다는 것을 『한겨레』를 통해 알았다.[3]

서경식 교수와 우에노 교수, 그리고 나의 관계에 대해서는 지난 7월 19일에 '학문과 정치'라는 제목으로 페이스북에 쓴 적이 있다. 또, 『한겨레』의 나에 대한 공격의 중심에 서경식 교수와 윤건차 교수의 글을 번역해온 기자가 있었다는 것은 『제국의 위안부』 후기에 이미 쓴 바 있다.

2009년 12월, 나는 내 책이 "일본 우익의 찬사를 받"았다고 쓴 『한겨레』 한승동 기자에게 전화를 걸어 항의했었다. 그에게 근거를

2 박유하 페이스북, 2014년 12월 6일.

3 「일본 지한파 안에 위험한 국가주의」, 『한겨레』 2014년 12월 2일자.

말해달라고 하자 그는 이 두 재일교포 교수에게 들은 이야기라면서 그들에게 확인하고 나서 다시 연락 주겠다고 했다.

하지만 얼마 지나서 내가 들은 대답은 서 교수는 답장을 주지 않았다는 말과, 윤 교수의 경우 나에게 굳이 대답하지 않아도 된다는 조언이 있었다는 얘기뿐이었다. 윤 교수는 그나마 시마네 대학의 어떤 교수가 쓴 짧은 블로그 글을 보내주었는데, 그 글은 그저 나의 『화해를 위해서』를 흥미롭게 읽었다는 내용이었다. 말하자면, 재일교포 '지식인'들이 전한 "일본 우익의 찬사"란 "흥미롭게 읽었다"는 독후감을 악의적으로 침소봉대한 것이다.

결국 한 기자는 나에게 전화로 사과했지만, 공식 사과는 할 수 없다고 했다. 그래서 나는 그 문제를 언론중재위원회로 가지고 가야 할지 한동안 고민했다. 하지만 결국 그냥 지나가기로 했다.

그때의 나의 선택을 후회하게 된 건 그로부터 무려 5년 후, 책에 대한 고발이라는 폭력적인 사태를 맞고 난 이후다. 내가 겪게 된 고통은 나에 대한 거짓말이 공유되고 확산되기 시작했을 때 적극적으로 반박하지 않았던 나의 태만이 만든 일이기도 하다.

고소고발 사태는, 직접적으로는 나눔의집 소장과 고문변호사가 일으킨 일이다. 하지만, 그 근원에는 일부 재일교포 지식인들의 중상과 그들의 말을 확인 없이 믿고 기사로까지 쓴 『한겨레』 기자의 악의적인 태만이 존재한다. 고소장에는, 고소날짜에서 6년 전인 2008년에 『화해를 위해서』를 두고 "처음에는 넌지시, 결국에는 고압적으로 피해자의 요구가 비현실적인 과제임을 시사하면서 화해를 가로막고 있는 것은 피해자 쪽의 무지와 몰상식, 원한이라고 주

장"[4] 했다는 서경식 교수의 생각이 그대로 원용되어 있었다.[5]

그래서 나는 이들이 나에 대한 고소를 어떻게 생각할지가 궁금하다. 하긴, 고소 직후에 『화해를 위해서』를 문제 삼은 원고 측을 지지하는 기사를 내보낸 걸로 보아 『한겨레』는 고발을 지지하는 듯하다.

문제는, 이 문제가 나 하나의 문제가 아니라는 점이다. 나는 서 교수에게 묻고 싶다. 와다 하루키和田春樹 교수나 우에노 지즈코 교수 같은 이들을 적으로 돌리고 어떻게 일본의 우파/국가주의자와 싸우겠다는 것일까.

내가 서 교수와 다른 점은, 사고의 차이도 있지만 기본적으로는 싸움의 방식이다. 나는 학문에서의 싸움과 정치적 싸움을 구분한다. 그리고 서 교수는 위안부 문제에 관해 '구조적 강제성'이 있다고 했는데, 그건 이미 2005년에 내가 『화해를 위해서』에서 제기한 개념이다. 이후에도 나는 내가 제기한 논지로 나를 비판하는 글을 여러 번 보았다.

그들이 고발이나 처벌을 요구하는 식의 폭력을 용인하는 것이라면, 그리고 자신들의 생각만이 정의라고 여전히 생각하는 것이라면, 나 역시 본격적으로 싸우지 않을 수 없다. 고소고발 이전에는 일로 바빠서, 고소고발 이후엔 그들이 야기시킨 지탄(싸움의 방식에서 그들은 여러 수 위였다. 그들은 오로지 나의 책을 왜곡해 유포하는 일만으

---

4 서경식, 「타협 강요하는 '화해'의 폭력성」, 『한겨레』 2008년 9월 12일자.

5 2014년 6월 16일에 서울동부지방법원에 제출된 「도서출판 등 금지 및 접근금지 가처분신청서」에는 고소 이유를 "사회적 해악의 중대성"에서 찾으면서 "(일본이 잘못했음에도) 박유하는 오히려 한국의 인식과 접근방식이 잘못되어 일본의 화해의 손길에서 스스로 멀어지고 있다고 주장하는 것"이라는 주장이 쓰여 있다. 하지만 내가 한 한국 비판은 정대협 비판이었으니, 이들은 정대협을 '피해자'나 '한국'으로 치환해서 재판부와 독자의 분노를 일으키려고 시도한 셈이다.

로 나를 짓밟을 군중들을 동원할 수 있다는 것도 알고 있었다)에 맞서느라 여력이 없었다.

비판자들에 대한 나의 반론은 나에 대한 비판에 맞서는 것이기도 하지만, 더욱 근본적으로는 '적대와 폭력을 부르는 담론'에 맞서기 위한 것이기도 하다. 그들의 담론은, 그들의 주장과는 반대로 평화 아닌 갈등을 불러왔다.

나의 싸움은 내가 일본 정부의 돈을 받았다느니, 위안부 할머니들께 20억을 받아주겠다고 했다느니 하는 식의 어처구니없는 '중상'과, 그에 반해 그럴듯해 보이는 지식인들의 '인식', 그 양쪽을 함께 상대해야 하는 싸움이다. 수준이 달라 보이지만, 국가권력과 국민을 동원하고 있다는 점에서 이 양쪽은 다르지 않다. 그들은 '배타적 적의'를 환기/확산시키면서, 그들과 '다른' 말을 하는 이질적 존재를 '외부자'로 호명해 색출 중이다.

3. 기억의 정치학을 넘어서 —『제국의 위안부』 피소 1년[6]

수많은 이들이 신문과 TV와 인터넷매체를 통해 나를 비난했지만, 나를 지지하고 옹호해주는 이들도 나타났다. 기존의 지인들도 탄원서를 재판부에 제출해주었지만, 한동안 거의 매일 쏟아졌던 비난에 대해 그들에 '직접' 맞서서 옹호해주었던 건 주로 페이스북 친구들이었다. 곧 그들과의 만남을 가졌고, 1년 후에는 기존 지인들과 함께 심포지엄을 열기에 이르렀다. 이하의 글은 그 모임이 공식 발족될 때 행한 기념 심포지엄에서 발표한 발제문이다.

1. 위안부 문제를 둘러싼 인식의 변화

위안부 문제에 관한 인식을 둘러싸고 이 1년 동안 현저한 변화가 있었습니다.

작년 8월에 『아사히 신문』이, 그리고 11월에 『홋카이도 신문』이

---

6 '동아시아화해와평화의목소리' 창립 기념 심포지엄 〈역사를 마주하는 방식〉 발제문 (2015년 6월 20일).

'강제연행'에 관한 과거의 기사를 취소한 사태는 그 변화를 보여주는 대표적인 사건이었습니다.[7] 그리고 지난 5월에는 미국을 비롯한 세계의 저명한 역사학자들이 이 문제에 관한 의견과 제언을 발표했습니다.[8]

특히 주목해야 할 것은 한일 지원단체들이 기존 입장을 바꾼 사태입니다.

충분히 알려지지 않았지만, 위안부 문제를 둘러싼 공방은 '법적 책임', '국가배상'이라는 두 단어에 집중되어 있습니다. 즉 지원단체는 일본이 책임을 지려 하지 않는다, 사죄도 보상도 하지 않는다는 식으로 이 20여 년 동안 말해왔는데, 그 말의 의미는 '법적' 책임을 지지 않았다는 것입니다. 일본은 보상을 했지만 이른바 '도의적 보상'이었고, 그런 것이 아닌 '법적' 보상을 하라는 것이 그간의 주장이었습니다(『제국의 위안부』 참조). 그러나 국회에서 '입법'을 해야 한다고 주장해온 지원단체가 그런 주장에서 한걸음 물러나 꼭 그런 입법을 하지 않는 방식이라도 좋다고 입장을 바꾼 것입니다.[9] 이 모두가 이 20여 년의 동향, 그리고 2007년에 미국 하원이 국회 결의를 통해 일본에 사죄를 요구한 이후 세계가 그에 동조했던 이 8년간의 동향에 비추어 괄목할 만한 변화입니다.

---

7 『아사히 신문』 2014년 8월 5일자, 8월 6일자 기사, 『홋카이도 신문』 2014년 11월 17일자 기사.

8 『제국의 위안부』 '제2판 34곳 삭제판'(2015)에 부록으로 실었다.

9 『홋카이도 신문』 2015년 4월 25일자 조간은 「위안부 문제 '법적 책임' 추구하지 않기로, 한국 정대협 이전방침을 전환」이라는 기사를 실었다. 그런데 일주일 후인 5월 1일 조간에는 「위안부 문제 '법적 책임' 내용을 설명, 한국 정대협 해결 방향성을 제시」라는 제목으로 정정기사가 실리게 된다. 정대협의 항의를 받은 결과였다. 내부혼선이 빚은 일로 보인다.

그동안 지원단체와 관련 연구자들이 '법적 책임'을 주장해온 근거는 위안부 문제 발생 초기에 여러 가지 이유로 '군인이 강제로 끌어간 것'으로 이해되면서, 범법에 근거한 '국가배상'을 해야 한다고 생각했던 사고에 있습니다. 그러나 이후 조금씩 초기 이해와는 다른 연구도 나오기 시작했습니다.

하지만 이런 인식의 변화가 '공적으로' 공개된 적은 없습니다. 또한 일본인 위안부의 존재, 업자의 존재, 인신매매 등이 공식적으로 공표되고 논의된 적도 없었습니다.

그리고 위안부 동원 방식이 이른바 '강제연행'과는 조금 다른 상황이었다는 사실이 세간에 조금씩 알려지자, 별다른 설명 없이 이번에는 일본군이 인신매매의 주체였다는 뜻으로 '강제연행'이라는 단어가 사용되게 됩니다.[10] 그리고 그에 관한 일본의 '법적 사죄',

---

10 요시미 요시아키吉見義明, 「일본군 '위안부' 문제에 대하여–『워싱턴포스트』의 '사실' 광고를 비평한다日本軍「慰安婦」問題について–「ワシントンポスト」の「事實」廣告を批評する」, 『계간季刊 전쟁책임연구戰爭責任硏究』 제64호(2009년 봄호) . 요시미는 여기서 일본의 패전 이전 형법 33장 제226조가 위안부 문제를 생각하는 데에 중요한 법이고, 실제로 처벌된 적도 있다는 사실을 언급하고 있다. 그런데 처벌된 것은 일본 국가가 아니라 업자였다.

요시미는, 이 법에서 국외이송목적약취죄, 국외이송목적유괴죄, (국외이송목적–원문의 괄호)인신매매죄, 국외이송목적죄의 4개 사항이 '범죄'로 인정되었다고 설명하고 있다. 국외이송목적약취죄는 (피해자의 저항을 억압하는 강도의) "폭행 혹은 협박을 수단"으로 한 행위, 국외이송목적유괴죄는 "기망 혹은 유혹을 수단"으로 한 행위(동시에 "'기망'이란, '허위사실을 말해 상대를 착각하게 만드는 것'", "'유혹'이란 '감언으로 상대를 행동하게 만들어 판단의 적부를 잘못 판단하도록 만드는 일'"이라는 설명도 덧붙여두고 있다)라는 설명과 함께, 인신매매죄는 "전전戰前 형법에서는 국외이송 케이스에만 해당"되었고, "국내 인신매매가 처벌된 것은 2005년"이어서 "그때까지는 국외이송목적을 제외하고는 인신매매를 범죄로 간주하지 않았다", "국외이송목적죄"는 "약취 혹은 유괴 혹은 매매된 자를 해외로 이동시키는 일"이었다고 설명하고 있다.

그리고 "협의의 강제"만을 만을 "강제연행"으로 간주해온 의견에 대해 "실제로는 협의/광의의 차이는 없습니다. 죄의 무게는 같습니다. 이 네 가지에 형벌 차이는 없는 게 됩니다"(3~4쪽)라고 주장한다. 이른바 '광의의 강제성'까지도 '협의의 강제성'과

'국가배상'을 묻고 있는 것이 위안부 문제를 둘러싼 현재의 상황입니다.

사실 위안부 관련 지원단체조차 윤명숙의 견해를 인용하면서 더 이상 한반도에서의 강제연행을 강조하지 않습니다. '식민지 통치' 하이기 때문에 오히려 그런 식의 강제가 이루어질 수 없었다고 말한 바 있습니다.[11]

그런데 실은 이 점이 바로 제가 『제국의 위안부』에서 말한 내용입니다. 아무리 식민지라도 '법'에 위반되는 일을 마음대로 할 수는 없습니다. 일본은 조선인들을 차별했지만, 법적으로 허용된 사상범 단속 등 외에는 식민지이기에 오히려 조심스럽게 통치하기도 했습

동일시하는 것이다.

하지만 이런 식의 애매한 규정 자체도 문제려니와, 강제성의 직접적인 주체를 일본 국가로 규정하면서도 국가가 형벌의 대상이 될 수 있는지 여부에 관한 논의가 없다는 점과, 국가와 그 안에서 움직인 주체의 관계성에 관한 논의가 없다는 점, 그리고 업자의 주체성이 무화되고 있는 점 등에서 요시미의 논의는 대단히 거칠고 비약적인 논의가 아닐 수 없다. 각각의 행위가 법으로 처벌될 경우 차이가 있는 만큼, "죄의 무게는 같"지 않다. 그럼에도 요시미는 기존 상식이었던 '군인에 의한 물리적 연행'과 '업자가 속임수 등을 써서 데려간 행위'를 구별하지 않고 모두 같은 것으로 취급한다. 주체의 차이, 행위의 차이를 소거시키고 있는 것이다. 도쓰카 에쓰로戸塚悦郎를 원용해 1932년에 "나가사키에서 (업자가) 여성들을 속여 데려간 케이스는 처벌받았"다면서 "경영자나 주선인"들이 사용한 "기망"이나 "감언"이 "유죄"가 된 경우에서 "국외이송유괴죄/국외이송죄가 적용되어 주선인과 위안소 경영자가 유죄가 되었다"고 분명히 피처벌 주체를 명기해두면서도(4쪽), 이때 업자가 처벌받은 것은 업자가 자발적으로 행동했기 때문이고 이후에는 군의 결정에 의한 것이었기 때문에 "묵인"되었을 거라는 것이다. 나 역시 "묵인"을 지적했지만, 요시미가 설명한 형법 226조에 의하더라도 군의 주체성은 더 세밀한 논의가 필요한 부분이다. 그럼에도 요시미의 이해가 일본 학계에서는 대세가 되었다.

11 "더욱이, 일제하 조선에서의 징집 형태는 식민지지배와 불가분 관계를 갖고 있는데, 필리핀이나 중국 등 점령지에서는 군인이 전면에 나섰지만, 식민지에서는 군인이 대대적으로 총검을 앞세우고 나물캐는 조선 처녀를 트럭에 강제로 실어서 끌고 가는 것과 같은 행태의 징집보다는, 취업사기나 인신매매와 같은 이미 조선에 이식되어 있던 공창제도의 메커니즘이 이용되었습니다."(『제국의 위안부』 민사소송 담당 재판부에 제출된 원고 측 변호인의 준비서면 12쪽, 2014년 10월 20일)

니다. 통치에는 협조자들이 필요하니 당연한 일이기도 합니다. 문제는 이러한 강제연행을 둘러싼 그런 인식 변화가 '공적으로' 공표되지는 않았다는 점입니다.

그런 이들 중 일부는 『한커우漢口 위안소慰安所』의 속아서 온 여성들이 있었다는 사실을 언급하면서 "유괴와 인신매매에 의한 국외이송죄(형법 226조)에 해당"하니 "업자에게 법령 위반의 책임을 물어 (여성을) 되돌려보내야 했다"고 주장합니다.[12] 하지만 『한커우 위안소』를 다시 읽어보면 그런 인식은 꼭 옳다고만은 할 수 없습니다.

> 9월 들어, 업자들이 위안부의 숫자 감소를 이유로 충원을 신청했기 때문에, 지부는 허가했다. 10월, 징한선(京漢線: 베이징北京과 우한武漢의 한커우漢口를 잇는 철도노선-인용자)을 경유해 두 조선인의 인솔하에 30여 명의 여자들이 조선에서 도착했다. 어떤 사람이 어떤 수단으로 모집했는지 지부가 알 수는 없었으나, 그중 한 여자가 육군 장교들 집회소인 가이코사偕行社에 취직한다는 약속을 하고 왔는데 위안부일 줄은 몰랐다고 울면서 취업을 거부했다. 지부장은 업자가 그 여자한테 일을 시키지 못하도록 하고, 적절한 다른 곳에 취직시키라고 명령했다. 아마도 소개업자 같은 사람들이 속임수를 써서 모집한 것일 터였다.(나가사와 겐이치長澤健一, 『한커우 위안소』, 図書出版社, 1983, 221쪽)

나가이의 말대로, 업자를 처벌한 흔적은 보이지 않습니다. 하지

---

12 나가이 가즈永井和, 「'위안부' 문제에서 군이나 국가의 '강제'를 어떻게 생각할 것인가「慰安婦」問題における軍や國の「强制」をどのように考えるか」(나가이 블로그 https://ianhu.g.hatena.ne.jp/nagaikazu/)

만, 이 경우는 속임수를 사용한 주체가 꼭 업자라고 단정할 수는 없습니다. 직업소개소 혹은 개인적인 소개인이 중간에 더 있는 경우가 많았고, 실제로 이 책을 쓴 군의관도 그렇게 인식하고 있습니다. 말하자면 "유괴"의 주체를 위안소 경영자(업자)라고 하기 어렵고, 이른바 "인신매매"를 통해서 왔는지도 불분명합니다. '길거리 유괴'의 경우는 한반도에서도 처벌했고, 이 경우는 "취직한다는 약속"을 하고 왔으니 그런 길거리 유괴와는 다르다고 해야 합니다. 그럼에도 불구하고 이 경우를 "유괴와 인신매매"로 단정하고 '업자를 처벌하지 않았으니 국가(군)의 묵인이 있었다, 따라서 국가범죄다'라는 나가이의 논지는 비약일 수밖에 없습니다.

위안부 중에는 일본인도 있었으니, 군인들이 폭력적일 수는 있어도 유괴 등의 물리적인 불법적 행위까지 마음대로 할 수는 없다는 것은 엄격한 규범이 강요된 군대 내부의 일인 만큼 당연한 일입니다. 물론 예외는 있었을 수 있지만, 중요한 건 이른바 '강제연행'이 '국가 공식 방침'이었는지 여부이고, 그것이 곧 '불법' 여부를 판단하는 중요한 요소이며, "법적 책임"을 물으려면 그러한 전제가 필요합니다.

위안부 문제를 둘러싼 수많은 오해는 '일본군과 조선 등 타국 여성'의 관계 구도로 이해된 데서 비롯되었습니다. 물론 지원자들은 일본인 위안부의 존재에 대해서도 알고 있었지만, 오랫동안 일본인 위안부를 조선인 여성과는 다른 존재로 취급해왔습니다. 그렇게 된 이유는 여러 가지가 있지만, 특히 '일본인은 매춘부, 조선인은 순진무구한 소녀(처녀)'라는 이해가 그런 정황을 만들어왔습니다.

최근에야 일본에서 일본인 위안부에 관한 본격적인 연구서가 나왔는데, 일본의 지원단체 대표였던 어떤 이는 이제 위안부 문제에 대해 "공창업자뿐 아니라 민간인도 다수 여성의 매매와 사기적 알선에 관계했다는 걸 알았다", "전쟁이 나기 이전부터 여성을 인신매매나 사기로 매춘으로 몰아넣는 업자가 실로 많이 존재했"다고 말합니다.[13]

말하자면, 위안부 조달의 기본 구조가 '강제연행'이 아니라 '인신매매'를 통한 것이었고 일본인은 물론 이른바 '매춘부' 역시 위안부 시스템 속에 있었다는 사실을 이제 지원단체도 공식적으로 인정하게 된 것입니다.

실은 일제 강점기의 한반도에는 일본인이 수십만 명 살고 있었습니다. 당연히 그들 중에 위안부로 나간 이도 적지 않았던 것으로 보입니다. 가와다 후미코川田文子가 쓴 『빨간 기와집-일본군 위안부가 된 한국 여성 이야기』(오근영 옮김, 꿈교출판사, 2014)에는 부산으로 모집된 여성들 중에 "일본 여자도 두 명 섞여 있었다"(58쪽)는 기술이 보입니다. 또, 조선의 서울이나 원산 지역의 위안소 앞에 군인들이 늘어서 있는 풍경을 묘사한 글도 남아 있습니다.[14]

---

13 니시노 루미코西野瑠美子 외,『일본인 위안부–애국심과 인신매매日本人慰安婦–愛國心と人身賣買と』(現代書房, 2015).

14 서울(경성)에서 태어난 작가 가지야마 도시유키梶山季乙(1930~1975)는 그의 단편에서, 자신보다 어린 소년병사가 위안소 행렬에 줄서 있던 것을 본 장면에 대해 "극락언덕에는 언제나처럼, 군인들이 늘어서 있었다. 곧잘 볼 수 있는 일이었고, 익숙한 정경이었기 때문에 나는 신경쓰지 않고 언덕을 내려가려 했다"(「성욕이 있는 8월性欲のある8月」,『성욕이 있는 풍경性欲のある風景』, 河出文庫, 1985, 33~34쪽)라고 썼다. 한편 비슷한 시기에 함경남도 영흥에서 태어난 고토 메이세이後藤明生(1932~1999)는 훗날 숙부와 식민지에서 있었던 일에 대한 대화를 나누면서, 원산에서 본 풍경을 아래와 같이 기술했다. "미도리마치 앞을 곧잘 지나다녔다. 미도리마치는 원산 변두리 언덕 위에 있었다. 원산중학 기숙사에서 원산 시내를 지날 때는 그 언덕 앞 평원도로를 지나지 않으면 안 된다. (…) '그 언덕을 올라가는 해군들을 곧잘 봤습니다.' '나

위안부 제도를 지탱하는 시스템이 '인신매매'였다는 사실은, 우리의 기존 인식—'강제로 끌려간 어린 소녀'라는 인식에 담긴 연행 주체와 정황에 대한 이해의 재검토를 요구합니다.

그러나 한국에서는 아직 1990년대 초기에 정착된 '강제로 끌려간 위안부' 이미지가 지배적입니다. 그리고 주한 일본대사관 앞 소녀상은 '강제연행' 인식이 아직 (공적으로는) 지배적이던 시기에 만들어진 상입니다. 2011년 겨울에 처음으로 소녀상이 세워진 이후 서울 이외에도 여러 곳, 그리고 미국에까지 세워지게 되었고, 해방 70년을 맞아 금년에는 전국적인 추세로 소녀상 건립이 추진되고 있는 중입니다. 하지만 그런 의미에서는 소녀상의 의미는 재고되어야 할 것입니다. 소녀상이 기존 '강제연행' 인식을 상징하는 것으로 기능하고 있기 때문입니다. 서울시마저 광화문이나 시청앞 광장에 소녀상을 세우겠다고 발표한 바 있는데, 정말 세운다면 위안부의 좀 더 근원적인 본질—가부장제하에서 국가의 세력 확장에 개인의 성을 동원당한 여성들이라는 보편적 의미를 담아야 할 것입니다.

2. '세계의 생각'의 편향된 이해

그런데 지난 5월 초에 미국의 역사학자들이 일본 정부에 보낸 공개서한은 이들의 인식이 한국이나 지원단체의 표면화된 인식과는 같지 않다는 것을 보여주었습니다.

는 아직 그럴 나이는 아니었지.'"(「다카사키행高崎行」, 『꿈 이야기夢かたり』, 中央文庫, 1976, 154~155쪽)

자세한 내용은 오늘 자료집에 수록된 내용을 참조해주시기 바랍니다만, 이들의 서한은 일본 정부와 국민도 대체적으로 납득할 것으로 보이는 내용입니다. 또한 비판/비난이 아니라 설득/권고 논조입니다. 충분히 논의되고 고심한 흔적이 뚜렷한, 결과적으로 섬세하고 합리적인 내용이라 하겠습니다.

주목해야 할 것은 이 성명에서 '인신매매', '성매매'라는 단어가 사용되었다는 사실입니다.

즉 미국의 역사학자들도 더 이상 한국이나 지원단체가 주장하는 '강제연행'을 말하지 않습니다. 아베 수상이 인신매매라는 단어를 사용했다면서 한국은 비난했지만, 그 인식은 이미 아베 수상만의 것이 아닙니다. 그리고 중요한 것은 이 역사학자들의 성명이나 일본 지원단체의 책이 그렇듯, 이들의 '인신매매'라는 이해는 위안부 문제를 부정하기 위해 쓰인 것이 아니라는 점입니다.

그러나 한국의 언론들은 이 성명이 한국/중국을 비판했다는 사실은 전달하지 않았고, 마치 그간의 한국의 주장을 지지한 서한인 것처럼 보도했습니다. 이는 오랫동안 이어져온 한국 언론의 편견과 태만에—직접 취재하지 않거나 번역하지 않는—기인한 일이라 하겠습니다. 그런 식의 편향적 태도는 위안부 문제가 오래 이어지면서 지원단체를 중심으로 한 인식만이 깊고 넓게 확산되고 정착된 결과입니다.

반대로, 일본 언론에는 보도된 '베트남 한국군 위안소' 기사[15]는 한국에는 거의 보도되지 않거나 뒤늦게야 알려지는 현상이 일어납

---

15 「한국군이 위안소 설치-베트남 전쟁 시 미 공문서에 기술韓國軍が慰安所経營—ベトナム戰争時米軍公文書に記述」, 『산케이 신문』 2015년 3월 30일자.

니다. 정도의 차이는 있지만, 그런 식의 위안부 문제를 둘러싼 정보의 차단과 왜곡이 한국에서는 이 20년 동안 이어져왔습니다.

미국 학자들에 이어 5월 말에는 일본 역사학자들의 성명도 발표되었습니다.[16] 하지만 여기엔 미국 학자들의 성의를 다한 성명에 대한 언급은 전혀 없었습니다. 그리고 결론부터 말한다면, 이들의 성명 내용은 일본 정부와 이 문제에 회의적인 일본 국민들을 설득하기에는 역부족인 내용이었습니다. 내용이 틀려서라기보다는 해야 할 이야기의 반밖에 없는 성명이었기 때문입니다. 실제로 일본 신문 중에 이 성명을 보도한 곳이 가장 진보적인 신문인 『아사히 신문』과 『도쿄 신문』뿐이라는 사실도 그런 정황을 설명해줍니다.

이 성명에 대해 침묵한 일본 언론들 중에는 위안부 문제 자체를 부정하고 싶어하는 언론도 없지 않지만, 모두가 그런 것은 아닙니다. 그런데, 이 성명이 발표되자마자 일본 인터넷에서는 이 성명에 대한 비판과 야유가 들끓었습니다. 일반적인 일본인들이 갖게 된 인식을 이 성명은 담고 있지 않았기 때문입니다. 옳고 그르고를 떠나, 그런 언론과 국민들에 대한 이해와 설득이 없는 한 위안부 문제의 해결은 어렵습니다.

그런데도 한국 언론은 이 성명이 일본을 대표하는 것처럼 대서특필했고 참여인원이 많다는 것만을 강조하려 했습니다. 하지만 자신도 회원인데 학회가 자신에게는 의견을 묻지 않았고 앞으로도 참여할 생각이 없다고 페이스북에 쓴 일본인 학자도 있었습니다. 이 사

---

16 일본역사학협회를 비롯한 일본의 역사학 관련 16개 단체의 「'위안부' 문제에 대한 일본의 역사학회·역사교육자단체의 성명「慰安婦」問題に關する日本の歷史學會·歷史教育者団体の聲明」, 2015년 5월 25일(http://www.torekiken.org/trk/blog/oshirase/20150525.html).

실은 그러한 접근의 문제점을 보여줍니다.

일본인 학자들의 성명은 "본인의 의사에 반한" "연행"도 "강제"라고 말합니다. 그러나 이전에 "군인에 의한 직접 연행"을 "강제연행"이라고 말해왔던 기존 인식과의 차이에 대한 공식적인 설명은 지금까지도 없습니다. 공식적인 설명을 하지 않기 때문에, 주요 논점의 내용을 설명 없이 바꾼다는 비판을 사기도 했습니다.

더 중요한 문제는 "본인의 의사에 반한 연행"의 주체를 명시하지 않았다는 사실입니다. 설사 군인이었다 해도 그런 케이스가 오히려 소수이고 그렇게 간 경우도 군이 돌려보내거나 다른 곳에 취직시킨 경우도 있다는 사실, 즉 '본인의 의사에 반해' 가게 된 것까지 국가나 군의 공식 정책이나 방침으로 말하기는 어렵다고는 말하지 않았던 것입니다. 그러나 어느 쪽이 예외적인 일이었는지를 분명히 말해야만 공정할 것입니다. 또 업자가 인신매매했을 경우 군이 어디까지 관여할 수 있었는지도, 비판이든 옹호든 명확하게 그 구조를 언급해야 오해를 피할 수 있었을 것입니다. 그렇게 하지 않았기 때문에 인신매매의 주체가 일본군이라는 오해와, 그에 대한 비판과, 그런 비판을 받아들이지 않는 일본 정부/국민들과의 갈등 상태가 이어지고 있는 것입니다.

성명은 위안부를 "성노예"라고 규정했습니다. 물론 위안부는 구조적으로 "성노예"입니다. 성매매적인 측면에도 불공정한 차별구조가 존재하는 것도 사실입니다.

하지만 '성노예적'인 구조를 지적하는 일과 '강제연행되어 무보수로 착취, 강간당한 성노예'의 이미지로 위안부 이해를 고정시키는 일은 같지 않습니다. 듣는 이들이 떠올리는 내용이 달라지기 때문에, 결국 일반인들의 이해는 여전히 좁혀지지 않게 됩니다. '성노예'였다고 말하려면 그들의 직접 '주인'은 어디까지나 업자였고 강제노동을 시킨 것도 이윤을 얻은 것도 기본적으로는 업자였다는 사실도 말했어야 듣는 이들이 위안부 문제의 총체적인 모습을 이해할 수 있을 것입니다.

물론, 하청업자보다 일감을 준 이를 비판해야 한다는 주장은 그 자체로는 문제가 없습니다. 그러나 '일본'이라는 이름을 주체로 해서 비판할 경우에는 뒤에서 언급하는 여러 가지 모순이 생깁니다. 그런 모순을 무시한 것이 그간의 지원단체 혹은 지원자들이 반발을 산 이유이자 문제 해결을 어렵게 만든 이유이기도 합니다.

성명은 위안부 문제가 "당시의 국내법 및 국제법에 반하는 중대한 인권침해였다"고 설명했지만, 이는 글자 그대로의 '강제연행'에 관한 것이 아닙니다. 그저 인신매매와 이송에 관한 이야기일 뿐입니다. 그러나 그 부분을 명확하게 드러내지 않았습니다.

'인신매매'임을 공적으로 말하는 경우, 지원단체와 연구자들이 그간 주장해온 내용은 이하와 같이 정리할 수 있습니다.

a. 인신매매임을 알고도 업자를 처벌하지 않고 놔두었으니 불법[17]

b. 일본에서는 매춘업에 종사하는 여성이라도 21세 이하는 도항하지 못하도록 했는데, 조선에서는 21세 이하도 가능하도록 해서 어린 소녀들을 위안부로 동원 가능하도록 했다[18]

---

17 앞의 나가이 가즈永井和 논문, 「'위안부' 문제에서 군이나 국가의 '강제'를 어떻게 생각할 것인가「慰安婦」問題における軍や國の「強制」をどのように考えるか」.

18 앞의 요시미 요시아키吉見義明 논문, 「일본군 '위안부' 문제에 대하여—『워싱턴포스트』의 '사실' 광고를 비평한다日本軍「慰安婦」問題について—「ワシントンポスト」の「事

c. 일본에는 취업사기나 인신매매가 일어나지 못하도록 하는 법적 규제가 존재했는데, 식민지에서는 그렇지 않아 사기나 인신매매가 쉽게 이루어지도록 했다[19]

하지만, 이 주장들엔 문제가 있습니다. 우선 이 주장들에는 '조선반도 거주 일본인 여성'에 대한 인식이 결여되어 있습니다. 기존 연구자들로 하여금 오랜 세월에 걸쳐 일본–내지와 조선에서의 모집 방법에 차이가 있었다고 주장하도록 만들었던 근원에 있는 것이기도 합니다.

하지만, 일본이건 한국이건, 지원단체나 역사학자들은 조선인 위안부에 관해서는 더 이상 "강제연행"이 아니라 "인신매매"를 바탕으로 이런저런 주장을 펼치고 있습니다. 그러면서도 "자신의 의지에 반해" 갔다고 말한 '고노 담화'를 "강제연행"을 인정한 것이라고 주장하고, 실제 주장 내용이 과거와는 다르다는 사실을 공식적으로는 말하지 않았던 것입니다. 그리고 결국, 한국 국민의 다수가 여전히 소녀들을 군인이 직접 강제연행한 것으로 생각하거나 속임수나 인신매매였다 하더라도 그 수단 자체를 총독부가 지시한 것으로 생각하는 이중이해와 그에 따른 혼란을 낳고 말았습니다.

더구나 외국에서는 기존의 '강제연행'설과 다르지 않은 주장을 펼쳐왔기 때문에, 그에 따라 한일 국민 간의 갈등은 커졌습니다. 결

實」廣告を批評する」, 『계간季刊 전쟁책임연구戰爭責任硏究』 제64호(2009년 봄호), 11쪽 .

19 한혜인, 「총동원체제하 직업소개령과 일본군 위안부 동원: 제국 일본과 식민지 조선의 차별적 제도운영을 중심으로」, 『사림史林』 46호, 수선사학회, 2013.

국, 설사 위안부 문제가 해결된다 해도 한일 간 앙금이 쉽게 풀어지기는 어려울 상황까지 오고 만 것입니다.

따라서, 더 늦기 전에 그렇게 되고 만 원인을 한일이 함께 생각해야 하고 그런 상황을 전제로 해서 문제를 풀어야 합니다. 일본 지원단체의 용어 사용 변화에도 주목해야 하고, 왜 일본에서 호응을 얻지 못했는지에 대해서도 종합적으로 생각해야 합니다. 지금까지와는 다른 틀로 접근하지 않으면 위안부 문제의 해결은 요원합니다.

3. 역사와 마주하는 방식

1) 지적 태만

그러나 그런 문제의식을 제기한 저의 책 『제국의 위안부』는 고발당했고, 결국 일부를 삭제하지 않고는 출판할 수 없는 사태를 맞게 되었습니다. 그리고 이제 『제국의 위안부』는 물론 저의 다른 책들까지 '친일'이라는 비난을 받고 있는 정황입니다.

그러나 근거 없는 '친일' 딱지는, 익숙하지 않은 생각에 대해서는 더 이상 생각하지 않으려는 지적 태만을 드러낼 뿐입니다. 복잡하고 섬세한 문제들을 단순하고 거칠게 뭉뚱그려 결과적으로 폭력을 만드는 사고일 뿐입니다. 무엇보다 그런 사고는, 그런 딱지를 두려워해 침묵하거나 반대로 딱지를 붙이는 쪽에 서게 되는 전체주의적 공간을 만듭니다. 그런 정황에 저항하지 않으면, 모두가 대세와 다른 말을 하지 못하는 공간은 확장되고, 사고가 자유로워야 할 젊은 학생들조차 자기검열에 급급하는 모습을 보이게 됩니다.

그런 지적 태만은, 지원단체 등이 중심 주체가 된 일본에 대한 근거 없는 비난을 허용했고, 결과적으로 과도하게 부정적인 일본 인식을 강화시켰습니다. 예를 들면 정대협을 비롯한 피해자 관련 혹은 영토 문제 관련 단체들은 위안부 문제에 관해 언급할 때마다 일본을 군국주의 국가라고 비난해왔고 그 결과, 2015년 현재, 한국인의 57퍼센트가 일본을 군국주의 국가로 여깁니다.[20] 전쟁이 끝난 지 70년이 지나도록 사죄와 반성도 하지 않을 뿐 아니라 여전히 타국의 영토를 호시탐탐 노리는 국가라는 이미지가 정착되게 된 것입니다. 이런 인식이 불식되지 않는 한 한일 간의 화해는 어려울 것입니다.

더 심각한 문제는, 이러한 과정의 결과로, 2015년 현재의 언론과 외교와 지원운동이 지극히 자폐적인 상황에 빠져버리고 말았다는 점입니다. 일본에서는 위안부를 위한 '아시아여성기금' 모금에 참여하는 이들의 존재를 더 이상 상상하기 힘들 정도로 국민감정이 악화되고 말았습니다.

그럼에도 우리의 언론과 외교와 운동은 그런 현황을 직시하기보다 지한파조차 혐한파로 만드는 사고와 주장만을 반복하고 있습니다. 위안부 문제를 생각하는 일은, 늦었지만 이러한 현 상황을 파악하고 일본을 총체적으로 아는 일에서부터 다시 출발해야 합니다.

2) 폭력의 사고

지금 필요한 것은 그런 지적 태만이 어디에서 비롯되었는지를 보는

20 「한국인 57% "일본은 군국주의", 일본인 56% "한국은 민족주의"」, 『연합뉴스』 2015년 5월 29일.

일입니다. 사실, 현재의 한국의 일본관은 순수한 일본관이라기보다 위안부 문제가 그런 것처럼 일본의 진보/이른바 '양심적 시민/지식인/운동가들의 전후/현대 일본관'이라 할 수 있습니다. 특히 전후 일본의 반성과 협력을 전혀 인정하지 않으려 했던 불신의 태도가 이들의 자국에 대한 반성의 태도에서 비롯된 것이라는 것에 유념할 필요가 있습니다. 이들의 자국 비판은 정권 획득, 즉 정치와 이어져 있고, 옳고 그르고를 떠나 일본을 대표하는 것으로 보기는 어렵습니다. 그럼에도 '국가'를 상대해야 하는 한일 간 문제에서, 90년대 이후, 진보나 보수의 반쪽 자국관에 근거해 일본을 이해해왔다는 것은 그 인식의 옳고 그르고를 떠나 한국의 대일 인식이 절름발이가 될 수밖에 없었던 요인이기도 합니다.

80년대 후반까지 한국은 반공국가였고 그 기간 동안 철저하게 탄압받아온 진보좌파가 이후 한일 시민교류의 주역이 되었다는 것이 이러한 대일인식의 배경에 있습니다. 그들 중에서도 특히 현대 일본의 정치에 비판적이었던 이들이 여야 합작의 사죄-보상 방식이었던 '아시아여성기금'을 불신하고 배척했고, 한국 지원단체가 이에 동조함에 따라 결국 90년대의 일본의 사죄와 보상은 완수되지 못했던 것입니다. 그리고 15년 후, 우리는 지금 일본 언론이 위안부 문제에 대해 보도조차 하지 않는 국면을 맞고 있습니다.

따라서 이제 철저한 '정의'를 외치면서 일본을 규탄하는 대열의 선두에 섰던, 재일교포를 포함한 일부 지원자 혹은 그 주변인들의 사고와 행동에 어떤 문제가 있었는지를 한 번쯤은 볼 필요가 있습니다.

재일교포 일부와 일부 진보세력의 일본에 대한 시선은 대단히 부정적입니다. 그들은 전후 일본이 실은 식민지주의를 이어받은 공간이었다고 말합니다.[21] 그렇게 말하는 근거는 천황제 유지, 재일교포 차별, 일본인을 납치한 북한 때리기 등입니다. 분명, 그들이 말하는 대로 전후 일본은 전쟁을 일으키고 식민지를 만든 천황제를 폐지하지 않았습니다. 그리고 재일교포에 대한 차별이 청산되기는커녕 오히려 혐한 스피치가 눈에 띄게 강화된 국면에 와 있습니다. 이러한 표면적 사실에만 주목한다면 이들의 전후관이 옳다고 해야 합니다.

하지만, 이 논리라면, 천황제가 폐지되지 않는 한 한일 간의 화해는 불가능하다는 결론이 나옵니다. 국민 간의 화해, 그러니까 감정적인 신뢰 회복 문제를 천황이라는 시스템 문제로 환치하고 있기 때문입니다.

하지만, 국민 간의 화해를 천황제 문제로 풀려는 사고방식은 실은 지극히 가부장적인 사고입니다. 과거의 천황이 전쟁을 일으켰고 식민지배의 주범이긴 하지만, 그 사실 자체가 불신의 이유가 된다면, 그런 생각 자체도 한번쯤은 논의의 대상이 되어야 합니다. 지원단체 등이 주장해온 '법적 책임' 이외에는 반성으로 간주하지 않겠다는 생각 역시 그러합니다. 옳고 그르고를 떠나, 더 이상 한일 화해 문제를 소수의 운동가와 연구자들에게만 맡겨둘 수는 없습니다.

전후 일본의 천황제 유지는 실은 전쟁을 하지 않기로 한 헌법 9조와 맞바꾸어진 것이었습니다. 따라서 천황제 폐기를 일본의 반성과 동일시하는 사고는 그 자체로 성립되지 못합니다. 그럼에도 자신들

---

21 이와사키 미노루岩崎稔 외, 『사라지지 않은 식민지주의継続する植民地主義』(青弓社, 2005), 윤건차尹健次, 『사상체험의 교착–일본·한국·자이니치 1945년 이후思想体験の交錯–日本·韓國·在日1945年以後』(岩波書店, 2008), 서경식徐京植, 『식민지주의의 폭력–'언어의 감옥'으로부터植民地主義の暴力–「言葉の檻」から』(高文研, 2010, 한국어번역본은 『언어의 감옥에서–어느 재일지식인의 초상』, 돌베개, 2011) 등이 그 일단을 보여준다.

의 전후 일본관만이 옳다고 생각하는 일부 재일지식인들은 일본사회에 가장 비판적인 일본 진보지식인들마저 비판하면서 일본을 전부정합니다. 일부 재일교포의 인식이 『한겨레』 독자들에게 공유되고 전파되면서 일본에 대한 불신을 심었고, 그런 식의 일본 불신을 이제 더 많은 이들이 공유하고 있습니다, 그런 의미에서는 이 몇 년 사이의 한국의 일본관은 재일교포들과 지원단체가 만든 것이기도 합니다.

① 지배

자세한 내용은 생략하겠지만, 『화해를 위해서』가 비판받게 된 것은 제가 재일교포사회의 가부장제를 비판했던 시기 이후의 일입니다.[22] 그리고 이후 한국에서도 『제국의 위안부』 비판에 본격적으로 나선 것이 위안부 문제 연구자를 제외하면 대부분이 남성 학자였습니다. 성별의 문제를 떠나, 비판자들이 의식했건 아니건, 그들의 사고가 가부장적 사고임은 여러 면에서 드러납니다. 그런 비판자들에게 『제국의 위안부』나 『화해를 위해서』는, 아버지와 오빠의 허락을 얻지 않고 일본과 연애를 시작한 누이이자 딸 같은 존재였을지도 모르겠습니다. 그들의 분노는 자신들의 지휘권을 벗어난 여성에 대한 분노이기도 합니다.

이들이 위안부의 연애에 대해 불편한 심기를 드러내는 것도 물론

---

22 「폭력으로서의 내셔널 아이덴티티-'자이니치' 조선인 작가 김학영의 침묵에 대해暴力としてのナショナルアイデンティティー—「在日」朝鮮人作家金鶴泳の沈黙をめぐって」, 초출은 『문학의 그늘·근대의 '침묵'(문학 연보 1)文學の闇·近代の「沈黙」(文學年報1)』(世織書房, 2003), 『ナショナル·アイデンティティとジェンダー—漱石·文學·近代』(クレイン, 2007)에 재수록.

그런 구조 속에서의 일입니다. 『화해를 위해서』에서 제가 기본적인 정보나마 공유하고자 했던 시도를 '화해라는 이름의 폭력' 혹은 '타협'으로 간주하고 국가야합주의이거나 스파이의 위험한 시도로 생각하도록 만드는 시선에서는 노골적인 가부장적 시선이 드러납니다. 그 책들이 그들에게 불온한 것으로 받아들여진 이유는 순수한 소녀나 정숙한 어머니—'민족'의 것으로서 지켜져야 할 이미지를 깨뜨렸기 때문입니다. '고발에는 반대한다'면서도 침묵으로 고발에 동조한 수많은 학자들 역시 비슷한 지점에 있습니다. '매춘', '동지'라는 단어들을 문맥을 무시하고 그저 불편해했던 이유도 거기에 있습니다. 반체제를 표방하는 진보세력이 '국가의 힘'을 빌려 저를 처벌하려드는 모순을 감행하면서도 스스로를 의심하지 않았던 이유도 그런 심리기제에 있습니다. 한 지자체 시장이 수천 명의 군중에게 저를 '친일파'라는 딱지를 붙여 먹잇감으로 던져주고 난도질하는 사태가 발생한 것도 같은 구도 속의 일입니다.

소녀에 대한 집착은 가부장제적 한국사회의 순결성에 대한 욕망을 말해줍니다. 또한 매춘에 대한 차별의식을 보여줍니다.

중요한 것은, 소녀상을 통해 지켜지는 것은 위안부가 아니라 '한국인'의 순결성이라는 점입니다. 다시 말하자면, 현대의 소녀상은 위안부를 위한 것이기보다는 '한국인'의 긍지를 위한 것입니다. 지배당했던 자신—유린되었던 자신을 소거하고 싶은 욕망의 발로이기도 합니다. 한 번도 강간당하지 않은 자신에 대한 상상이 소녀상을 욕망하도록 만드는 것입니다.

가부장제적 의식은 자신의 순결성과 순혈성을 상정하고 '한국'이라는 고유명을 고정된 아이덴티티로 호명합니다. 그건 '일본'에 대적할 아이덴티티가 필요하기 때문입니다. 그러나 그런 식의 사고가 주도적인 상황에서는 국제결혼한 이들은 목소리를 낼 수가 없습니다. 혼혈인들은 목소리를 낼 수가 없습니다. 그리고 근대국가는 그런 순혈주의적 구도에 기대어 가부장제를 지탱하고 소수자를 소외시켜왔습니다. '일본인', '한국인'의 순수성을 벗어나는 아이덴티티를 '잡종'으로 취급하고 변방으로 내몰았습니다. 그렇게 해서 중앙중심주의를 지탱하고 '순수한'것으로 보이는 내셔널 아이덴티티를 재생산해왔던 것입니다.

문제는, 그런 의식은 천황제를 신봉하는 일본 우파의 의식과 다르지 않다는 점입니다. 비판자들이 곧잘 '한국을 나쁘게 말하려면 한국을 떠나라!'고 말하는 데서 확인됩니다. 그들에겐 공동체는 오직 균질한 공동체여야 합니다. 그러나 그러한 생각은 일본에서 재일교포를 소외시키는 사고와 다르지 않습니다. 그런 발언들은 그저 '혐한 스피치'를 발화시키는 폭력적 사고와 다를 게 없습니다. 그리고 그 모든 사고를 만드는 것은 가부장제적 지배의식입니다.

② 배제

다른 모습들을 보려 하는 시도가 그저 일본의 책임을 희석시키는 '물타기 행위'[23]로 규탄당하는 이유도 거기에 있습니다. 하지만 위안부 문제가 '성'의 문제인 한, 책임의 첫 번째 주체는 당연히 '남성'입니다. '일본'이라는 고유명에만 책임을 집중시키는 방식은 계급과 젠더의 책임을 보지 못하게 합니다. 가부장제적 사고를 가진

23 가장 먼저 비판에 나섰던 윤해동, 이재승을 필두로 대부분의 비판자들은 그렇게 규정했다. 구체적으로는 이 책에 수록한 다른 글에 썼다.

이들이 민중과 국가의 힘을 빌려 저에 대한 탄압에 나섰다는 사실이 그런 구조를 명료하게 보여줍니다. 그리고 그런 행위는, 민간인과 국가에 의해 자신의 삶을 빼앗기고 그저 일본인/남성의 비호에 기대어 죽지 않고 삶을 이어가기도 했던 '위안부'들에 대한 남성/민족의 거부감과 궤를 같이합니다.

업자나 남성의 책임을 부정하면서 "구조적인 악과 같은 차원에서 비교할 수 있는 것이 아니"[24]라고 간주하는 발언은 일본-거대악, 조선-소악으로 간주하는 일로 '소악'을 면죄합니다. 다른 책임을 보는 일은 '일본을 면죄'하는 것이라는 생각은, 그렇게 다른 책임-소악의 책임을 은폐합니다. 그렇게 책임 주체를 고정시켜 '피해자'라는 이름의 '무책임 체계'를 만드는 것입니다.

『제국의 위안부』를 비판한 학자들이 한결같이 "위험"하다는 표현을 썼던 것은 그런 의식의 발로입니다. 그 책이 순수한 것이 아니라 어떤 의도가 있고 그것을 위한 치밀한 전략에 의거해 쓰인 것이라는 식의 주장이 많은 이유도 거기에 있습니다. 『제국의 위안부』의 기술은 "레토릭" "전략"이 담긴 표현이라고 반복적으로 강조하는 것은, 저자에 대한 의구심을 촉발시켜 공동체의 바깥에 있는 자로 보이도록 만들려는 배제전략입니다.

③ 폭력

문제는 이러한 사고가 폭력을 지탱하는 구조로 이어진다는 점입니다. 한 재일교포는 일본의 "반성"을 촉구하는 나머지, 9·11 테러를

---

24 앞에서 언급한 서경식의 책 『植民地主義の暴力-「ことばの檻」から』(高文研, 2010), 104쪽.

긍정적으로 보는 듯한 태도까지 취합니다.[25] 말하자면, 그 자신이 용인하지 못하는 대상에 대해서는 저항이라는 명목으로 폭력을 용인하는 것입니다.

그러나, 저항이라는 이름으로 폭력이 용인되는 한 이 세계에서 폭력은 사라지지 않습니다. 일본 전후에 대한, "이어지는 식민지주의"라는 이름의 불신은 때로 '저항'이라는 이름의 '이어지는 폭력주의'를 재생산합니다. 다시 말해, 정의의 이름으로 행사되는 폭력은 실은 억압자를 모방한 것일 뿐입니다. 『제국의 위안부』를 '강자'로 표상한 것도, '약한' 위안부 할머니를 공격하는 '강자' 이미지라면 국가를 동원한 억압조차 그저 저항으로 보여 정당성이 확보되기 때문입니다. 『제국의 위안부』에 대한 비판과 고발이 국가를 동원한 폭력행사일 뿐 아니라, 군중들의 적개심이라는 폭력까지 불러냈던 이유이기도 합니다. 어떤 폭력도, '약자'를 위한 것이라는 정당성이 담보되는 한 의심의 대상이 되지 않기 때문입니다.

그런 의미에서는, '저항'이라는 기제를 무조건적으로 허용했던 '서발턴subaltern'의 의미도 재고되어야 합니다. 피해자의식은, 상대에 따라 그 성격이 달라질 수밖에 없는 피해자성을 고정된 것으로 인식하도록 만들고, 그 결과로 '저항'이라는 이름의 폭력을 허용합니다. 일본에 대한 무차별적/폭력적인 발언이 허용되는 것도

---

25 서경식은 앞의 책에서 이렇게 쓰고 있다. "2001년도 더반회의는 나치즘에 의한 제노사이드를 경험하고 '인도에 대한 죄'라는 개념을 낳은 서구 제국이, 똑같은 기준을 스스로가 행한 노예무역, 노예제, 식민지지배에 대입시키는 가능성을 처음으로 공적으로 논한 장소였다. (…) 이 회의가 폐회되고 3일 후, 이른바 '9·11' 테러가 일어났다. 그건 마치, 더반회의를 보고, 식민지배 책임과 보상 문제를 평화적인 대화를 통해 해결해나갈 가능성에 절망한 이들에 의한, 구미 제국에 대한 응답처럼 보이는 사건이었다."(74쪽)

그런 구조 속의 일입니다. 하지만 피해자의 아이덴티티가 하나가 아닌 이상, 서발턴의 위치성은 맥락에 따라 얼마든지 변할 수 있습니다.

하나의 고유명에 의거해 민족/국가 대립을 강조하는 일로 여성들에 대한 착취를 덮고 '민족'의 딸이 되기를 요구하는 가부장적 담론—지배와 저항과 공포의 담론은 폭력을 막지 못합니다. 혼혈과 변방의 사고, 그 위치성을 억압하고 모두가 균질한 '일본인', 혹은 '한국인'이 되어 대립할 것을 요구하기 때문입니다. 그런 틀에서 벗어난 존재와 시도에 대해서 배척을 종용하기 때문입니다.

하지만 역사를 제대로 마주하기 위해서는 과거를 총체적으로 기억해야 합니다. '예외', '단편', '파편' 등의 단어로 실제로 존재했던 기억을 소수화하고 억압하지 않아야 합니다. 차별과 억압이 중심인 공간에서의 '다른' 기억은 대세에 저항했다는 의미에서 오히려 기억해야 하고 이어받아야 할 하나의 '정신'입니다.

동시에, 중심적인 다수의 체험도 기억되어야 합니다. '아시아여성기금'의 망각은 기억의 소거입니다. 한국인에게 사죄했던 일본인들을, 그들이 그저 '국가'를 대변하지 않았다는 이유만으로 그들의 마음을 역사에서 배제시키고 만 폭력입니다. 그 결과로 일본인들 다수의 사죄하는 마음은 한국인의 기억에서 무시되었고, 소거되었습니다. 더구나 그들이 품었던 기억은 아직 전쟁을 기억하던 이들이 많았던 시대인 만큼 90년대 일본의 중심 기억이기도 했습니다. 그들은 식민지배와 전쟁을 경험한 '전후 일본'을 대표하는 이들이었고, 바로 그것이 90년대 일본의 시도가 기억되어야 할 이유였습니다. 최근 10여 년의 혐한은 그들보다 젊은 층이 중심입니다. 전쟁을 기억하지 못하는 이들의 기억도 소중하지만, 전쟁과 지배를 실제로 기억하는 이들의 기억이 더 무겁고 소중합니다.

선택적인 기억을 강요하거나 은폐하는 '기억의 정치학'을 넘어서, 있는 그대로의 과거와 마주해야 합니다. 가해든 협력이든, 봉인된 기억을 직시하는 일을 두려워할 필요가 없습니다. 왜냐하면, 그런 시도야말로 오히려 과거에 대한 책임이 누구에게 있는지를 더욱 명확하게 보여줄 것이기 때문입니다. 우리의 아이덴티티는 하나가 아니며, 용서와 비판의 대상을 동시적으로 좀 더 구체화할 수 있을 것이기 때문입니다. 두려움과 거부는 우리를 언제까지고 트라우마 속에 묶어 가두고, 결과적으로 허약한 자아로 머물도록 만듭니다.

금년은 한일협정 50년, 해방 70년을 맞는 해(2015)입니다. 더 늦기 전에, 한일/좌우가 함께 과거를 생각하는 새로운 시작이 필요합니다.

제3부

비전문가들의 헤이트스피치

1. 일본군 위안부 문제와 1965년체제 —정영환의 『제국의 위안부』 비판에 답한다 1[1]

피소 이후 가장 먼저, 그리고 본격적인 비판을 시작한 것은 젊은 재일교포 연구자 정영환이었다. 그가 블로그에 『제국의 위안부』 비판을 연재하고 있다는 건 알았지만, 그 무렵 나에게는 재판 대응 이외의 여유는 없었다. 그런데 가처분소송 재판에서 패소한 직후인 2015년 봄에 정영환의 글이 유수 학술지 『역사비평』에 실리기에 이르렀다. 『역사비평』에 비판이 실렸다는 것은 『제국의 위안부』 사태에 학계가 개입하기 시작했음을 말해주는 일이었다. 그래서 나는 처음으로 반론을 쓰기로 했다. 이하는 그렇게 해서 『역사비평』 112호에 실은 글이다.

---

1 『역사비평』 112호(2015년 가을호, 2015. 8.). 매수가 충분치 않아, 이 글에서는 『제국의 위안부』의 인용은 거의 하지 못했다. parkyuha.org에서 『제국의 위안부』 와 『화해를 위해서—교과서·위안부·야스쿠니·독도』(초판 2005, 개정증보판 2015)의 위안부 문제를 다룬 제2장을 다운로드할 수 있다.

1. 오독과 곡해—정영환의 "방법"

재일교포 학자 정영환이 나의 책 『제국의 위안부–식민지지배와 기억의 투쟁』에 대한 비판을 『역사비평』 111호에 실었다.[2] 우선 이 비판의 당위성 여부에 대해 말하기 전에 비판 자체에 유감을 표한다. 왜냐하면, 나는 현재 이 책의 저자로서 고발당한 상태이고, 그런 한 모든 비판은 집필자의 의사 여부를 떠나 직간접으로 고발에 가담하는 일이 되기 때문이다.

실제로, 2015년 8월에 제출된 원고 측 문서에는 정영환의 비판 논지가 차용되어 있었다. 심지어 법학자 이재승의 서평도 통째로 근거자료로 제출되어 있었다. 가처분소송 재판 기간 동안 법원에 제출된 원고 측 문서에는 윤명숙과 한혜인의 논지가 구체적으로 인용되어 있었다. 2014년 6월에 제출된 최초의 고소장에는 내가 10년 전에 낸 책인 『화해를 위해서–교과서·위안부·야스쿠니·독도』 비판 논지가 그대로 사용되고 있었다.

나에 대한 비판에 참여한 학자/지식인들이 이러한 정황을 아는지 모르는지 나는 알지 못한다. 하지만 비판을 하고 싶다면 소송을 기각하라는 목소리가 먼저 있어야 하는 것 아닐까. 그것이야말로 '법정으로 보내진 학술서'에 대해 취해야 했던, '학자'로서의 할 일이 아니었을까.

일찍부터 시작되었고, 심지어 『한겨레』에 인용되어 나에 대한 여론의 비판에 기여했음에도 정영환의 비판에 그동안 대답하지 않았

---

2 정영환, 「기획서평: 일본군 '위안부' 문제와 1965년체제의 재심판—박유하의 『제국의 위안부』 비판」, 『역사비평』 111호(2015년 여름호, 2015. 6.)

던 것은, 시간도 없었지만, 그의 비판이 오독과 곡해로 가득한 것이었기 때문이다. 그의 글은 그가 나의 것이라고 주장한 "자의적 인용"으로 점철되어 있었고 결론이 앞서는 적대를 기반에 깔고 있어, 사실 읽는 일 자체가 우울했다. 따라서, 구체적인 반론에 들어가기 전에 먼저 나의 입장과 논지를 확인해두도록 하겠다.

1) 위안부 문제에 관한 일본 국가의 책임에 대한 입장

정영환은 내가 "일본 국가의 책임을 부정"(482~483쪽, 이하 쪽수만 표기)한다면서 "식민주의 비판이 없"(492)기에 "식민지배 책임을 묻는 소리를 부정하려고 하는 '욕망'에 이 책은 잘 호응"한다고 주장하고, 심지어 "역사수정주의자들과의 은밀한 관계를 검토해야 한다"(491)고까지 말한다. 그러나 나는 위안부 문제에서 일본 국가의 책임을 부정하지 않았다. 내가 부정한 것은 '법적' 책임일 뿐이고, 당연히 일본 국가의 책임을 물었다. 일본어판에는 "국회결의"가 필요하다고 쓰기도 했다. 그런데도 정영환은 그런 부분에는 침묵할 뿐 아니라 "역사수정주의자"라는, 한국에서 이미 비판받아온 존재를 호명해 그들과 같은 존재로 생각하도록 만드는 '왜곡'과 근거 없는 대입을 자신의 비판 "방법"으로 사용한다.

정영환의 말대로라면, 이 책에 대한 일본인의 반응들—"이 문제 제기에 일본 측이 어떻게 대답해나갈 것인지의 물음이 우리를 향하고 있다"(스기타 아쓰시杉田敦), 『아사히 신문』 2014년 12월 7일자), "어디서나 다 있었던 일이라고 일본이 강변하지 않고 제국주의 팽창을 넘어서는 사상을 새롭게 제기할 수 있다면 세계사적 의의는 크지 않은가?(라는 박유하의 물음에) 나는 반대할 이유를 생각해낼 수 없다"(야마다 다카오山田孝男, 『마이니치 신문』 2014년 12월 21일자), "나는 이 책을 읽고 위안부 할머니에 대한 아픈 마음이 한층 깊어졌을 뿐이다"(와카미야 요시부미若宮啓文, 『동아일보』 2014년 7월 31일자)은 다 『제국의 위안부』를 잘못 읽은 서평이라는 이야기가 된다. 정영환은 정작 위안부 문제 부정론자들이 나의 책이 전쟁 책임의 틀에서만 다루어졌던 위안부 문제를 식민지배 책임으로 물으려 한다면서 '일본 좌파보다 무서운 책'이라거나 '고루한 지배책임론을 들고 나왔다'며 비난했다는 사실은 못 본 척한다.[3]

정영환은 같은 방식으로 내가 "한일합방을 긍정"했다고 쓴다. 그러나 나는 한일합방 무효론에 회의를 표하면서도 "물론 현재의 일본 정부가 위안부 문제를 비롯한 식민지지배에 대한 책임을 정말로 느낀다면, 그리고 그것을 패전 이후 국가가 정식으로 표현한 일이 없었다는 인식이 혹 일본 정부에 생긴다면, '법적'으로는 끝난 한일협정이라 할지라도 재고의 여지는 있을 것이다. 여성을 위한 아시아평화국민기금의 국내외적 혼란은 그 재고가 원천적으로 배제된 결과이기도 하다"(『화해를 위해서』, 235쪽)라고 썼다. 말하자면 나는 한일합방도 한일협정도 "긍정"하지 않았다.

나는 위안부를 만든 것은 근대 국민국가의 남성주의, 가부장주의, 제국주의의 여성/민족/계급/매춘차별의식이므로 일본은 그런 근대국가의 시스템 문제였음을 인식하고 위안부에 대해 사죄/보상을 하는 것이 옳다고 썼다. 그런데도 정영환은 '박유하는 한일합방을 긍정하고 1965년체제를 수호하고 있으며 위안부 할머니의 개인

3 이케다 노부오池田信夫, 「시대착오의 일제사관時代錯誤の日帝史観」, 자신의 블로그 『아고라アゴラ』2014년 11월 24일.

청구권을 인정하지 않는다'고 했다고 거짓주장을 편다. 물론, 책을 읽지 않았거나 일본어판을 접할 수 없는 이들로 하여금 자신의 비난에 동참하도록 하기 위해서다. 정영환이 나의 책을 어떻게 왜곡했는지에 대해서는 이미 다른 이들이 지적한 바 있다.[4] 나는 정영환의 왜곡을 범죄 수준의 것이라고 생각한다.

또한, 정영환의 비판 "방법"은 서경식이나 김부자 등 다른 재일교포들의 나에 대한 비판 방식을 그대로 답습하고 있다. 그들 역시 『화해를 위해서』의 반은 일본 비판이라는 사실은 언급하지 않은 채, 나를 '우익에 친화적인 역사수정주의자'라고 주장해왔다.

2) 한일협정에 대한 입장

정영환은 내가 "1965년체제의 수호를 주장"(492)하고 있다고 말한다. 그러나 재협상은 무리라는 생각이 곧 '수호'가 되는 것은 아니다. 실제로, 나는 일본을 향해서 쓴 부분에서 한일협정은 식민지배에 대한 보상은 아니었다고 썼다. 정영환이 말하는 것 같은 "수호"는커녕 그 체제에 문제가 있었다고 분명히 지적했다. 한국 정부가 청구권을 없애버린 것을 지적한 것은 1965년체제를 "수호"하기 위해서가 아니라, 자신들이 한 일에 대해서는 '책임'의식이 수반되어야 한다고 생각하기 때문이다.

---

4 장정일, 「정영환·이명원의 박유하 죽이기」, 『허핑턴포스트』 2016년 5월 11일, 퇴직한 고교 교사 하라구치 요시오原口由夫의 페이스북 2016년 8월 21일자 포스팅 「정영환의 책 『망각을 위한 '화해'—〈제국의 위안부〉와 일본의 책임』에 대해 鄭榮桓『忘却のための「和解」』について」(https://www.facebook.com/yoshio.haraguchi.9/posts/1735173456723187), 박유하 페이스북 페이지의 2016년 2월 14일자 포스팅에 대한 시민운동가 도로 노리카즈泥憲和의 댓글 등. 일본인의 문제제기에 대해서는 뒤에서 다시 언급하기로 한다.

3) 방법에 대해

정영환과 달리, 상대를 비판하려면 자신도 함께 돌아보자는 것이 나의 "방법"이다. 세상에서 일어나는 모든 일은 원인 주체가 그렇게 단일하지만은 않기 때문이다. 역사학자나 법학자들에게는 익숙하지 않은 방식일 수 있지만, 문제 자체 이상으로 양국 '갈등'의 원인과 해소에 관심이 큰 연구자이기도 한 나로서는 당연한 "방법"이기도 하다.

정영환은 이 책의 일본어판과 한국어판이 다른 이유가 무언가 음험한 "의도"가 있기 때문인 것처럼 왜곡하지만, 이 책이 대립하는 양국 국민들을 향해 가능한 한 사실에 근접한 정보를 제공하면서도 '어떻게 생각해야 할 것인지'에 중심을 둔 책인 이상, 일본어판이 일본어 독자를 의식하며 '다시' 쓰이는 건 당연한 일이다. 또 엇갈린 시각 때문에 시시각각 악화되는 한일관계를 바라보며 가능한 한 책을 빨리 내야 한다는 생각에 다소 조급한 마음으로 쓴 한국어판에는 어쩔 수 없이 거친 곳이 많았다. 따라서 일본어판을 쓰게 되었을 때 그런 부분들—인용쪽수 오류 등이 수정된 것은 오히려 당연한 일이다. 구성을 바꾼 것은 그저 '한국의 문제', '일본의 문제'를 따로 읽을 수 있도록 배치한 것일 뿐이다. 먼저 낸 책의 흠결을 보완해 이후의 책을 좀 더 낫게 만들고자 하는 작업조차 정영환은 음험한 '의도'가 있어서인 것처럼 왜곡한다.

2. "방법" 비판에 대해서[5]

1) 잘못된 잣대

정영환은 나의 책이 개념을 "정의"하지 않아서 혼란스럽다고 말한다. 하지만 이 책은 그러한 작업이 필요할 수도 있는 일반적 의미에서의 학술서가 아니라 일반 독자를 염두에 둔, 일반서 형태의 학술서다. 그리고 일반 독자들은 아무도 그런 문제제기를 하지 않았다. 이 책이 정영환에게 "읽기 쉬운 책이 아니"(474)게 된 것은 이 책이 개념을 정의하지 않았기 때문이 아니라 이 책의 방법과 내용이 정영환에게 낯선 것이기 때문일 것이다.

정영환은 내가 위안부의 차이에 대해 언급한 부분을 문제시하면서 "차이가 있었다는 주장 자체는 특별히 새로운 것이 아니"(474)고 "수많은 연구가 일본군이 점한 각 지역의 위안부 징집이나 성폭력 문제에 나타나는 특징을 논한 바 있다"고 말한다. 하지만 나는 조선인과 일본인의 포지션의 유사성(그들 간의 차별에 대해서는 이미 오래 전에 지적한 바 있다)을 지적하면서 일본제국에 포섭된 여성들과 그 이외의 지역 여성들의 "차이"를 지적한 연구를 알지 못한다. 정영환의 지적 "방법"은, 나의 책이 '매춘'을 언급한 점을 들어 실은 일본 우익이 일찍이 한 이야기라고 폄훼하는 방식과 비슷하다. 하지만 나의 시도는 그저 '위안부는 매춘부'라고 말하는 데 있는 것이 아니라 그렇게 말하는 이들을 향해 "매춘"의 의미를 재규정하는 데에 있었다.

5 정영환이 블로그에 연재한 나에 대한 비판글의 제목은 "『제국의 위안부』의 방법"이다. "방법"을 전면적으로 내세워 책에 내용 이전의 문제가 있다는 인식을 심는 일로 학자로서의 자격과 도덕성에 흠집을 내려 하는 전략이 뚜렷하다.

2) 이해 미숙

정영환은 조선인 위안부의 "정신적 위안자" 역할에 대한 나의 지적이 "비약"이자 "추측"이라고 말한다. 그러나 "위안부"라는 단어 자체가 그런 역할을 말해주는 단어다. 무엇보다, 그 단어를 나는 얼마 전에 일본군의 문서에서도 발견할 수 있었다.[6]

내가 지적하고자 한 것은, 마음 여부 이전에 조선인 위안부가 그런 틀 안에 있었다는 점이었다. '국방부인회'의 띠를 두르고 환영/환송회에 참가한 이들이 설사 내심 그 역할을 부정하고 싶어했다 하더라도 그런 표면적 상황에 대한 해석이 부정되어야 하는 것은 아니다. 근거 없는 "추측"은 물론 배제되어야 하지만, 모든 학문은 주어진 자료를 바탕으로 가설을 구축하는 작업일 수밖에 없다. 중요한 건 나는 모든 것을 증언과 자료를 기반으로 해서 썼다는 점이다. "동지"라는 단어는 1차적으로는 제국일본에 동원되어 '일본'인으로 존재해야 했다는 점을 말하기 위한 단어였다.

정영환은 군인에 관한 위안부의 "추억"에 대한 '해석'을 두고 "먼 거리가 있다"(475)고 주장한다. 그러나 학자의 작업이란 '개별적인 예'들을 분석하고 총체적인 구조를 보는 일이다. 내가 시도한 작업은 "증언의 고유성이 경시"되기는커녕 그동안 묻혔던 한 사람 한

---

6 『제국의 위안부』 한국어판 집필 이후에, 일본 정부가 발간한 자료집에 수록되어 있는 일본군 관련 자료에도 같은 단어가 등장한다는 사실을 뒤늦게 알게 되었다. "현재 특수위안소는 위안부가 적어 욕정을 채우는 데에 그치고 있으니 조금 더 위안부를 늘려 정신적 위안도 받을 수 있도록 지도하는 것이 좋겠음."(독립산포병제3연대 진중일기 独立山砲兵第三連隊陣中日記의 1939년 6월 7일자 일기 「교통상황, 정신적 위안, 우편 등에 대한 의견」이라는 글 중 '2. 정신적 위안에 관한 건'이라는 항목. 『政府調査「従軍慰安婦」資料集成』 2, 317~318쪽) 이 자료집을 일부 전재한 한국어번역본(요시미 요시아키 편집·해설, 『자료집 종군위안부』(김순호 옮김, 서문당, 1993)에도 수록되어 있다.

사람의 증언의 "고유성을 중시"하며 결과를 도출해내는 일이었다. 정영환의 비판은 '대상의 의미'를 묻는 연구방식에 대한 이해가 부족했던 결과로 보인다.

같은 문맥에서 정영환은 "일본인 남성"의, 그것도 "소설" 사용은 "방법 자체에 큰 문제가 있다"(475)고 주장하기도 한다. 하지만 이런 생각은 "일본인" "남성"이면 무조건 자신의 역사를 옹호하는 존재라는 생각과 "소설"은 그저 허구라는 생각이 만든 편견일 뿐이다.

나는 일본이 위안부를 어떻게 가혹하게 다루었는지를 설명하기 위한 부분에서 소설을 사용했다. 위안부들의 참혹한 생활이 다름아닌 위안부를 가장 가까이에서 보았던 군인들, 후에 작가가 된 이들의 작품 속에 많이 나타나 있었기 때문이다. 말하자면 일본인들을 향해 자신들의 조상이 쓴 이야기라는 것을 말하기 위해, 위안부의 증언은 거짓말이라고 하는 사람들을 향해, 생존자 '위안부'의 증언에 힘을 싣기 위한 "방법"으로서 사용했을 뿐이다. 역사 연구자들에게서 쉽게 볼 수 있는 "소설" 경시 태도를 정영환도 감추지 않고 드러내고 있는데, 소설이, 허구의 형태를 빌려 때로 진실 이상의 진실을 드러내는 장르일 뿐 아니라 이른바 사료들에서 보이지 않는 간극을 메꾸어주는 역할을 하기도 한다는 것은 이미 상식이기도 하다.[7]

정영환은 자신의 정황을 "운명"이라 말한 위안부를 내가 평가한 것을 비판하지만, 위안부의 증언에 대한 평가는 "고유성을 중시"하는 일이다. "운명"이라는 단어로 자신의 정황을 받아들이는 태도를

7 「김윤식의 문학산책: 위안부의 이미지, 그리고 증언」, 『한겨레』 2008년 7월 12일자; 이에나가 사부로家永三郎, 『太平洋戰爭』, 岩波現代文庫, 2002. 인용은 이 책의 뒷부분에서 하기로 한다.

내가 평가한 것은, 세계에 대한 가치관과 태도에서 어떤 중요한 것을 보았기 때문이다. 개개인의 가치관이 시키는 그러한 "평가"가 부정되어야 할 이유도 없지만, 그와 반대되는 태도에 대한 비판이 곧 위안부의 "아픔에 귀 기울이는 행위와 정반대"(476)가 되는 건 아니다. 그런데도 정영환이 이렇게 생각하는 것은 '위안부'를 하나의 일관된 투명한 존재로 생각하기 때문이다.

더구나 학자는, 대상에 대한 공감에 그치는 것이 아니라 부수적인 여러 정황을 객관화할 수 있어야 한다. 더구나 거짓증언까지도 묵인되어야 한다는 이야기는 더더욱 아닐 것이다. 그런 상황을 묵인해온 것이 오히려 해결을 어렵게 만든 원인이기도 했다.

내가 "운명"이라는 표현, 마치 한숨 같은 그 표현에 주목한 것은 그저, 그렇게 말하는 위안부도 존재한다는 사실, 그러나 그런 목소리는 들리지 않았다는 사실을 전하고 싶었기 때문일 뿐이다. 일본을 용서하고 싶다고 말한 이의 목소리를 전한 이유 또한 마찬가지다. 나는 '다른' 목소리를 절대화하지 않았고, 그저 들려오지 않았던 목소리에도 "귀 기울였을" 뿐이다.

그런 목소리들이 그동안 나오지 못했던 이유는, 들으려 하는 이들이 없었고, 한발 더 나아가 다른 목소리를 허용하지 않는 억압을 발화자 자신들도 느끼고 있었기 때문이다. 다시 말해 정영환이 주장하는 "증언의 찬탈"은 오히려, 정영환 같은 태도와 사고방식을 가진 이들에게서 곧잘 일어나곤 한다. 나는 이 책에서 그 점을 지적했고, '위안부'를 억압했던 이들이 나를 억압하기 시작한 것이 고소고발 사태였다.

따라서 나의 "방법"이 "윤리와 대상과의 긴장관계를 놓친 방법"

이며 "역사를 쓰는 방식으로는 적절하지 않다"(476)는 비판은 정영환이 연구 대상에 대한 나의 접근 "방법"을 전혀 이해하지 못했음을 드러내고 있을 뿐이다. 정영환은 『제국의 위안부』가 '역사서'를 지향한 책이 아니라 '메타역사서'라는 것을 이해하지 못했다.

3. 『화해를 위해서』 비판에 대해서

정영환은 10년 전의 나의 책 『화해를 위해서』도 비판하는데, 『제국의 위안부』가 "당시 거론된 문제점을 기본적으로 계승"(477)하고 있다는 것이 그 이유다. 그런데 정영환이야말로 앞서 지적한 문제점을 이 부분에서도 고스란히 드러내고 있다.

1) 도덕성 공격

정영환은 김부자를 인용하면서 내가 기존 연구자들의 글을 두고 논지와 "정반대의 인용"(477)을 했다고 말한다. 이런 식의 비판은 나에게 도덕성에까지 문제가 있는 것처럼 독자들이 생각하도록 만들기 위한 "방법"이다.

하지만 모든 텍스트는 꼭 그 글을 쓴 저자의 의도대로 인용되어야 하는 것은 아니다. 다시 말해 모든 글은 저자의 전체 의도와는 다른 부분도 얼마든지 인용될 수 있다. 정영환 자신이 나의 책을 나의 의도와는 정반대로 읽고 있는 것처럼. 중요한 건, 그 과정에서 왜곡이 없어야 한다는 점이다. 나는 왜곡하지 않았지만, 정영환은 극심하게 왜곡했다.

나는 요시미 요시아키吉見義明 같은 학자가 "'강제성'을 부인하고 있다"고 말하기 위해 인용한 것이 아니다. 일본의 책임을 추궁하는 이른바 '양심적인' 학자조차 '물리적 강제성은 부정하니 그 부분은 신뢰해야 하지 않겠는가'라고 말하기 위해 사용했을 뿐이다. 실제로, 군인이 끌고 갔다는 식의 강제성에 대한 문제제기가 받아들여지면서 논의가 '인신매매'로 옮겨갔고, 요시미 선생조차 '구조적 강제성'을 말한다. 그런데 '구조적 강제성'이라는 개념은 바로 내가 『화해를 위해서』(2005)에서 사용한 개념이었다. 위안부를 매춘부라고 말하는 이들을 향해 "당시의 일본이 군대를 위한 조직을 발상했다는 점에서는 그 구조적인 강제성은 결코 희석되지 않는다"(『화해를 위해서』 개정증보판, 69쪽)라고 먼저 쓴 건 나였다.

그러나 정영환을 비롯한 비판자들은 나의 책을 없는 것으로 치부하거나 불만인 부분만 강조하는 것을 넘어 곡해와 왜곡마저 서슴지 않는다. 심지어 최근에는 이 문제를 식민지지배 문제로 봐야 한다는 나의 제기까지 인용 없이 사용하면서도 『제국의 위안부』의 부제가 바로 '식민지지배와 기억의 투쟁'이라는 점은 결코 말하지 않는다.[8]

2015년 5월에 발표된 세계 역사학자들의 성명이 보여주는 것처럼, 이제 '군인이 끌고 간 강제연행'은 세계는 물론 지원단체조차 주장하지 않는다. 그런데 아직 대부분의 학자들이 이 문제에 대한 관심이 부족한 채로 '강제연행'으로만 믿고 있던 시점에, 나는 위안

---

8 이타가키 류타·김부자 엮음, 배영미·고영진 옮김, 『'위안부' 문제와 식민지 지배 책임』(삶창, 2016). 정진성 역시 2015년 8월 14일에 여성가족부·한국여성인권연구원 주최로 서울에서 열린 국제학술심포지엄에서 발표한 「일본군 위안부 제도의 식민지성: 전쟁-젠더-민족-계급-국가의 역학」이라는 글에서 "일본인-식민지 여성-점령지 여성 집단"(22쪽)이 있었다고 지적한다. 물론 그런 구분이 필요하다는 것을 내가 지적했다는 사실은 언급하지 않는다.

부 문제에 부정적인 이들이 이 문제에서의 책임을 회피하는 것을 막고자 이미 10년 전에 '구조적 강제성'을 말했다. 『제국의 위안부』에서 '강제성 여부는 더 이상 중요하지 않다'고 썼던 이유도 거기에 있다. 말하자면 나는 조선의 피해를 부정하기 위해서가 아니라 오히려 일본에 책임을 묻기 위해 일찍이 『화해를 위해서』(69~71쪽)에서 그 개념을 사용했다.

2) 오독과 왜곡

정영환은 위안부가 "일반인 여성을 위한 희생양"(『화해를 위해서』, 89쪽)이었다고 내가 쓴 부분을 지목해 내가 "일반 여성의 보호를 목적"(김부자)했다고 비난한다(정영환, 478). 정영환의 악의를 의심하지 않을 수 없는 부분이다. 나는 오히려 『화해를 위해서』에서, 위안부들이란 실은 일반 여성들의 보호를 위한 발상이었다는 점에서 문제였다고 일찍이 지적한 바 있다.

역사 연구자인 정영환이 텍스트 분석에 대해 문학 연구자만큼의 긴장을 갖지 못하는 것은 어쩔 수 없는 일일 수 있다. 하지만, '비판'을 하고자 한다면 최소한 원문을 왜곡하지는 말아야 했다. 혹은 법정에 가 있는 책에 대한 언급이니만큼 발언하고 싶었다 해도 정확하고 섬세하게 접근해야 했다. 그런데 정영환은 일반 여성에게도 책임이 없지 않다는 나의 의견조차, '적국의 여성'에게 책임이 있다는 것이냐는 김부자의 오독을 그대로 받아들여 "일본군의 폭력을 어쩔 수 없는 당연한 것으로 전제"(478)한 것으로 간주한다.[9] "전쟁

9 위안부의 저항, 혹은 위안부를 내면화한 "저항"이라는 코드는 비판자들에게서 이후 강화되는 경향을 보인다. 이들은 닥친 불행을 '운명'이라 체념하는 위안부를 허용하

터의 일반 여성이 자기 대신 강간당한 위안부들에게 책임이 있다"는 주장이라는 것이다.

내가 일반 여성의 문제를 말한 것은 '계급'의 시점에서였다. 즉 "주인댁 배운 여자"(『화해를 위해서』, 88쪽) 대신 위안부로 나갔던 위안부의 존재에 주목했던 것이고, 그녀들을 내보내고 후방에서 편안한 생활을 누릴 수 있었던 한/일 중산층 이상의 여성들, 그리고 그녀들의 후예들에게도 책임의식을 촉구하기 위한 문맥이었다. 물론 그 기반에는 후예의 한 사람인 나 자신의 책임의식이 있다. 그 책임을 들여다보는 것이 일본의 책임을 면하는 것일 수 없음에도, 정영환은 그런 생각조차 '일본의 면죄'로 등치시킨다.

3) 총체적 몰이해

정영환은 서경식의 비판에 의존해 아시아여성기금과 일본의 리버럴 지식인을 비판하지만, 서경식의 비판은 전혀 근거가 없다. 구 식민지 종주국들의 "공동방어선"[10]을 일본 리버럴 지식인들의 심성으로 등치시키려면 구체적인 준거를 대야 했다.

그리고 나는 한일 갈등을 정대협의 책임으로만 돌리지 않았다. 일본 측도 분명히 비판했다. 그럼에도 정영환을 비롯한 비판자들은 내가 '가해자를 비판하지 않고 피해자에게 책임을 돌린다'고 규정한다. 나에 대한 고소는 그런 인식이 확산되면서 이루어졌다.[11]

지 않고, 그에 대한 지적을 발화자(박유하)의 것으로 등치시킨다. 비판자들의 반발의 기제를 살펴볼 때 중요한 지점이다.

10 서경식徐京植, 『식민지주의의 폭력植民地主義の暴力』, 高文研, 2010, 70쪽.

11 고발 이전에 나온 이재승과 박노자의 비판이 고소에 직접적인 영향을 미쳤는지는 확인할 수 없다. 분명한 건 고소장의 논지가 비판자들과 똑같은 논지를 취하고 있었다

정영환은 내가 사용한 "배상"이라는 단어를 문제시하지만, 정대협은 "배상"에 국가의 법적 책임의 의미를, "보상"에 의무가 아닌 것이라는 의미를 담아 구별해 사용하고 있다. 정영환이 지적하는 "쓰구나이금償い金"이란 책에도 쓴 것처럼 "속죄금"에 가까운 뉘앙스의 단어다. 물론 일본은 이 단어에 "배상"이라는 의미를 담지 않았고, 나 역시 정대협이 사용하는 의미에 준해 "배상"이라는 의미를 피해 "보상"이라고 말했다. 이는 기금을 그저 "위로금"으로 간주한 이들에 대한 비판의 문맥에서였다. "쓰구나이금이 일본의 법적 책임을 전제로 한 보상이 아니"(479)라는 것에는 나 역시 이견이 없다. 그런데도 정영환은 전제 자체가 잘못된 맥락에서 접근하면서 내가 사용한 "보상"이라는 단어가 "쟁점을 해소"(480)한다며 비난한다.

참고로 언급해두자면, 일본 정부는 국고금을 직접 사용할 수 없다는 이유로 처음엔 간접지원하기로 했던 300만 엔마저 결국 현금으로 지급했다. 아시아여성기금을 수령한 60명[12]의 한국인 위안부들은 실상은 '일본 국가의 국고금'도 받은 것이 된다. 여전히 "배상"은 아니지만, 기금이 그저 "민간기금"이라는 이해도 수정되어야 한다.

는 사실이다.

12 실제 지급된 숫자는 61명이었다고 한다. 그런데 전달사고가 생겨 실제로는 60명만이 수령하는 결과가 되었다. 이 부분도 부끄러운 일이 아닐 수 없다.

4. 정영환의 잘못된 이해

1) 위안부 문제에 관한 책임에 대해

정영환은 내가 위안부 문제의 "그 책임을 일본 국가에 물을 수 없다"(480)고 한 것으로 정리한다. 하지만 나는 "법적 책임을 물으려면 먼저 업자에게 물어야 한다"고 말했을 뿐, 일본 국가의 책임이 없다고 말하지 않았다. 그럼에도 정영환은 나의 논지를 왜곡했고, 그런 그의 왜곡은 아무런 검증 없이 SNS와 언론을 통해 한국사회에 확산되었다.

내가 '업자' 등 중간자들의 존재에 주목한 이유는 일본 국가의 책임을 부정하기 위해서가 아니다. 그들이야말로 가혹한 폭력과 강제노동의 주체이고 그로 인한 이득을 취했기 때문이다. 또한 유괴나 사기 등은 당시에도 처벌 대상이었기 때문이다. 무엇보다 위안부의 '미움'이 이들을 향하고 있기 때문이기도 하다. 비판자들과 나의 차이는 위안부의 미움의 다양성을 보려고 했는지 여부에 있다. 정영환 등 비판자들이 그런 지적을 불편해하는 이유는 그들이 의식했건 아니건, 한국/남성들에 대한 비판에 있다.

나는 위안부 문제의 '본질은 공식적인 지휘명령계통을 통해 위안소 설치를 지시'한 데에 있다는 요시미의 주장을 대체적으로 지지하지만, 여성의 '징집을 명령한 것이었다'는 규정이 물리적 강제연행을 상상케 하고 업자의 자율성을 무시하는 것인 이상 좀 더 섬세한 규정이 필요하다고 생각한다. 또 "위안소는 병참 부속시설"[13]

---

13 나가이 가즈永井和, 「일본군 위안소 정책에 대하여日本軍慰安所政策について」, 니시노 루미코西野瑠美子 외, 『일본인 위안부—애국심과 인신매매日本人慰安婦−人身賣買

이라는 나가이의 지적 역시 지지하지만, 기존 유곽을 사용한 경우가 많았다는 점도 보완되어야 한다고 생각한다. 물론 그것을 보는 이유는 일본의 책임을 희석하기 위해서가 아니라 '위안부' 문제를 정확히 이해하기 위해서다.

정영환의 비판이 순수한 의문을 벗어난 곡해 수준의 것이라는 사실은, 수요를 만든 행위 자체, 즉 전쟁을 일으킨 것 자체를 비판하는 나의 글을 인용하면서 "위의 인용은 어떻게 보면 공급이 따라갈 정도였다면 군 위안소 제도엔 문제가 없다는 의미로도 읽을 수 있"(481)다는 지적에서 명료하게 드러난다. 심지어 "업자의 일탈만 문제 삼는다면 군 위안소라는 제도 자체의 책임이 면제되는 것은 당연한 논리적 귀결일 것"(481)이라고 쓰는 정영환의 악의적인 독해는 그의 사고회로와 논증방식에 심각한 문제가 있음을 보여준다.

나는 "군에 의한 위안소 설치와 여성의 징집, 공권력을 통한 연행"(482)을 같이 놓고 "예외적인 일"로 기술하지 않았다. 내가 예외적인 일로 기술한 것은 한반도에서의 "공권력을 통한 연행"뿐이다. 그럼에도 정영환은 엉터리 요약으로 내가 '군의 위안소 설치'마저 예외적인 것으로 간주한 것처럼 보이도록 시도한다.

2) 헌재 판결에 관해

헌재 판결에 대해서, 나는 분명 '청구인들의 배상청구권'에 대해 회의적이다. 하지만 이는 그러한 형식—재판에 의거한 청구권 요구라는 방식과 그 효과에 대한 회의였을 뿐 보상 자체를 반대한 적은

と』, 現代書館, 2015. 인터넷 사이트 http://nagaikazu.la.coocan.jp/works/gunian-syo.html#SEC3에도 실려 있다.

없다. 그럼에도 정영환은 내가 "청구권 자체를 부인하는 입장"으로 보이도록 정리한다.

또 나는 지원단체가 의거해온 '부인 및 아동의 매매 금지에 관한 국제조약'을 기반으로 해서는 "위안부 제도를 위법으로 할 수 없"고 따라서 손해배상을 물릴 수 없다는 아이타니 구니오藍谷邦雄의 지적에서 배운 것이 있었기 때문에 인용했을 뿐, '책임이 없다'고 말한 논문으로서 인용한 것이 아니다. 아이타니의 의도는 분명 '개인의 배상청구권을 부정'한 것은 아니지만, 그러한 방법의 틀로는 배상 요구가 '성립되지 않음'을 말한 논문임은 분명하고, 나는 그 부분에 주목했을 뿐이다. 그럼에도 "개인의 청구권을 부정한 연구인 것처럼 인용"했다는 지적은 앞서의 요시미 논문 인용에 대한 비판처럼, 나의 의도를 오해하게 만들기 위한 악의적인 "방법"이다. 정영환은 형식 부정을 즉각 내용 부정인 것처럼 왜곡한다.

3) 한일회담에 대해

정영환은 내가 김창록의 논문도 "반대로 인용"했다고 말하지만, 나는 김창록이 인용한 여러 회담 문안을 정영환의 지적과는 다른 문맥에서 사용했다. 그러니 앞에 쓴 것처럼 문제가 될 이유가 없다.

김창록이 말하는 것처럼 당시에 논의된 것은 '피징용자의 미수금'이었고, 정영환 자신이 말하는 것처럼 당시의 위안부에 관한 논의는 오로지 '미수금'만이 문제시되었을 것이다. 그러나 '위안부'는 "군속"이었다고 '위안부' 스스로가 말하는 자료도 있으니,[14] 나의

14 모리카와 마치코 지음, 김정성 옮김, 『버마전선 일본군 '위안부' 문옥주』(아름다운 사람들, 2005). 또한 일본육군 참모였던 쓰지 마사노부辻政信도, 『잠행 삼천리潛行三千

논지에 의거한다면 일본이 위안부를 "군속"으로 인정할 수도 있을 것이다. 조선인 일본군조차 보상을 받을 수 있는 '법'이 존재했지만 위안부들에게는 그런 '법'이 존재하지 않았고, '법적 해결'이 필요하다면 그런 인식을 통해 위안부에 관한 '보상'을 이끌어낼 수도 있다는 것이 나의 주장이었다.[15]

정영환은 내가 한일협정에서 일본이 지급한 금액을 '전후보상'이라고 말했다고 주장하지만, 나는 샌프란시스코 회담에 의거한 회담이니 연합국과의 틀 안에서 정할 수밖에 없었고 따라서 일본으로서는 '제국후 처리'가 아닌 '전후 처리'에 해당한다고 했을 뿐이다.

또 정영환은 나의 책을 길게 인용하면서도, 미국이 일본인들의 한반도 재산을 접수해 한국에 불하하고, 그것으로 외지에서 일본인을 귀환시켜준 비용을 상쇄시켰다는 부분을 빼놓고 인용한다(487~488쪽). 그러나 이 부분이야말로 내가 일본에 청구권을 청구하는 것이 어렵겠다고 이해하게 된 부분이다. 국가가 상쇄시켜버린 '개인의 청구권'을 다시 허용한다면, 일본인들 역시 한반도에 남긴 자산의 청구가 가능해진다는 문제가 생기기 때문이다.

나는 이때의 보상이 '전쟁'후 처리일 뿐 '식민지배'후 처리가 아니라는 점, 따라서 1965년의 보상에는 문제가 있었다는 점을 분명히 언급했다. 다만, 그렇다고 해서 역사적으로 이루어진 정치적 조

里』(毎日ワンズ, 2016)에서 위안부에 대해 언급하면서 "신분도 군속"(12쪽)이라고 쓰고 있다.

15 민사소송과 형사소송에서 원고 측과 검사는 나에 대한 비판/비난에서 줄곧 특히 이 부분을 강조했다. 이들이 위안부에 대한 표현이나 생각보다도 나의 해결방식에 대해 반발했다는 것은, 민형사 재판에서 오간 서면에서도 명확히 드러난다. 하지만 내가 정작 이런 생각을 하게 되고 구체적으로 밝힌 것은 『제국의 위안부』 간행 이후였다.

약을 뒤엎어야 하는지는 별개의 문제다. 다른 것은 65년체제에 대한 시각 자체가 아니라 그에 대한 태도일 뿐임에도, 정영환은 자신처럼 뒤엎어야 한다고 생각하지 않는다는 것만으로 내가 1965년체제를 "수호"한다고 주장하는 왜곡을 서슴지 않는다.

나는 한일협정 금액을 "전쟁에 대한 배상금"이라 말하지 않았고, '전후 처리에 따른 보상'이라고 했다. 또한 장박진의 연구를 인용한 것은 냉전체제가 영향을 끼쳤다는 부분에서다. "맥락과 전혀 다르게 문헌을 인용"하지 않았고, 장박진이 "한국 정부에 추궁할 의사가 없었다고 비판"한 문맥을 무시하지 않았다.

정영환은 내가 다른 문맥으로 읽은 문헌들을 오로지 나의 음험한 의도가 있는 것처럼 해석한다. 하지만, 정작 나의 글을 나의 의도와 달리 악의적으로 인용하거나 왜곡하는 일을 처음부터 글 전체에서 반복한 것은 정영환 쪽이다.

정영환은 한국 정부가 이때 식민지배에 관한 '정치적 청산'마저도 해버렸다는 사실을 모르고 있는 듯하다.[16] 나는 『제국의 위안부』에서 일본을 향해 '식민지배 보상'이 아니었으니 보상이 남아 있다고 썼는데, 후에 나온 논문을 읽고 나의 글조차 수정할 필요를 느꼈다.

정영환의 "방법"은 일본사회를 변화시키기는커녕 사죄하는 마음을 가졌던 이들마저 등돌리게 만들고, 결국 재일교포사회를 고립시킬

---

16 아사노 도요미淺野豊美, 「'국민감정'과 '국민사'의 충돌·봉인·해제의 궤적―보편적 정의의 모색과 뒷받침되어야 할 공통의 기억을 둘러싸고」, 『한일관계사 1965~2015 1: 정치』, 역사공간, 2015.

수 있다. 물론 정당한 고립은 두려워할 필요가 없다. 하지만 비판 자체의 결함이 만드는 고립에는 정당성이 없다. 바로 그런 결함을, 정영환은 나에 대한 비판에서 드러내고 말았다.

2. 비판이 지향하는 곳은 어디인가? —정영환의 『제국의 위안부』 비판에 답한다 2[17]

정영환이 나에 대한 비판이 번역되어 SNS를 통해 확산되고 있었는데도 곧바로 응답하지 않았던 건 첫째로는 시간적 여유가 없었고, 두 번째로는 앞에서 본 것처럼 그의 비판이 글 전체적으로 악의적인 예단이 앞서는 것이었기 때문이었다. 그런데 2015년 2월에 『제국의 위안부』에 대한 가처분신청 판결이 났을 때 『한겨레』가 정영환의 글을 나에 관한 비판 기사에 사용했고[18] 『역사비평』에까지 게재되었기 때문에 뒤늦게나마 앞서의 반론을 쓰기로 했던 것이었다.

그런데 『역사비평』은 처음에 지면을 30매밖에 주지 않았다. 또다른 젊은 연구자들이 비슷한 시기에 『역사문제연구』 33호에 '집담회'라는 이름으로 비판을 했는데, 그에 대한 반론으로 100매를 허용하기 때문이라는

---

17 박유하 페이스북, 2015년 8월 31일. 비판이 실렸던 『역사비평』에 처음 이 글을 먼저 보냈으나, 구체적인 반론이 아니라는 이유로 게재되지 못했다. 어쩔 수 없이 앞의 글을 기고했지만, 이 글이 더 중요하다고 생각한다. 『역사비평』 112호에 게재한 앞글과, 이와 비슷한 시기에 쓰게 된 제2부의 글 「기억의 정치학을 넘어서」 등에서도 이런 문제에 대해 부분적이나마 지적했다.

18 길윤형 기자, 「'제국의 위안부' 논쟁 2라운드… 왜 이 책을 쓴 걸까」, 『한겨레』 2015년 2월 27일자. 길윤형은 서경식/윤건차의 담론을 충실하게 한국사회에 전달했던 한승동 기자에 이어 나에 대한 비판에 나선 『한겨레』 기자다. 나에 대한 비판은 재일교포뿐 아니라 언론에서도 두 세대에 걸쳐 이어졌다.

명분이었다. 그래서 이 글을 썼는데, 이번에는 이 글이 "정영환의 서평 자체에 대한 반론이 거의 없다", "이미지만 가지고 싸우는 것으로 읽힌다", "논쟁을 위한 글이라기보다는 편가르기를 위한 글로 읽힌다"(2015년 8월 10일의 『역사비평』 관계자 이메일)면서 8월 12일까지 다시 써달라고 했다. 메일사고가 있었다지만, 내게는 다시 쓸 시간이 이틀밖에 주어지지 않은 셈이다. 더 늦어지면 그다음호에 싣겠다고 했지만, 나의 정황은 그렇게 유장하지 않았다. 그래서 어쩔 수 없이 짧은 시간 동안에 앞의 글을 썼던 것이다. 그리고 원고 마감 시한과 또 다시 쓰라고 요구하기가 어려워서였을 텐데, 원래 허용된 분량보다 훨씬 길어졌지만 실어주었다. 하지만 이하의 글이 사태의 본질을 더 잘 보여주지 않을까 한다.

1) 민족과 젠더

나는 정영환을 2000년대 초반에, 초청 받아 발제를 한 적도 있었던 일본의 어떤 연구모임에서 만났다. 그 모임은 일본의 재일교포 문제, 오키나와 문제 등 제국일본이 낳은 여러 문제에 대한 관심이 높은 비평이론연구모임이었고 학계의 첨단 동향을 이끄는 곳이기도 했기 때문에 줄곧 관심을 가졌던 곳이었다. 그 연구회는, 한국인 인사로는 문부식, 정근식, 김동춘을 초청하기도 했던 곳이다.

서경식도 그 연구모임에서 중요한 멤버 중 한 사람이라는 것을 곧 알 수 있었고, 나 역시 그에게 호감을 갖고 있었기 때문에 나는 그와 책을 교환하기도 했다.

그런데 내가 재일교포사회의 가부장제 문제에 대한 비판적 발표를 하게 되면서 서경식의 태도는 달라졌다. 서경식은 '젠더보다 민족 문제가 우선'이라는 말을 하는 민족주의자였고, 당연히 가부장적인 인물이었다. 그런 서경식을, 당시 연구회 멤버들은 공식적인 석상에서는 침묵했지만 사석에서는 비판하기도 했다. 주로 페미니스트들이었다.

말하자면 서경식, 윤건차, 그리고 이제 정영환으로 대표되는 나에 대한 재일교포들의 비판은 기본적으로 젠더와 민족 문제를 둘러싼 입장 차이가 만든 것이다. 실제로 오랫동안, 나에 대해 공식적이고 본격적인 비판을 행한 건 대부분 남성 학자들이었고, 여성인 경우는 김부자나 윤명숙 등 주로 위안부 문제 연구자였다. 이 구도를 어떻게 이해할지가 나와 이들의 대립을 이해하는 첫 번째 힌트가 되지 않을까 한다.

2) 전후/현대 일본과 재일교포 지식인

정영환도 언급한 것처럼, 나에 대한 비판은 이미 10년 전에 쓴 『화해를 위해서』 발간 이후부터 시작되었다.

가장 처음 논문의 형태를 갖추어 비판한 건 한국에서 정대협에 관여하기도 했던 재일교포 여성 학자 김부자[19]였다. 그리고 서경식, 윤건차 등이 '자세한 얘기는 김부자의 글을 참조하라'면서 지극히 추상적인 비판을 시작했다.[20]

---

19 김부자金富子, 「'위안부' 문제와 탈식민지주의-역사수정주의적인 '화해'에 대한 저항「慰安婦」問題と脱植民地主義-歴史修正主義的な「和解」への抵抗」, 『임팩션インパクション』 158호, 2007. 6.

20 윤건차尹健次, 『思想体驗の交錯-日本·韓國·在日1945年以後』, 岩波書店, 2008,

처음으로 반론을 쓰게 된 계기는, 일본어판이 나온 지 1년 반 정도 되었을 때 서경식 선생이 『한겨레』에 실었던 칼럼이다. 그는, 나를 높이 평가해준 일본의 진보지식인들이 나를 이용해 자신들이 하고 싶은 말을 하고 있는 거라고 썼는데(「타협 강요하는 화해의 폭력성」, 『한겨레』 2008년 9월 12일자), 다음해에는 나에 대한 비판을 포함한 윤건차의 책이 『한겨레』에 크게 소개되기에 이르렀다.

사실 당시에는 김부자를 포함 서너 명의 비판이 존재했을 뿐이고, 더 이상 확산되지는 않았다. 그렇기 때문에 더욱, 서경식 등이 나에 대한 비판을 한국에서 시작한 것은 생각지도 않은 사태였다. 『화해를 위해서』는 이미 간행된 지 3년이나 지난 책이었고, 굳이 비판해야 할 만큼 영향력이 있었던 책도 아니었기 때문이다.

그런 나의 책을 이들이 한국이라는 공간에서 갑자기 비판한 이유를 나는 아직 정확히 알지 못한다. 문제는 서경식의 화살이 현대 일본의 이른바 '리버럴 지식인'(필자 주: 한국에서는 자유주의자로 해석되는 경우가 많지만, 일본에서의 리버럴이란 일반적으로는 진보를 뜻한다)뿐 아니라 이들이 만들어온 전후 일본에 대한 비판이었다는 점이다.

457~462쪽. 윤건차는 『화해를 위해서』에 대한 일본의 호의적인 반응을 비판하면서 이 책이 "'화해'를 주장"하는 책이라고 왜곡해 소개한다. 또 나의 유학 시절의 통역 경험에 양국 정치가 통역이 있었다는 점을 들어 "양국 최상위부에 접했"다면서 "정신 형성에 중요한 시기를 일본에서 보내면서 그 사이에 정치/외교에서의 타협/절충/형식/퍼포먼스 등을 배운 것으로 생각된다"라는 아무런 근거 없는 편견을 쓰고 있다. 통역자가 피통역자의 행동양식을 배울 거라는 단순함도 문제지만, 윤건차의 사유가 편견에서 출발하기도 한다는 사실을 보여준다. 그의 불만은 『화해를 위해서』가 "한국의 민족주의를 과도하게, 혹은 부당하게 비판하고 있다"(이상 458쪽)거나, "'남북분단'과 그것이 초래한 '고통'에 대한 공감이 보이지 않는다"(459쪽)라는 점에 있다. 한일 문제를 다루는 책에 남북 문제가 쓰여 있지 않았다고 해서 그것을 곧 "고통에 대한 공감"이 없기 때문이라고 생각하는 식의 편견이 나에 대한 재일교포 비판자들의 출발점이자 공통점이기도 했다.

일본 리버럴 지식인들은 식민지지배에 대해 책임을 지고 싶어하지는 않는다는 그의 무책임한 단정은 이후 한국 진보의 일본 불신을 만들게 된다.

3) 지식인의 사고와 폭력

실제로 서경식의 생각(전후 일본과 현대 일본 지식인에 대한 비판)이 그의 인기에 힘입어 한국에 확고하게 자리잡았다는 사실을 나는 2014년 6월, 나에 대한 고소장을 통해 알 수 있었다. 전혀 예기치 않은 일이었는데, 고소장에는 서경식의 비판과 다르지 않은 내용이 쓰여 있었기 때문이다. 고소장은 나의 『화해를 위해서』까지 언급하면서, 나의 책을 일본을 면죄하는 국가야합주의적인 책으로 몰았다.

말하자면 나에 대한 고발은, 직접적으로는 나눔의집이라는 지원단체의 오독과 곡해에서 비롯된 것이지만, 실은 그들이 그렇게 행동하도록 만든 것은 나에 대한 정치적/사상적 경계심이었다. 그런 경계심을 만들고 또 보이지 않는 형태로 지탱했던 건 지식인들의 사고였다. 표면적으로는 위안부에 관한 나의 책이 "허위"라는 것이었지만, 내가 반박문을 쓰자 원고 측이 중간에 고발 취지를 바꾸어 나의 "역사인식"을 문제 삼았던 것도 그들의 경계심이 어디에서 유발되었는지를 보여준다.

고발 이후 그들은 일관되게 나와 "일본 우익"의 관련성을 찾으려 했고,[21] 그 점에서는 지식인과 지원단체가 다르지 않았다. 주로 진

21 앞서의 글에서 김부자는 "(일본)우파에 친화적"이라고 쓰고 있다. 이후에도 김부자는 우에노 지즈코의 영향을 받았다는 등의 기술을 통해 나의 책울 누군가의 자장 안

보충을 대상으로 나를 '일본을 면죄하려는 위험한 여성'으로 간주하는 인식을 확산시킨 것은 바로 서경식과 윤건차 등의 책이었다. 그리고 그들이 일관되게 외친 것은 내가 위안부 문제를 부정하고 "일본의 법적 책임을 부정"한다는 말이었다.

그들은 나의 책이 일본 우익의 사고를 '구체적으로' 비판한 책이기도 하다는 사실은 전혀 언급하지 않았고, 사람들은 그들의 명백히 편향된 주장에 재검증 없이 귀를 기울였다. 나를 '친일파'라면서 비난한 이들 중엔 이런 재일교포 '지식인'들의 생각에 영향을 받은 이들이 적지 않을 것이다.

그런데 내가 아는 한, 나의 책 이전에 위안부 문제에 대한 부정파들의 생각을 일단 귀를 기울이면서 비판한 이들은 없다. 한국이나 일본의 지원자들은 대부분 위안부 문제에 대해 그들과 다른 이야기를 하는 이들을 무조건 "우익"으로 규정해 비난하기에 바빴고, 최초의 비판자 김부자가 나를 "(일본)우파에 친화적"이라고 말했던 것은 그 연장선상의 일이다.

그에 비하면, 정영환은 그나마 균형을 잡으려 애쓰고 있는 것으로 보인다. 그런데 정영환은 나를 직접적으로 무언가에 대비시켜 비난하는 대신, 나의 책의 "방법"이 무언가 불순한 의도를 가진 것으로 보이도록 만드는 방식을 사용하고 있다. 정영환 자신이 책의 전체 의도와 문맥과 결론을 완전히 무시하고 부분을 떼어내어 어처구니없는 곡해를 하면서도, 오히려 나를 '위험하고 부도덕한 여성'

에 있는 것으로 간주하고 싶어 했는데, 그런 식의 '쉬운 범주화'의 수법은 김부자로부터 시작된 것이기도 하다. 물론 모든 저작은 거슬러 올라가면 누군가의 영향을 받은 것이기 마련이지만, 내가 우에노 지즈코의 책 중에 위안부 관련 서적을 읽게 된 건 『화해를 위해서』(2005) 이후의 일이다.

으로 규정하는 레토릭을 사용하는 것이다. 물론 정영환 역시, 서경식과 마찬가지로 나의 책이 '일본의 책임'을 묻는 책이라는 사실은 언급하지 않는다.

말하자면 그들은 일본에 책임을 묻는 방식이 자신들과 다르다는 사실만으로 나를 비난해왔다. 동시에, 나의 지원단체에 대한 비판과 위안부에 관한 인식이 확산되고 영향력이 생기는 사태를 경계했다.

정영환은 일본에서 나의 책이 높은 평가를 받은 이유가 일본 지식인들의 책임 부정 현상인 것처럼 말하지만, 실상은 그 반대다. 최근 몇 년 동안 위안부 문제에 지극히 무관심했던 일본인들, 그리고 소녀상이 세워진 2011년 이후 반발하기 시작했던 일본인들 중에, 나의 책을 읽은 이후 오히려, 위안부 문제를 다시 반성적으로 바라보게 되었다고 말하는 사람이 오히려 많아졌다는 것을 이들은 모른 척한다.

언젠가 다시 자세히 논할 생각이지만, 이들의 사고는 적대와 숙청을 필요시하는 논리틀 안에 있다. 우선은. 이들의 영향을 받은 지원단체가 국가권력을 앞세워 나를 고발하고, 수많은 군중이 나를 비난하며 '일본으로 가라!'고 외쳤던 사실이 그것을 증명한다. 이들의 방식이 평화를 말하면서도 20년 이상 평화를 가져오지 못하고 불화를 빚어왔던 이유는 바로 그런 식의 사유의 결함에 있다.

4) 비판과 포지션

이들은 '전후 일본'을 전혀 평가하지 않는다. 뿐만 아니라 그들의 그런 인식을 최근 10년 동안 한국에 정착시켰다.

물론 그 이전부터 이들과 연대하며 20년 이상에 걸친 오랜 기간 동안 일본을 '군국주의 국가'로 규정하고 '변하지 않는 일본/사죄하지 않는 일본/뻔뻔한 일본'관을 심어온, 정대협을 비롯한 운동단체들의 '운동'과 그들의 목소리를 검증 없이 확산시켜온 언론이, 한 사람의 재일교포의 생각을 한국사회가 의구심 없이 받아들이도록 만들었다. 2015년 현재 한국인의 반 이상이 일본을 군국주의 국가라고 믿고 있는 것은 거기에도 원인이 있다.[22]

그들은 박유하는 '일본(가해자)이 잘못했는데 한국(피해자)이 잘못했다고 말한다'라면서 사람들로 하여금 내가 일본을 비판하지 않는 것처럼 생각하도록 만들었거나, 내가 하는 비판은 면피용이라고 생각하도록 만들었다. 내가 그들에게 가장 실망하는 부분은 바로 그런 식의 곡해와 왜곡이다.

나는 이들 재일교포가 일본을 비판하려면 자신들을 차별 없이 교수로 채용한 일본에 대해서도 언급하는 것이 공정하다고 생각한다. 김석범 선생 같은 작가로 하여금 20년 이상 『화산도』를 연재하면서 생활이 가능하도록 만든 것도 전후/현대 일본이라는 공간이었다.

물론 그 변화는 전전에 비해 특별히 빠르거나 완벽하지 않다. 그럼에도 전후 일본사회가 전전 일본사회와 같지 않다는 것은 분명하다. 그렇다면 그 이루어낸 '변화'에 대해서도 언급하면서 '한계'를 말하는 것이 공정하지 않은가.

그런데 서경식 등이 '일본의 우경화'를 외쳐온 20여 년 세월이 지나자 실제로 일본은 이전보다 우경화되었다.

---

22 「한국인 57%, "일본은 군국주의", 일본인 56%, "한국은 민족주의"」, 『연합뉴스』 2015년 5월 29일.

내가 『누가 일본을 왜곡하는가』(사회평론, 2000)나 『화해를 위해서』에서 말하려 했던 건 바로 그런 문제였다. 『화해를 위해서』는 2001년 교과서 문제가 발생한 후에야 비로소 일본에 이른바 '양심적 지식인과 시민'이 존재한다는 것이 알려졌을 만큼 전후 일본에 대한 지식이 절대적으로 부족했던 시기에, 한국의 일반인들을 향해 우리에게 알려지지 않은 전후 일본에 대해 조금이나마 알리기 위해 쓴 책이다. 그 당시만 해도, 패전 이후 일본에 대해 적극적으로 알리려는 시도는 거의 없었다.

상대를 비판하려면 일단은 총체적인 모습을 알고 나서 하는 것이 옳다. 그래야 정확한 비판이 가능해지기 때문이다. 그런데 민주화 투쟁이 끝나고 정치의 계절이 이른바 문민정부 시대로 들어선 이후에도 우리에겐 총체적인 일본이 전혀 알려지지 않았다. 나는 정영환이나 서경식이 생각하는 것처럼 일본 리버럴 지식인들이 말하고 싶어한 것을 대변한 것이 아니라, 부정적인 부분을 포함해서 총체적인 일본에 대해 우선 알리고자 했을 뿐이다. 그건, 그런 작업에 태만했던 한국 거주 일본학자의 한 사람, 다름 아닌 나 자신에 대한 반성을 담은 작업이었다. 그런데 서경식의 비판은 평화헌법의 존재조차 아직 잘 알려지지 않았던 한국에, 그리고 교과서 사태 이후 처음으로 그 존재가 알려지기 시작한 일본의 진보지식인을 비판함으로써 한국사회가 전후/현대 일본을 객관적으로 바라볼 기회를 원천적으로 박탈했다.

물론 일본에 문제나 한계가 없다는 것이 아니다. 문제는 비판자들의 비판이 정확하지도 공정하지도 않다는 점이다. 더구나 일본이 더 바뀌려면 진보지식인과의 연대가 당연히 필요하다. 그런데 현대 일본을 만들어오기도 한 대다수의 진보지식인들을 적으로 돌리고 나서 정영환은 누구와 연대할 생각인가? 자신과 생각이 같은 한줌의 사람들만으로 일본을 바꾸겠다는 것이라면, 그 의지는 높이 평가하지만 옳은 방식은 아니다. 모놀로그적 비판은 상대를 바꿀 수 없다.

정치와 학문, 일반인과 지식인에 대한 비판은 똑같아야 할 필요가 없다. 정영환 등 나를 비판하는 이들과의 가장 본질적인 차이는 아마도 이 점에 있다. 다시 말해 나는 일본의 정신적 지주 나쓰메소세키夏目漱石를 비판했고 그를 리버럴 지식인으로 떠받든 일본의 전후 지식인과 현대 지식인을 비판했지만, 그건 그만큼 '지식인'의 책임이 크기 때문이다. 지식인의 사고는 때로 정치를 움직이기도 하기에 더욱 엄격한 잣대가 필요하기 때문이기도 하다.

정영환이 나의 '방법'을 묻는다면, 그것이 나의 비판 '방법'이라고 대답해두겠다. 모놀로그보다는 다이얼로그가, 논문에서든 실천에서든 더 생산적이다.

설령 수상이나 천황이 사죄한들, 국민들이 같은 심경을 갖지 못한다면, 한일 양 국민은 끝내 소통할 수 없을 것이다. 그리고 언제까지고 불화할 수밖에 없다. 일상 속의 우리는 천황이나 수상과 대화하는 게 아니기 때문이다.

일본의 90년대는 애매할망정 일본 정부와 국민의 사죄하는 태도와 마음이 압도적 다수였던 시대였다. 내가 아시아여성기금을 평가한 건 그런 정부와 국민의 마음이 담긴 것이었기 때문이다. 비판자들은 그런 일본 정부의 사죄와 보상을 '애매'하다고 비난했지만, 선명성 자체가 목적인 추궁은 정의 실현이라는 자기만족을 충족시킬 뿐이다.

3. '젊은 역사학자'들의 비판에 대한 반론

정영환과 비슷한 시기에 '젊은 학자들'이라는 이름으로 이번에는 『역사문제연구』가 비판을 실었다.[23] 그해 2월에 책의 판매 금지 등 가처분신청 재판부의 '일부 인용' 결정이 나온 참이어서 나에게는 '국가'뿐 아니라 '국민'까지도 '재판'에 나선 정황이 된 셈이었다. 『역사문제연구』의 글 역시 원고 측에 의해 재판에 제출되었고, 나는 답변을 쓰지 않을 수 없었다. 이하의 글은 그렇게 쓰인 글이다.

1. 비판 방식에 대해

1) 허위

『역사문제연구』 33호에 집담회 「젊은 역사학자들, 『제국의 위안부』를 말하다」가 게재되었다. 이들의 비판 역시 재일교포 학자 정영환[24]과 마찬가지로 오독과 곡해 그리고 적의로 가득한 내용이었는데,

---

23 집담회 「젊은 역사학자들, 『제국의 위안부』를 말하다」, 『역사문제연구』 33호(2015. 4.)

24 정영환, 「기획서평: 일본군 '위안부' 문제와 1965년체제의 재심판—박유하의 『제국의 위안부』 비판」, 『역사비평』 111호(2015. 5.)

한 학자의 고민에 대한 기본적인 존중조차 찾아볼 수 없을 뿐 아니라 정제되지 않은 비난 언어들이 학술지에 게재된 데 대해 먼저 깊은 유감을 표한다.

비판이란, 전체 의도를 제대로 파악하고 나서 각 기술이 어떤 맥락에서 사용되고 있는지를 살피며 이루어져야 한다. 그런데 이들은 내가 책에서 비판했던 정대협에 대해서는 "맥락까지"(앞의 집담회 글, 561쪽. 이하 쪽수만 표시) 살펴야 한다고 주장하면서, 나의 책에 대해서는 맥락은커녕 명확하게 쓰여 있는 내용조차 없는 것으로 취급한다. 이들의 비판이 논지에 대한 구체적인 반박이 아니라 인상비평 수준인 것은 이들이 위안부 문제 연구자가 아니니 어쩔 수 없는 일이지만, 그렇다면 더더욱 겸허해야 했다.[25]

이들의 비판이 얼마나 성급한 오독에 기반을 두고 있는지를 보여주는 대표적인 예를 하나만 먼저 제시해둔다. 나는 『제국의 위안부』 제2부 제3장, 즉 위안부의 재현 문제를 다룬 부분에서 애니메이션 〈소녀 이야기〉의 문제와, 한 위안부 할머니의 증언이 시간이 지나면서 점차 변해간 사실을 지적한 바 있다. 〈소녀 이야기〉의 경우 할머니의 증언이 애니메이션에서 어떤 식으로 변형되었는지를 지적한 것이니, 이 부분이 할머니들을 비판한 것이 아니라는 사실은 명백하다. 또 후자에 관해서도, 나는 "그런 변화는 의식적인 거짓말이라기보다는 듣는 이들의 기대가 그렇게 만든 측면이 크다"라고 썼다. 이어서 "그런 의미에서는 위안부의 증언에 차이가 난다고 해서 위안부들만을 비난할 일은 아니다. 또 그런 증언을 듣고 싶

---

25 박유하, 「일본군 위안부 문제와 1965년체제-정영환의 『제국의 위안부』 비판에 답한다」, 『역사비평』 112호(2015. 8.).

어했던 것은 오히려 우리 자신이라고 해야 한다. (…) 피해자임을 확인하기 위한 민족 담론은 표면적인 피해 인식 외의 모든 기억을 말살시키려 한다"[26]라고 썼다.

그렇게, 이 부분의 비판의 대상이 우리 자신이 피해자임을 확인하기 위한 민족 담론임을 분명히 하면서, "보고 싶지 않은 모습을 영원히 안 볼 수 있도록 해주"기를 바라는 우리 안의 욕구에 대한 언급에 이어 이렇게 썼다. "그러나 70세가 되어가도록 그 이전의 자신의 모습을 직시할 수 없다면, 그건 과거의 상처가 깊어서라기보다 상처를 직시하고 넘어서는 용기가 부족해서라고 할 수밖에 없다. 혹은 우리가 아직, 있는 그대로의 자신을 인정하고 보듬는 자신에 대한 사랑 대신 타자에게 아름답게 보이고 싶은 욕구가 더 큰 미성숙의 상태에 머물러 있기 때문이라고 말할 수밖에 없다. 이제 우리 자신을 있는 그대로 받아들이고 싶지 않은가"(134)라고.

여기서 문제 삼고 있는 대상이 위안부가 아니라 우리 자신이자 해방 후 한국이라는 것은 너무나 명백하다. 그런데 "젊은 학자"들은 "위안부 경험을 했던 사람들한테 이런 반성과 비판을 강조하는 것은 사실 무리가 있는데도 저자는 이 비판을 그녀들에게 집중하죠. 예를 들어 '70세가 되어가도록 과거의 (중략) 미성숙의 상태에 머물러 있기 때문이라고 말할 수밖에 없다'는 표현처럼요. 용기의 부족, 미성숙 등으로 몰아세우고 있어요"(550)라면서 비난한다.

사실 이 부분은 『제국의 위안부』를 고발한 이들이 첫 번째 고발장에서 적시한 109곳 중의 하나였다. 지원단체는 이후 내가 반박문

---

26 박유하, 『제국의 위안부』(뿌리와이파리, 2013/2015), 133~134쪽.

을 제출하자 지적 내용을 반으로 줄이고 고발 취지를 바꾸기까지 했는데, 이 부분은 그때 사라진 지적 부분이다. 젊은 학자들 중에 소송문서 작성에 직접 관여한 이가 있는지는 알 수 없으나 거기서 문제 삼은 내용 역시 이들의 주장과 같았다.

해방 후 70년이라는 시기에 할머니가 70세라면, 해방 무렵에 태어났다는 이야기가 된다. 당연히 위안부 체험을 했을 리도 없다. 이 집담회는 전체적으로 이런 식의 초보적인 오독으로 가득하다.

이들은, 『제국의 위안부』 33쪽에 나오는 '위안부'가 웃고 있는 이미지의 사용을 문제 삼으며, 사진 위치가 의도적(554)인 것이 명백하다면서 "비겁"하다는 식의 인신공격까지 서슴지 않는다. 그런데 33쪽은 물론 32쪽에도 34쪽에도, 이들이 지적한 '위안부의 숫자가 20만 명보다 적고 상대한 숫자도 적고 연애도 하는 존재였다'는 대목은 이 사진이 실린 부분에서는 나오지 않는다. 더구나 이미지 사용 위치를 정하는 건 출판사다. 나를 도덕적으로 문제가 있는 인물로 몰아가기 위해 허위의 비방조차 서슴지 않는 이들의 비판은 유감스럽게도 정영환 이상으로 악의적이고 노골적이다.

또한 〈소녀 이야기〉에 대한 나의 지적을 두고 내가 없는 얘기를 한 것처럼 말하지만, 내가 이 애니메이션을 보았을 때는 분명히 있었다. 나는 근거 없는 이야기는 한 적이 없다. 감독이 편집했을 가능성도 있을 수 있다.

또 나는 『제국의 위안부』 비판에 대한 반박에 "표현의 자유"(543), "학문의 자유"(543, 572, 575)라는 단어를 사용한 적이 없다. 표현의 자유라는 이름으로 옹호해야 하는 문제적인 기술 자체를 하지 않았기 때문에 의식적으로 행한 일이다. 이들은 이런 식으로 하지도 않은 말까지 만들어 나를 비방했다.

2) 내용의 오해와 축소

이들은 『제국의 위안부』를 민족주의에 대한 비판으로 보고 있지만, 이 책은 한민족의 후예의 한 사람으로서 구 일본제국의 책임을 묻고 있는 책이다. 그러니 굳이 민족에 대한 거리를 확인해야 한다면 오히려 민족주의적인 책이다.

정대협에 대한 비판은, 민족주의 비판이라기보다는 자신들의 이상을 위해 민족주의를 이용한 진보좌파에 대한 비판이다. 정대협 대표가 일본에는 우익을 감시하는 시스템이 없다면서 일본을 바꾸어야 한다고 역설한 것은 민족주의적 발언을 넘어선 진보좌파로서의 발언이다.[27] 그 발언은 일본의 진보가 꿈꾸었던 일본사회 개혁(혁신)과 통하는 말이었지만, 정대협의 운동에서 위안부 문제가 '진보가 세상을 바꾸는' 정치운동이기도 했다는 것을 보여준다.

하지만, 『제국의 위안부』에도 쓴 것처럼, 자신들의 주장과 다른 생각은 무조건 우익으로 몰아 비난해온 진보의 운동 방식은 오히려 일본의 반발을 심화시켜 해결을 지연시켰다. 따라서 나는 이 책에서 민족주의를 "깨부수겠다"(578)는 식의 민족주의 비판을 의도하지 않았다. 나의 연구는 원래 일본의 민족주의가 어떻게 제국주의를 지탱했는지에서 출발했고 그런 민족주의 이론을 한국에도 대입시켜 생각한 적이 있지만, 그건 이미 오래전[28] 일이다. 나에게 민족

27 윤미향 정대협 대표의 도쿄 YMCA 강연(2012년 6월 9일).

28 『반일민족주의를 넘어서』(2000), 『내셔널 아이덴티티와 젠더-나쓰메 소세키로 읽는 일본 근대』(2011) 등.

주의 비판은 더 이상 큰 관심사가 아니다.

『제국의 위안부』는 민족주의가 아니라 오히려 제국주의를 비판한 책이다. 2014년 가을에 나온 일본어판이 일본에 긍정적으로 받아들여진 것도 민족주의를 비판했기 때문이 아니라 그들의 제국주의의 문제를 말했기 때문이다. 나에 대해 호의적으로 평가한 개인과 언론이 대부분 진보진영이었다는 것도 그것을 증명한다. 그들은 나의 책을 정확히 읽어주었다. 특히 일본의 진보학자들이 이 책을 어떻게 받아들였는지는 진보적인 역사 연구자와 사상 연구자가 함께 쓴 논문이 있으니 참조하기 바란다.[29]

따라서 "식민지 내부의 위계를 고려하지 않다 보니 제국은 이야기하지만 식민지를 이야기하지 못하는 것 같습니다"(551), "동지적 관계를 저자가 발견한 것이 맞는다고 하더라도 제국 전체에 대한 비판으로 나아가야 하죠"(551)라는 말은 이들이 책을 제대로 읽지 않았다는 것을 드러낼 뿐이다. 내가 위안부의 "고통을 외면"(575, 576)했다는 주장 역시 마찬가지다.

『제국의 위안부』는 조선인 위안부에 대한 일본 군인의 차별과 폭행에 대한 언급을 통해 군인과 위안부 간의 위계관계, 즉 식민지/제국 간의 위계를 다루었고(제2부 제5장, 142~164), 위안부와 제국, 위안부와 미국, 위안부와 한국의 관계를 구체적으로 보는 일로 일본은 물론 다른 제국에 대한 비판도 시도했다.[30]

---

29 이와사키 미노루岩崎稔·오사 시즈에長志津繪,「'慰安婦'問題が照らし出す日本の戰後」, 나리타 류이치成田龍一·요시다 유타카吉田裕 편,『기억과 인식 속의 아시아태평양전쟁記憶と認識の中のアジア·太平洋戰爭』, 岩波書店, 2015. 한국어 번역은 이와사키 미노루·오사 시즈에,「위안부 문제가 비추는 일본의 전후」,『말과 활』 10호(2016. 2.)

30 제4부「제국과 냉전을 넘어서」제1장.

"공창은 제국주의 이동과 정착을 뒷받침한 장소"(277), "그렇게 제국 만들기에 동참한 국가들은 모두 자국의 남성들을 위해 위안부를 필요로 했다"(278), "제국은 그렇게 조국을 떠난 상인들이 (…) 다시 말해 그들이 국가의 세력을 확장하고 경제를 윤택하게 하는 임무를 수행하는 길에서 이탈하지 않도록 관리한다"(279)는 기술들은 모두 그런 문맥에서 쓰인 부분이다. 이 책의 부제가 '식민지지배와 기억의 투쟁'인 이유도, 조선인 위안부란 일본제국에 동원된 위안부였음을 말하려 했기 때문이다.

말하자면, 이제까지 전쟁 문제로만 이해되어온 위안부 문제를 제국의 문제로 이해해야 한다는 것이 이 책의 취지였다. 조선인 위안부란 조선이 식민지가 되어 일본제국의 일부로 포섭된 탓에 만들어진 존재이니 그런 제국의 책임을 일본 국가에 묻기 위한 것이 이 책의 의도이자 목적이었다.

이들은 책 안에 분명히 존재하는 제국 비판—식민지배 문제 지적을 간과했거나 의도적으로 무시했다. 이들이 『제국의 위안부』를 식민성 비판 없는 여성주의의 책으로 간주하고 내가 제시한 위안부상이 제국의 책임을 소멸시키는 것으로 판단하는 것도 그런 근본적인 오독의 결과다. 여성주의에 관한 나의 입장은 나쓰메 소세키라고 하는 근대 일본 지식인의 제국주의적 의식을 비판한 나의 다른 책을 참고해주기 바란다. 그 책이 실은 나의 원점이다[31]. 또 나는, 아시아여성기금이 해산한 후 위안부 문제에 대한 관심이 현저하게 떨어

---

31 『내셔널 아이덴티티와 젠더—나쓰메 소세키로 보는 일본 근대』, 문학동네, 2011(원본인 일본어판은 『ナショナルアイデンティティとジェンダー—漱石·文學·近代』, クレイン, 2007.)

져 있었던 2010년에, 그해에 해야 할 일은 다름 아닌 「위안부 문제에 관해 대화를」이라는 제목의 칼럼을 일본을 향해 쓰기도 했다.[32]

2. 비판 내용에 대해

1) 군인과 위안부

이들은 『제국의 위안부』에서의 위안소의 모습이 "너무나 평화"(553)롭다면서 "낭만화"(553)된 재현을 시도했다고 말한다. 이러한 지적은 이 책의 나머지 반, 위안부에 대한 일본군의 폭행과 강간을 언급한 부분을 못 본 척하는 것이기도 한데, 비판자들은 대부분 이런 식의 편향성을 드러낸다.[33] 재현이란 표현자의 주관이 들어가야 하지만, 나는 위안부의 증언집을 있는 그대로 인용했을 뿐이다.

이들의 반발은 기본적으로 위안부 문제를 '일본인' 남성에게 '조선인' 여성이 피해를 입은 사태로만 이해하는 데서 발생한다. 물론 그러한 이해는 잘못된 것은 아니지만 그런 이해만으로는 위안부 문제에 대한 충분한 이해가 되지 못한다는 것이 나의 문제제기였다. 조선인 위안부 문제란, 성 차별과 계급 차별이 민족 차별 이상으로 직접적인 기제가 되어 여성들을 동원한 사태다. 그런 복합적인 구조를 봐야만 반복을 막을 수 있다는 것이 나의 주장이었다. '일본'이라는 고유명을 비난하는 것만으로는 결코 재발을 막을 수 없기 때문이다.

---

32 朴裕河, 「慰安婦問題で對話を」(교도 통신共同通信 칼럼 「겐론現論」, 2010년 2월 10일)

33 『제국의 위안부』 142~162쪽.

일본군에게 희생을 요구당한 이들은 우선 일본인 여성들이었다. 일본군은 1911년, 진해에 주둔기지를 만들 때 이미 유곽을 시가지 설계도 안에 넣었고, 일본 본토에서 여성들을 불러들이려 했다.[34] 일본군이 위안부를 필요로 한 것은 멀리 떠나온 자국 남성을 위한 것이었으니만큼, 자국 여성이 가장 적합한 대상으로 여겨졌던 것은 당연한 일이다. 이들은 내가 일본군 위안부와 조선인 위안부를 "등치"(573)하고 있다고 말하지만, 이들은 일본인 여성의 고통을 묵인하거나 은폐한다.

나는 일본인 위안부와 조선인 위안부의 위계에 대해 명확히 언급했다. 따라서 등치할 이유가 없다. 위안소에서 일본인 여성들이 가장 임금이 높았음을 강조한 이유도 일본인과 조선인 간의 위계관계를 설명하기 위해서였다.

이들은 일본군이 조선인 위안부를 "보호"(553)한 것이냐면서 반발하지만, 보호는 꼭 착취의 반의어가 아니다. 한편으로는 착취하면서도, 과도하게 착취하는 업자나 규범을 벗어난 군인으로부터 위안부를 보호하는 구도가 존재했던 것은 조선인이 일본인을 대체한 존재였기 때문이다. 다시 말해 조선인 위안부는 조선인(반도인)일지언정 일본 국민의 틀 안에 있었기에 보호 대상이 될 수 있었다.

특히 헌병은 군인과 위안부와 업자 사이에서 이들 모두를 감시하고 관리하는 존재였다. "거 헌병대라야 군인들이 겁을 내요. 헌병대

---

34 다케쿠니 도모야스竹國友康, 『어느 일한 역사의 여행ある日韓歴史の旅』, 朝日新聞出版社, 1991, 117~120쪽. 다케쿠니는 "(일본)군 자신이 유곽지 계획을 세우고, 그 공간을 스스로 조성했으며 민간업자를 선정해서 빌려주고 있었다", "업자가, 조선 주변, 예를 들면 이미 일본 조차지가 두어져 유곽이 있었던 부산이나 마산 등의 업자는 한 사람도 참여하지 않고 도쿄 지역 업자에게만 집중되고 있는 것도, 군 당국에 의한 직접적인 지도가 있었음을 추정케 해준다"(120쪽)고 지적한다.

라야. 저 인제 어디 가서 술 처먹고 오는 놈들도 있거든. 그래 헌병대 와서 조사하고 헌병대가 쫙 깔렸어요. 헌병대가 처리하지"[35]라는 증언을 참조해주기 바란다. 일본 정부가 조사하고 아시아여성기금이 발행한 다섯 권의 자료집에도 군인들의 폭행 등을 군 상부가 어떻게 처리했는지를 정리한 자료가 포함되어 있다.[36] "해남도 위안소는 군대가 위에서 일정한 지시를 했다. 해남도에서도 처음 상당 기간 1할씩 받았다. 그러나 군대의 책임자가 바뀌면서 주인에게 수입의 6할을 여자들에게 주고 주인이 4할을 갖도록 정해주었다"(『강제로 끌려간 조선인 군위안부들』 1, 한울, 1993, 281)는 증언 역시 국가/군인이 위안부를 보호하기도 했음을 보여주는 증거이다.

하지만 나는 동시에 군인들의 폭행과 강간 정황을 알 수 있는 자료를 제시하여 일본군과 조선인 위안부의 관계가 차별적 위계관계였다는 사실도 분명히 지적했다. 따라서 『제국의 위안부』에 군인과 위안부 간의 차별성이 드러나지 않는다거나 일본의 책임을 묻지 않았다는 식의 지적은 이들이 책을 편파적으로 읽었다는 것을 드러낼 뿐이다. 그들은 '동지'라는 단어에 신경을 곤두세우지만, 나는 "군수품으로서의 동지"라는 표현으로, '보호' 구조 위에 엄연히 존재한 위계관계도 분명히 지적했다. 따라서 책임주체 대상에서 군을 뺐다거나 책임을 "추상화"(546)했다는 생각은 나의 책을 제대로 읽지 않았다는 증거일 뿐이다.

이들은 위안부의 연애에 거부감을 드러내지만, 위안부의 부탁을

---

35 대일항쟁기강제동원피해조사및국외강제동원희생자등지원위원회, 『들리나요? 열두 소녀의 이야기』, 2013, 110쪽.

36 『政府調査「従軍慰安婦」關係資料集成 2』 119~141쪽.

받고 모르핀과 그 밖의 군용 약품을 빼내려 했던 군인이 발각되어 영창 30일에 처해지기도 한 사실[37]이나, 폭력적인 군인들이 있는가 하면 다른 한편에서 위안부와 정사情死를 시도한 군인들도 있었다는 것을 이들은 모를 것이다. 이들은 이런 사실의 지적이 남성과 여성, 혹은 조선인과 일본인 간의 차별, 위계관계가 사라지는 것으로 간주하지만, 그러한 시선은 이들의 시선이 "학자"(학문)의 시선이 아니라 운동가나 일반인의 정치적/감성적 시선에 머물러 있음을 보여준다.

이들은 내가 언급한 사례들을 예외로 간주하고 싶어하지만, 이러한 정황이 예외였다는 증거는 어디에도 없다. 오히려, 예외로 생각하고 싶어하는 심리가 위안부의 체험을 소외시킨다. "만주 얘기 난 누구한테 안 혀. 챙피해서… 집에 저렇게 와서 질문하면 당한 일만 얘기해주지"(『강제로 끌려간 군위안부들 4』, 풀빛, 2001, 207. 밑줄은 인용자)라고 말한 '위안부'의 발언을 경청해주기를 바란다.

"위안소에서 나와 조선인 군속과 함께 군 지정 철공소를 경영"(『강제로 끌려간 조선인 군위안부들 3』, 한울, 1999, 262)했고 "수류탄 같은 무기를 제조도 하고 수리도 하는 군수공장을 하면서 군속으로 월급"을 받은 경험이 있는 이의 구술을 기록한 이는 "서류에는 이 부분이 빠져 있음을 확인"했다고 쓴다. 우리 앞에 놓인 '사료'란, 사실 정도의 차이는 있겠지만 이러한 선별을 거친 이후의 것이기도 하다.

내가 사용한 "동지적 관계"라는 개념은 이러한 중층적 구도를 표

---

37 『政府調査「從軍慰安婦」關係資料集成 2』 122쪽에 실린 1941년 11월의 중지나 파견 헌병대 사령부 자료「육군군인군속비행표陸軍軍人軍屬非行表」.

현한 단어였다. 일본제국이 전쟁을 하게 됨에 따라 식민지였던 조선이 그 구조 속에 들어간 정황을 나는 국민동원으로 간주했고, 전쟁 대상국과의 관계에서 일본인과 조선인은 일본인으로서 존재했다는 단순한 사실에 대한 지적이 "동지적 관계"의 1차적 의미였다. 실제로 위안부 할머니 중에는 위안부의 역할은 군인을 돌보는 일이었다고 증언한 이도 있다.[38] 비판자들은 이러한 정황을 보는 것을 두려워하지만, 그런 정황이 곧 한/일 위안부의 "같은 위치"(550)나 "동등성"(551)을 말하는 것은 아니니 두려워할 필요도 없다.

"정식 간호원은 몇 명 없었고 우리 같은 사람이 많았다. 환자에게는 냄새도 나고, 눈이 먼 사람, 팔이 없는 사람, 다리가 없는 사람, 폭격으로 엉덩이가 떨어져나간 사람 등 별의별 사람이 다 있었다. 그들 중에는 죽어도 가족과 같이 있겠다고 가족사진을 꼭 쥐고 있는 사람도 있었다. 우리는 그런 환자를 돌보는 일을 했다. 환자들에게는 한 끼에 우메보시 한 개와 미음 한 공기씩을 갖다 주었으며 입이 다쳐 못 먹는 환자에게는 누운 채 입을 벌리라고 해서 떠 넣어주곤 했다"(『강제로 끌려간 조선인 군위안부들 1』, 한울, 1993, 178)는 정황은 위안부들이 일본군과 어떤 관계구조 속에 있었는지를 명확히 보여준다.

"동지적 관계"를 말한 이유 중 하나는 조선인 일본군과 비슷한 틀로 이해할 때 보상 요구가 오히려 가능해지기 때문이기도 했다. 나는 "강제징용된 사람들을 배제"(558)하기는커녕 오히려 그 개념을 위안부 문제 해결에 적용하려 했다. 물리적 강제연행이라는 이

38 배춘희 할머니의 영상, 2014년 4월 12일.

해를 중심으로 불법성만 주장해온 지원단체나 연구자들의 방식에 물음을 던지고 내 나름의 제안을 시도한 것이다.

"다른 데는 몰라도 일본이 북한하고 한국은 줘야지. 대만까지도 이해를 해. 거기도 성도 이름도 일본식으로 고쳤으니께. 우리는 나라를 위해 나가야 한다고 같은 일본사람 취급했거든. 이렇게 끌어갔으니께 반드시 보상을 해 줘야지. 그러나 중국, 필리핀은 다 영업용으로 돈 벌러 간 거지. 그러니 그건 안 줘도 괜찮고"(『강제로 끌려간 조선인 군위안부들 5』, 풀빛, 2001, 116)라는 목소리에 "젊은 학자"들은 귀 기울여야 한다. 내가 "동지적 관계"라는 개념에 담은 1차적 의미는 이런 것이었다. 또한 강제연행이라고 주장하는 지원단체를 비판하기도 했던 위안부의 존재도 되돌아봐야 한다.[39] 이들은 결코 예외적인 존재가 아니었다. 따라서 일부 지원단체나 학자들에 의해 배제되어야 할 이유가 없다.

2) 군인과 업자

이들은 업자에 대한 나의 지적에 반발하면서 (포주를) "발견하고 그것을 의미화하는 게 과연 정당한 것인가"(546)라며 비난한다. 하지만, 나는 이미 10년 전 저서에서 업자에 대해 지적한 바 있다는 것을 우선 말해둔다.[40] 따라서 업자라는 존재는 내게는 새로 "발견"한 존재가 아니다. 다시 한번 언급한 이유는 위안부 문제에서 국가의 착취에 가려져 보이지 않았던, 제국주의에 가담한 업자의 착취, 즉 위안부 문제를 둘러싼 경제 문제와 계급 문제에 대해 말하고 싶었

---

39 2013년 12월 18일의 배춘희 할머니와의 통화기록.

40 『화해를 위해서–교과서·위안부·야스쿠니·독도』(뿌리와이파리, 2005)

기 때문이다. 위안부 문제에 오래 관여해온 이들이라면 당연히 관심 가져야 할 사안임에도 간과된 문제를 직시하고자 했을 뿐이다. 그리고 바로 그것이 국경을 넘어 개인을 착취하는 '제국'의 구조이기도 하다.

나는 업자를 조선인으로만 규정하지 않았다. 특별히 강조하지 않았으나, 동원 현장에는 대부분 일본인과 한국인이 같이 나타났다는 사실을 분명히 지적했다. 특히 규모가 큰 유곽 등은 오히려 일본인 업자가 많았을 것으로 추정한다.[41] 그러나 일선에 나갔거나 규모가 작은 업자 중에는 조선인이 많았던 것으로 보인다. 따라서 "일본인 포주의 비율이 50퍼센트 이상"(547)이라는 단정에는 동의하기 어렵다. 조선인 위안부들은 도시가 아니라 전쟁터에 더 많이 동원되었고 섬이나 산속까지 '출장'을 나갔는데, 그때 그녀들을 데리고 간 것은 주로 조선인 업자였다.

업자에 대해 말한 이유는 일본의 책임을 희석시키기 위해서가 아니다. 위안부들의 자유를 구속한 직접적인 주체가 "옷은 잘 해 입혀. 왜 해주냐면, 그거로 빚. 저거가 돈으로 해 입히고 빚 갚으라고. 자꾸 해줘"[42]라는 증언이 보여주는 것처럼, 업자들이었기 때문이다. "가네야마는 손님을 놓친다고 하면서 우리들을 못 나가게 했다"(『강제로 끌려간 조선인 군위안부들 1』, 한울, 1993, 203)는 식으로 위안부를 직접 감금하고 강제노동을 시키는 업자들의 폭거가 오늘까지도 이어지고 있기 때문이기도 하다. 위안부 문제란 실은 업자의 경

---

41 니시노 루미코西野瑠美子 외, 『일본인 위안부—애국심과 인신매매日本人慰安婦—愛國心と人身賣買と』(現代書房, 2015).

42 대일항쟁기강제동원피해조사및국외강제동원희생자등지원위원회, 『들리나요? 열두 소녀의 이야기』, 2013, 177쪽.

제/이윤 문제이기도 하다는 사실, 다시 말해 이들을 직접 착취한 이들은 업자들이고 그들의 존재까지 보지 않으면 위안부 문제의 전모를 볼 수 없다는 것 때문에 나는 업자의 존재를 강조했다. 그들이야말로 "법적 책임"을 져야 할 것이라고 썼지만, 그건 오히려 부차적인 문제다.

여자들을 만주로 데려가는 업자와 여성을 중심 인물로 등장시키고 있는 최명익의 소설 「장삼이사」(1941년)에도 업자가 등장해, "만주로 북지로 댕겨보면 돈벌인 색시당사가 제일인가 보둔"(밑줄 인용자)이라 말하는데, "영업하는 덴 만준가요 북진가요"라는 질문에 대한 업자의 다음과 같은 대답은 당시의 정황의 일단을 파악하는 참고자료로서 부족함이 없다.

> "뭐 안 가본 데 없디요. 첨엔 한 사오년 일선으로 따라당기다가 녀머 고생스럽더라니 그 담엔 대련서 자리 잡구 하다가 신경 와선 자식 놈들에게 다 밀어 매끼구 난 작년부터 나오구 말았소."
>
> (중략)
>
> "...사실 내놓구 말이디, 돈벌이루다 그만한 노릇이 없쉐다. 해두 그 에미나이들 송화가 오죽한가요 거 머 한 이삼십 명 거느릴래믄 참 별에별 꼴 다 봅넨다…"
>
> 툭하면 앓아눕기가 일쑤요, 그래도 명색이 사람이라 앓는데 약을 안 쓸 수 없으니 그러자면 비용은 비용대로 처들어가고 영업은 못하고. 요행 나으면 몰라도 덜컥 죽으면 돈 천원쯤은 어느 귀신이 물어갔는지 모르게 상비喪費까지 보숭이 칠을 해서 없어진다는 것이었다.
>
> "앓다 죽는 년이야 죽고파서 죽갔소, 그래 건 또 좀 양상이디. 이것들

이 제 깐에 난봉이 나디 않소. 제법 머 죽는다 산다 하다가는 정사합네 하디 않으문 달아나기 일쑤구…"(최명익, 「장삼이사」, 『비오는 길』, 문학과지성사, 2004, 234~235)

불평 가득한 짧은 소회에서 업자들의 자발성, 탐욕, 몰인정한 시선, 그리고 위안부와 군인의 관계까지 드러내 보여주고 있는 이 조선인 업자는 기차 안 사람들이 보고 있는 앞에서 인신매매해온 여성을 구타할 만큼 가혹한 인물로 그려지고 있다. 나는 이런 식의 '업자'가 '위안부' 자신의 입을 통해서도 생생하게 나타나고 있다는 사실에 주목했을 뿐이다.

그리고, 당시 유괴마라 불렸던 하윤명의 행위와 크게 다를 바 없는 "포주들의 눈물도 인정도 없는 행위에 대해서는 당시의 경찰도 분히 여기고 그 서에서는 다시 전매한 곳으로 조회를 하여 최후까지 구해낼 방침으로 노력"했다. 경찰은 "여성을 흉측한 포주의 손에서 다시 북지로 팔아넘기기 전에 그야말로 위기일발"로 구조하기도 했다. 다시 말해 "포주들의 눈물도 인정도 없는 행위"는 당시의 식민지 경찰조차 인식한 일이었고, 그들은 포주의 범법행위를 단속했다. 경찰이 단속했다는 사실은 국가와 업자가 유착되어 있을지언정 범법행위에서 공범은 아니었음을 보여주는 것이기도 하다.[43]

위안소에 지속적으로 여성들을 공급한 대규모 업자들은 적지 않은 부를 쌓았을 것으로 추정할 수 있다. 그런 경제적 착취자들의 책

---

43 일제강점하강제동원피해진상규명위원회 편, 『전시체제기 조선의 사회상과 여성동원: 『매일신보』(1937.1~1945.8)를 중심으로』, 2007, 83쪽.

임을 물어야 하는 이유는, 위안부 문제가 하위화된 민족, 성, 계급의 문제라는 사실이 공유되면서도 아직 빈곤계층을 착취한 중간계급의 책임은 가시화된 적이 없기 때문이다. 또 내가 업자에 대해 다시 한번 논한 이유는 책에서도 쓴 것처럼, 지원단체가 해결 방식으로 법적 책임을 주장해왔고, 그 주체로 국가만을 상정했기 때문이다. 나는 법적 책임을 물을 수 있는 근거가 범법에 있다고 한다면 당시에도 이미 범죄시되었던 업자들에게 '먼저' 물어야 한다고 말했을 뿐이다. 그것은 "책임을 너무 추상화"(546)하는 일이 아니라 책임 문제를 오히려 선명하게 하는 일이다. 구조 전체를 보지 않고서는 재발을 막을 수도 없다.

1937년에 "상하이 파견군이 위안소 설치를 결정하고 서일본 각지 유곽에 협력을 요청"[44]했을 때, 이 "이야기에 응해 나타난 사람은 아무도 없었다"고 한다. 그러다가 "각지에서 유곽을 경영하고 있던 마츠시마 유곽의 스기모토가족이 각각 출자해서 '위안소'를 편성하게 되었다". 그 뒤를 이어 다른 유곽 주인들이 나섰다. 다른 한편으로 "조선인이 인솔해온 한 무리도 있었다. 쉬저우徐州전 때 화북에서 군대를 따라왔지만 우한武漢 공략전에서 화북에서 이동한 제2군과 행동을 함께한 자들, 제11군을 따라 입성한 자들, 상해에서 온 자들 등 그 경로는 각양각색이었지만, 개장 당초부터 한커우漢口 병참이 부른 곳은 한 곳도 없었다. 군이 한커우에서 위안소를 개설하고 싶다는 그들의 희망에 따라 지칭리積慶里에 수용했던

---

44 나가사와 겐이치長澤健一, 『한커우漢口 위안소』, 図書出版社, 1983, 51쪽. 번역은 인용자.

것이다"[45]라는 정황도 존재했다. 일본인이건 조선인이건, 국가정책에 적극적으로 협력한 이들이 있었기에 위안소는 기능할 수 있었다. 나는 그런 협력자들의 책임에 대해 생각해보고자 했을 뿐이다.

그런 이들의 책임을 묻는 이유는 (일본 국가라는) 대악大惡의 책임을 묻는 일이 소악小惡의 문제를 간과하는 일이 되어서는 안 되기 때문이다. 작은 악, 협력하는 악은 늘 대악을 지탱한다. 따라서 소악(업자의 크기가 작다거나 부차적이라는 생각 자체가, 국가와 개인의 권력관계를 고정적인 것으로 이해하는 견해일 뿐이다)에 대한 고찰과 고발 없이는 국가의 횡포에 대한 가담과 협력을 막을 수 없다. 업자 문제를 제기한 이유는 바로 그 점에 있었다.

3) 조선인 위안부

이들은 나의 문제제기가 위안부에 대한 인식을 80년대로 돌려놓았다고 말한다. 그러나 이런 지적은 "한국 사람이 항상 가난에 빠지니께 꽃다운 색시들을 승낙 아래 돈을 벌러 가는 기야. 그때 돈으로 오십원이나 백원이나 받으면 기한은 5년 기한을 한다던가 3년 기한을 한다던가 이렇게. 전쟁이나 일본 사람한테 당한 사람이 실제로 많거든. 자기가 돈 벌기 위해 가는 사람은 많다고."(『강제로 끌려간 조선인 군위안부들 5』, 풀빛, 2001, 118)라는 증언, 위안부들 당사자들조차 명료하게 인식했던 구조를 보지 않는 일이다. 식민지화란 기본적으로 경제적 착취 구조 속에 놓이는 일이고, 정치적 지배는 그러한 차별/착취 구조를 용이하게 만들기 위한 전제일 뿐이다.

---

45 위의 책, 53쪽.

일본에서도 유곽을 경영했고 중국은 물론 남태평양 섬에까지 가서 위안소를 경영했던 한 일본인 업자는, 분명히 조선인이 있던 지역에서 영업을 했으면서도 (그에게) "조선인 '위안부'에 대해 물으면 늘 불쾌한 얼굴을 했다. 「나는 일본인은 본적이 있지만 조선인 '위안부'는 본 적이 없다. 중국인 창부는 본 적이 있다」고 말했다"고 한다. 또 이 업자와 대화한 이에 따르면 "바로 코앞에 있던 남국료南國寮가 조선인 위안부가 있는 위안소였는데도 Y씨는 조선인 위안부의 존재를 인정하지 않았다"[46]고 한다. 이는, 조선인 위안부가 자신에게 주어진 일을 완수했다 해도 '진짜 일본인'으로 인정받기는 어려웠다는 사실, 즉 차별의 본질적인 양상을 드러내는 현장일 수 있다. 다시 말해, "특요대 여자는 조선과 오키나와 사람뿐이었고, 내지 사람은 없었다"[47]는 사실을 외면하지 않고 직시해야만, 조선인 위안부가 기존의 이해와는 다른 의미에서 가장 힘든 일을 요구받고 있었다는 사실도 이해될 것이다.

위안부 체험은 같은 시기, 같은 장소에서도 달랐다. 예를 들면, 옷은 무엇을 입었느냐는 질문에 한 위안부는 "그때는 옷도 없었어요. 그래도 뭐 어떤 아들(사람들)은 일본 기모노도 입고 있는 것들도 있더라. 나이 많은 것들. 그것들은 좀 배왔다고 일본말도 잘 하고. 그 사람들은 일본말 잘한께(잘 하니까) '헤이타이상兵隊さん'(병사·군인)들이 더 좋아하대. 말도 통한께(통하니까). 우리 등신 같은 것들은요, 나이가 어려놓은게 뭣이 뭣인지도 모르고. 이러자카면 이러

46 앞의 니시노 루미코 외, 『일본인 위안부—애국심과 인신매매日本人慰安婦—愛國心と人身賣買と』, 166쪽.

47 시로타 스즈코城田すずこ, 『마리아의 찬가マリヤの賛歌』, 日本基督教団出版局, 1971, 166쪽.

고 저러자카면 저러고(이렇게 하자면 이렇게 하고 저렇게 하자면 저렇게 하고) 이런다. 그런께 낙이 없어가(없어서) 마 해방됐다 카니 죽기 살기로 나와가. 전부 다 나왔을기요. 우리는 고마(그냥) 한목에 쫙 나온게 뭐 한 삼십 명 나오고. 뒤에는 그 사람들 어디로 갔는지 모르고. 뭐, 일본으로 갔는지 어디로 갔는지. 일본으로 갔는 아들(사람들) 많애요. 일본 쪽으로."[48]라고 대답한다.

지원단체가 주장해온 '학살'과는 다른 모습도 주목해야 하지만, 이들과 일본군의 관계와 기억이 이처럼 연령, 언어숙련도 혹은 성격에 따라서도 달랐다는 점은 좀 더 주목되어야 한다. 위안부의 증언집은 자신들의 체험도 기술하지만 이처럼 다른 위안부의 체험도 기술한다. "젊은 학자"들의 반발은 이러한 다양성을 알지 못한 데에서 기인한다. 위안부들은 있는 그대로 말했고 증언집에도 그대로 게재되면서도, 그런 다양한 목소리는 하나의 상으로만 재현되었다. 그것이 우리 앞에 있는 소녀상이다. 나는 그런 점을 함께 생각해보고자 했을 뿐이다.

그러면서도 나는 "사랑과 평화와 동지가 있었다 해도 위안소가 지옥 같은 체험이라는 것은 변하지 않는다", "설사 자발적으로 희망했다 해도, 그녀들로 하여금 세상에서 추업으로 불리던 일을 선택하도록 만든 것은 그녀들의 의지와는 상관없는 사회적 구조였다. 그녀들은 그저 가난하거나 식민지의 여자이거나, 가부장제 안의 여성이었기 때문에 자립 가능한 또다른 일을 할 수 있을 정도의 또다른 교육(문화자본)을 받을 기회를 얻지 못했을 뿐이다", "그런 추업

---

48 대일항쟁기강제동원피해조사및국외강제동원희생자등지원위원회, 『들리나요? 열두 소녀의 이야기』, 2013, 115쪽.

에 그녀들이 자발적으로 향했다면 무엇이 그런 표면적인 자발성을 끌어냈는지를 생각해야 한다. 그것은 남성이고 군대이고 국가였다. 그리고 일본제국이었다. 다시 말해 위안부란 어디까지나 국가와 남성, 그리고 격리된 남성집단을 만드는 전쟁이 필요로 했기 때문에 생긴 존재다. 위안부의 자발성이란, 본인이 의식하지 않는다 해도, 국가와 남성과 가부장제의 차별(선별)이 만든 자발성일 뿐이다. 그리고 그녀들은 폭탄이 터지는 최전방에서도 폭력에 시달리며 병사들의 욕구를 받아주어야 했다"고 『제국의 위안부』에 분명히 썼다. 조선인 위안부의 본질을 바로 그렇게 규정했기 때문에, 나는 일본에도 책임을 물었다. 『제국의 위안부』가 "젊은 학자"들이 말한 식의 책이라면 책임을 물을 이유도 없었을 것이다.

3. 비판 태도에 대해

1) 표상

이들은 내가 제시한 것이 위안부의 "대변"(555)을 자임한 일이라며 "진짜"(555) 모습을 보여주겠다고 한 책인 것처럼 말한다. 하지만 나는 그저 그동안 보이지 않았던 모습까지 보자고 했을 뿐이고, 그 이유는 앞서 쓴 바와 같다. 또한 이들은 "진실은 없다"(587)고 했으면 좋았을 거라고 말하는데, 그것이야말로 내가 하려 했던 말이다. 상반되는 두 개의 상은 둘 다 진실일 수 있지만 한쪽에만 집착하면 양쪽 다 제대로 본 것은 되지 않는다는 것이 바로 나의 주장이었다.

이들이 '위안부'의 웃는 사진을 그저 "불편"(554)하게만 느끼는 것은 그 모습이 자신들이 기대하고 희망하는 여성(위안부)상에서 벗어나 있기 때문이다. 문제는 그들을 그렇게 만드는 것이 다름 아닌 (피해자 이미지를 벗어난) 여성혐오라는 점이다. 이들이 내가 인용하고 기술한 참혹한 위안부상에는 언급하지 않고 자발성/매춘으로 보이는 자료에만 주목하는 것 역시 마찬가지 구조 속의 일이다.

하지만, '위안부'들의 존엄과 명예를 훼손하는 것은 바로 그러한 시선과 감정이다. 말하자면 기존 이해를 벗어나는 위안부상에 대한 불쾌감이나 부인의 감정이야말로 있는 그대로의 위안부를 부정하고 "배제"(557)한다.

군인과의 즐거운 추억을 이야기하는 할머니를 두고 굳이 군인의 "괴롭힘"(568)에 의한 것으로 간주하려는 시도 역시 비슷한 심리가 만드는 일이다. 이들은 내가 "폭력적으로"(572) 위안부에 대해 기술했다고 말하는데, 당사자의 감정을 무시하는 이러한 단정들이야말로 바로 그러한 폭력이자 이들이 말하는 "권력"(568) 행사다. 기금을 받은 위안부들의 심리를 그저 "조바심"(561) 때문에 "흔들"(561)린 결과로 간주하는 것 역시 이들이 '위안부'의 주체성을 무시하고 있다는 사실을 보여준다. 이들이 아버지가 더 밉다는 위안부의 발언이나 위안부는 "군인을 돌보는 사람"이라는 위안부 자신의 증언[49]을 그저 "부풀리기"(558)나 "파편"(569)화 시도로 간주하는 것도, 이들의 시선이 남성들에게 '바람직한 위안부'상에 고정되어 있기 때문이다.

더구나 이들은 "해결이라는 전제를 미리 깔아놓은 것 자체도 잘

---

49 배춘희 할머니의 영상녹취록, 2014년 4월 12일.

못되었"다(587)고까지 말하는데, 이런 비판은 과거의 운동과 연구가 "해결"을 위한 작업이기도 했다는 사실을 은폐한다. 말하자면 비판자들의 모순을 가장 상징적으로 드러낸 주장이기도 하다.

2) 곡해

내가 한일 간의 화해를 "만병통치약"(565)으로 간주하고 있고 화해에 "집착"(565)한 탓에 "개인들을 한국과 일본의 화해를 위해 동원"(551)하고 있으며, (박유하가) "화해가 일어날 것이라고 생각하는 순간은 대통령과 총리가 만나는 순간이에요"(551)라는 억측에는 서경식 등의 영향이 짙게 드러난다. 그러나 나는 그저 (이들의 태도가 보여주는 바와 같은) 우리 사회 일본 인식의 편향성을 조금 교정해보고자 했을 뿐이다. 그저 '화해를 위해서' 필요한 기본 정보를 전달했을 뿐, '이제 그만 화해하자'고 말하지 않았다.

사실 한일 화해에 대한 나의 관심은 우리 안의 갈등과 분열, 좌우/남북 갈등에 대한 관심과 다른 차원의 것이 아니다. 한일 화해에만 관심이 있었다면 왜 미군기지 문제를 언급했을까. 나는 동아시아 화해를 지향하고 있고, 그것은 당연히 남북화해를 포함한다. 내가 주로 일본에 대해 언급하는 이유는 내가 잘 아는 대상이 일본이기 때문이다.

3) 진영논리

이들은 정대협이 나를 고발하지 않았다며 그 자제력을 칭찬하기까

지 한다. 하지만 실상, 정대협도 고발을 검토했었다.[50]

정대협에 대한 나의 비판은, 민족주의 비판이 아니라 앞에서 본 것처럼 이들도 보이고 있는 당사자 배제에 있었다. 위안부 할머니들 중에는 국민기금의 존재조차 모르는 분들이 있고, 정대협이 주장해온 법적 책임 자체를 인지하지 못하거나 그런 주장에 대해 부정적인 할머니들도 있다.[51]

"젊은 학자"들이, "할매들은 다 죽어가잖아. 그런데 모금을 받지 말라, 그것 받으면 더러운 돈이다, 화냥년이다, 이런 귀 거스리는(거슬리는) 소리만 하더라구"(『강제로 끌려간 조선인 군위안부들 5』, 풀빛, 2001, 117)", "지금 정대협에서는 1억 5천을 요구한다. 천년 세월이라 말이여 이게. 나이 많은 할머니들은 1억 5천이 어디가 있느냐. 우리는 나이 먹어 자꾸 죽어간다. 아무데고 마저 주는 돈 받아서 쓰고 죽겠다. 다수 이거야. 그냥. 딴 뜻은 없는 것 같아. 할머니들 요구도 무리가 아니고. 거기서 인제 또 정대협에서 (국민기금을 주지 말라고) 일본에 소문을 퍼뜨려놨더라구. 그래서 기금을 주지 말라는 이야기지"(위의 책, 116)라는 오래된 푸념에도 귀 기울여 주기를 바란다. 정대협의 운동 방식인 강제연행된 소녀를 강조하는[52] 식의 소

---

50 윤미향 대표의 홋카이도 강연, 2014년 2월 19일. 윤미향 대표는 "이 책은 정면으로 정대협을 폄훼하기 위해 쓰인 책 같다. 명예훼손으로 고발하려 했지만, 그렇게 반응하면 오히려 박유하한테 주목이 쏠릴 것이고 사람들의 관심이 생길 것인데, 그것이 바로 박유하의 목표일 터라 무시하기로 했다"는 내용의 발언을 한 바 있다. 실제로 책 발간 직후에 정대협 관계자가 변호사와 함께 고소고발을 검토했던 것으로 안다.

51 2013년 가을부터 2014년 봄에 걸쳐 만났던 할머니들 대부분이 그랬다.

52 정대협이 감수한 것으로 알려진 앙굴렘국제만화페스티벌 자료집 『지지 않는 꽃』(여성가족부, 2014. 6.)은 늑대에게 둘러싸인 소녀(156)를 비롯해서 위협, 공포 등의 이미지와 함께 일본군에게 끌려가는(133) 물리적인 강제연행 모습이 중심을 이룬다. 또한 서울시가 후원하는 정대협 관련 대학생 행사용 포스터(2014년 3월)에는 "조선

녀에 대한 집착은 위안부들 사이의 차이를 낳고 매춘 차별을 조장한다. 그것은 위안부가 목소리를 내도록 했던, 다시 말해 사회의 차가운 시선에서 보호하고 당당하게 만들었던 정대협의 원래 취지에서도 벗어나는 일이다. 그러나 정대협은 여전히 매춘과는 구별하고 싶어하고 이런 일에 대한 의문을 이제는 정대협과 함께했던 일본인 학자도 품고 있다.[53]

또한 정대협은 여전히 위안부들이 대부분 사망했다고 주장하지만, 실제로는 위안부의 대부분은 포로로 수용되었고, 조선으로 돌아가고 싶지 않았으나 "위안부들이 가득"(『강제로 끌려간 조선인 군위안부들 1』, 한울, 1993, 69) 탄 배를 타고 돌아왔다고 위안부들은 증언한다. 이들은 "여자만 해도 한 500명은 되"는 수용소에 있다가, "한 1000명"(위의 책, 208)은 되는 귀향선을 타고 돌아왔다. 물론 전쟁 막바지에 일본인들에게 이른바 옥쇄를 강요당하거나 폭격으로 사망한 이들도 적지 않은 것으로 보이지만, "대부분 학살"[54]당했다는 인식은 사실과는 거리가 멀다.

나의 여성주의조차 "현 정부의 여성부와 비슷한 입장에만 머물"(549)고 있는 것으로 간주하거나 뉴라이트를 언급하는 데서 드러나듯, 이들은 경직된 진영논리에 갇혀 있다. 나의 "포지션이 애매"(548)하다면서 선명성을 강조하는 이들 "젊은 학자"들이 작가의 날

의 소녀 20만, 일본군에 의해 대부분 학살당하고 조선으로 살아 돌아온 소녀는 2만여 명, 피해자로 등록한 할머니가 243명"이라고 쓰여 있다.

53 2015년 9월에 'DMZ영화제'에 출품된 경순 감독의 다큐멘터리영화 〈레드마리아 2〉에서, 나가이 가즈永井和는 2014년 여름에 열린 심포지엄에서 전 정대협 대표가 조선인은 '매춘'이 아니라는 식으로 일본인 위안부와 구별지으려 했다면서 난감한 심경을 표했다.

54 앞의 정대협 포스터.

카롭고도 섬세한 접근 자세[55]를 배워주기를 기대하지 않을 수 없다.

4) 오만

이들은 『제국의 위안부』를 대중서로 규정하면서도, 다른 한편으로는 일반인을 향해 집필한 것을 두고 문제시한다. 내가 이 책을 굳이 학술서 형태로 쓰지 않은 것은 일반인들이 위안부 문제를 제대로 알아야 이 문제가 해결된다고 생각했기 때문이다. 다시 말해 이 문제를 둘러싼 담론권력을 갖지 않은 이들을 향해 말을 걸기 위해 일반서로 썼다. 그런 말걸기에 대답해준 이들이 언론과 일반 시민들이었다는 것은 당연한 일이었을지도 모른다.[56]

그러나 "젊은 학자"들은 그저 학회지에 발표하지 않았다는 이유만으로 『제국의 위안부』를 대중서라고 말한다. 물론 이들의 이런 주장은 형식을 문제시하기 위한 것이 아니라 그저 나의 책을 '학문적 가치'가 없는 엉터리 책으로 폄훼하기 위한 것이다.

그런데 『제국의 위안부』는 학제적 연구의 결과이고,[57] 따라서 하나의 학문의 틀로 심사받는 학회지에 투고할 이유가 없었다. 무엇

---

55 2015년 9월 13일, 고종석은 트위터에서 "박유하와 이영훈은, 본인들은 어떻게 생각하는지 모르겠으나 달라도 한참 다르다. 그 둘을 구별 못 하고 싸잡아 비난하는 것이 한국 민족주의의 수준이고, 박유하의 섬세함을 이영훈의 사회적 다위니즘과 뭉뚱그려 찬양하는 것이 한국 뉴라이트의 수준이다. 애재!"라고 쓴 바 있다.

56 2013년 8월 발간 이후 『경향신문』을 필두로 『프레시안』, 『한국일보』 등 적지 않은 언론들이 이 책의 리뷰를 실어주었다. 또한 고발 직후에 페이스북에서 만난 미지의 시민들이 옹호/지지해주었고, 이 만남이 기반이 되어 작은 모임 '동아시아 화해와 평화의 목소리'가 탄생하게 되었다. 이 과정은 진보의 문제를 진보 측 시민들이 인식/공유해나가는 과정이었다.

57 장정일, 「『제국의 위안부』 사태를 설명하는 세 가지 정리」, 『말과활』 10호(2016년 1-2월호), 187쪽.

보다, 처음부터 한 권의 책으로 쓴 글이었다. 이 책이 "학계의 기존 연구를 포용하려 하지 않"(581)는다고 말하지만, 위안부 문제에 관한 독자적인 생각을 말하기 위해 필요한 만큼은 충분히 참조했고, 언급했다. 특정 학계에서 인정받고자 한 시도가 아니니, 모든 선행 연구가 언급되어야 하는 것도 아니다. 따라서 특별히 "학계를 비판하려는 의도"(581)를 가진 적은 없었지만, 굳이 말한다면 국민적인 관심사가 된 지 오래임에도 한국인 위안부 문제 (남성)연구자가 여지껏 지극히 적다는 사실에 대한 학계의 반성이 필요하다고 생각한다. 위안부 연구는 90퍼센트 이상이 일본인의 연구다. 20년이 넘는 세월 동안 나온 한국인의 연구는 결코 충분하지 않았다. 이른바 '전문가'가 아니면서도 위안부 문제론을 쓰게 된 원인이기도 하다.

위안부 문제에 대한 한국의 인식이 단일하지 않은 것은 나의 책임이 아니라 지원단체와 학계의 책임이다. 학계에서 인정된 인신매매나 업자, 일본이 행한 사죄 시도를 관계자들이 알리지 않거나 왜곡해 알린 탓에 한국에서는 위안부 문제에 대한 공통의 이해가 없다. 중요한 건 나의 책이 전문가를 향한 것인지 대중을 향한 것인지가 아니다. 또 이 책이 "어떤 지점에 서 있는지 어정쩡"(580)한 지 여부도 아니다. 중요한 건 이유 있어 세상에 나온 한 권의 책이 무엇을 말하고 있는지, 독자가 어떻게 읽는지일 뿐이다.

"거부감"(549)에서 출발한 이들의 비판은 내가 "자의적인 해석"(544)을 바탕으로 위안부를 "의도적"(554)으로 이용하고 있고, 그것을 위해 "안전장치"(544)를 사용하고 있다고 주장한다. 심지어 '처음도 아니고 색다르지도 않고' "제대로 하고 있는 것"(566)도 아닌 "대중서"(561, 572, 581)라고 단언한 끝에, 나에게 "스스로를 돌아보”(571)라는 훈계마저 빼놓지 않았다. 호칭마저 “이 사람”(547)을 쓰면서 존중하고 싶지 않은 감정을 굳이 드러냈지만, 그런 모습은 나의 책이 엉터리인지 여부가 아니라 세상을 대하는 이들의 태도를 보여줄 뿐이다.

오해와 편견 없이 읽는다면, 그리고 제시된 자료들을 정치적 의도가 있을 거라는 의구심으로 마주하지 않는다면, 『제국의 위안부』가 ‘위안부’의 명예를 훼손하기는커녕 ‘위안부’를 위한 책이라는 사실, 매춘부라고 부르는 이들을 비판하며 오히려 ‘매춘’을 재규정한 책이라는 사실, 그것을 통해 ‘위안부’들의 명예를 회복하려 시도한 책이라는 것을 이해해줄 것이라고 믿는다. 낯선 담론 앞에서 “저자의 방법은 아니”(584)라고 한마디로 전부정全否定하는 식의 성급함은 우리 사회 “젊은 역사학자들”의 지적 게으름을 드러내고 말았다. 이 역시 안타까운 일이 아닐 수 없다.

4. 누구를 위한 거짓말인가
–정영환의 『누구를 위한 '화해'인가: 〈제국의 위안부〉의 반역사성』에 대해[58]

2015년 가을에 일본어판 『제국의 위안부』가 두 개의 상을 수상했다. 그 직후, 검찰은 나를 기소했고, 동시적으로 나에 대한 세간의 비판도 거세졌다. 특히 2016년 이후로 이 흐름은 눈에 띄게 강해지는데, 그 흐름을 선도한 것은, 정영환의 블로그 글이 일본에서 책이 되어 나오고 곧이어 몇 달 만에 한국어판이 나온 일이었다. 특히 정영환의 책은 출판사의 명망 덕분인지 대다수의 언론이 보도자료를 그대로 옮겨썼고, 나에 대한 비난은 역사학계를 넘어 전 사회적으로 확산되었다.

---

58 2016년 7월 11일에 기자간담회를 열어 자료를 배포하고 기자들과 이야기했던 내용을 정리해서 7월 16일에 홈페이지 메모로 올렸다. 이 글은 그 메모를 보완해서 정리한 것이다. 정영환의 책은 일본어판이 2016년 4월에 나왔는데, 2016년 7월 초에 한국어판이 나왔다. 신속한 한국어판 출간이, 나를 둘러싼 재판이나 국민들의 인식에 대한 고려와 무관하지는 않을 것이다. 한국어판은 다음 글에서 다루는 『제국의 변호인』(2016년 5월 1일 발행)보다 두 달 늦게 나왔지만, 『제국의 변호인』 역시 비판에 먼저 나선 정영환의 글의 영향하에 나온 책이라 할 수 있으므로 이 글을 앞에 둔다.

1. 정영환의 비판과 한국의 언론보도

정영환의 저서의 한국어판 『누구를 위한 화해인가–〈제국의 위안부〉의 반역사성』(푸른역사, 2016. 7.)이 발간되었을 때, 대부분의 언론은 아무런 확인 없이 출판사의 보도자료를 그대로 인용해 확산시켰다.[59] 이를테면 이런 식이다.

> 우경화로 인해 일본인들은 '식민지 지배에 대한 사과는 할 만치 했다'고 생각하는데 여기에 딱 부합하는 책이 '제국의 위안부'인 거죠. 더욱이 한국인 저자가 썼으니 이거다 싶어 일본 언론이 대대적으로 다루고 예찬을 했죠. 그러나 거기에 피해자에 대한 배려는 없었습니다.(「〈사람들〉 '제국의 위안부' 비판서 낸 재일사학자 정영환 씨」, 『연합뉴스』 2016년 7월 1일. 강조는 인용자)

> 『제국의 위안부』는 극우 『산케이 신문』이나 우파 『요미우리 신문』은 말할 것도 없고 『아사히 신문』이나 『마이니치 신문』 같은 리버럴 매체들도 격찬하는 가운데 1만부 이상 팔려나갔다.(「"박유하 현상, 한·미·일 주류 이익에 부합"」, 『한겨레』 2016년 7월 1일자, 강조는 인용자)

이들에 따르면, 『제국의 위안부』는 '사과가 필요하다고 생각하지 않는 일본'의 심정에 "부합"하는 책이 된다. 하지만 이들의 말이 사실이라면, 『제국의 위안부』 일본어판을 출간하고 높이 평가해준 아

59 2016년 6월 30일~2016년 7월 7일.

사히신문출판사나 마이니치신문사는 모두 우경화했다는 말이 된다. 일본의 누가 『제국의 위안부』를 어떤 관점에서 평가했는지는 일본의 사정을 모를 리 없는 정영환 자신이 잘 알 터이면서도 이렇게 사실과는 다른 말을 한국에 태연하게 유포했다.

정영환의 말과는 달리, 보수신문인 『요미우리 신문』과 『산케이 신문』은 최근까지 나의 책에 단 한 번도 관심을 보이지 않았다. 그들이 관심을 보인 건 재판 과정이었을 뿐이다. 진보매체들이 대부분 서평이나 칼럼, 인터뷰 등을 통해 지속적인 관심을 보여줬던 반면, 보수매체들은 무관심했다는 것이 『제국의 위안부』를 둘러싼 일본에서의 실상이다.[60] 그런데도 정영환의 책을 출간한 출판사는 그런 정황을 제대로 확인하지도 않고 저자의 말을 그대로 보도자료로 만들어 배포했고, 언론 역시 그대로 받아썼다. 어떤 곳은 '일본 극우파의 입장을 대변'한다는 식으로까지 썼으니, 실상과는 오히려 반대되는 왜곡보도를 한 셈이다. 『한겨레』는, 『제국의 위안부』가 "한·미·일 주류 이익에 부합"(7월 1일자)하는 책이며 내가 "피징용자 미수금을 위안부 문제로 오인"(「박유하 VS 정영환, '위안부' 평가 두고 화상 격돌」, 7월 4일자)했다는 정영환의 말을 그대로 전했다. 심지어, "정 교수는 또 국교정상화 당시 일본이 위안부 배상을 추진했고 한국 정부가 거부했다는 박 교수의 주장이 허구라는 사실도 사료 검증으로 밝혔다"(「"일어판 '제국의 위안부'엔 왜곡된 내용 실려 있어…"」, 『한국일보』 2017년 7월 2일자)라는 식으로, 내가 한 적이 없는

---

60 2017년 10월 27일, 내가 형사 2심에서 패소하자 『요미우리 신문』이 이를 비판하는 사설을 실었다(2017년 10월 28일자). 그 기사가 내가 아는 한 우파매체의 나에 대한 첫 관심 표명이었다. 그리고 그 『요미우리 신문』조차 나의 책이 "위안부의 가혹한 현실을 민든 대일본제국의 택임을 추궁하고 있는, 균형 잡힌 역작이다"라고 썼다.

"주장"을 전달하는 언론까지 있었다. 대부분의 언론은 "사료의 오독, 증언의 자의적 해석과 취사선택, 연구 성과에 대한 잘못된 이해"(앞의 「〈사람들〉 '제국의 위안부' 비판서 낸 재일사학자 정영환 씨」, 『연합뉴스』 2017년 7월 1일)라고 정영환의 말을 그대로 옮겨, 내가 역사적 사실을 "오인"하고 증언을 "왜곡"한 엉터리 학자라는 이미지를 앞다투어 세간에 유통시켰다. 말하자면 나에 대한 정영환의 공격은, 명망 있는 출판사[61]에 대한 언론의 신뢰에 기대어 확실한 성공을 거두었다.

뿐만 아니라, "한국어판에 없는 주장이나 인용, 뉘앙스를 달리한 내용이 등장하는데 이는 한국인의 비판을 피하려는"(위의 『연합뉴스』, 『한국일보』 기사) 교묘한 꾀를 쓰는 인격결함자로, 혹은 "일본어판은 양국관계가 정체된 책임이 전후 일본의 보상과 사죄를 기억하지 못하는 한국 측에 있다고 적는 등 일본인의 입맛에 맞도록 가필"(『연합뉴스』)한 매국노로 나를 한국사회에 각인시켰다.

그에 더해, "동족이나 애국을 운운한 것은 위안부의 말이 아니라 일본군의 말"이라거나, "센다 가코의 책에는 동지의식이 없다"거나, "박 교수가 들려주고자 했다는 위안부의 다른 목소리란 일본군들이 말하는 위안부 이야기이고 일본인들이 듣고 싶어하는 위안부 이야기"로서 "법적 책임은 없다는 견해는 일본 우익의 입장과 맥이 닿는다"(「다시 불붙은 '제국의 위안부' 논란—정영환 교수의 비판서 '누구를 위한 화해인가' 출간」, 『국민일보』 2016년 7월 6일자)는 등, 나를 일본에 영합하는 친일파로 보이도록 만들려 했던 말들도 전부 그대로

---

61 푸른역사는 역사 전문 출판사로 역사학자들은 물론 일반인에게도 신망이 높은 곳이다.

한국사회에 유포되었다.

하지만 나는 책에서 이렇게 말한 적이 없다. 정영환을 비롯한 비판자들이 나의 것으로 보고 싶어하는 교묘하거나 은밀한 시도 역시 행한 적이 없다. 정영환의 주장들은 거의 전부가, 내가 쓴 내용을 교묘하게 왜곡하면서 만들어진 주장이다. 앞에서도 쓴 것처럼, 내가 이 책에서 말한 건, 오랫동안 지원단체와 연구자들이 주장해왔던 '법적 책임'에 대해 검토한 결과, "법적 책임을 지우기 어렵다"고 하는 판단이었을 뿐이다.

그런데, 언론들은 나의 책이 (일본의) "우익만이 아니라 좌파와 자유주의자에게도 환영"(위의 『연합뉴스』 7월 1일 기사)받았고, "환영받는 이유는 전쟁과 식민지배의 책임을 부정하려는 일본 내 역사수정주의의 흐름에 들어맞기 때문"이며, 그런 (박유하의) "역사수정주의에 우익뿐 아니라 리버럴(진보세력)까지 점차 동조"하거나 "리버럴이 보수파에 합류"(「일본 지식인사회 비판으로 번진 '제국의 위안부' 논쟁」, 『연합뉴스』 2017년 7월 3일)했다고 전하기도 했다. 말하자면 한편으로는 "우익"이 지지한다고 강조하면서도 다른 한편으로는 "좌파"도 환영한다고 전해, 책에 대한 아리송한 이미지를 더욱 가중시켰다.

정영환이 만든 이 모든 일은, "일본 우익"이 아니라 오랫동안 함께해온 "일본 좌파"가 나를 지지한 데에 대한 정영환의 불만에서 비롯된 것이다. 다시 말해, 정영환을 비롯한 일본의 일부 '진보' '지식인' '운동가'들을 당혹스럽게 만든 건, 자신들과 함께해왔던 "좌파"들이 『제국의 위안부』를 지지했다는 사실이었다. 그 사실을 두고, 정영환은 "역사수정주의에 가담"했다고 말했다. 결국 이런 말을

만든 건, 정치적 동지집단의 축소에 대한 위기위식과 두려움이라는 것이 여러 측면에서 드러난다.[62]

정영환이 『제국의 위안부』에 대한 좌파의 지지를 두고 "조금만 살펴봐도 객관성이 결여됐다는 것을 알 수 있는데도 비판이 없는 것은 일본사회 전반으로 퍼진 은근한 '우경화'의 영향"(위의 『연합뉴스』 7월 1일 기사)이라 말한 것은 그 때문이다. 그는 일본사회/지식인들의 "지적 퇴락"(위의 『연합뉴스』 7월 3일 기사)이라고 단언했고 언론 역시 그대로 전달했지만, 사실 정영환 자신은 위안부 문제 연구자가 아니므로, 『제국의 위안부』가 말하는 내용을 자신의 눈으로 검토할 능력이 없다.

그럼에도 불구하고 비판을 하려는 목적이 앞서면서, 정영환이 취한 방법은 기존 연구를 가져와 나의 주장을 무조건 부정하는 방법이다. 말하자면 정영환은 이재승이나 다른 '젊은 학자'들이 그랬던 것처럼 기존 연구를 무조건 신봉한다.

하지만, 『제국의 위안부』는 그때까지 거의 사용되지 않았던 위안부 증언집을 세심히 읽어 고찰한 책이고, 그에 기반해 위안부 문제를 둘러싼 기존 연구에 대해 이의를 제기한 책이다. 정영환은 내가 사용한 자료를 일일이 검토하는 등 처음부터 의구심을 기반으로 접

---

62 당연한 일이지만. 나는 정영환의 정치적 입장을 비판하지 않는다. 또한 그가 겪었을 수 있는 재일교포로서의 고통에 대한 관심도 일찍부터 가져왔다. 하지만 1990년대 후반부터 이미 드러나기 시작한 탈식민주의의 한계 혹은 문제점을 정영환이 상징적으로 드러내고 말았다고 생각한다. 물론 정영환에 앞서 비슷한 경향을 보인 재일교포로서 서경식과 윤건차와 김부자가 있다. 이들은 과거사를 정치적 입장을 앞세워 판단하는 경향이 짙고, 이들의 담론은 '민족'을 강조하는 일로 계급과 성차별 문제를 덮는 효과를 갖고 있다. 정영환이 조총련(재일본조선인총엽합회) 산하단체의 일원이기도 한 것이 이러한 경향과 관계가 있는지는 다시 분석하기로 한다.

근해 책을 함부로 난도질했지만, 그 과정에서 보여준 건 앞에서 본 것처럼 기존 자료나 연구 방식에 대한 이해 미숙이었다.

그럼에도 언론은 이후 너도나도 나서서 정영환의 책을 무비판적으로 인용하고 한 언론사는 그해의 저자로 선정하기까지 했다. 정영환의 표현을 빌리자면 "지적 퇴락" 현상은 오히려 2016년 여름 이후의 한국사회에서 일어났다고 해야 한다.

2. 정영환의 비판의 근본적 문제

정영환의 비판은, 이재승과 마찬가지로 독자들의 분노와 불신을 유발하기 위한 레토릭에 집중한다. 그리고 근거 없는 단정은 물론 내용 왜곡마저 서슴지 않는다. 학자로서는 있을 수 없는 그런 행위를 통해 생산적인 비판과 대화가 아니라 적대와 배제를 재생산했다.

정영환의 저서에는 이하의 특징이 있다.

첫째, 도덕적 의구심을 유발하기 위한 인성/태도에 관한 수사가 처음부터 끝까지 반복된다. 예를 들면 『제국의 위안부』가 "쟁점을 살짝 바꾸기 때문에"(37), "사실에 관한 논의를 이미지 문제로 살짝 바꾼다"(57), "애매하게", "기묘하게" "논점을 살짝 바꿔버리기까지 한다"(57), "속임수"(58), "애매하게 처리(59)", "레토릭", "성노예제의 개념을 성노예의 이미지의 문제로 살짝 바꾸는 것"(65), "불성실한 수법"(65), "바꿔치기" 등을 하고 있다고 말해, 책 이전에 나의 도덕성에 문제가 있다는 식의 수사를 다용하는 방식이다.

둘째, 그런 자신의 시도에 신빙성을 부여하기 위해 근거 없는 추측과 함께 무리한 비틀어읽기를 감행한다. 예를 들면 정영환은 책에 대해 "위안부 연행에 일본군의 직접적인 책임이 있는 듯이 읽히는 부분이 있다"(60)면서, "두 가지 기술은 국가의 책임에 대해 모순되는 지적을 한 것인데 아마도 박유하의 실제 주장은 후자일 것이다"라거나, "'위안부 공급이 따라가지 못할 것을 알았다면 모집 자체를 중단해야 했을 것'이라는 기술은 공급이 따라갈 정도라면 군위안소 제도에 문제는 없는 것처럼 읽히기도 한다" (56)라는 식으로, 분명히 쓰여 있는 부분을 애써 무시하면서 악의적으로 읽는다. 물론 그 이유는, 내가 써둔 "일본군의 직접적인 책임", "국가 책임"은 그저 레토릭이라고 말하고 싶기 때문이다. 그런 그의 방식은, 정영환의 비판이 단순한 비판이 아니라 독자를 의심과 오독으로 이끄는 레토릭의 나열이 될 것임을, 그 연장선상에서 거짓말마저 하게 될 것임을 예고한다.

따라서, 『제국의 위안부』를 올바르게 읽기 위해서는 "논지의 재구성"을 해야 하고, 책이 그렇게 해야만 하는 "터무니없는 부담"을 지우고 있다는 주장은 그야말로 "터무니없는" 주장이다. "터무니없는 부담"을 지운 건, 정영환이 쓴 글에 과연 오류와 왜곡이 없는지를 일일이 확인하도록 만든 정영환 쪽이다. 그의 글이 그런 식의 교묘한 글이라는 것은 장정일의 「박유하 죽이기—정영환·이명원의 오독」[63]과 그 밖의 몇몇 지적들이 보여준 바 있다.

세 번째로, 정영환은 냉전적 사고가 만든 일종의 "우경화 콤플렉스"에 빠져 있다. 그가 일본 진보지식인들의 『제국의 위안부』 평가

63 장정일, 『허핑턴포스트』 2016년 5월 11일.

를 완벽하게 무시하고, 대신 『제국의 위안부』가 (하타 이쿠히코秦郁彦의) "일본군 무죄론과 기본적으로는 동일"(66)하고 "부정론자들의 담론을 기본적인 수준에서 계승"하고 있으며 "박유하가 전개한 논리는 고바야시 요시노리小林よしのり나 『산케이 신문』으로 대표되는 명확한 역사수정주의뿐만 아니라 일본군 위안부 문제가 정면으로 제기되기 시작한 1990년대 이래로 일본의 지식인들이 생산해온 담론에 적지 않게 의거"(40)한다는 식으로 끊임없이 '우익'과 대비시키며 근접성을 강조하려는 시도는 그런 잠재의식이 만들어낸 것이다. 물론 정영환의 목적은 한국인과 일본 진보진영의 적개심 유발에 있고, "우경화"나 "역사수정주의"라는 단어가 다른 어떤 단어보다 효과적인 단어로 선택되었다. 나뿐 아니라 나를 과분하리만큼 높이 평가해준 진보지식인 모두를 그런 단어로 몰아가는 그의 수법은 과거 독재정권의 '빨갱이'사냥 수법과 다르지 않다. 말하자면 그의 모든 시도는 『제국의 위안부』 비판 자체를 넘어, 현대 일본에 대한 불신 조장에 있다.[64] 정영환의 지향점은 결코 '위안부의 명예'에 있지 않다.

비판자들이 90년대 이후 일본에서 비판받았던 "역사수정주의"를 나와 나를 옹호한 지식인들에게 대입하기 시작한 건,[65] 그렇게 함으

---

64 이러한 시도는 성공했다. 그의 블로그가 한국어로 거의 동시번역되어 읽히면서 SNS를 통해 눈에 띄게 확산되기 시작한 시기는 일본에서의 수상과 기소가 이어졌던 2015년 가을 이후였는데, 이후 2016년에는 그런 정황이 전반적인 기조가 되었다. 정영환의 책은 2016년 봄에 일본에서 간행되었는데 3개월 후에는 한국어로 번역되었고, 다음장에서 논하게 될 『제국의 변호인』도 정영환의 일본어판과 비슷한 시기였던 2016년 봄에 간행되었다. 『제국의 위안부』에 대해 비교적 호의적이었던 『경향신문』은 정영환의 책이 나온 2016년 여름 이후 비판으로 돌아섰는데, 정영환을 2016년 말에 '올해의 저자'로 선정하기까지 했다.

65 박노자 , 김부자, 나카노 도시오中野敏男 외. 이들의 비판/비난은 더 이상 일본 우익

로써 손쉽게 나에 대한 의구심을 불러일으킬 수 있기 때문이다. 논지 자체에 대한 비판이 아니라 부정적으로 사용된 기존 개념을 가져와 동일화하는 이런 식의 수법은 지극히 태만한 것이 아닐 수 없다. 심지어 자신의 그런 글들이 대중의 마녀사냥을 지탱한 과정을 목도했을 터이면서도 책으로 출판해 언론을 이용한 방식은 학문이라는 외양을 한 테러였고, 이를테면 숙청을 위한 작업이었다.

이미 쓴 것처럼, 『제국의 위안부』는 '전쟁범죄'로만 간주되어오던 조선인 위안부 문제를 '제국'의 문제로 묻고자 한 책이다. 당연히 일본의 책임을 묻는 책이지만, 전쟁 상대인 다른 나라와 달리 조선인 위안부의 경우 식민지지배의 문제로 파악해야 하고 그 연장선상에서 책임을 물어야 한다는 것이 『제국의 위안부』를 통해 시도한 나의 주장이었다. 그런데도 정영환은 그런 문제제기는 무시한 채 심각한 왜곡까지 자행해가며 나의 책을 정의롭지 못한 엉터리 사기꾼 학자의 책으로 보이도록 만들었다.

그가 서 있는 정치적 입장도 이런 사태를 만든 이유겠지만, 학문 연구 방식에 대한 몰이해도 정영환의 책을 그렇게 만들었다. 정영환 역시 "젊은 학자"였기 때문이겠지만, 『제국의 위안부』가 역사를 둘러싼 담론의 작동 방식을 분석한 '메타역사'서이자 비평서라는 것을 이해하지 못했다.

이 아니라 온건진보를 향한다. 그 사실은 이들의 관심이 위안부 문제나 우익의 발흥 자체가 아니라 자신들의 영향력 유지 혹은 확대에 있음을 명료하게 보여준다.

3. 오류와 거짓말

1) 일본 우파가 지지했다

정영환은 자신의 책에서 『제국의 위안부』가 "식민지지배 책임에 관한 인식에 다대한 혼란"(39)을 초래했고, "전후사의 긍정을 바라는 내셔널리즘에 즉각적으로 대응하는 이러한 주장 때문에 일본 우파뿐 아니라 이른바 '리버럴'에게도 높은 평가"를 받았으며, 『제국의 위안부』를 높이 평가하는 일본의 움직임은 "일본군 무죄론에 의한 대일본 긍정 소망과 전후 일본의 긍정 소망이라는 두 개의 역사수정주의에 사로잡힌 사람들의 욕망이 낳은 산물"(167)이고, "피해자들의 소리를 마주하는 것을 거부하는 구실을 일본사회에 부여"(174)했으며, "책임부정론자 담론을 계승"(40)한 "식민지주의 이데올로기에 친화적"(141)인 책이라고 주장한다.

하지만 이 모든 주장은 일본 지식인들의 나에 대한 평가를 거꾸로 뒤집어놓거나 『제국의 위안부』를 멋대로 비틀어 읽은 결과물이다. 물론 그 목적은 앞서 쓴 것처럼 나와 일본 진보지식인들, 그리고 전후/현대 일본에 대한 불신 야기에 있다.

좀 길지만, 나의 책에 대한 일본의 평가가 어떠한 것이었는지 알 수 있도록 이하에 그 일부를 옮겨둔다. 어디에도 정영환의 주장인 "일본 우파"의 목소리는 없다. 이들은 모두 일본의 진보지식인들이며, 나에게 상을 수여한 곳도 대표적인 진보계열지 『아사히 신문』과 『마이니치 신문』이었고, '올해의 책'으로 뽑는 등 높이 평가해준 『도쿄 신문』도 『아사히 신문』 이상의 진보신문이다.

박유하의 저작은 학문적인 수준도 높고, 시사문제 해설서로서도 균형이 잡혀 있다. 그런데다 읽기 쉬운 문체로 쓰인 보기 힘든 우수작이다. 한국과 일본 사이에 가로놓인 오해, 무지, 혹은 감정적 대립이라는 무거운 문제를 정면으로 마주하면서 역사문헌이나 여론조사 등의 치밀한 조사를 바탕으로 설득력 있는 논의를 전개하고 있다. 이러한 책이 한국에서도 일본에서도 출판되었다는 것은 양국관계의 건전한 발전을 위해 기뻐해야 할 일일 뿐 아니라 세계 각지에서의 국가 혹은 민족 간 화해를 가져오는 데에도 중요한 시사점을 던져줄 것이다.(이리에 아키라入江昭, 하버드 대학 명예교수, 『화해를 위해서』 일본어판이 '제7회 오사라기 지로 논단상'을 받았을 때의 심사평, 『아사히 신문』 2007년 12월 16일자)

"위안부 문제에 관한 전면적, 실증적인 동시에 윤리적인 분석이다." "이 책만큼 이 문제의 모든 측면을 이성적으로 검토한 책은 없다. 역사적인 위안부 발생 구조와 그 실태 해명부터 위안부 문제의 발생, 이에 대한 한국과 일본에서의 정치과정, 각기의 기억의 생산과 재생산의 분석, 나아가 앞으로의 문제 해결을 향한 제언까지" "경청할 가치가 있는 문장으로 적혀져 있고" "성노예인지 매춘부인지 하는 인식에서도, 또 강제성 문제에서도 안이한 단순화를 허용치 않는 다면적 측면을 밝히고 있다. 여성을 수단화·물건화·도구화하는 구조에 대한 강한 비판과 함께 그 안에서 인간으로서 살아가는 사람들에 대한 공감을 표한다. 이것이 이 책의 중심축이다."(다나카 아키히코田中昭彦, 도쿄 대학 명예교수, 『제국의 위안부』 '제27회 아시아태평양상 특별상' 심사평, 『마이니치 신문』 2015년 11월 11일자)

위안부와 군대라는 관계로부터가 아니라 제국주의라는 틀 안에서 인간 정신이 어떤 양상이었는지의 문제를 파헤친 작품(저널리스트 가마타 사토시蒲田慧의 『제국의 위안부』 평, '제15회 이시바시 단잔石橋湛山 기념 와세다저널리즘 대상' 시상식, 와세다 대학 홈페이지 https://www.waseda.jp/top/news/35621)

단순한 전시하의 인권침해로 보는 견해보다도 식민지주의, 제국주의로까지 시야를 넓혀 문제를 파악하는 날카로움이 있다. 그것은 전시하의 인권침해적 범죄라는 이해 이상으로 무거운 물음을 품고 있다. 박유하는 과거를 미화하고 긍정하려고 하는 역사수정주의자의 시점과는 정반대의 시선을 위안부 피해자에게 보내고 있는 것이다.(나카자와 게이中澤けい, 작가, 호세이法政 대학 교수, 『웹 론자』 2016년 1월 18일)

이 책의 평가해야 할 점은 제국, 즉 식민지지배의 죄를 전면으로 배치시킨 데에 있다.(우에노 지즈코 도쿄 대학 명예교수, 「3·28 집회를 마치고3·28集會を終えて」, 3·28집회실행위원회가 엮은 자료집 『'위안부 문제'에 어떻게 대응할 것인가—박유하의 논저와 그 평가를 소재로「慰安婦問題」にどう向き合うか—朴裕河氏の論著とその評価を素材に』, 2016. 6. 27.)

거시적인 규정성을 주시하면서도 사람들의 삶의 미시적 모습들을 살펴보는 것이야말로, 여기에 존재하는 중간적 차원의 정황을 꼼꼼하게 보아가는, 식민지지배를 고찰할 수 있는 시각이 아닐까. 그렇지 않으면 식민지지배의 폭력성의 진짜 모습은 보이지 않는다는, 현재의 식민지 연구의 한 흐름을 박유하는 수용하고 있다고 생각한다.(아라라기 신조蘭信三 조치上智 대학 교수, 위의 자료집)

"(『제국의 위안부』가) 일본을 면죄하는 것이 아니라는 것은 선입견을 빼고 전체를 읽어보기만 한다면 생길 리가 없다. 그런데도 일본의 면죄에 이용하는 책이라고 말하는 일부 사람의 독해는 명백히 오독이고 이 책을 악용하는 일" "식민지지배에 대한 좀 더 깊은 이해로의 길을 열어줄지언정 일본의 면죄를 끌어내거나 하는 일은 없다."(니시 마사히코西成彦 리쓰메이칸立命館 대학 교수, 위의 자료집)

『제국의 위안부』는 민족과 젠더가 착종하는 식민지지배라는 큰 틀에서 국가책임을 묻는 길을 열었다.(가노 미키요加納實紀代 전 게이와가쿠엔敬和學園 대학 교수, 위의 자료집)

이러한 구조야말로 식민지지배와 전쟁의 커다란 죄악, 그리고 여성의 비애였다고 나는 생각한다. 나는 박유하 씨의 동지적 관계라는 말에 담긴 의미를 그렇게 해석"(와카미야 요시부미 전 『아사히 신문』 주필, 위의 자료집)

일찍이 구미를 추종했고 강자로서 아시아를 지배한 일본은, 타자를 지배하는 서양 기원의 사상을 넘어서서 국제사회를 평화공존으로 가져갈 가치관을 보여줄 수 있을 것인가? 한국의 이해를 얻으며 도전하고 싶다. (…) 이제, 물음은 일본을 향하고 있다.(야마다 다카오山田孝男 특별편집위원, 『마이니치 신문』 2015년 7월 27일자)

이들은 『제국의 위안부』를 제국주의/식민지배에 대한 비판으로 읽고 있고, 그러한 문맥상에서 평가해주고 있다. 이리에 아키라는 미국역사학회장을 지낸 원로학자이고, 다나카 아키히코는 학술저

술상을 다수 수상한 저명 진보학자이며, 우에노 지즈코는 진보지식인을 대표하는 여성학자이다. 나카자와 게이 역시 아베 정권 타도를 외치는 진보작가이고, 가마타 사토시도 시민운동을 해온 대표적 진보저술가이며, 와카미야 요시부미는 일본의 진보를 대표하는 『아사히 신문』 주필을 지낸 이다. 그런데 이들이 나를 옹호한다는 이유로 정영환은 이들이 "우경화"한 "역사수정주의자"라고 목소리를 높인다.

2) "일본군 무죄론", "업자 주범론", 일본군과 국가의 책임을 극소화했다

정영환은 나의 책이 "업자가 주범"(53)이라며 "일본국과 국가의 책임을 극소화"했으며 결국 "일본군 무죄론"이라고 주장한다. "(하타 이쿠히코의) 일본군 무죄론의 여섯 가지 주장과 정확히 일치"(49)하며, "일본군의 책임을 부정"(51)하고 있고, "일본군의 성노예가 아니라고 주장"(63)했으며, "위안부가 국가의 노예였다는 것을 사실상 부정"(54)했고, "위안부의 모집을 지시한 일본군의 책임을 인정하지 않"(57)고 일본군의 책임을 "'발상', '수요', '묵인'이라는 한정적 책임만을 인정"(60)하고 있으니 "일본군 무죄론과 기본적으로는 동일"(66)하다는 것이다.

하지만 이 모든 주장은 『제국의 위안부』에 명백히 존재하는 일본/군/위안부부정자들에 대한 비판(142~164쪽)을 무시하고 책 내용을 멋대로 곡해한 왜곡이다. "'법적 책임'을 물으려면 업자의 책임도 물어야 한다"고 내가 쓰면, 정영환은 '박유하가 일본의 책임을 부정했다!'고 주장한다. 나는 업자와 일본의 책임에 관해 이렇게 썼다.

일본군이 장기간 동안 전쟁이라는 '비일상'적인 상황에 놓이게 된 병사들을 '위안'한다는 명목으로 '위안부'라는 존재를 발상하고 모집한 것은 사실이다. 그리고 군에서의 그런 수요 증가가 사기나 유괴까지 횡행하게 된 이유이기도 할 것이다. 그런 의미에서는 타지에 군대를 주둔시키고 오랫동안 전쟁을 벌임으로써 거대한 수요를 만들어냈다는 점만으로도 일본은 이 문제에서 책임을 져야 하는 첫 번째 주체이다. 더구나 규제를 했다고는 하지만 불법적인 모집이 횡행하고 있다는 사실을 알면서도 모집 자체를 중지하 지는 않았다는 점에서도 일본군의 책임은 크다. 묵인은 곧 가담하는 일이기도 하기 때문이다.

그렇지만, 그렇다고 해서 그런 군의 수요를 자신들의 돈벌이에 이용하고 자국의 여성들을 지배자의 요구에 호응해 머나먼 타국으로 데려다 놓는 일에 적극적으로 가담한 이들의 존재를 무시할 수는 없는 일이다. 당시에 이런 일을 단속하고 처벌했다는 사실은 이들의 행위야말로 '범죄'이고 따라서 그들에게 책임이 없지 않다는 것을 말해주는 일이기도 하다. '위안부 문제'를 '범죄행위'로 규탄하는 이들의 표현에 따른다면, 업자들이야말로 '범죄'를 저지른 자들로서 '법적 책임'을 져야 할 사람들이었다.(25~26쪽)

이 글이 어떻게 "업자가 주범"이라고 주장하는 "일본군 무죄론"이자 "일본군의 책임을 부정"한 글이 되는 것일까. 그런데도 정영환은 책을 직접 확인하지 않을 언론과 독자들을 향해 내가 일본군의 책임보다 업자의 책임이 더 크다고 했다고 거짓말을 했다. 명백히 일본군이 "주체"라는 표현을 써서 일본의 책임이 더 크다고 했음에도, "업자 주범론"이라는 단어로 내가 일본의 책임을 부정하거나 일본이 종범이라고 말한 것처럼 왜곡한 것이다.

나는 "위안부의 모집을 지시한 일본군의 책임을 인정하지 않" (57)은 적이 없다. 그저 강제연행이나 속임수 자체를 용인한 것이 아닌 이상, 모집 지시와 의뢰 행위에 "법적 책임"을 물을 수 있는지 의문을 제기했을 뿐이다. 정영환은 내가 일본군의 책임을 " '발상', '수요', '묵인' "에 관해서만 지적했다면서 "한정적 책임만 인정"한다고 주장한다. 하지만 나는 오히려 강제연행이 아니어서 더 이상의 책임이 없는 것처럼 생각해온 일본을 향해 " '발상', '수요', '묵인' "의 책임까지 물었다. 그리고 그건 지원단체나 다른 연구자가 시도하지 않았던 일이다. 정영환의 '방법'은 처음부터 끝까지라고 해도 과언이 아닐 정도로, 이런 식의 교묘한 논지 왜곡 수법에 있었다. 그런데 많은 이들이 그런 그의 레토릭에 속았다.

나는, "조선인 여성들이 '일본군 위안부'가 된 것이 '식민지'에 대한 일본 제국권력의 결과인 이상, 일본에 그 고통의 책임이 있는 것은 분명하다. 그들을 직접 '동원'한 것이 업자들이었다고 해도, 또 그들이 '가라유키상'처럼 유괴되거나 자발적으로 팔려갔다고 해도 그건 변하지 않는다"(『제국의 위안부』 49~50쪽), "물론 위안소에서 폭행 등이 없도록 노력했다는 것이 위안소 설치와 이용의 책임을 상쇄할 수 있는 것은 아니다"(72쪽), "태평양전쟁 때 일본이 '위안부'를 필요시하고 위안부의 효과적인 공급을 위해 '관리'를 했던 건 분명하다. 그런 한 일본이 이 문제에 대한 '남은 책임'을 져야 한다는 것도 분명하다"(120쪽)고 썼다. 말하자면 나는 일본군이 설사 강제연행을 하지 않았더라도 군의 책임과 국가의 책임이 있다는 것을 오히려 강조했다. 다만 " '책임'을 지도록 하기 위해서라면 더더욱, 그 '죄상'을 명확히 할 필요가 있다"(120쪽)고 말했을 뿐이다. 나의 지향점이 "업자 주범론"이나 "일본군 무죄론"에 있었다면 굳이 이런 말을 할 이유도 없다.

말하자면 기존 지원단체나 연구자가 강제연행을 증명하는 일에만 집착한 탓에 간과되었던 책임을 물으려 했고, 바로 그것을 위해 "죄상을 명확히"하자고 했던 것이다. 그걸 두고 정영환은 기존 연구자들의 태도와 다르다는 이유만으로 "일본군 무죄론"이라고 왜곡했다.

지원단체나 일부 연구자들이 말한 대로 내가 "위안부는 매춘부"라고 했다면, 내가 "설령 보수를 받았더라도 그 보수는 그녀들의 정신적·신체적 고통에 대한 대가로 충분한 것은 아니었다. '위안부'들이 '비싼 요금'을 받았다고 강조하는 이들도 있지만, '위안'이었건 '매춘'이었건 보수가 혹 높은 경우가 있었다면 그건 그만큼 그 일이 모두가 꺼리는 차별적이면서 가혹한 노동이었기 때문이다. 말하자면 '비싼 요금'은 오히려 당연하다. 그 장소가 목숨을 저당잡혀 있던 전선이었다면 더 말할 나위도 없다. 대부분의 위안부들은 자신들의 몸값을 저당잡혀 있는 신세였다"고 쓸 이유가 없다. 또 업자가 주범이라고 말하고 싶었다면, "또 그 착취의 주체가 설령 포주들이었다 하더라도, 그런 착취구조를 묵인하고 허용한(간혹 그 구조를 바로잡으려 한 군인도 있었지만 그건 예외적인 일로 보아야 한다) 군의 상부에 책임이 없을 수는 없다"(145~146쪽)고 쓸 이유도 없었다.

나는 책에서 일본의 책임을 반복적으로 물었다. 그렇지 않았다면 "그러나 여기에서 벌어진 '개인적'인 일 역시, 군인들의 대화에서 보이는 것처럼 '공적'인 사회인식과 구조가 만든 일이었다. 그리고 그런 인식과 구조를 만든 일본의 책임을 부정할 수는 없다"(148쪽), "위안부를 모집한 중심 주체가 민간인이라 해도, 또 모집하는 데에 사기나 납치 등의 수법이 횡행하고 있다는 것을 병사들이 알고 있었다는 것은 상부 역시 그런 상황을 알고 있었다는 것을 의미한다. 군이 불법적인 행위를 막으려 했다 해도 불법적인 수단이 자행되는 시스템 자체를 방기했다면 시스템을 유지시킨 책임이 군에 돌아가는 것은 당연하다"(151쪽)고 쓸 이유가 없고, "그런 식의 일방적 권력의 존재는 군이 시스템을 '관리'한 관리자라는 사실, 다시 말해 '관여'했을 뿐 아니라 주체적으로 관여했다는 사실을 명확히 보여준다. 군이 모집에 직접 관여하지 않았다 해도 군의 관여가 없었다고는 말할 수 없는 이유다"(152쪽), "사기든 납치든 업자와 포주들이 '강제'적으로 데려가는 일이 빈번했던 위안소를 유지한다는 것은 계속적인 수요를 창출한다는 점에서 공범자일 수밖에 없다. 말하자면 살인교사와 비슷한 구조일 수밖에 없고, 그런 시스템을 필요로 한 것이 군이라는 사실은 분명하다"(152쪽)거나 "결과적으로 일본은 자신들의 손은 더럽히지 않고(온건통치를 유지하면서) 식민지인들에게 불법행위를 전담시켜 그들을 동족에 대한 가해자로 만들었다"(153쪽), "그러니, 위안부 문제에 관한 군의 관여는 더 이상 부정할 수 있는 일이 아니다"(153쪽), "군이 주체가 되는 '강제연행'을 하지 않았다 해도 '강제로 끌려가는' 이들을 양산한 구조를 만든 것이 일본군이라는 것만은 분명하다고 해야 한다"(154쪽)고 쓸 이유가 없다.

그리고 이런 결론에 근거해 "위안부 문제에 대한 새로운 사죄와 보상은, 이제까지 부정해왔던 이들이 마음을 표현할 수 있는 마지막 기회라는 점에서도 필요하다"(164쪽)고, 일본을 향해 쓴 부분에서 강조했던 것이다.

『제국의 위안부』가 "일본군 무죄론"이고 "업자 주범론"이라는 주장은 일본의 책임을 묻고자 한 나의 책을 완전히 왜곡한 거짓말이다. "일본국과 국가의 책임을 극소화한 일본군 무죄론"이라는 정영환의 주장은 연구자 이전에 인간으로서의 윤리가 결여된 결과물이다.

3) 한국어판과 일본어판이 다르다

정영환은 또, 『제국의 위안부』가 한국어판과 일본어판이 다르다며, 나에게 상대에 따라 다르게 말하는, 교묘한 이중인격자의 이미지를 만들어내려 애쓴다. 하지만, 일본어판은 한국어판의 단순번역이 아니라 일본인 독자를 향해 다시 쓴 책이다. 그런 의미에서는 설령 다르다 해도 그 자체가 문제시되어야 할 이유는 없다. 제2장과 제3장의 구성을 크게 바꾸었지만, 그렇게 한 이유는 한국/일본 관련 이야기를 각각 나누어두는 편이 독자들이 이해하기 쉽겠다고 뒤늦게 생각했기 때문이다. 또, 『제국의 위안부 』가 단순한 역사서라기보다는 역사를 둘러싼 '기억'에 관한 책이고, 과거는 물론 현재의 갈등에 관한 책인 이상, 대립 중인 양국 독자를 마주할 때 표현이 달라지는 건 이상할 게 없다. 나의 의도는 하나의 사실이라 해도 입장에 따라 다르게 생각해보는 것이 중요하다는 것을 강조하는 데에 있었기 때문이다. 정영환이 그런 나의 의도를 이해하지 못한 건 나의 책이 최소한의 '역사'를 근거로 시도한 비평서라는 사실을 이해하지 못했을 뿐 아니라, '하나의 팩트'만을 '진실'로 신봉하는 철 지난 '역사'

연구 방식을 아직 고수하기 때문일 것이다.

4) 일본인 위안부와 조선인 위안부를 동일시했다

정영환은 또 내가 일본인 위안부와 조선인 위안부, 혹은 일본군과 조선인 위안부를 동일시하고 그 차이를 보지 않았다는 식으로 말한다. 하지만 나는 조선인/일본인 여성들 간에 차별구조가 존재했다는 사실을 충분히 지적했다. 정영환이 지적한 "동족"이라는 개념은 어디까지나 부과된 틀일 뿐이고, 그런 표면 아래에 존재했던 조선인과 일본인의 차이/차별 구조, 고통은 이미 오래 전에 『화해를 위해서』에서도 지적한 바 있다.[66]

물론 『제국의 위안부』에서도, "표면상으로는 '동지'적 관계였어도, '조선인 주제에 붕대를 잘 감기나 하겠어?'라고 생각하는 데에서 보이는 것처럼 차별감정은 깔려 있었다"(138쪽), "군인의 폭력은 표면적으로는 '내선일체'였어도 차별구조는 온존시켰던 일본의 식민지 정책이 만든 것이기도 했다"(162쪽), "분명한 것은 보수가 주어졌건 아니건 '위안부'란 남성에 의한 여성의 윤간이 국가에 의해 허용된 존재라는 점이다. 그리고 그것을 허용한 의식은 여성을 자신의 욕망을 해소하는 도구로 대할 수 있게 만드는 차별의식이었다. 특히 '조선인 위안부'는 그런 인식이 명확히 드러난 경우다"(143쪽), "군인들이 쉽게 폭력을 행사한 것은 '군인'이라는 존재가 폭력에 길들여진 존재이기 때문이기도 하겠지만, 여러 증언들은 그런 폭력 역시 차별의식이 기반에 깔려 있다는 것을 보여준다. 위계

---

66 "일본인 위안부와 조선인 위안부의 차이는 그렇게 계급적인 것이었다."(『화해를 위해서』, 2005, 83쪽)

질서에 길들여진 군인들에게 조선인 위안부란 권력을 갖지 못한 졸병이라도 권력을 시험할 수 있는 대상일 수 있었다"(163쪽), "그리고 실제로 여기서의 강간 욕망은 그녀들이 '고작 조센삐'였기 때문에 생긴 욕망이었다. 말하자면 단순한 여성 경시뿐만 아니라 민족 경시가 그들에게 강간을 허용한 것이다. '저 여자들하고 한 번 하'는 데에 '몇 시간이고 서서 기다려야' 하는 것을 '말도 안 되는 일'로 생각한 것은 상대에게 그럴 만큼의 가치가 없다고 생각했기 때문이다. '조선인 위안부'란 그렇게, 여성을 도구화하는 성차별뿐 아니라 조선인임을 경시하는 민족차별이 만든 존재이기도 했다. 그 점이 일본인 위안부와 다른 점이다"(147쪽), "일본인 위안부들은 대개 도회지의 좋은 시설에서 장교들을 중심으로 상대하며 상대적으로 편한 환경을 누릴 수 있었던 것으로 보인다. 이것이 일본인 위안부와 조선인 위안부의 결정적인 차이였다. 그리고 그렇게 조선인 위안부들이 더 많이 가혹한 환경으로 가게 된 이유는, 그들이 식민지의 여성이라는 계급적이고 민족적인 이중차별의 결과로 일본 여성들보다 가난했기 때문일 가능성이 크다"(161쪽), "일본인 위안부가 아닌 '조선인 위안부'가 많았다는 것은 '조선'에 상대적으로 가난한 여성이 많았기 때문이었다. 그런 식민지의 상황은 식민지배의 본질을 보여준다. 그렇다고 한다면 '조선인 위안부' 문제는 성차별과 계급차별 이상으로 '식민지배' 책임을 물어야 하는 일"(176쪽)이라고, 조선인 위안부와 일본인 위안부의 차이에 대해서 썼다.

정영환이 지적한 부분에서, 나는 "한 일본인 위안부의 이야기는 위안부와 군인의 관계를 명확히 보여주고 있다"(58쪽)고 써서 내가 언급한 대상이 일본인이라는 것을 분명히 지적해두었다. 말하자면 일본인, 조선인을 포함해 '위안부'라는 존재가 어떤 역할을 요구받은 존재였는지에 대해 분석하면서, 그 범주 안에 조선인 위안부도 있었다고 말했을 뿐이다. 센다의 책은 굳이 일본인/조선인을 구별해서 쓰지 않지만 그의 책에서는 명백히 위안부가 국가를 위해 동원된 존재라는 것이 명확히 보였고, 그에 대해 나는 서술했다. 센다가 "애국"을 말했다는 것이 아니라, 센다는 그렇게 개념화하지 않았지만 센다의 책은 그렇게 읽을 수 있다는 '분석'을 썼던 것이다. 조선인 위안부의 증언집에서 좀 더 구체적으로 확인된다는 사실들이 센다의 책에서도 확인된다고 했을 뿐이다. 정영환은 분석을 마치 인용인 것처럼 거론하면서 내가 거짓말을 하고 있다고 주장한다.

센다의 글을 언급하는 앞부분에서 나는 이하의 조선인의 증언을 인용했다(일본어판 71~75쪽, 한국어판 57~59쪽).

> 간호원도 배운다고 배왔지. 미국 사람이 뭐시가(비행기가) 오는 거 같으면 총도 맞추면 이것 배우고. 이것저것 배우고 호다이(붕대)를 갖다가 어디 맞으면 어떻게 감으라 카는 거 그거 연신 배와주고 놀 여개가 없어요.(『강제 5』, 139쪽)

> 거기가 일선이라도 군인들 큰 전쟁 나가서 돌아오면 기모노 입고 에프론 하고 고쿠로사마데시타('수고하셨습니다') 인사하고 보통 때는 몸뻬 입고 안 그러면 스카트 같은 거 입고. 기모노는 겨울거 여름거 봄거. 도시 가서 돈 주고 사야지. 인기까이(원문에는 괄호 안에 '송별회'라고 설명되어 있지만, '연예회'[여흥을 곁들인 술자리]의 잘못된 일본어발음일 가능성이 크다-인용자) 같은 거 하거든요.(같은 책, 140쪽)

대동아전쟁 나고 거기 있는 여자들이 다 훈련받았지. 아침이면 다 나와서 모두 체조하고, 군대식으로 똑같이 훈련받았지. 신작로 운동장에서 훈련을 달 반은 받았어. 수류탄 던지는 거 그거는 거 부대서. 부대서 거기서 훈련시키는 사람 있어. 훈련시키는 사람이 있는데 군인이지.(같은 책, 140쪽)

이어서 이렇게 썼다.

이것은 전쟁 발생 이후의 상황인데, 후에 다시 보겠지만 위안부들이 처했던 상황은 장소와 시기에 따라 달랐고 전선인지 후방인지에 따라서도 달랐다. 또한 어떤 군인을 만났는지에 따라서도 달랐다. 물론 그 어떤 경우도 그들이 처한 상황이 불행한 상황이었다는 본질적인 구조가 달라지는 것은 아니다. 그러나 위안부의 그런 다양한 모습을 보지 않고는 결코 위안부의 총체적인 면모를 포착하지 못한다.

한 일본인 위안부의 이야기는 '위안부'와 군인의 관계를 명확히 보여주고 있다. (58쪽)

그러고 나서 일본인 위안부의 이야기를 언급했다. 말하자면, 어디까지나 조선인 위안부가 전쟁터에서 성적 요구 이외에 무엇을 해야 했는지를 먼저 보고 나서, 보충설명으로서 "전쟁터에 도착해서 처음에는 이런 몸이 된 나도 나라를 위해 일할 수 있다고 생각했어요"(58쪽)라는 일본인 여성의 증언과 연관시켜 언급한 것이다. 동시에 나는 이 일본인 여성이 바로 뒤에 "그런데 후방으로 가면 정말로 공동변소 취급인 거예요"라고 한 말도 인용해두었다. 일차적으로는 공간에 따라 위안부들의 정황이 좀 달랐다는 사실과, 그에 더해 국가(남성과 군대)가 한 사람의 여성을 어떤 식으로 멋대로 동원하고 동시에 차별/혐오하는지를 함께 보려 했던 것이다.

그런데도 정영환은 그저 조선인은 일본인과 다르다는(조선인은 모두 저항했을 것이라는) 전제하에 나를 거짓말쟁이로 몰아간다.

그런 그의 '조선인 위안부' 이해는 위안부를 위한 것이라기보다는 그 자신을 위한 것이다. 즉 그에게는 이런 정황이 오로지 '조선인 남성'으로서의 긍지를 무너뜨리는 것일 뿐이기 때문이다. 『제국의 위안부』를 가장 먼저, 그리고 집요하게 비난한 것이 다름 아닌 '조선' 국적을 갖는 '남성'이었다는 사실은 그런 정황을 보여주는 것이기도 하다.

정영환이, 내가 일본인 위안부가 "그런데 후방으로 가면 정말로 공동변소 취급인 거예요"라는 말까지 인용해둔 것을 무시하거나 이해하지 못하는 이유도 거기에 있다. 내가 굳이 "애국"의 틀을 강조한 건 언제든 "공동변소 취급"을 받는 것이기도 하다는 점을 환기시키기 위한 것이었지만, 비판자들은 결코 그런 부분은 보려 하지 않는다. 시기와 방법과 대우에서 차이는 있었지만, 국가에 의한 개인(여성) 동원이라는 틀에서 일본인/조선인 차이는 있을 수 없었다. 나는 대우에 관한 차이(차별)에 관해 기술했고, 본질에서의 동일성을 말했을 뿐이다. 국민을 그저 자원으로 생각하는 국가주의와 자원으로서 식민지를 확보해나가는 제국주의는 닮은꼴이고, 그 안에서 작동하는 양자의 민족주의는 적대적 공범 관계를 형성한다. 물론 그 양자 간의 위계/차별 관계에 대해서도 기술했다.

조선인 위안부와 일본인 위안부를 동일시했다면서 분노하는 정영환의 시각은 타자의 복합적인 아이덴티티를 마주하면서 일방적으로 성아이덴티티보다 민족아이덴티티로 규정지으려 하는 사고가 만든 것이다. 그러나 조선인 여성들이 '위안부'로 동원된 것은 그녀들이 조선인이기 때문인 이상으로, 여성이기 때문이었다. 그런 그녀들에게 민족적 '위안부의 저항'을 기대(요구)하는 것은 그녀들을 '애국'의 틀로 동원했던 일본 국가와 다르지 않다.

5) 동지적 관계는 없다/'동족'이란 일본 병사의 시각이다

정영환은 『제국의 위안부』에서 지적한 "동지적 관계"의 개념을 애써 부정하려 한다. 그러나 여기서 "동지"의 1차적 의미는 그저 식민지화되어 '일본인'이 되어야 했던 구조를 지칭한 개념일 뿐이다. 특히 정영환이 "소설"이라면서 비난한 일본인 작가의 소설을 사용한 이유는 "위안부의 증언은 거짓말"이라고 주장하는 일부 일본인들을 향해, 군인 체험을 한 그들의 조상이 본 위안부를 보여주는 일로 설득력을 강화하기 위한 시도였다. 역사 이해에 소설이 유용할 수 있다는 것은, 일본의 이에나가 사부로家永三郎 교수, 한국의 김윤식 교수도 지적한 바 있다. 물론 그 경우 역시 작가의 실체험인 것이 중요해지는데. 내가 인용한 작가들은 대부분 실체험인 것이 밝혀진 이들이다.

정영환은 또 소설에서 인용한 "동족"이라는 단어는 일본 군인의 시각이라면서 비난하지만 이 역시도, 나는 그 단어를 사용한 주체가 일본군이라는 사실을 명기했다. 그리고 일본인의 말을 굳이 인용한 것은 앞에서 쓴 것처럼 동시대 일본인이 조선인 위안부를 어떻게 이해하고 느끼고 있었는지를 보여주기 위해서였다. 차별은 할지언정 일본군에게 조선인 위안부란 "동족"으로 받아들일 것이 요구된 존재였다. 물론 그것은 그저 국가정책에 불과했고, 실제로 받아들여졌는지는 또다른 문제다. 오히려 이 군인에게 그런 정황은 그저 '명제' 이상의 아무것도 아니었음이 곳곳에서 드러난다. 나는 그런 국가의 '명제' 앞에서 주어진 '자원'을 아무 생각 없이 소비하거나 당혹스러워하는 여러 인물군들을 제시했을 뿐이다.

내가 "동족"이라는 단어를 사용한 이유는 그 상태를 긍정하기 위해서가 아니다. 오히려 그 반대로 일본인들이 그 정황을 생각해보기를 바라서였다. 정영환은 "동족"이라는 단어가 쓰인 문맥도 나의 의도도 이해하지 못하고 그저 비난했다. 하지만 내가 '조선인, 일본인은 같은 나라의 국민이었다(그렇기 때문에 책임도 없다)'고 말하고 싶었던 것이라면, 다음과 같이 쓸 이유도 없었다.

> 조선인 위안부들은 이렇게 살아 있는 군인을 위안했을 뿐 아니라 죽은 군인들을 위로하는 역할도 했다. '피묻은 군복'을 빨아 다음 전쟁에 대비할 수 있도록 하고 여차하면 함께 싸울 수 있는 훈련까지도 한 이들이 조선인 위안부였다. 그렇게 그녀들은 생명의 위협 속에서 때로 운명의 '동족'(후루야마 고마오, 「하얀 논밭」, 14쪽)으로서 일본의 전쟁을 함께 수행한 이들이기도 하다. <u>그런 의미에서는 그런 그녀들에게 돌아가야 할 말은 때로 그녀들에게 폭력을 행사하고 가혹하게 다룬 데에 대한 사죄의 표현이어야 한다. 군인의 폭력은 표면적으로는 '내선일체'였어도 차별 구조는 온존시켰던 일본의 식민지 정책이 만든 것이기도 했다.</u>(162쪽)

6) 위안부의 평균연령을 25세라 했다/미성년자 존재를 경시했다

정영환은 또, "박유하의 사실 인식에는 수많은 오류가 있다. 박유하는 미국의 전시정보국 심리작전반이 작성한 〈일본인 포로 심문 보고Japanese Prisoner of War Interrogation Report〉 제49호에 있는, 버마 미치나에서 포로가 된 조선인 '위안부' 20명의 기록을 근거로 평균연령이 '25세'라고 주장한다. (중략) 20명의 징집 당시 평균연령은 21.15세이며, 그 중 12명이 국제법상의 '미성년'인 20세 이하였다. 더욱이 포로가 되었던 당시의 평균연령도 23.15세며 '25세'가 아니다"라면서 "박유하의 주장에는 근거가 없다"(67)고 주장한다.

이 주장은 김부자의 주장에 근거한 것인데, 나는 위안부 '전체'의 평균을 25세라고 말하지 않았다. 내가 제시한 건 하나의 자료일 뿐이고 그 자료가 보여주는 공간상황은 그랬다고 했을 뿐이다. 그리고 다른 증언과 함께, 그 상황 역시 우리가 생각하는 14, 5세와는 달라 보이는 위안부를 보여주는 자료로서 제시해두었을 뿐이다.

정영환은 김부자의 분석에 근거해 해당 자료의 위안부들이 포로가 되었을 때 평균연령이 23.1세라면서, 내가 거짓말을 한 것처럼 '오류'라고 주장한다. 하지만, 자료를 인용, 제시하면서 그 자료가 끝낸 계산을 다시 반복하는 작업은 연구자의 의무가 아니다. 따라서 사용한 자료의 계산이 틀렸다고 해서 그것을 나의 '오류'로 비판받을 이유는 없다.

더구나 정영환의 이 주장은 오히려 김부자/정진성/정영환이 지키고 싶어하는 '위안부=소녀'설을 오히려 배반하는 것이다. 김부자가 다시 계산한 자료조차 전쟁터에 있을 당시의 조선인 위안부 평균연령은 20세 이상이기 때문이다. 이들은 굳이 끌려왔을 당시의 연령이 17, 8세라면서 "미성년"이니 위안부=소녀라는 주장에 대한 나의 비판은 틀렸다고 주장하지만, 이들 모두가 김부자가 설정하는 것처럼 2년 전에 이곳으로 왔다는 증거도 없을 뿐 아니라, 나는 위안부가 "미성년", 즉 20세 이하가 아니라고 말한 적이 없다. 대사관 앞 소녀상과 〈귀향〉과 〈눈길〉 등의 영화로 한국사회에서 위안부 이미지로 자리잡은 '소녀'가 14~15세인 것은 중심적 사실과 많이 다르다고 이의를 제기했을 뿐이다. 김부자도 정영환도, 자신들이 일방적으로 설정한 잣대로 나를 비판했다.

정영환이나 김부자의 주장은 "내가 나이가 제일 적었지. 거 간 중에. 다른 여자들은 다 스무 살 넘었어"(『강제 5』, 35쪽), "우리 있는 데는 한 스무 명 남더라구. 그 사람들은 나이가 조금 많고 스무 살 다 넘고 전라도서도 오고 경상도에서도 오고 여러군데서 많이 왔더만"(87쪽), "나이가 다 고만고만해. 한 스무 살, 스물한 살, 최고 많은 게 스물다 섯 살. 서른 살 최고 많더라고"(『강제 3』, 96쪽) 등의 증언을 무시한 주장이다. 결과적으로 그들은 오랫동안, 스무 살 이상이었던 위안부들을 침묵시켜왔다.

뿐만 아니라 '어린 소녀'를 강조하면서도 그저 일본군의 책임으로만 호도하는 것은, 호적을 속여가며 소녀들을 팔아넘긴 업자나 양부모[67]의 책임을 은폐한다. 나는 "무엇보다, 위안부들 중에 어린

67 1930년대 말에는, 빈곤 때문에 남의 집에 보내진 여자아이들을 맡았던 양부모들이 소녀들을 착취하거나 팔아넘기는 일이 적지 않았다. 그 점이 사회문제가 되면서 결국 '수양녀 제도'는 폐지되었다. 그런 정황을 보여주는 참고자료로 「수양녀 제도, 해체 결정, 오늘 종로 관내 일백 수양녀 호출, 백지로 해산을 명령修養女 解産の斷, 今日, 鐘路管內一百修養女の呼び出し, 白紙で解散を命令」이라는 『매일신보』의 1940년 9월 8일자 기사를 들 수 있다. 비슷한 내용의 기사가 많은데, 이 기사의 첫문장은 이하와 같다. "흡혈귀로 공공연히 묵인되어 오랫동안 수많은 비극과 애화를 빚어낸 수양모들

소녀가 있게 된 것은 '일본군'의 의도에 의한 것이라기보다는 오히려 앞에서 살펴본 '강제로 끌어간' 유괴범들, 혹은 한 동네에 살면서 소녀들이 있는 집에 대한 정보를 제공했던 우리 안의 협력자들 때문이었다"(『제국의 위안부』, 51쪽)고 적었는데, 협력자들은 비판자들이 말한 것처럼 말단이어서 일본의 정책에 어쩔 수 없이 따른 것이 아니다. 그런 동참과 협력에 죄의식이 없었음은 물론, 오히려 법을 어겨가면서까지 적극적으로 동참했다. '법적 책임을 묻고 싶다면 업자부터'라고 한 나의 주장은 그런 문제의식이 만든 일이기도 하다. 정영환의 반발은 그런 '범법'행위를 망각시키려는 은폐행위다.

나는 "표면적인 모습이 '완벽한 피해자'로 보이지 않는다 해도 그들 역시 피해자이고 희생자였다"(295쪽)고 썼다. 정영환이 나의 그런 인식을 전부정하는 것은 그의 발화 위치가 학문을 넘어선 정치(운동) 영역에 있다는 것을 보여준다.

7) 위안부 문제를 한국 정부가 포기했다/조선인을 거짓말쟁이라고 했다

정영환은 또 『제국의 위안부』가 한국 정부가 위안부 문제를 포기했다고 쓴 것처럼 호도하는데, 내가 지적한 것은 위안부 문제 자체가 아니라 개인청구권 문제였다. 그리고 정영환은 정신대와 위안부의 혼동이 발생하게 된 이유를 유추한 대목을 두고 "민족의 거짓말론은 일본군뿐 아니라 업자도 면책하며 말단의 민중들에게 책임을 전

에게 마침내 제재의 단이 내리는 날은 돌아왔다." 일제강점하강제동원피해진상규명위원회 편, 『전시체제기 조선의 사회상과 여성동원: 『매일신보』(1937.1~1945.8)를 중심으로』, 2007, 112쪽.

가하는 담론"(85)이라며 내가 "조선인을 거짓말쟁이라고 했다"고 주장한다.

그러나 이런 주장은 그가 말한 "업자 주범론"을 스스로 부정하고 있을 뿐 아니라, 그의 관심이 하나의 사태를 둘러싼 원인을 다양하게 분석하려는 학문적 자세가 아니라 책임을 일본이라는 고유명에만 돌려 '조선인'의 책임을 피하는 데에 있다는 것을 드러낸다.

"식민지의 거짓말" 부분을 일본어판에서 새로 쓴 것은 일본인 독자를 마주하며 글을 다시 쓰면서 자연스럽게 이루어진 일이었다. 더구나 그 부분이 '식민지'인–조선인을 비판하기 위한 것이 아니라 오히려 옹호하기 위한 것이라는 건 초보적인 독해력만 있다면 누구나 알 수 있는 일이다. 그런데도 정영환은 있는 그대로 읽으려고 하지 않을 뿐 아니라 한발 더 나아가 왜곡전달하는 일로 이간질에 나섰다.

8) 위안부를 성노예가 아니라고 했다

정영환의 모든 주장은 이 부분에 수렴된다. 정영환은 지원단체처럼 내가 "위안부를 매춘부라고 했다"고 말하지는 않지만, 결국은 같은 말을 하고 있다. 하지만 나는 이렇게 썼다.

> '조선인 위안부'는 분명, 식민지가 된 나라의 백성으로서 일본의 국민동원과 모집을 구조적으로 거부할 수 없었다는 점에서 일본의 노예였다. 조선인으로서의 국가 주권을 가졌다면 누릴 수 있었을 정신적인 '자유'와 '권리'를 빼앗겼다는 점에서도 분명 '노예'였다.(117쪽)

나는 그저 위안부가, 지원단체등이 주장해온 '성노예'라는 단어가 환기시키는 이미지—'일본군에 의해 강제로 끌려가 감금당하고 무상으로 착취당한 존재'라는 이미지와는 조금 다른 존재라고 썼을 뿐이다. 무엇보다도, 성노예라는 말은 위안부 할머니들 자신이 거부한 단어[68]임을 나는 의식했다. 그래서 나는 그 점을 환기시키면서 "'성노예'라는 호칭은 분명 '위안부'를 나타내는 중요한 부분이지만, '위안부'의 전부가 아니다. 그럼에도 그들을 '성노예'라고 부르는 것은 그네들이 애써 가지려 했던 인간으로서의 긍지의 한 자락까지도 부정하는 일일 수밖에 없다"(131쪽), "그녀들의 선택이 설사 표면적으로 '자유'로운 것처럼 보였다 하더라도 실제로는 '구조적 강제' 속의 선택이었다는 점에서도 그녀들의 처지는 노예적이었다"(135쪽)고 썼던 것이다.

그런데도 정영환은 이런 부분을 전부 모른 척하고 '박유하는 위안부를 성노예가 아니라고 했다'고 주장하면서 언론과 국민을 상대로 선동에 나섰던 것이다. 설사 '성노예'라는 단어에 의구심을 표했다 해도, 그것이 곧 "위안부는 매춘부!"라고 외친 사람들의 말과 같은 것이 되는 것도 아니다. 그럼에도 정영환은 나의 책을 두고 위안부를 비난한 책이라고 주장했다.

내가 시도한 기존 연구에 대한 이의제기는 오로지, 지원자들의 단순한 단정과 일본에 대한 맹목적인 공격이 위안부 문제를 둘러싼 대립과 불화를 시간이 갈수록 심각하게 만들고 있는 정황을 함께 생각해보자는 제안이었다. 그래서 구체적인 제안을 하지 않고, "문

68 "성노예 표현도 싫다… 日 진정한 사과가 해법", 『서울신문』 2012년 7월 12일자. (http://www.seoul.co.kr/news/newsView.php?id=20120716002004)

제로서의 '위안부 문제' 해결은 그 모든 상황의 차이를 보면서 결론을 내려야 한다"(143쪽)고 말했던 것이다.

하지만 정영환은 나의 그런 기술도 무시하고 『제국의 위안부』가 위안부를 비난하고 일본의 책임을 면죄하는 책인 것처럼 보이도록 만들기 위해 지극히 교묘하게 나의 책을 비틀고 함부로 난도질하며 거짓말까지 동원했다.

일본의 위안부 문제 연구자 요시미 요시아키 교수는 자신의 책을 "날조"라고 했다는 이유로 비판자를 명예훼손 재판에 제소했다. 내가 정영환에 대해 아직 그렇게 하지 않는 이유는, 한 권의 책에 대한 판단을 (그 사안을 판단할 능력이 자체적으로는 없는) 법원에 묻는 "오류"를 되풀이하고 싶지 않기 때문이다.

정영환의 한 권의 책과 그것을 둘러싼 한국의 대응은 대한민국의 지적 위기를 더 이상 감출 수 없는 상태로 드러내고 말았다. 『누구를 위한 '화해'인가—〈제국의 위안부〉의 반역사성』이라는 제목에 보이는 "반역사"라는 단어는, 책을 낸 이들의 인식이 "역사"를 "역사 인식"과 동일시하고 있음을 보여준다. 정영환이 왜곡과 거짓말까지 행하면서 『제국의 위안부』를 비난한 것은 자신들이 허용하는 '올바른 역사 인식'만을 '역사'로 인정하겠다는 시대착오적인 가부장적 태도가 만든 사태였다. 그럼에도 그런 태도가 파시즘적 태도라는 사실은 자각되지 않았거나 지적되지 않았다.[69] 문제는, 서경식으로부터 시작되어 정영환이 이어받고 급기야 한국에서 대세가 되

---

69 2016년 여름, 대한민국 유수의 역사 전문 출판사가 정영환의 책을 출판하게 된 것은 번역자(임경화)와 해제자(박노자)에 대한 정치적 신뢰가 만든 일일 터이다. 이 책 내용을 전혀 검증 없이 확산시킨 언론 이상으로, 나는 이들의 문제가 크다고 생각한다.

고 만 재일교포발 선동과 규탄이 동아시아의 불안을 유지시키는 방식으로 기능하고 있다는 점이다. 그리고 그러한 사고는 불안정을 넘어 폭력을 야기할 수도 있다. 이에 대해서는 다른 기회에 논의하기로 한다.

5. 헤이트스피치 『제국의 변호인 박유하에게 묻다』[70]

2016년 5월에 나온 『제국의 변호인 박유하에게 묻다』라는 책은 나에 대한 지원단체의 고발과 정영환의 책이 영향을 끼쳐 나온 책이었다. 그리고 정영환의 책이나 다른 비판들이 감정을 그대로 쏟아내는 헤이트스피치를 그나마 학문적 필치로 포장했던 데에 비해, 이 책은 감정을 숨기지 않은 헤이트스피치로서 세상에 나왔다. 위안부 문제를 비판하는 일본 우익의 책에서조차 나는 이 책과 같은 악의적 규탄을 본 적이 없다.

2015년 11월의 검찰의 형사 기소, 12월 말의 '한일합의' 직후였던 2016년 봄에, 일본에서는 앞서의 정영환의 책이 나왔는데, 한국에서는 이 책이 나왔다. 그리고 곧이어 비판자들의 글은 영어 매체에까지 실렸다. 영어로 번역되지도 않은 『제국의 위안부』에 관한 비판/비난을 이들이 영어권에까지 확산시킨 건, 물론 『제국의 위안부』가 번역되기 전에 미리 비판해 번역 소개와 확산을 차단하기 위한 것일 터였다. 이들의 목적이 '운동'에 있다는 것을 다시 한번 증명한 사태이기도 했다.

---

70 2016년 10월 5일에 홈페이지에 게재한 메모를 수정·보완했다.

1. 의구심

이 책에는 스무 명 가까운 사람들이 참여하고 있지만, 앞서의 비판자들과 마찬가지로 『제국의 위안부』가 일본의 "면죄"를 지향하는 책이고 그럼에도 그런 정치적 의도를 숨기고 쓴 책이라는 전제를 공유한다. 그중에는 그런 의구심을 확인하기 위해 나의 다른 책까지 살펴가며 공격한, 말하자면 사상 검증에 나선 이도 있었다.

그런데 이들 중에 위안부 문제 연구자나 운동가는 극소수다. 말하자면 『제국의 위안부』의 정당성 여부를 1차자료가 아니라 지원단체나 다른 학자가 내놓은 담론에 기대어 판단할 수밖에 없는 집필자들이 대부분인 책이다.

그 결과로 이들 역시, 책의 반 가까이를 차지하는 일본 비판 부분은 무시하고 내가 비판한 지원단체를 옹호하고 있다. 한 권의 책에 대한 판단을 내리리면 문제 자체는 물론, 문제를 둘러싼 담론도 검증 대상이 되어야 하는데, 이 책의 집필자들은 그런 부분에 대한 관심은 전혀 없이 기존 비판틀을 가져와 감정을 이성으로 포장해 반복했다. 많은 이들을 동원하면서도 이 책이 결국 아무런 생산성 없는 '헤이트스피치' 서적이 되고 만 원인이기도 하다.

이미 2007년에 내가 처음으로 운동 방식을 비판했던 『화해를 위해서』를 가장 먼저 비판하면서 "일본 우파에 친화적"인 책이고 '전문가도 아니고 운동을 해보지 않은 사람은 글을 쓸 자격이 없다'는 식으로 '(운동)전문가'의 권위를 내세웠던[71] 김부자는 『제국의 위안

---

71 김부자金富子, 「'위안부' 문제와 탈식민지주의-역사수정주의적인 '화해'에 대한 저항「慰安婦」問題と脱植民地主義-歴史修正主義的な「和解」への抵抗」, 『임팩션インパク

부』가 "참신함을 가장"(130쪽)했다고 쓴다. 논리적으로는 "가장假裝"이 가능한 것일 수 없는 "참신함"을 언급하면서 "가장"-위장하고 있다고 말하는 이유는 물론, 책을 대하는 이들이 나에 대한 의구심을 갖도록 만드는 데에 있다.

『제국의 위안부』가 "종래의 위안부 이미지를 전면적으로 바꾸려고 하는 저작"이라는 식으로 책의 의도를 전도(목적이 먼저 존재한 것이 아니라 고찰의 결과 얻은 것을 썼을 뿐이다)시키는 데에 그치지 않고 "한국에서는 출판 당시 화제가 되지 않았지만"(130쪽. 실제로는 『경향신문』을 비롯한 다수 매체의 인터뷰와 서평이 있었다)이라는 말을 굳이 넣는 김부자의 주장은 허위조차 불사하는 모습을 보여준다.[72] "박유하 씨는 일본문학 연구자이고 위안부 문제나 역사학 연구자도 아니며 '위안부' 문제 해결운동에 영향을 끼치지도 않았다"(131)는 식의 권위주의 역시 김부자의 숨은 의식을 드러낸다. 앞에서도 썼지만, 『제국의 위안부』는 학제간 연구다. 책 말미에도 나는 "위안부 문제를 제대로 생각하기 위해서는 꼭 필요했기 때문에 너무나도 많은 분야의 이야기를 혼자서 하고 말았지만, 사실 위안부 문제는 언젠가 공동연구가 필요한 문제"라고 썼다. "90년대 이후 경과에 대한 여성학, 외교학, NGO학, 미디어학 등등의 연구가 언젠가 이루어져서 여기서 생각한 문제들이 더 소상히 밝혀지거나 오류가 지적되는 날이 오기를 기대한다"(『제국의 위안부』 320쪽)고. 그런 책이 하나의 학문공동체가 요구하는 스타일을 고수해야 할 이유

ション』158호, 2007.

72 김부자는 과거에도 비슷한 말을 했다. 하지만 노지현의 서평은 그런 김부자의 지적이 실상과는 많이 다르다는 것을 보여준다. 노지현盧志絃, 「書評: 朴裕河 『帝國の慰安婦—植民地支配と記憶の闘い』」, 『早稲田大學地域間研究機構次世代論集』 제1호, 2016.3.6.

가 없다. 비판자들은, 자신들에게 익숙한 형식이거나 허용 가능한 내용 이외엔 배척한다.

김부자에 의하면, 『제국의 위안부』는, 이전 책에도 "오인이 많아서" 이러한 것들을 지적/비판했음에도 "수정하기는커녕, 이제까지 축적되어온 '위안부' 제도 연구와 증언들을 경시/무시하고, 참신함을 가장하여 조선인 '위안부'에 관한 사실 오인을 전면적으로 전개"(131)한 책이다. 그런데 구체적인 비판은 없이, "자세한 비판은 정영환 씨의 저서와 블로그가 참고가 된다"(131)면서 발언 책임은 다른 이에게 돌린다.

그런데 앞에서 본 것처럼, 김부자가 의존하는 정영환의 책은 악의를 가득 담은 허위와 왜곡으로 일관한 책이었다. 10여 년 전에 김부자가 처음 나를 비판했을 때도 재일교포를 위시한 몇몇 비판자들이 '자세한 건 김부자의 비판을 보라'는 식으로 구체적인 비판은 타인에게 미루면서 지극히 추상적인 비판을 전개한 바 있는데, 이번에는 김부자가 구체적인 내용 비판은 젊은 정영환에게 미루고 추상적인 비판을 전개한 것이다. 그런데 김부자의 구체적인 비판은 오로지 앞서 언급한 '위안부에는 미성년도 있었다'는, 내가 부정한 적이 없는 전제를 앞세운 비판뿐이다.

그래서일 텐데, 김부자는 『제국의 위안부』가 "하타 이쿠히코 씨와 우에노를" 합쳐놓은 것이라면서 나의 오리지널리티를 부정하고, "일본군의 책임과 식민지지배 책임을 부정하는 역사수정주의적인 위안부 담론"이라는, 이 역시 정영환의 주장을 반복한다. 그런데 나는 『내셔널 아이덴티티와 젠더』를 일본에서 2007년에 냈고, 그 책에는 1993년에 쓴 논문도 수록되어 있다. 말하자면 페미니즘/젠

더이론의 틀을 사용해 글을 쓰게 된 건 우에노의 책 『내셔널리즘과 젠더ナショナリズムとジェンダー』(青土社, 1998. 한국어판은 박종철출판사, 1999) 이전의 일이다.[73] 물론 나는 우에노의 페미니즘이론에서 배운 바 많지만, 우에노의 『내셔널리즘과 젠더』(1998)와 달리 나의 관심은 '내셔널 아이덴티티와 젠더'라는 제목이 보여주는 것처럼 내셔널 아이덴티티의 형성 과정 자체에 있었다. 그런데 김부자는 나를 그저 우에노의 아류로 취급하는 일로 나에 대한 경멸을 심으려 한다.

하타 이쿠히코를 내가 일찍이 비판했다는 이야기는 앞에서도 썼는데,[74] 김부자는 그런 사실 역시 도외시하고 선입견으로 연계성을 찾아내려 한다. 더구나 나의 책에서 우에노의 영향을 찾았다고 주장하면서도 "진보와 보수를 가리지 않고 높은 평가"를 받고 있다고 말하기도 하고(하타와 같은 주장이었다면 진보의 평가를 받을 리가 없다), 결국은 "역사수정주의자"와 비슷한 것으로 치부하는 식으로, 논지 자체가 혼란을 거듭한다. 김부자가 일본 사정을 잘 알면서도 일본 내 정황을 거꾸로 말하는 것은 한국 독자들을 기만하는 일이다.

일본에서 나를 평가한 이들은 각 학문 분야의 선두를 가는 일급 학자들이거나 명망 있는 작가들이다. 그런데도 이렇게 말하는 김부자의 시도는 김부자를 비롯한 재일교포의 비판이 정치/운동적 입

73 그 첫 번째 논문은 「『마음』의 비극-선생님이나 K는 왜 죽었나『こころ』の悲劇—先生やKはなぜ死んだか」(『日本文學』 42(9), 1993. 9)였다.

74 하타를 비롯한 일본 우파/보수들의 위안부에 관한 생각을 『화해를 위해서』에서 비판했다(2005년 초판 56~60쪽, 2015년 개정증보판 67~70쪽). 일본의 '박유하 씨의 기소에 대한 항의성명朴裕河氏の起訴に對する抗議聲明' 사이트(www.ptkks.net)의 「『제국의 위안부』 요약 『帝國の慰安婦』 要約」(한국어)에 들어 있는 '하타 이쿠히코 교수의 의견에 대한 생각'도 참조하기 바란다.

장이 앞선 공격이라는 사실을 보여준다.

이 책의 기획에서 중심적인 존재였던 것으로 보이는 손종업 역시, 『제국의 위안부』가 "수많은 얼굴을 감추고 있"(28)고 "법적 책임을 부정하기 위해 역사수정주의의 관점"에서 쓴 책이고 "그러기 위해서 위안부를 모욕하는 한편 조선 청부업자에게 죄를 떠넘김으로써 제국에 면죄부"(29)를 준다는 식으로, 앞에서 본 남성 연구자들의 인식과 어법을 그대로 반복한다. 편견과 곡해로 접근하면서 "다른 얼굴들을 통해 변명을 늘어놓는"것이라는 말로 독자들에게 의구심을 유발하는 것이다.

손종업은 나의 다른 책들도 가져와 비판하는데, 그의 의도가 처음부터 비판에 있다는 것은 『반일민족주의를 넘어서』(2000)를 두고 내가 "'대중선동의 방식'으로 일제가 박은 쇠말뚝은 없다고 했다고 선언"했다고 하는 말에서 결정적으로 드러난다. 말하자면, 한 권의 책을 일반서로 냈다는 사실 자체가 그에게는 "선동"으로 간주된다. 앞서의 "젊은 학자"들이 보였던 경향이기도 하다.

또 소세키를 비판한 책인 『내셔널 아이덴티티와 젠더』를 가져와 "(박유하가) '소세키가 식민지지배를 긍정적으로 받아들이고 있었다'는 일본인 학자의 주장은 마지못해 시인하면서도 오히려 '식민지지배의 정치적 무력적 측면을 긍정적으로 받아들이고 있었던 것은 아니다. 소세키는 어디까지나 「문명」적 측면을 받아들이고 있었다'는 선에서 머문다"고 주장하는 건, 어처구니없는 왜곡이다. 그 자신이 지적한 것처럼, 나는 소세키가 민비 시해를 긍정적으로 말한 편지에 대해 일본 학회에서 처음 언급/비판했다. 그리고 '소세키는 (기존 학설대로) 식민지지배의 정치적·무력적 측면에는 부정적이었지만, 문명을 전파한다는 점에서 결국 식민지배를 긍정했다'는 것이 나의 주장이었다. 그런데 손종업은 소세키의 문명관에 대한 나의 지적이 비판이라는 것을 이해하지 못하고 긍정하는 것으로 받아들인 듯하다. 그건 손종업이 탈식민지주의이론의 기초조차 이해하지 못하고 있다는 증거일 수밖에 없다. 손종업의 주장처럼 내가 근대주의자였다면, 소세키 비판을 행할 이유도 없었다.[75]

위안부 문제를 직접 연구한 적이 없어 보임에도, 운동가들의 무책임한 비방을 그대로 가져와 "학문적 엄밀성을 얻는 데 실패"했다거나 "학문은 결코 폭력적인 언사들도 보호되어야 하는 '소도'일 수 없다"(38), "학문은 해결책이 아니라 진실 또는 사실을 통해 기존의 패러다임과 맞서야 한다"(37)면서 『제국의 위안부』의 기술이 "학자의 것이 아니라 변호인의 것"(34)이라는 그럴듯한 말로 규탄하는 손종업의 경박성은, 2010년대 한국 지식사회의 한 단면을 상징적으로 드러낸 것이기도 했다. 이는 내가 "정대협의 위안부 논리를 탈구축하기라는 목표를 향해 논의를 정비"했고 오로지 "이를 위해서 정대협의 논리를 뒷받침하는 위안부의 증언은 비판"(49)했다는 김요섭의 전도된 의구심과 궤를 같이 하는 것이자, '학문'이라는 단어로 학문을 모욕한 말이 아닐 수 없다.

---

75 손종업은 나의 논문집 『내셔널 아이덴티티와 젠더』(일본어판은 2007, 한국어판은 2011)까지 가져와 "이 책 속에 편입되면서 원래 논문 속에 있다가 사라진 다음과 같은 구절"(32)이 책이 될 때 없어졌다며 비판한다. 그런데 「식민성과 젠더」라는 논문은 『내셔널 아이덴티티와 젠더』와는 전혀 관계가 없는 글이다. 즉 그가 인용한 「식민성과 젠더」는 한국문학에 나타나는 일제시대 한국 남성들의 의식을 다룬 논문이고, 『내셔널 아이덴티티와 젠더』는 그보다 훨씬 먼저 쓰여졌고 주제도 다른 글—일본의 국민작가 나쓰메 소세키를 비판한 박사논문을 출판한 책—이다. 그런데도 이런 식의 어처구니없는 곡해와 왜곡을 저지르고 있는 것은 뭔가 불순한 의도를 가진 인물의 이미지를 나에게 덧씌우고 싶었기 때문일 것이다.

법학자 김창록 역시 "일반화", "자의적…"(「국가책임 이해 못하는 '뒤틀린 법 논리'」, 『한겨레』 2016년 2월 19일자)이라는 자신의 발언을 재인용하면서 "학술서로서의 기본을 갖추고 있는지 의심스러운 책"(31)이라는 발언마저 서슴지 않는다.

이들은 대체적으로 근거는 제시하지 않고 의구심 가득한 상상부터 펼친다. 『제국의 위안부』가 그저 "일본에는 어떤 법적 책임도 없다는 결론에 도달하기 위한 준비작업일 뿐"(67)이라는 식의 사고방식은, 김창록 스스로가 오랫동안 (일본의 강제성을 증명해 법적 책임을 지라는 최초의 주장을 관철하겠다는) 목적이 앞선 연구를 해왔기에 할 수 있는 발상이 아닐까 싶다.

이들은 이재승 등과 마찬가지로, 이러한 '목적'을 위해 증거를 조작하며 안간힘을 쓰는 인물의 이미지를 만들려 한다. 홀로코스트와 위안부 문제는 다른 것이라는 나의 지적을 그저 "홀로코스트는 위안부 문제와 달리 협력자 문제가 없다는 왜곡에 매달리면서까지"(67) 행한 것이라는 기술, 그저 "평화집회에 참여하는 위안부 목소리를 배제하려는 시도"(68)이자 "여성 피해자들을 정치적 주체로 만들어낸 기반을 공격하고 이들이 가졌던 주체성을 부정"(68)하는 것으로만 생각하는 사고가 그렇다.

그러나 나는 위안부의 주체화를 비판한 적이 없다.[76] 오히려 "평화집회에 참여하는 위안부"에게 지원단체의 생각만을 내면화시키거나 반대로 위안부 문제를 둘러싼 정황이 그들에게 전달하지 않는 방식으로 선택의 여지 자체를 빼앗았다는 점에서도, 주체화를 막은

---

76 다만, 위안부의 주체화에 대해서는 별개의 논의가 필요하다.

건 내가 아니라 오히려 지원단체라고 해야 한다.

사실을 왜곡 혹은 곡해해서 말하는 경향은 일찍부터 위안부 문제 해결 활동에 참여해온 일본인에게서도 보인다. 예를 들면 "예전부터 한국 내에서는 박유하의 저술이 피해자에 대한 명예훼손이자 모욕이라는 지적이 있어왔다"(73), "일본에서도 명예훼손과 모욕 혐의는 예부터 거듭 지적되었다"(74)는 발언들이다.

이미 10년 전인 2007년부터 서경식, 윤건차, 김부자 등 재일교포들이 나를 비판했지만, 이들은 "명예훼손"을 말한 적이 없다. 이들의 비판은 관계자들 몇몇 사람들 사이에서 공유되었을 뿐 더 이상 확산되지도 않았다. 그러다가 여러 해가 지난 후 나눔의집이 고발하자 이들과 이들의 차세대가 고발에 가담하는 형태로 나섰던 것이다. 정대협도 고발을 접었고, 내가 나눔의집에 가서 할머니들을 만나지 않았다면 고발 사태가 벌어질 이유는 없었다.

위안부 문제와 관련된 연구나 활동이 없었던 이들조차 "박유하 교수의 욕망을 위안부에 투사"했다고 주장하고, 그래서 "소설"(편집부)이라고 단언하는 이 책은, 사실은 위안부가 아니라 지원운동 비판에 대한 반발이 만든 책이다. "성노예 문제라는 것이 여러 가지로 보고서에 의해 확인이 되고 국제사회의 연대를 얻어놓은 입장인데 과연 그 부분에 있어서 그중에서 지금 일본이 강제성을 부인하는 논거로 사용되는 부분을 전체적인 것인 양하고 이 책을 작성"(박선아, 104, 편집부가 재인용)했다고 주장한 나눔의집 고문변호사의 발언은 그 점을 감추지 않고 보여주고 있다. 이들이 두려워하는 것은 위안부의 명예 훼손보다 그들이 20년 이상 일구어온 "국제사회연대"라는 성공에 대한 훼손이다.

나는 "중국이나 북한에 대항하기 위해 한일 간에 역사적인 화해가 필요하다는 주장"(105)을 한 적이 없다. 이런 말은 오히려 한일 화해를 중국/북한과 한국/일본의 대립구도 고착으로 생각하는 이들 자신의 냉전적 사고가 만드는 말이다. 물론 중국/북한에 적대적인 이들이 『제국의 위안부』를 긍정적으로 받아들이는 경우도 있지만, 저자의 생각이 늘 독자와 같은 건 아니다.

"가해자를 옹호하고 변호하는 논리"(199), "은밀한 속마음"(225), "협력과 순종의 기억을 소중히 여기는 박유하의 속마음"(240) "혹시라도 일본이 굴복할까봐 노심초사"(240), "일본을 향한 애틋한 그의 마음"(242)을 『제국의 위안부』에서 찾아내려 애쓰는 이들의 심리는 가히 집단적 피해망상증이라 해야 할 것이다. 내가 "자발적으로 일본과 동지적 관계를 맺기로 작심"(243)했으며 "제목 자체가 일본군의 전쟁범죄를 덮을 목적으로 고안된 것 같다"(243)는 생각은 제목의 이중적 함의를 읽어내거나 올바른 독해가 가능한 능력의 결여마저 보여준다. 이 모든 것이 피해망상적 트라우마가 만드는 것일 터이라는 점에서, 『제국의 변호인 박유하에게 묻다–제국의 거짓말과 '위안부'의 진실』은 2010년대 중반 한국사회 일각의 심상풍경을 보여주는 자료이기도 하다.

2. 비판의 양상

1) 낙인

'없는 증거 만들기'를 하고 있다거나 '학술서로서의 기본을 갖추고 있는지 의심스럽다'거나 '새롭게 제시한 자료는 거의 없다'는 단언에 대해서는 더 이상 반복하지 않아도 될 듯하다. 이들은 기본적으로는 정영환과 김부자의 논지를 반복하고 있을 뿐이다.

이들은 『제국의 위안부』가 "새롭게 제시한 자료"가 없다는 주장도 하는데, 당시 편자들조차 언급하지 않던 위안부 증언집 등을 기본 자료로 삼았던 것을 평가해준 이도 있음을 언급해둔다.[77] 분명 그 자료를 정리한 건 정대협이지만, 자료란 "발굴"이나 정리에도 의미가 있지만 해석되고 실제로 사용되어야 빛을 발한다. 내가 『제국의 위안부』를 집필할 당시 위안부 증언집들은 대부분 절판 상태였고, 심지어 책을 만든 정대협의 전시관에조차 놓여 있지 않았다.

그런데도 이들은 "위안부 연구자나 역사가들이 대략의 합의를 본 연구 성과를 바탕으로 『제국의 위안부』를 서술"(57)했다고 주장한다. 하지만 업자의 존재에 먼저 주목한 연구자는 있었지만, 업자에 대한 위안부들의 미움과 그 의미를 지적한 연구자는 없었고, 나를 비난한 이들은 그 차이를 말하지 않았다.

---

77 "박유하의 『제국의 위안부』는 증언집을 활용한 극소수 연구 중 하나이다."(야마시타 영애山下英愛, 「제1장 한국의 '위안부' 증언 청취 작업의 역사-기억과 재현을 둘러싼 대응韓國の「慰安婦」証言聞き取り作業の歴史―記憶と再現をめぐる取り組み」, 우에노 지즈코上野千鶴子·아라라기 신조蘭信三·히라이 가즈코平井和子 편, 『전쟁과 성폭력의 비교사를 향하여戰爭と性暴力の比較史へ向けて』, 岩波書店, 2018, 62쪽)

2) 신봉

이들은 위안부 문제에 관한 한일 지원단체의 주장이 이미 "국제사회"에 받아들여졌고, 연대가 이루어졌으며, '국제법 논리'는 위안부 문제를 '인도에 반한 죄'(김요섭, 56)로 규정지었다고 전제한다. 『제국의 위안부』는 그런 상식에 균열을 내는 책이라는 것이다. 그런 정황을 몰라서 책을 썼을 리가 없음에도 발화된 이런 말은 그저 '상식'에 의존해 글을 쓰는 자신의 태만을 드러낸다.

유엔을 대상으로 위안부 문제를 호소하는 운동 방식은 위안부 문제 초기부터 행해져온 일이다. 그리고 최초의 성과가 1996년에 얻어졌다. 유명한 쿠마라스와미 보고서가 그 두드러진 성과였다. 그런데 유엔 보고서의 위안부 인식은 이후의 연구를 전혀 반영하고 있지 않다. 달리 말하자면, 강제연행에 가까워 보이는 사례나 북한 여성들의 극단적인 사례가 일반적인 사례로 이해되어 받아들여진 듯한 정황이 있다. 말하자면 이들에게 위안부 문제는 동시대적으로 일어난 아프리카나 동유럽의 이민족·부족간 감금/강간/절멸을 위한 전략과 똑같은 사태인 것처럼 이해되었다(이에 관해서는 다른 책에서 다시 논할 예정이다).

그런 의미에서는 일부 학자들과 운동가들이 늘 주장하는 "국제사회의 인정"이라는 명제 자체가 사실은 재검증이 필요한 대상이다. 위안부 역시 참혹했지만, 그렇다 해도 조선인 위안부와 일본군의 관계가 '적의 여자'를 정복의 의미로 범했던 강간/학살과 똑같이 간주되어도 되는 건 아니다.

2010년 무렵부터 지원단체는 이번에는 홀로코스트와 위안부를 같은 것처럼 주장하면서 세계연대에 나섰는데, 한때 연대했던 유태인들도 지금은 선을 긋기 시작하고 있다.[78] 『제국의 변호인 박유하에게 묻다—제국의 거짓말과 위안부의 진실』 집필자들이 "박유하는 홀로코스트에서 유태인들의 협력이 매우 제한적이었다며 양자의 구분을 시도"(56)한다면서 오히려 나를 비판하는 것은, 그런 최근 정황을 인식하지 못하고 있기 때문일 것이다.

홀로코스트가 유태인이라는 인종/민족의 글자 그대로의 말살을 꾀한 것이었다면, 제국주의는 식민지인을 '자원'으로 이용한 것이었다. 따라서 제국인은 저항하지 않는다면 식민지인을 죽여야 할 이유가 없다. 살려두어야 했을 뿐 아니라 오히려 좀 더 좋은 자원이 될 수 있도록 환경을 조성해야 했다. 그것이 제국/식민지와 적국=점령지의 차이였다.

3) 표상

이들은 내가 '반박을 못하고 있다'고 "반론에 대한 (박유하의) 오랜 침묵"(41)을 비난하면서 "이재승의 비판에 박유하가 침묵으로 일관해야 했던 것처럼 법적 책임과 구조적 책임을 구분하는 논리가 엄정한 학문적 검증을 견딜 수 있을 만큼 견고한 것이 아니기 때문"(55)이었다고 주장한다.[79] 하지만 이들은 내가 고발당한 해 여름을

---

78 「위안부 '기억유산' 신청—유태인단체가 비판 '홀로코스트를 왜곡'慰安婦「記憶遺産」申請 ユダヤ人団体が批判「ホロコーストをねじ曲げ」」(『ZakZak』 2016년 11월 25일). 이 기사는 "캐나다·이스라엘우호협회가, (한국, 중국, 일본 등 8개 국가/지역의 14개 시민단체로 구성된) 신청자는 홀로코스트를 왜곡하고 있다"고 했다고 전하고 있다.

79 이 책에서는 소송이 진행되는 기간 동안 일어난 일이나 나의 감정에 대해서 쓰는 일은 가급적 배제했지만, 나를 아이히만에 비견했던 손종업이나 그저 내가 능력이 없어서 반론을 쓰지 못했던 것으로 규정하는 김요섭의 비난 등이 보여준 음습함과 경박성은 2010년대 이후 한국사회의 부박한 모습을 보여주는 것으로서 기억될 만하다.

꼬박 바쳐 반론을 썼고, 이후에도 학자의 비판을 직간접으로 원용하며 공격해온 원고 측 변호사와 검사에 대한 답변에서 일부 연구자들의 비판에 답했다는 것을 모르고 있을 뿐이다. 내가 하지 못했던 건 그런 글들을 학자 혹은 여론용으로 다듬어 내놓는 작업이었다. 그건 물론 이들의 공격이 집단적 공격이었고 나에겐 재판 대응이 더 시급했기 때문이다. 이재승의 글에도 2015년에 답변을 썼지만 그건 재판 자료로 제출되었기 때문이었고, 나 역시 재판 자료로 답변을 제출했지만 완성고가 아니라고 생각해서 그냥 놔두었을 뿐이다. 윤해동의 경우는 직접 토론할 기회가 있었고 답변을 했기 때문에 더 이상 신경쓰지 않았을 뿐이다.

그럼에도 김요섭은 내가 그저 "논쟁을 기피"(김요섭, 43)한 것이라고 주장한다. 하지만, 연구자들의 비판이 법정에서 본격적으로 "증거자료"로 사용되기 시작한 이후 재판 대응은 나에게 학술적 대응이 되었고, 그 시점에서 내가 토론을 제안하자 이번에는 비판자들이 침묵하고 무시했다.

4) 의구심

"일본어판이 한국어판과 다르다"는 주장 역시 정영환 주장의 반복인데, 이들은 정영환의 글을 검증 없이 신뢰하면서 "이런 일들이 <u>아무렇지도 않게 슬쩍</u> 수행"되었다거나 "수많은 얼굴을 <u>감추고</u> 있는 책"(28, 손종업)으로 단정한다. "과도한 주장과 변론을 동시에 포함"했기 때문에 "선택적으로 반박할 수 있게 된다"는 주장 역시 정영환이 주장한 "상호모순"이나 "젊은 역사학자"들이 말한 "안전장치"라는 이해와 다르지 않다. 이들은 하나의 팩트를 여러 층위에서 고찰한 나의 작업을 이해하지 못했다. 이들이 『제국의 위안부』에서 '숨은 의도'를 찾아내려고 애쓰는 모습은, 대상이 자신의 이해 범위를 벗어난 것이었다는 사실을 보여준다.

"일본제국주의에 불리한 증거들은 가능한 한 기피"(33)한다면서 "착종된 논리"이자 "대중의 시선을 끄는 광대"라고까지 말하는 손종업의 표현은 이재승/박노자 등의 언어를 충실하게 빌려쓴 것이다. 마녀사냥의 어법은 늘, 이단/외부자/혼돈 등의 단어를 사용함으로써 불안을 촉발하는 것이기에, 이들의 언어가 닮아 있다는 것은 전혀 놀라운 일이 아니다. 이들에게 선택된 단어들은 이들 안에 내재한 공포를 드러낸다. 내가 일본에 대해 사죄·보상이 필요하다고 한 말조차 그저 "본심"을 숨기려는 꾀라고 생각하는 경향 역시 그런 심리가 만든다.

5) 규탄

내가 "위안부는 매춘부라는 주장"을 했다면서 『제국의 위안부』를 일부 일본인이 이용하는 책임을 나에게 돌리려 하는 주장도 있는데, 독자가 저자의 의도를 벗어난 읽기를 하는 책임은 저자에게 있지 않다. 무엇보다, 비판자들 역시 그런 점은 일부 일본인과 다르지 않았다. "범죄 주체인 일본군이 쏙 빠져나갈 틈을 만든다"(244)거나 "일본의 책임을 축소", "일본군의 책임을 면죄"했다면서 위안부 문제를 "제국" 일반의 문제로 풀어보려 했던 나의 시도를 그저 "서양에게 더 큰 책임이 있다"는 것이고 "초점을 흐"리는 일로 받아들인 것들 전부가 그러하다.

『제국의 위안부』가 "저자의 속뜻을 쉽게 파악하기 어려운 책"

(245)인 이유는, 앞에서 말한 것처럼 서로 다른 청자를 대상으로 한 책이기 때문이다. 낯선 기술 앞에서의 불편함을 견디지 못하는 이들은 저자는 어느 쪽에 서 있느냐고 묻거나 자신들이 이해하고 싶은 방식으로 책을 왜곡한다. "하지만 일본, 특히 우익이나 역사수정주의자의 입장에서 읽으면 아귀가 딱딱 맞아 떨어지는 글"이라는 주장은 바로 그런 현장을 보여준다.

6) 쉬운 범주화

『제국의 위안부』를 "식민지근대화론 위안부편"이라고 생각하는 비약이나 "일본의 책임을 흐리는 데 목표"가 있다는 생각들은, 낯선 책(내용)을 만났을 때 기존 개념에 대입시켜 이해하려 한다는 점에서 정영환의 "역사수정주의자" 혹은 김부자의 '하타 교수/우에노 교수와 같다'는 비난과 다르지 않다. 『제국의 위안부』란 오히려 '국가의 팽창 욕망이 위안부를 만들었다'는 제국주의 비판임에도, 식민지근대화론이라는, 오히려 대립되는 지점에 있는 사고라고 간주하는 건 이들의 사고의 안일함을 드러낼 뿐이다. 내가 "'오래전부터 친일파', '식민지근대화론자', '역사수정주의자' 소리를 들었다"면서 이제 막 자신 안에 생긴 의혹을 무분별하게 시간과 대상을 확장시키는 것은, 자신의 생각이 옳다는 것을 스스로에게 확인시키기 위한 것일 터이다. 물론 이들은 내가 오래전에 쓴 책에서 '식민지근대화론자'를 오히려 비판했다는 사실은 모르고 있다.

일본 좌파운동가 출신 법학자가 "나치의 우생학도 과거 일본의 식민학도 학문의 자유가 된다"(마에다 아키라前田朗)면서 『제국의 위안부』를 아이누나 이슬람 차별, 혹은 유태인에 대한 히틀러의 폭력과 동일시하는 것 역시 안이하고도 태만한 사고회로를 보여준다. 『제국의 위안부』가 "위안부 개인들의 일상을 계속 강조한다. 이것은 마치 식민지근대화론을 주장하는 사람들과 같은 '의도'를 가진 것처럼 보인다"면서 "애초에 일본의 지식인들이 조선에 들어올 때 매우 '양심적'인 태도로 들어왔다는 것을 알고 있는지 아니면 알고도 모른 척 하는 것인지 궁금"(213)하다는 식의 맥락 없는 연계 시도 역시 이들이 책을 이해하거나 분석하기보다는 적과 아군을 구별하고 싶어한다는 것을 보여준다. 비판이든 옹호든, 대상의 차이와 각각의 문맥을 고려하며 언급해야 하는 것은 글의 기본이다. 그런데 이들은 『제국의 위안부』의 고유성을 무시하고 이미 악으로 규정된 기존 대상과 동일시하면서 책을 이해한 것으로 간주했다.

이들의 비판이 결국 "반민족행위와 친일의 경계에 선 '제국의 위안부'"(최진섭, 224), "식민사관에 경도된 '사상활동'을 벌이는 식민지근대화론자, 친일파 지식인"(228)이라는 식으로 지극히 단순한 헤이트스피치로 귀결되는 것은 그런 의미에서는 당연한 일이다. 몇몇 학자들이 포함되어 있기는 하지만, 자신을 불편하게 만드는 낯선 대상을 어떻게 대할 것인지에 '지식인'의 역량이 달려 있다고 한다면, 이 책은 '지식인'의 책일 수 없다.

『제국의 위안부』의 시도를 "예외의 일반화"(김창록)이고 "위안부의 모습을 단일화"(45)시키는 논리이며 결과적으로 "특정한 증언과 사례들이 특권화"되어 "검증의 과정 없이 긍정"된 것이라는 주장은, 기존 담론이야말로 단일화된 것이라는 사실을 은폐한다. 나는 어느 한쪽만이 진실이라고 말하지 않았지만, 기존 담론이 하나의 위안부상을 고집해온 것은 위안부 문제가 단순한 학문의 영역을 넘어 운동이자 정치가 되었기 때문이다. 그 모든 것이 일본이라는 대상을 '이기기' 위해서기도 했지만, 그 자체가 이들 안에 존재하는 식민지 트라우마를 보여준다.

7) '인간의 존엄'의 독점

"박유하가 '제국'이란 개념을 동원하는 방식은 오직 '식민지배가 오래되었으므로 스스로 일본인이라고 인식했을 것'이라며 조선인 위안부의 경험을 일치시키려는 초민족적 국민국가를 불러내기 위함이다"(63)라는 주장도 있는데, "초민족적국가"의 구성원으로서의 "일본인"이라는 인식은 당위성의 문제가 아니라 현실일 뿐이다. 그럼에도 이들은 그러한 지적을 당위성의 문제로 받아들이고 부정하고 싶어한다.

이들은 위안부의 명예를 훼손해서는 안 된다는 의미로 "인간의 존엄"을 마패처럼 사용하는데, '바람직한' 위안부상을 기대하는 것이야말로 대상을 관리하고자 하는 욕망이라는 점에서 '인간의 존엄'을 훼손하는 행위다. 그러면서도 이들은 "인간의 존엄"을 언급하는 일로 "정의의 독점"(『화해를 위해서』)과 나에 대한 언어폭력을 동시에 시도한다. 그리고 "인간의 존엄은 국제인권법의 기본 개념"이라면서 나를 옹호한 일본 지식인들이 "인간의 존엄에 대해 한마디도 하지 않는 것은 도대체 무엇 때문일까"(마에다, 75)라고 탄식하는 것이다.

8) 허위

이들은 내가 "소녀상을 제거해야 한다고 주장"(217)했다는 식의 거짓말도 주저하지 않는데, 그런 의미에서는 "과장과 왜곡, 심지어는 허위적인 내용이 존재"(손종업, 30)한다는 말은 그대로 이들에게 돌아가야 할 말이다. 이들은 대부분 "(정영환의 지적대로) 조선인 위안부와 일본인 위안부를 동일시"(45)했고 "자기 논리에 부합되지 않는 개별적인 체험들을 배제"했다고 주장하기도 하는데, "자기 논리에 부합되지 않는 개별적인 체험들을 배제"한 건 명백히 내가 아니라 기존 연구자들과 지원단체였다.

그런가 하면, 누군가는 『제국의 위안부』가 업자 등 "다른 쪽으로 책임을 전가"(손종업, 34)한다면서 비난하고, 같은 책에서 또 다른 이는 "'위안부' 강제의 직접적인 실행자가 주로 민간업자였다는 것은 당연한 인식이고 옳다. 그렇다면 민간업자의 책임을 물을 필요가 있지만, 저자는 그렇게 하지 않는다"(마에다, 73, 주1)는 말로 비난한다. 이 책은 그렇게 논리적 통일성조차 갖추지 못하고 있다. 물론 비난을 목적으로 급조된 책이기 때문일 것이다. 내가 위안부를 "자발적 매춘부"(92~94)라고 했으며 "역사왜곡을 넘어 일본 극우세력의 논리를 퍼뜨리는 것"이라거나 그것을 위해 "증언과 자료를 짜깁기"(정영환의 말, 94)했다거나, "식민지지배의 책임을 물어야 하지만 저자는 그렇게 하지 않는다. 식민지에 협력한 '애국적' 노력을 권장하기 때문이다", "대부분 자발적으로 위안부가 된 수천 명의 직업여성"(최형익, 101)이라는 말들 역시 대동소이한 수준의 주장들이다. 이들은 『제국의 위안부』라는 제목이 애국에 동원하기 위해 조선인을 '일본인'으로 만들었다는 사실을 지적하고 식민지지배의 책임을 묻기 위한 것이었음을, 표지에 넣은 '위안부'의 기모노 모습을 반으로 잘라 넣은 것도 그런 의미라는 것을 이해하지 못했다.

소녀상 비판을 곧바로 "소녀상을 철거하라"라는 주장으로 치환하면서 "국민의 마음을 모욕하는 것"이고 "국민 자존심을 묵살"(99)한 것이라고 비난하는 주장들 역시 마찬가지다. 나는 소녀상을 비판했을지언정 철거하라고 한 적이 없다.

어떤 이는 "조선이 일본에 침략을 받아서 발생했던 사건이라는 특수성을 약화"(202)시킨다고 했지만, 『제국의 위안부』야말로 위안부 문제가 그런 사태였음을 강조한 책이었다. 처음에 지원단체가 문제제기할 때는 충분히 의식되었을 그런 사태가 이른바 '세계연대'를 거치면서 희석되고 그러면서도 문제는 해결되지 않는 정황을 개선해보고자 한 시도였던 것이다. 그리고 말걸기의 또 하나의 대상이었던 일본에서는 나의 의도는 대체적으로 있는 그대로 받아들여졌다.

나는 "강제연행은 거짓말"이라고 한 적이 없다.[80] 그런데도 이들은 원고 측이나 검찰의 생각—고발의 틀을 그대로 가져와 허위를 말한다. 말하자면 "허위사실을 기술"한 것은 내가 아니라 나눔의집 등 고소고발 관계자들이었다. "도저히 묵과할 수 없을 정도의 피해자들의 명예를 훼손"(박선아, 103~4)당한 것은 위안부 할머니들이 아니라 나였다. 이들이 고소고발의 내용을 석 달 후에 수정했다는 사실[81]이 그것을 증명한다. 『제국의 변호인 박유하에게 묻다-제국의 거짓말과 위안부의 진실』 집필자들은 그 사실을 도외시하고 고소

---

80 '강제연행을 부정했다'는 주장은 원고 측과 검찰의 주장이기도 했다. 자세한 반박은 이 책과 함께 내는 『〈제국의 위안부〉, 법정에서 1460일』을 참조하기 바란다.

81 2014년 6월 16일 고소고발 이후 내가 답변서를 제출하자 이들은 9월에 가처분신청 공판기일을 연기했고, 10월에 고소취지를 바꾸고 처음에 제출한 가처분신청서의 '명예를 훼손한 표현' 109곳을 54곳으로 줄였다.

고발자들의 왜곡된 프레임을 그대로 답습해 고소고발에 가담했다.

오히려 이들은 고소고발과 기소가 『제국의 위안부』를 띄워줬다면서 책에 대한 '상찬은 기소 이후에 발생'했다고 했던 많은 이들의 주장을 답습한다. 하지만 이미 앞서 쓴 것처럼 발간 직후에 이미 여러 매체가 주목해주었다. 일본의 경우 기소 이전에 호의적인 서평과 두 개의 상이 주어졌고, 격한 비난이 한일 양쪽에서 발생한 것은 고소고발과 기소 이후였다.

9) 위험시

이들 역시 "종잡을 수 없는 화법", "거짓말", "변검술" 등의 단어를 동원해 앞에서 본 비판자들의 레토릭을 반복한다. 이어지는 "지능적", "다양한 방식의 화법", "사실이 아닌 것을 사실처럼 꾸며서", "어이없는 거짓말", "시치미", "경솔", "비학문적", "거짓말을 한 양치기 소년" 등등의 인성 비난 역시 마찬가지다. 내용에 대한 구체적인 비판을 하고 있는 것처럼 보이지만 실은 이미 내가 반론한 기존 비판을 반복하면서도, 어떤 이는 "이 경박한 언어를 누가 학문이라 하는가"(34)라면서 『제국의 위안부』가 학자의 것이 아니라 (제국의) "변호인"의 것이며 "그녀의 옆에 앉은 자들은 일본의 군대 혹은 제국주의"이고, "그들이 폐기한 증거를 제시할 것을 (한국에) 요구하며 정황을 유리하게 만들어가려"는 것이고, "빈곤한 사료"를 "그나마 선택적으로 사용"한 "그녀의 태도는 위험하기 짝이 없다"(이상 손종업, 35)고 일갈한다. 이들이 끊임없이 "위험성"을 암시하고 강조하는 것은 오히려 이들이 나의 책에 대해 내재적 비판을 하지 못한다는 것을 보여주는 것이기도 하다. 내용에 문제가 있다면 굳이 마녀사냥의 단어를 동원할 필요가 없기 때문이다.

10) 재판 정당화

이들이 결국, 이 책에 "명백한 결함이 있고 파괴적인 논증효과를 불러일으킬 논증을 볼테르적 양심으로 옹호할 만큼의 윤리계량주의는 아닙니다"(손아람, 22)라고, 집필자가 아닌 작가의 비판을 빌려오거나 책이 법정으로 간 "주요한 원인이 박유하의 모호하고 이중적인 언술에서 기인"(손종업, 23)하고 있다면서 소송을 당연시하는 것은 당연한 귀결이다.

이들이 『제국의 위안부』를 "모호하고 이중적"이라고 생각하는 것은 『제국의 위안부』가 여러 계층의 독자들(한국/일본/정부/시민/지원자/비판자)을 향해 쓰인 텍스트라는 점을 이해하려는 자세가 없기 때문이다. 서로 다른 위치에 서 있는 이들을 향해 각각 자성적으로 생각하는 틀을 제공하려 했던 시도가 그저 모호한 것으로만 보이는 것은, 이 책이 하나의 '사실'을 명확히 하는 것 이상으로 하나의 사실을 어떻게 서로 다르게 생각할 수 있을 것인지에 관심이 있는 책이라는 사실을 이해하지 못했기 때문이다. 그렇기 때문에 이들은 사태를 객관적으로 보려 하는 시도조차 그저 "일본군 '위안부'들의 명예가 심각하게 훼손되었고 이를 다른 방법으로 회복할 수 없을 때에 법에 의지하는 것이 보장되어야 할 헌법적 권리"(손종업, 25)라면서 나의 '유죄'를 주장한다.

이들 역시 이 고발이 실제로는 할머니가 아니라 주변인들에 의한 고발임을 무시하거나 간과했다. "피해자가 직접 아픔과 명예훼손을 호소하며 고소"(박선아, 102)했다는 나눔의집 관계자의 말을 그대로 믿었기 때문이겠지만, 결코 그렇지 않다는 사실을 거듭 밝혔음에도[82] 이들은 나의 해명을 무시하고 오히려 악의적인 비난의 대중 확산에 나섰다.

어떤 이는 "유리한 판결을 위해 학문적 비판마저 중단하라는 주장은 과도"하다고 주장하지만, 내가 재판 종료 시점까지만이라도 비판을 중단해달라고 고소고발 초기에 말했던 이유는, 그저 "유리한 판결"을 위해서가 아니다. 그건, 학문과 표현의 자유를 누구보다 옹호해야 할 이른바 지식인들이, 의도적으로, 혹은 의도와 달리 한 개인에 대한 국가의 억압에 가담하는 참담한 사태를 막아보고 싶었기 때문이다. 지식인의 담론이 사법부-국가에 의해 한 학자의 '범죄증거'로 내밀어지는 사태, 출판과 비평계/학계의 타락을 막고자 했을 뿐이다.

나와 출판사가 가처분신청 판결 이후 34곳을 삭제한 책을 낸 것마저도 이들은 삭제판을 "살포"했다는 식으로 받아들였는데, 이는 삭제판 발간을 두고 "사법적 판결을 외면한 비도덕적인 행동"(안신권 소장, 106)이라고 비난했던 나눔의집 입장을 충실하게 따른 주장이다. 하지만 삭제판은 '34곳을 삭제하지 아니하고는 출판… 등등을 할 수 없다'고 출판-판매-배포 등등 금지 가처분신청을 '일부 인용'하는 결정이 나온 이후, 그럼에도 불구하고 독자들이 위안부 문제를 둘러싼 갈등을 이해하고 고소고발 문제도 생각해보기를

---

82 나와 친하게 지냈던 나눔의집 거주자 배춘희 할머니가 작고 직전까지 고발에 대해 한번도 언급한 적이 없다는 것은 나눔의집이 배춘희 할머니에게는 그 사실을 미리 알리지 않았다는 것을 말해준다. 그리고 고발당한 6월 16일에서 열흘쯤 지난 6월 27일 유희남 할머니와 한 통화, 그리고 6월 30일 우연재 할머니와 한 통화의 기록은 이 고발이 할머니들이 아니라 나눔의집 소장과 직원이 중심이 되어 이루어진 것임을 명백히 보여준다.

바라는 바램을 담아 낸 것이었다. 동시에 '사법적 판결'의 부당함에 대한 항의를 담아, 일부러 일제 강점기의 검열 방식을 구현했다. 자세히는 삭제판 서문에 써두었다. 그러고 나서 기소 이후에 신청했던 국민참여재판 준비의 일환으로서, 모든 이가 책에 접근하기 쉽도록 파일을 무료 배포했던 것이다.

하지만 그로부터 반년 후, 아직 본재판이 시작되기 전에 앞서의 정영환의 인식이 언론에 의해 광범위하게 확산되는 일이 일어났고, 비판자들에 의해 강한 편견을 갖게 되었을 '국민'에 의한 재판은 무의미하다고 느끼게 되어 결국 국민참여재판도 포기하는 과정이 있었다.

3. 식민지 트라우마

이들은 내가 "나눔의집에서 활동하고 증언하는 생존자들"과 "정대협을 좋아하는 다수의 위안부 할머니를 배제"(백승덕, 99)했다고 말한다. 하지만 나눔의집에 계셨던 배춘희 할머니처럼 그 안에 있으면서(그 안에 있었기에) 다른 생각을 말하지 못했던 사람도 있으니,[83] 위안부의 생각과 경험을 배제한 건 내가 아니다. 이들은 또 "다수의 폭력적이었던 일본인 군인들을 배제"(김헌주, 100)했다고도 주장하는데, 강간과 차별 주체로서의 군인들에 관해 기술한 부분을 없는 것으로 취급하고 있으니, 읽지 않은 독자들을 향한 기만이다. 『제국

83 『〈제국의 위안부〉, 법정에서 1460 일』을 참조하기 바란다.

의 위안부』의 왜곡까지도 서슴지 않는 이들의 비난은, 이들의 현대 일본관과 일제시대 이해의 발로이기도 한데, 그 저변에는 열패감과 공포, 그리고 때로 오만조차 깔려 있다. 예를 들면 "전쟁범죄를 진정성 있게 반성하지 않는 일본에 분노하는 것이 정의감 아닌 증오심이란 말인가"(230)라는 분노는, 『제국의 위안부』에 대한 이해는 차치하고라도 '진정성 있게 반성하지 않는 일본'을 전제한, 피상적이고 상투적인 이해다. 이들의 일본관은 "군국주의, 제국주의 일본을 편드는 식으로 전개"되고 있다는 주장에서 드러나는 것처럼 한국에 만연된 피상적인 이해를 기반으로 하고 있다. 이들은 과거의 일본의 사죄 사례를 전혀 모르고 있거나, 알고 있다 해도 "진정성"=법적 책임이라는 잣대만으로 한일관계를 규정한다.

군국주의란, 한 국가가 대외문제를 무력으로 해결하려는 자세를 취하면서 모든 국가 시스템을 무력행사를 중심으로 개편한 상태를 가리킨다. 분명 70여 년 전의 일본은 그런 군국주의 시스템을 가진 국가였지만, 현대 일본은 그렇지 않다. 그런데도 이들의 일본 이해는 70여 년 전의 전전 일본에 머물러 있고, 『제국의 위안부』가 일본제국주의를 비판하는 책임에도 그들에겐 턱없이 부족한 비판이거나 꼼수이고, 그저 "일본군국주의에 대해서는 관대하기 그지없"(232)는, "강자의 화해를 중시"하는 책으로 보이도록 만드는 것은 바로 그런 식의 이해이다.

그 연장선상에서 이들은 내가 (손쉬운) "해결책"(손종업, 36)을 지향한다고 비판하지만, 위안부 문제가 한일 간의 국가 문제로 출발했을 뿐 아니라 지원단체와 위안부 피해자들 스스로가 외교부에 소송을 걸어가며 국가적 해결/정부 간 해결을 지향했다는 점을 모르는 비판이다. 최근에 회자되는 '위안부 문제는 한일 간(국가)의 문제가 아니고 인권 문제'라는 주장은 그 자체로는 옳은 인식이지만, 그런 과거와 현재를 은폐한 주장이라고 해야 한다. 이들은 "그녀가 내민 화해의 손길을 잡은 건 아베 정권"(37)이라고, 일부 재일교포의 주장을 앵무새처럼 다시 반복한다. 하지만, 일본은 민주당 정권 때조차 법적 배상에는 부정적이었고, 한일합의와 비슷한 제안을 했으며, 아베 수상의 한일합의는 일본 우익의 반발을 감수한 합의였다.

『제국의 위안부』를 그저 "법적 책임을 물을 수 없으니 적당한 선에서 합의를 보는 게 서로에게 좋은 것이다. 쓸데없이 억울하다고 증오심과 적개심만 키우면 뭐 하나. 누구에게도 이롭지 않다. 이것이 박유하가 주장하는 '위안부 해법'"(217)이라며 "강자에게 대들어 봤자 약자에게 좋을 것이 없으니 실현 가능한 것을 추구하라는 일종의 실용주의적 충고"라고 왜곡하는 것도 정치적인 입장이 앞선 주장일 뿐이다.

이들은 나에게 "용서하고 싶은 욕망"(221)이 있다면서 "용서에는 그에 맞는 의식과 절차가 필요"하다고 일갈하지만, 위안부 할머니 중에도 용서를 말한 이가 있다는 것을 이들은 알지 못한다. "화해는 매우 정치적인 의미를 가진 행위"(222)이며 "한일이 화해해서 군사동맹을 강화"(223)하자는 뜻이라는 주장은 책에 명백히 쓰여 있는 미군기지 비판조차 무시한 발언이자 독자를 기만하는 행위다. 그러면서도 이들은 "입만 열면 한일 양국이 화해해야 한다고 기염을 토하는 박유하"(223)라는 식으로, 나에게 정치운동꾼의 이미지를 덧씌운다. 하지만 『화해를 위해서』나 『제국의 위안부』가 그런 책이었다면, 『경향신문』이 가장 먼저 서평을 싣거나 일본 진보지식인들이 평가할 이유가 없다.

나에게 "반민족행위자로 분류될 가능성"(226)이 있다는 말에서 드러나듯, 이들은 나를 "반민족행위자", "일제 식민지배 옹호 행위자"로 호명할 뿐 아니라 "처벌"(235)에 대한 욕망을 감추지 않는다. (일본인 마에다는 검찰이 나를 체포하지 않고 불구속 상태에서 조사, 기소한 것조차 비판한다.) 자신들과 다른 생각을 갖는 이들은 "처벌"되어야 한다고 생각하는 그런 사고는 국가보안법의 쌍둥이 버전이다.

『제국의 위안부』가 "가해자의 시선으로 위안부 문제를 해설"하고 있고 "철두철미 일본의 편에 서 있"(237)으며 "위안부 할머니를 희롱하고 폄훼하면서까지 일본 정부의 입장을 대변"(237)하는 "자발적 친일파"(238)이자 "일본 우익의 눈"을 가진 "일본 외교관의 입장에서" 쓰여진 책이라는 주장들은 그런 욕망과 트라우마를 고스란히 드러내고 있다. 자신들의 행위가 비판이 아니라 헤이트스피치에 지나지 않는다는 사실을 자각하지 못하는 이유도 그런 욕망과 트라우마의 크기에 있다. 『제국의 변호인 박유하에게 묻다—제국의 거짓말과 위안부의 진실』이 결국 이하의 말들을 감추지 못하고 쏟아놓는 이유이기도 하다.

"자발적으로 '제국의 동지', '제국의 변호인'이 된 박유하"(246), "양심수, 순교자 행세, 훈장처럼, 자랑스럽게, 영광의 상처, 펜대라는 권력"(247~248), "제국의 가미가제", "제국의 정신적 동지", "가해자의 목소리로 짜여진 모든 언어", "화해를 위해 줄타기하는 것처럼 보이지만 속을 들여다보면 민족보다는 제국을, 소녀상보다는 일본군을, 정대협 대신 군국주의 아베 정권을, 민족 단결보다는 한일 화해를, 피해자보다는 가해자를, 약자보다는 권력화된 강자를 편애하는 것처럼 보이는 박유하 교수", "일본과 '정신적 동지 관계'로 보이는『제국의 위안부』저자", "'제국의 위안부'!"[84](이상 최진섭, 245)

---

84 최진섭은 이 책을 낸 출판사의 대표이다. '제국의 위안부'라는 말을 그는 '일본의 위안부'라는 의미로 사용하고 있지만, 나는 '제국'을 '국가세력의 확장 욕망'이라는 뜻으로 사용했고 그런 힘과 구조에 의해 동원된 여성들이라는 것이 내가 사용한 '제국의 위안부'의 의미다. 제국 구조 속에 편입되었다는 의미이니, 당연히 기본적으로는 피해자라는 의미다. 그 구조 속에서 때로 가해자가 되었다 해도 그건 어디까지나 구조적인 일이었다. 그럼에도 나를 향해 발화된 이런 식의 규탄은 발화자 자신의 '위안부' 혐오를 보여주는 것이다. 또한, 고소고발에 나선 나눔의집 소장 안신권은 고발 직후 나를 향해 "일제의 창녀"라고 했던 누군가의 트윗을 리트윗한 적이 있는데, 그것과 다르지 않은 의식구조가 시킨 일이라고 할 수 있다. 말하자면 이들 안에는 '매춘'에 대한 강렬한 혐오가 있다. 이들에게는 '성녀'로서의 '위안부'만이 지켜져야 할 대상이 된다.

제4부

위안부 문제 연구자/운동가/ 페미니스트의 개입

이하의 글은 앞서 다른 이들과 달리 위안부 문제에 오래 관여해온 사람들, 혹은 그 존재를 뒤늦게 알게 된 비판에 대한 반론이다. 이들 중 김부자, 김창록, 이나영은 『제국의 변호인 박유하에게 묻다—제국의 거짓말과 위안부의 진실』에 글을 실은 이들이기도 하다. 이른바 '학자'들이 헤이트스피치에 불과한 책에 함께한 셈이다. 이들은 다 위안부 문제에 오래 관여해온 이들인데, 그런 '위치'가 아마도 그런 식의 개입을 허용했을 것이다.

이 뒤에서 다루게 될 도쿄 대학의 3·28 연구집회도 2016년 3월에 열렸는데, 나에 대한 비판은 정영환을 필두로 2016년에 집중적으로 이루어졌다. 정영환처럼 기소 직후에 시도된 경우도 있지만, 대부분은 2015년 11월의 기소와, 그 직후의 한일합의에 자극을 받았던 것으로 보인다. 운동에 가까운 이들일수록, 『제국의 위안부』가 한일합의에 영향을 미친 것으로 간주하고 분노했다. 한일합의에 관해서는 다른 기회에 논하기로 한다.

1. 김부자—의도적 혼동과 왜곡[1]

앞서 잠깐 언급한 김부자는 한국의 한신대학에 재직하기도 했던 재일교포다. 정영환이 주장한 '위안부 중에는 미성년도 많았다'는 이야기가 김부자의 주장을 원용한 것임은 이미 앞에서 보았다.[2]

김부자가 '미성년=소녀'라는 자의적인 관념을 만들어가면서까지 '소녀'에 집착하는 이유는, "반도로부터 온 이는 (매춘의) 전력도 없고 연령도 18, 9세 젊은 기妓가 많았다고 말했다"고 한 일본 군의의 말에 집착하기 때문이다. 그리고 21세 이하 여성은 도항하지 못하게 했다거나 일본 여성은 전력이 있는 매춘부고 조선 여성은 전력이 없는 순수한 소녀였다는 식의, 기존 인식에 대한 맹신 때문이다.

하지만 사실 여부와는 별개로, 이런 인식이야말로 오랫동안 이른바 "전력"이 있거나 나이가 많은 소녀 아닌 옛 위안부들로 하여금 침묵을 지키도록 만든 원인 중 하나일 것임은 분명하다. 김부자가 위안부 문제의 중심에 있던 인물(연구자이자 지원자)이라는 사실

---

1 이하의 인용은 다른 언급이 없는 한 김부자 「일본의 새로운 역사수정주의와 '제국의 위안부' 사태」, 『제국의 변호인 박유하에게 묻다―제국의 거짓말과 위안부의 진실』(말, 2016. 5.)에서 따온 것이다.

2 『주간週刊 긴요비金曜日』 1067호(2015. 12. 11.)

은, 위안부 문제에서 가장 가까웠던 이들이 오히려 위안부를 나이나 매춘 이력 유무로 구분해 차별해왔다는 사실을 보여준다. "소녀"를 강조하고 싶다면 더더욱, 왜 한반도에서 소녀가 많았는지 사회적 요인도 살펴야 하는데, 그런 작업에 대한 충분한 고찰을 이들은 행하지 않았다. 그리고 나는 그런 기존 지원자와 연구자들의 모순을 지적하고자 했을 뿐이다. 김부자는 '성노예'라는 단어를 두고 "역사학과 국제법에 의한 '위안부' 제도의 실태를 가리키는 용어"라고 말한다. 하지만 그 용어는 원래부터 있었던 용어가 아니라 국제사회에 위안부 문제를 제기하는 운동 과정에서 한 일본인 변호사가 사용하고 정착시킨 말이었다.[3] 말하자면, 오늘날 정착한 '성노예' 개념과 과거 20년의 운동 성과는 그렇게 '강제연행된 소녀'를 강조해 얻은 것이기도 했다.

그런데 '식민지 여성이 타깃'이라는 김부자의 인식은 전도된 인식이다. 결과적으로 숫자가 많았을 수는 있지만, 그것은 처음부터 타깃이어서가 아니라 식민지 조선의 가난과 그 가난을 이용한 유괴와 사기, 인신매매가 횡행한 결과라고 보아야 한다. '식민지에서의 징집이 일본에게는 국제법을 빠져나갈 구멍으로 여겨졌다'는 주장은 위안부 모집을 처음부터 균일하게 운용한 것으로 이해하는 인식이 만든 것이지만, 위안부 모집은 체계적으로 운용되기보다는 부대에 따라 들쭉날쭉 운용되는 경우가 많았다. 더구나 "식민지인 대만과 조선에서 대량으로 징집해서 '위안부'로 삼고자 했다", "성병 대

---

3 "'성노예'란 과거 일본제국군이 '종군위안부'란 이름으로 여성에게 성적 서비스를 강요한 노예적 행위를 뜻하는 국제용어이다. 1992년 이후 이 책을 쓴 도쓰카가 유엔에서 사용하면서부터 점차 정착되었다." 도쓰카 에쓰로戸塚悦郎, 『위안부가 아니라 성노예이다』, 소나무, 2001, 23쪽.

책을 위해 식민지의 성경험이 없는 미혼의 소녀가 표적이 되었다"(138)는 말은 일본인 위안부의 존재를 외면하는 주장이다. 이런 주장은 식민지를 미답(미정복, 여성)의 땅으로, 제국을 정복자(남성)로 표상해온 제국의 심리를 내면화한 심리이기도 하다.

다시 말하면, 김부자의 인식은 오히려 (식민지를 의인화해서 제국의 욕망을 부추겼던) 제국의 논리를 충실하게 답습한 인식이다. 조선인으로서 제국에 대항하는 논리라고 생각하겠지만, 오히려 제국의 논리에 포섭된 생각일 뿐이다.

따라서, 김부자가 곧잘 인용하는 군의軍醫 아소 데쓰오麻生徹男의 의견서 내용, "화류병 의혹이 있는 자는 극히 소수", "젊은 연령에다가 초심자가 많음"(138~139)은 일본의 계획적 의도에 의한 것이라기보다는 조선의 소녀들이 공동체의 보호를 받지 못한 결과라고 해야 한다. 예를 들면, 가장 먼저 자신이 '위안부'였음을 세상에 알린 배봉기 할머니는 불과 일곱 살 때부터 남의집살이를 해야 했다. 따라서, "일본군 스스로가 '성병이 없는 아주 젊은 위안부'를 필요로 했"(139)다는 단정은 일본군의 희망사항으로서는 사실일 수 있으나, 그것이 곧 처음부터 조선인 여성은 순결했다거나 그런 여성만 군인이 '타깃'으로 삼아 데려갔다는 증거가 되지는 않는다.

"대부분의 여성은 조혼이었으므로 결혼 전 10대에 징집하려고 했다", "결혼 전이라면 성경험이 없다"(139)고 김부자가 생각하는 이유 역시 '유린당한 식민지'의 인식에 사로잡혀 있기 때문이다. 그러나 바로 그러한 생각이 그동안 위안부 제도의 공창적 성격을 부정하도록 만들고 위안부로 가기 전부터 이른바 '매춘부'였던 여성을 세상의 관심에서 소외시켰다.

위안부는 경우에 따라 군속 취급을 받기도 했지만, 정식으로(나쁜 의미에서의 '합법'으로 동원된 것이 아니기에) 법에 따라 징집된 것이 아니었다. 표면적으로 애국하는 포즈를 취해야 했지만 실질적으로는 빚에서 벗어나기 위해 일해야 했고, 위안부가 상대한 숫자가 많을수록 업자 혹은 위안부 자신에게 경제적 이득이 되는 구조 속에 있었기에, 이용인원이 많은 곳으로 자발 혹은 타의에 의한 이동(혹은 배치)을 해야 했다.

김부자는 또한 "'부녀매매 금지에 관한 국제조약'은 4개" 있었고, "일본은 1904년, 1910년, 1921년의 세 조약에 가입"했다면서 그 "국제법의 적용에서 식민지인 조선·대만은 제외했다"(138)고 주장한다. 그런데 김부자의 주장에는 문제가 많지만, 설령 그 말대로라 해도, 만약 식민지에서 국제법의 적용이 제외되었다면, 그 법을 어겨도 문제가 없다는 모순이 생긴다. 즉 김부자가 주장하는 '불법'이 아니게 되는 것이다.

또, 김부자는 일본이 의도적으로 그렇게 한 것처럼 주장하지만, 본국이 가입한 국제조약을 식민지는 예외로 한 것은 앞에서 본 것처럼 일본만의 의도가 아니라 제국 국가들이 합의한 일이었다.[4]

김부자의 주장은 연행 주체가 일본 정부나 군인이어야만 비로소 성립되는 논리다. 그럼에도 불구하고 오랫동안 위안부 문제 관계자들은 이 부분을 애매하게 놔둔 채로 그저 일본 정부가 국제법을 위반했다는 식으로 강조해왔다. 하지만 이 논리는 앞서 쓴 것처럼 그 조약이 적용되지 않는 식민지에서 데려왔다면 조약을 어긴 것이 아

---

4 앞의 주 38)에서 언급한, 일본 교토의 붓쿄仏教 대학 이승엽 교수의 페이스북 2018년 1월 8일자 포스팅 참조.

니게 되고 마는 치명적인 논리적 결함을 안고 있다.

어떤 면에서, 기존 연구자들의 논지는 오로지 '강제성' 증명에 그 목표가 있었다고 할 수 있다. 목표가 이미 정해져 있고 그것을 향해 증거를 모으는 방식인데, 그런 시도의 이유는 물론, 강제성이 증명되어야 연구자들이 오랫동안 주장해온 '법적 책임과 국가배상'이라는 명제의 정당성을 확보할 수 있기 때문이다.

"일본인 여성의 징집은 지장이 있지만 식민지 조선의 여성이라면 미성년을 포함시켜서 어느 정도 대량으로 '위안부로 삼아도 상관없다는 민족차별의식"(139)이 있었다고 김부자는 주장한다. 하지만 식민지적 차별이란 그런 식으로 눈에 띄게 작동하는 차별이 아니다. 통치의 원칙은 협조하도록 만드는 것이고, 그러니 좋든 싫든 기본적으로는 유화책을 쓰는 법이다. 그렇게 해서 국가 정책에 대한 '자발적 동원'이 가능하도록 해두면서 동시에 시스템적 차별은 남겨두는 것이 제국의 본질이었다. 노골적으로 차별하거나 억압하는 경우는 반체제파에 한정되었다. 김부자의 식민지 이해는 '제국'의 성격에 대한 몰이해를 보여준다.

물론 김부자가 말하는 14, 5세의 이른바 '미성년=소녀'인 경우가 없었다는 이야기가 아니다. 나는 그저 그런 연령대가 '위안부'의 중심일 수는 없었다고 말했을 뿐이다. 더구나 그 이유를 제대로 직시하면 '소녀' 모집에 협조한 우리 자신에게 화살이 돌아올 수밖에 없는 것이 위안부 문제를 둘러싼 구조이기도 하다.

1965년에 학도병 출신 감독(정창화)이 만든 영화 〈사르빈강에 노을이 진다〉에 나오는 위안부들은 결코 14, 5세 '소녀'가 아니다. 그 지역에서 나온 한 보고서는 스무 살 이상이라고 했고 김부자의 재

분석조차 스무 살 이상이라는 걸 보여주지만, 실제로는 10대 후반 여성도 적지 않았으리라고 나 역시 생각한다. 그런데 그런 '소녀'들의 호적을 위조하고 짙은 화장을 시켜 내보낸 건 대부분 소개업자나 위안소 경영자들이었다.

중요한 건 학도병 경험을 거친 1960년대 감독의 눈에 비친 위안부상을 확인해두는 일이다. 심지어 70년대 초반에 위안부를 소재로 한 영화를 만든 감독들은 더 노골적으로 위안부 여성을 성적 대상으로 표상했다.[5]

그런 확인을 통해 우리는 90년대 이후 한국에서의 위안부상이, 사실 여부를 떠나 어디까지나 이 시대의 이미지일 뿐이라는 것을 다시 확인할 수 있다. 그리고 2011년 이후 동상이라는 형태로 확정되어 영화에서도 빌려다 쓰게 되는 '발명된' 이미지라는 것을.

그런데 김부자는 그동안 인식이 변한 듯, 이번 글에서는 오히려 나에게 "공창 출신 일본인 위안부는 성노예가 아니라는 인식이 있다"(136), "일본인 위안부에 대한 인식 부족을 드러내고 있다"고 주장한다. 나는 이미 『화해를 위해서』에서 공창 출신을 배제했던 정대협을 비판했고, 일본인 위안부의 존재를 지적했으며, 이미 10년 전에 쓴 글에서도 일본인 여성이 가해국 여성이라는 이유로 목소리를 내지 못하는 데에 대한 문제제기를 한 적이 있다.[6]

---

5 김청강, 「1990년대 이전 대중영화에 나타난 '위안부' 재현과 기억의 정치학」, '동아시아화해와평화의목소리' 제3회 심포지엄 『'위안부' 동원과 '재현'의 정치학』(2017. 7. 1.); 요모타 이누히코四方田犬彦, 「더 큰 조감도를 바탕으로-박유하를 변호한다」, 『대화를 위해서』, 뿌리와이파리, 2017.

6 박유하朴裕河, 「역사인식이란 경계 안과 바깥에 존재하는 다른 타자의 목소리에도 귀를 기울이는 일「歴史認識」とは,枠組みの內と外にいる別の他者の聲にも耳を濟ますこと」, 『론자論座』 154호, 2008. 3.

김부자가 뒤늦게 그런 논지를 펼치는 것은 이 기간 동안 일본에서 일본인 위안부에 대한 연구가 진척되었기 때문일 것이다. 이제 김부자조차, "물론 조선인 위안부 중에는 연행 당시에 성인이었거나, 공창 출신 여성도 있었다"(139)거나 "물론 조선인 소녀 여성이 '위안부'가 된 최대 이유는 당시의 조선이 일본의 식민지지배하에 놓여 있었기 때문이다"(139)라고 말한다.

물론 처음에 조선인 여성들이 목소리를 냈을 무렵에는 당연히 식민지지배 문제라는 인식이 존재했을 것이다. 하지만 그런 생각들이 언어화되어 외부로 들려오는 일은 없었고, 운동은 곧 세계연대를 지향했다. 그리고 그 과정에서 연대가 가능한 '전쟁범죄'라는 인식이 전면화되면서 조선인 여성으로서 제기했어야 할 쟁점은 사라지고 말았다. 그리고 그것이 바로 내가 책을 쓴 이유이기도 했다.

그런데 이제 김부자는 "정대협은 우에노 씨가 말하는 불순한 피해자를 배제하지 않고 숨기지도 않았다"고 주장하기도 한다. 그런데 증언집에 (자신이 군속이었다고 다른 책에서 말한) "문옥주 증언을 넣었다"는 변명은 오히려 이들/정대협의 이중성을 보여준다. 김부자에 의하면 정대협은 위안부를 두고 "일본군이 강제로 끌어간 소녀"라고만은 말할 수 없다는 사실을 알고 있었으면서도,[7] 그런 인식을 언론이나 세간을 향해 말하지는 않았다는 이야기가 되는 것이다.

실제로 홈페이지에 지금은 "연행 당시의 나이가 11세에서 27세에 이르며 대다수 취업사기나 유괴, 납치 등의 방식으로 동원"(2018년 5월 확인)되었다는 말로, 서른 살 가까운 여성이 존재한 사실을

---

7 한국정신대문제대책협의회 연구보고서 『일본군 '위안부' 신문기사 자료집』(여성부 용역, 2004.12.)

알려주고 '군인에 의한 강제연행'과는 다른 설명을 해두고 있지만, 그럼에도 그 주체를 명확히 쓰고 있지는 않다. 여전히 납치와 유괴의 주체를 일본군으로 생각하게 만들 여지를 남겨두고 있는 것이다. 문옥주 할머니의 목소리가 들어 있다는 증언집조차 오랫동안 절판 상태였다.

언론과 외부를 향한 주장에서는 위안부들의 삶은 그렇게 늘 한쪽만 강조되었고, 거기에서 벗어나는 이들의 목소리는 소거되었다. 외부용 담론에서 문옥주 할머니의 자기인식이 반영되는 일은 없었다. 이들은, 위안부 문제를 둘러싼 학회 내부와 외부에서 결이 '다른' 담론을 만들어왔다.[8]

나는 "불순한 피해자상을 전면적으로 전개"한 것이 아니라 그들이 "불순"한 것으로 취급한 위안부를 드러냈을 뿐이다. (박유하가) "증거를 만들어내면서까지 소녀상 부정으로 들어"(145)갔다는 말은 (정대협이) '소수이자 예외적인 사례를 강조하면서까지 소녀상

---

8 2017년 6월 23일과 24일 이틀 동안 연세대에서 열린 세계정치학회 주관 학술회의의 일본군 '위안부' 문제 세션에서, 「총동원체제기 '제국 일본'의 공창제와 일본군 '위안부' 제도」라는 글을 발표한 박정애는 공창도 위안소로 봐야 하지 않느냐는 문제제기를 했다. 당혹스러워하는 듯했던 토론자가 "그런 주장은 하타 이쿠히코의 주장과 어떻게 다른가?"라는 질문을 던졌지만, 기존 연구자들이 중심이었던 그 세미나는 별다른 대립이나 논박 없이 종료되었다. 말하자면 학계는 오히려 위안부의 대상으로 더 이상 '강제로 끌려간 순진한 소녀'만을 상정하지 않는다. 그런데 그들은 그런 내용을 위안부 할머니 앞에서 발표할 수 있었을까. 하기 어려웠을 것이고, 해야 한다는 필요를 느끼지도 않았을 것이다.

나 역시 위안부 할머니를 나의 책의 독자로 상정하지 않았다. 그건 물론 단락적인 반응으로 집필(연구) 취지와 관계없는 갈등을 일으킬 필요가 없기 때문이다. 그러나 동시에 『제국의 위안부』는 한 일본인에 의하면 오히려 "할머니들에게 읽혀드리고 싶은" 책이기도 하다. 그럼에도 불구하고 나눔의집은 할머니들에게 나의 책을 왜곡해서 전달했고, 기본 논지에서 나와 크게 다르지 않은 학자들조차 너도나도 비판에 가세하는 일이 이어졌다.

이미지를 만들고 유포/유지해왔다'는 말로 수정되어야 한다.

김부자는 나를 폄훼하기 위해 "조선에서는 여자정신근로령이 공포 시행되지 않았다고 오인"(141)했다고 말하지만, 나는 '공포 시행되지 않았다'고 쓴 적이 없다. 오히려, "여자근로정신대, 만 15세부터 25세로 조직"한다는 제하의 『매일신보』 기사 내용을 구체적으로 인용하면서 "강제적 동원의 형태로 가동"되었다고 분명히 써둔 바 있다(『제국의 위안부』 45쪽). 김부자가 이렇게 허위비난조차 서슴지 않는 것은, 나의 "오인", "오류"를 강조하는 일로 신뢰를 실추시키고 싶기 때문이다. 하지만 나는 위안부 문제 전문가가 될 생각은 없었어도, 관심 가는 대로 많은 관련 자료들을 읽었고, 고소고발 이후에는 수많은 비판과 법원에 대응하기 위해 더 많은 자료를 읽었다. 중요한 건 하나의 주제를 오래 다루어왔다는 의미에서의 '전문가'인지 여부가 아니라 연구와 인식의 결과일 것이다.

나에게서 "일본의 책임을 가볍게 하고 싶다는 정치적 욕망"(146)을 발견했다는 김부자의 주장은 김부자 자신의 '정치적' 시선이 만든 것이다. 김부자는, "한국 정대협의 운동은" "자기개혁을 하면서 이어지고 있다"고 말하지만, 그 개혁의 끝이 결국 타자의 입을 막는 것이라면 그곳에는 진정한 의미에서의 개혁은 아직 없었다고 해야 한다.

2. 양징자—관리되는 '위안부'의 감정

1) '성노예' 개념의 기만

『제국의 변호인 박유하에게 묻다—제국의 거짓말과 위안부의 진실』 집필에 동참했던 양징자는 일본 지원단체의 대표다.[9] 그런데 양징자의 생각을 일본의 모든 지원자가 공유하는 것은 아니다. 한국에도 정대협/나눔의집과 다르게 생각하는 지원단체가 있는 것처럼 일본에도 양징자와 다르게 생각하는 지원자들은 존재한다. 어떤 이는 스스로 연구해서 그동안의 지원단체의 생각이 꼭 옳지만은 않은 것 아니냐는 문제제기를 했지만, 외면당했다.

양징자는 내가 "성노예의 뜻을 잘못 인식"(264)하고 있다면서 "국제법"에서 "노예제도란 소유권 행사에 부속되는 권한의 일부 또는 전부의 지배를 받는 사람의 지위 또는 상황"이라고 정의한다고 소개한다. 이어서 "성노예제는 노예 개념에 성적인 요소가 가미된 것"이며, "성노예제"란 "군 또는 업자가 '위안부'의 노동능력을 아무 제한도 없이 전면적으로 사용할 권한 및 '위안부'의 노동의 과실

9 「일본의 '위안부' 지원 활동가가 본 박유하 사태」, 『제국의 변호인 박유하에게 묻다—제국의 거짓말과 위안부의 진실』, 말, 2016. 5.

을 아무런 상응한 보수도 없이 수탈할 권한을 행사"한, "소유권에 따르는 권한이 행사된 상태"(265)이며, 따라서 '위안부' 제도가 "국제법상의 노예제 요건에 합치"한다고 한 아베 고키阿部浩己의 해석을 가져온다.

그런데, 양징자는 아베 고키가 이 설명을 하면서 노예의 주인을 "군 또는 업자"라고 말하고 있다는 점에 대해서는 침묵한다. 그리고 내가 책에서 말한 건 '위안부는 성노예가 아니다'가 아니라 '위안부를 우리가 갖는 노예 개념으로 혹사하고 묶어둔 것은 일본군이라기보다는 업자였다'는 것이었다. 그런데 양징자는 그동안 지원단체가 일본군만이 위안부의 주인인 것처럼 주장해왔다는 사실은 말하지 않고 아베 고키의 개념을 빌려와 나를 비판한다. 내가 위안부의 성노예성을 부정한 것처럼 주장하면서 "연애를 해도 노예는 노예"라는 것이다.

실제로 군인들은 "위안부의 노동의 과실을 아무런 상응한 보수도 없이 수탈"한 사람들도 아니다. 나는 성노예 개념 자체를 의문시한 것이 아니라 주인이 업자임에도 군의 책임만을 묻는 정황과 그에 따른 갈등을 문제시했고, 군은 책임이 당연히 있지만 어디까지 구매자이자 관리자일 뿐 주인일 수는 없었다고 말했다(물론 국가의 요구에 의해 전선까지 가야 했고 때로 죽음도 불사해야 했다는 점에서는, '국가'가 주인이었다. 그리고 그런 측면에 주목해 나는 보상이 필요하다고 했다).

양징자는 아베의 정의를 가져와 '노예'의 이미지를 독점하면서 "감금되어 무상으로 성을 착취당했다는 것을 의미하는 한" 글자 그대로의 성노예와는 다르다고 한 나의 말에 대해 "누가 그런 규정을 정한 것인지 전혀 설명이 없다"고 비판한다. 하지만 내가 말한 '성노예'는 90년대에 시작되고 2011년에 구체적으로 형상화되고 2016년에 상영되어 한국에서 300만 이상이 보았다는 영화 〈귀향〉의 이미지이다.

그 영화에는 처음으로 업자 역할의 일본인 여성이 나오고 돈을 받는 장면도 나오지만, 그저 스쳐지나가듯 보여줄 뿐이다. 그건 양징자가 말하듯 "보수를 받아도 노예"라고 말하고 싶은 감독의 의도가 보이는 설정이기도 했다. 사실 나는 "보수를 받아도 노예"라는 인식에 전면적으로 동의하지만, 그렇게 말하려면 운동 초기에 그런 사실을 충분히 인식하지 못했었다는 사실을 한 번쯤은 말하는 것이 옳다.

또한 양징자는 위안부의 외출이 가능하기도 했다는 지적을 들어 "외출과 폐업의 자유를 잘못 이해"(267)했다고 주장한다. 하지만 "허락이 필요한 외출이나 폐업을 사람들은 자유라고 하지 않는다"(267)고 말하려면, 위안부와 마찬가지로 "외출과 폐업의 자유가 없었던"(그러나 허락된 한도 안에서 가능했던) 군인들도 전부 국가의 '노예'였다고 말해야 한다. 양징자가 이런 식으로 강변하는 건 '감금'의 의미를 그저 이동의 자유가 없는 것으로 주장했던 요시미 등에 기댄 결론이겠지만, 기존 연구자와 지원단체가 유포한 정보의 결과로 대중이 말 그대로의 감금 상태를 떠올리는 한, 과거의 주장에 대한 정정을 한 번쯤은 공식적으로 하는 것이 옳다. 양징자는 "군인과 함께 가야 외출할 수 있다는 것은 '자유로운 외출이 금지되었음'의 징표"라고 말하지만, 허락을 받아야 하는 경우는 군부대에 소속되거나 가까이에 있던 경우에 한정된다. 그렇지 않았던 경우에는, 허락을 받아야 하는 대상은 군이 아니라 어디까지나 업자였다.

무엇보다, 이런 생각을 조금씩 내용을 바꿔가며 말할 것이 아니라 언론과 일반인을 향해 공식적으로 알려주었어야 했다. 말하자면 위안부가 군인들과 지프차를 타고 외출하는 모습도 보여주고 그들의 웃음도 불편해하지 말고 보여주었어야 했다. '그럼에도 불구하고' 그녀들이 성노예였다고 말해왔다면, 위안부에 대한 인식이 오늘날처럼 대립하는 사태는 일어나지 않았을 것이다. 위안부 문제를 둘러싼 오늘의 혼란을 부른 책임은, 단어의 정의를 자신들의 주장에 맞추어 재규정하거나 내용을 자의적으로 이동해갔던 그간의 지원단체의 대응에도 있다.

2) 관리자로서의 지원자

그런데 양징자는 위안부의 감정마저 관리하려 한다. 양징자는 군인과의 연애에 대한 나의 지적을 비판하기 위해, 군인을 기다렸다는 김복동 할머니의 말과 미소에 대해 언급하면서 "그런데 나는 그 미소를 볼 때 다른 가혹한 이야기를 들을 때보다 더 가슴이 미어졌다"고, 그리고 그 이유를 "기억 뒤에 있는 압도적인 아픔을 오히려 더 부각시키는 순간이었기 때문"(267)이라고 말한다. 그런데, 그런 식의 이해, 즉 표면적인 표현이 실제 감정과 다를 수 있다는 이해는 나 자신 슬플 때 노래하는 위안부를 통해 책에서 표명한 바 있다. 양징자는 그 부분을 보지 못한 듯하다.

그리고 한발 더 나아가 양징자는 "그 기다린 시간들의 지옥이 생생하게 떠올라 위안소의 현실이 뭔지를 다시 한번 깨닫게 해준 순간"(269~270)이라면서 "어린 김복동이 기다린 것은 그 지옥에서의 '해방'이었을 것이다. 그러나 위안소에 갇힌 김복동은 '불쌍하다고 봐주는 군인'을 기다렸다. 이것이 위안소의 실태이자 성노예가 된 여자들이 빠지게 되는 함정인 것이다", "위안소란 설사 행복이 있어도 지옥 같은 곳"이라고 말한다. 하지만 이런 어법 역시 나 자신이 (위안소의) "지옥 속의 평화"라는 표현으로 이미 썼다. 말하자면 양징자는 나의 표현을 차용해 나를 비판하는 우를 범한다.

그런데 군인을 기다리는 위안부의 감정을 "불쌍하다고 봐주는" 사람을 기다린 것이라고 전제하고 "성노예가 된 여자들이 빠지게 되는 함정"이라고 단정하는 양징자의 말은 '위안부의 연애는 진짜 연애가 아니다'라는 식의, 주변인의 월권적 해석일 뿐이다.

즉 기다림의 내실이 무엇인지, 그저 동정인지 사랑인지, 혹은 '진정한 사랑'이 무엇인지 정의를 내리는 주체는 지원자들이다. 위안부들의 군인을 향한 감정이 많은 경우 그저 스톡홀름증후군적인 것으로 치부되는 이유는 거기에 있다.

양징자는 "장기간 감금된 피해자는 가해자에 대한 의존심이 깊어진다"(273)고 주장하지만, 조선인 위안부의 사례를 스톡홀름증후군과 비교하는 것은 애초에 잘못된 비교다. 조선인(일본) 위안부는 일본군의 '적'이 아니었기 때문이다. 따라서 "가해자와의 '외상적인 유대'이지 결코 '동지적인 관계'가 아니다"라는 말은 전제 자체가 성립되지 않는다. 결과적으로 위안부에 대한 설명도 되지 않는다.

양징자의 태도는 지원자들 중 일부가 위안부를 독립된 주체로 보지 않고 있다는 사실을 역설적으로 보여준다. 양징자는 (위안부) "자신에게 중요하고 핵심적인 증언들을 먼저" 말해야 한다고 주장하기도 하는데, 이 또한 발언의 핵심/중요도를 정하는 건 어디까지나 지원자들이었음을 드러낸다. 이들의 운동에서의 '주체'는, 처음부터 그런 건 아니었을지라도, 결과적으로 위안부 피해자 이상으로 지원자가 되어 있다.

3) 운동가의 오만

양징자는 내가 나눔의집을 2013년에 "처음으로" 방문했다는 식의 근거 없는 단정도 불사한다. 하지만 나는 2003년에 처음 방문했고, 이미 90년대 초에 위안부 증언 집회에서 자원봉사 통역을 한 적도 있다. 내가 "직접 들은 증언이 아니라서" "전혀 다른 해석"을 하고 있다는 양징자의 단언은 '위안부'와 오랜 세월 함께해온 지원자의 자부심이 만든 것이지만, 시간이나 거리가 꼭 분석의 정확성을 담보하는 건 아니다. 가까이 있었다는 사실만으로 하나의 사태를 가장 잘 파악할 수 있다면, 동시대 일은 동시대만이 가장 잘 파악할 수 있다는 이야기가 된다.

양징자는 위안부 할머니가 "핵심적인 이야기들을 몇 번이고 강조"했고, 그건 그 내용이 "위안부 문제의 본질이라는 것을 당사자가 더 잘 알기 때문이다"라고 주장한다. 하지만 여기서도 그는 한 사람의 일생의 "본질"이며 "핵심"을 스스로 관장한다. 타인이 보기에 사소해 보이는 일이라도 본인에게는 중요할 수 있다는 사실을 완벽하게 무시하고 있는 것이다. 이런 발언은 오히려, 위안부 할머니들의 수많은 이야기(증언) 중 이들이 자신들이 선택한 "핵심", "본질"만을 외부를 향해 강조해왔다는 사실을 보여준다.

양징자는 "자신이 주장하고 싶은 내용에 맞는 부분만을 '정성껏 모아서' 만든 책이 바로 『제국의 위안부』"(271)라고 주장하지만, 그건 오히려 지원단체에게 돌아가야 하는 말이다. 정대협은 증언집을 발간했지만 읽히지 않았고, 2000년 이후 운동에서 이들에 의한 "핵심" 추출과 유포작업은 해외로까지 강화되어갔다. 일본에 있는 지원자들은 윤정옥 교수가 『한겨레신문』에 연재한 글에 "매춘"이라는 단어가 자연스럽게 등장한다는 사실이나 90년대 후반에는 어떤 위안부 할머니가 대만에 찾아가 일본군과 영혼결혼식을 올렸다는 기사의 존재조차 모를 가능성이 많다.[10] 90년대 한국에서는 아직 할머니들의 '삶의 이야기'는 손상되지 않았었다.

보이지 않는 부분에 대한 주목은 텍스트 읽기의 기본이다. 영화든 문학이든 인생이든 그렇다. 발화 주체조차 의식하지 못한 부분을 읽어내는 것이 해석자/학자의 역할이기도 하다. 학자와 운동가의 차이는 거기에 있고, 역사학자와 문학자 사이에도 그 차이는 존재한다.

따라서, 양징자가 "문학작품 읽듯이 증인들의 증언을 해석할 수 있다고 생각하는 것일까"(270)라고 말하는 것은 '지식인' 비판으로서 그럴듯해 보이지만,[11] 학문과 문학에 대한 편견을 드러낸다. 표

---

10 「위안부 출신 할머니 일본군 장교와의 '영혼결혼식'」, 『중앙일보』 1998년 8월 27일자.

11 이러한 경향은 운동가에게는 흔히 보이는 경향인데, 양징자는 과거에도 나를 두고 "운동은 머리로 하는 것이 아니다"라고 말한 적이 있다. 물론 나는 이 말에 겸허히 동의하지만, 그렇다고 해서 운동이 늘 "머리로 하는" 작업(학문)을 능가하는 건 아니다.

현이란 세계를 때로 거리를 두고 보는 일이고, 종종 눈에 보이는 현상 이상의 것을 말한다.

또 양징자는 기억에 관해 말하면서 "증언집에 있는 이야기를 생존자들이 사람들 앞에서 안 했다고 그것을 의도적으로 당사자들이 '버렸다'고 단정지을 수는 없다"고 주장하기도 하지만, 그것이 의도적인지 여부는 중요하지 않다. 중요한 건 "사람들 앞에서" 발화되는 내용과 그러지 말아야 할 내용이 '위안부' 안에서 구분되고 있었다는 점이다.

양징자는 정대협을 옹호하기 위해 한국군이 유린한 베트남 피해자 운동이나 한국군 위안부 지원 운동에서의 공헌을 언급한다. 하지만, 공헌이 있다고 해서 문제가 상쇄되는 것은 아니다.

양징자는 내가 책에 쓴 "당신(위안부)이 나쁜 게 아니다"라는 말은 지원자가 한 것이라면서 소유권을 주장하기도 한다. 나는 그 말의 소유권을 굳이 주장할 생각은 없지만, 분명한 건, 지원자들은 그 말을 위안부에게 했지만, 나는 위안부 문제를 부정해온 일본인들을 향해 그 말을 했다는 점이다. 물론 양징자는 그 차이를 이해하려고 하지는 않을지도 모르겠다.

양징자가 "생존자 증언을 들을 때 갖추어야 할 마음가짐"을 언급하면서 내게 말하는 "도저히 이해할 수 없다는 겸허함"(275)을 가지라는 말에는 독선이 가득하다. 나 역시 그녀들의 사랑은 진짜 사랑이 아니라거나 위계관계 속의 불평등한 관계에 지나지 않는다고 말할 수 있지만, 위안부의 삶을 함부로 재단하지 않으려는 "겸허함"으로, 내 나름의 방식으로 마주해왔다. "어둠의 깊이를 인식하면서 알고자 하는 노력을 게을리하지 않는 것이 생존자 지원 운동"

(276)이라는 말은 멋진 주장이지만, 그 말이 곧 "생존자에게서 배우고 생존자들과 함께 변화해온 운동이 정대협 운동"(277)이라는 말의 옳음을 보장하는 것은 아니다. 나는 오히려 "생존자에게서 배우고 생존자들과 함께 변화해온 운동" 속에서도 의도와 달리 생존자에 대한 월권이 없었는지를 운동가들에게 물었을 뿐이다.

3. 이나영—페미니즘의 '퇴락'

정대협이 만든 재단의 이사이기도 한 사회학자 이나영은 『제국의 위안부』에 대해 "나 자신은 읽어보고 이건 대응할 가치가 있는 책이 아니라고 생각했습니다. 왜냐하면 이것은 학술이 아니라 거의 소설이라 해도 좋을 책이기 때문입니다"[12]라고 주장했다. 그러다가 고발이라는 사태가 일어나 "무시하는 것이 비겁한 행위가 되는 상황이 되었다"[13]는 것이다.

이나영은 다른 글에서도 "이 책을 학술서라고 생각하지 않았고, 이 책에 응답해 발언하면 할수록 학술적인 장소에서 이 책이 주목을 받게 되는 것이 아닐까 우려했다"고 거듭 말한다. 비판자들은 『제국의 위안부』를 학술서로 간주하지 않는 식의 무시 작전으로 나를 배척하려 했던 셈이다.

"젊은 학자" 등 다른 이들은 이 책이 학계를 향한 것이 아니라 일

---

12 『세카이世界』 2016년 4월호에 실린 인터뷰. 2016년 3월 28일 도쿄 대학에서 열린 연구집회 「'위안부 문제'와 어떻게 마주할 것인가—박유하의 논저와 그 평가를 소재로 「慰安婦問題」にどう向き合うか—朴裕河氏の論著とその評価を素材に」에서 배포된 자료에서 재인용.

13 위의 자료.

반서로 쓰여진 데에 대한 당혹감—학계의 검증을 거치지 않고 일반인들이 이 책을 읽게 되는 일—을 표하며 비난했지만, 상대를 무시한 것은 내가 아니라 학계 쪽이었다. 젊은 학자들의 말처럼 논문 형식을 갖춰 학계를 향해 썼다 해도, '그들만의' 학계가 자신들을 비판하는 내 글을 통과시켰을 가능성은 크지 않다. "지식인이라고 자임하면서 지배이데올로기에 봉사하는 연구자들이 늘어나는 세상에서 그렇게까지 놀랄 필요가 없는 현상의 하나로 생각"[14]했다는 이나영의 말은, 연구 내용이 아니라 정확하지도 않은 정치적 판단으로 대상을 판단하고 배척하는 식의 폐쇄성을 오히려 보여준다.

또 이나영은 한 권의 책에 대해 무가치하다고 주장하며 배척하는 편견과 폐쇄성을 드러내는 데에 그치지 않고, "이 책이 일본에서 복수의 상을 수상했다는 정보가 한국에 역유입되면서 처음엔 이 책에 거의 관심을 표하지 않았던 한국의 언론에서도 화제가 되었다"[15]는 식으로 일본을 향해 편향적인 정보를 발신한다. 진보매체인 『경향신문』을 비롯한 여러 매체에서 인터뷰와 서평을 실어주었고, 바로 그랬기 때문에 이 책의 존재를 알았다는 말은 물론 하지 않는다.

이나영은 나의 형사 기소에 반대하는 (미국 등을 포함한) 일본의 지식인 성명이 나온 이후 2주일 만에 70명 정도가 참여한 한일 연

---

14 이상, 이나영李娜榮, 「'『제국의 위안부』 사태에 대한 입장' 성명의 경위와 금후의 방향〈『帝國の慰安婦』事態に對する立場〉聲明の經緯と今後の方向」, 『'위안부' 문제의 현재–'박유하 현상'과 지식인「慰安婦」問題の現在–「朴裕河現象」と知識人』, 三一書房, 2016. 4., 133쪽.

15 앞의 주 12)의 자료.

구자/운동가들의 성명을 주도하게 되는데, 그 이유에 대해 말하면서도 일본 성명 이후 1주일 만에 나온 한국 쪽 지식인 성명은 언급하지 않는다. 달리 말하면, 이들에게 자극을 준 것은 일본 쪽 성명이었다는 이야기이고, 그건 이들에게 한국의 동향보다 일본(지원자들)의 동향이 더 중요했다는 이야기가 된다. 그리고 "전 정대협 대표인 정진성 교수로부터, 저렇게까지 하는데 우리도 뭔가 말해야 하지 않느냐는 말을 들었"기 때문에 "피해자 당사자가 명예훼손으로 고소한 것이고 표현의 자유의 문제가 아니라고 (의견을) 표명하게 되었다"는 것이다.[16]

하지만 이들이 한 일은 학문의 자유를 위협하는 국가의 기소에 대한 허용이었다. 이들은 고발과 기소를 "무시하는 것이 비겁"하다고 판단했다면서 위안부 할머니들에 대한 '정의'를 강조하지만, 결국 자신들과는 다른 방식으로 위안부 문제를 생각해보려 한 학자, 그들에게는 외부인이었던 이의 입을 틀어막는 일에 동조했다.

심지어 이나영은 "『제국의 위안부』는 그 환원 불가능한 역사적 부정의가 반복되는 장소에 불을 지피는 역할을 충실하게 담당했고, 결과적으로 그녀의 의도는 관철되었다"(주 14의 자료 132, 이하 같음)면서 "출판되었을 때 위안부 피해자 당사자들과 지원단체, 몇몇 연구자들의 문제제기에 우리가 충분히 귀를 기울였더라면 이런 사태는 막을 수 있었을까"(132)라는 말로 『제국의 위안부』를 "역사적 부정의" 도서로 간주한다. 그리고 내가 "일본에서 얻은 후광을 이용, 한국의 지식인 사회에 파고들어가, 대중심리를 능숙하게 활용해서

---

16 앞의 주 12)의 자료.

자신을 눈에 드러나게 했다"(133)는 식으로 앞서의 남성 연구자들처럼 나의 인성에 대한 부정적인 인식을 이끌어내는 어법을 구사한다.

그런데 나는 이나영의 억측과는 달리 그녀가 말하는 "일본에서 얻은 후광"을 한국에서 발할 기회가 전혀 없었다. 두 권의 책이 일본에서 상을 수상했다는 사실은, 주관사인 『아사히 신문』과 제휴를 맺은 『동아일보』가 『화해를 위해서』가 '오사라기 지로 논단상'을 받았다는 소식을 아주 작은 단신으로 보도한 것 말고는 어떤 매체도 보도하지 않았기 때문이다.

따라서 이나영이 말하는 것처럼 "자신을 눈에 드러나게" 하는 계기가 있었다 해도, 그건 나의 의지의 결과가 아니다. 이나영이 '페미니스트를 자임'하고 있다는 사실이 한국 페미니즘의 최대의 아이러니가 아닌가 한다.

고소고발 이후 내가 아직 버티고 있고 이나영이 말하는 "대중심리"의 호응을 얻을 수 있었다면, 그것은 나 스스로에 대한 확신이 있기 때문일 뿐 무슨 "후광" 덕분이 아니다. 내가 그 황망한 와중에 "대중심리를 능숙하게 활용"했다고 간주하는 이나영의 심리에는 하루아침에 헤이트스피치의 대상이 된 다른 여성학자에 대한 동정 아닌 증오만이 가득하다. 그런 이나영의 발언을 나는 페미니즘의 발언으로 보지 않는다.

이나영이 (페이스북 등을 통해) 나에게 쏟아진 도를 넘은 여성혐오적 발언들을 보았을 것임에도 오히려 "특히 '나눔의집'의 일본군 위안부 피해자 당사자들로부터 명예훼손으로 고발당하자 자신을 피해자 혹은 순교자 이미지로 변신시키는 데 성공했다"(133)는 말로 비수를 꽂을 수 있었던 것은 그 결과다. 물론 그건 나의 책을 고작 "표현의 자유라는 우산 아래 심각한 역사왜곡"을 한 책으로만 받아들인 결과겠지만, 이나영의 문제는 이하에 언급하는 다른 페미니스트들과 비교해도 눈에 띄게 심각하다. 정대협 비판은 묵살하고 정대협의 업적만 강조하는 태도에서도 역시, 과를 말하면 곧바로 공이 훼손되는 것으로 간주하는 단락적인 이해 경향이 노골적으로 드러난다.

한일합의를 두고 "박유하가 주장해왔던 '화해'의 실체가 드러나는 순간이자, 일본군과 정부의 주책임을 교묘하게 피하면서 '업자 책임'을 강조하던 박유하의 제국주의적 시점이 공식화된 순간이었다"(136)는 이나영의 주장은 자신들의 운동이 방해받았다는 생각에서 나온 것이라는 점을 역력히 드러낸다. 『제국의 위안부』를 '제국주의적 시점'으로 보게 만드는 건 "뒤로 갈 장소도 머뭇거리고 있을 시간도 없어졌다"(136)고 느끼는 초조함일 것이다.

이나영이, 기지촌 여성 문제 등 여성 문제를 다루어왔으면서도 『제국의 위안부』의 여성주의적 입장을 보지 못했거나 못 본 척한 것은 한국 페미니즘의 문제가 심각하게 노출된 사건이자 사태 해결에 대한 독점욕을 상징적으로 드러낸 사태이기도 했다. 이나영의 페미니즘이 진정한 의미에서의 페미니즘이라면, 온갖 여성혐오적 규탄과 폭력에 노출되어 있던 나를 오히려 "무지와 게으름"의 주체로 단정하고 군중의 비난에 가담해 또 하나의 비수를 꽂을 수 있었을 리가 없다.

한국 페미니스트 중 위안부 문제의 중심에 있던 이들은 가부장제 구도와 '민족'을 넘어서기보다 복속되어, 그 스스로 2차 가해자가 될 수 있다는 것을 이나영을 통해 보여주었다. 위안부 문제가 20년이 지나도록 해결되지 않는 이유 중 큰 부분 역시 거기에 있을 수 있다고, 나는 생각한다.[17]

---

17 이나영뿐 아니라 정대협 대표와 여성학회 회장을 역임한 정진성 등 한국의 여성학자들은 대부분 『제국의 위안부』 사태에 침묵하거나 비난에 가담함으로써 한국사회 페미니즘이 기본적으로 가부장적 민족주의에서 벗어나지 못하고 있다는 사실을 드러냈다. 이는 지원자들의 운동과 이론의 문제점을 상징적으로 드러낸 것이기도 했는데, 바로 그 점이 이른바 '위안부 문제'를 이토록 오랫동안 대립과 불화의 정점에 서게 만든 주요 원인이었다. 구체적으로는 다시 논하기로 한다.

4. 김창록
–가치 결정 주체로서의 가부장주의

법학자인 김창록은 발상 면에서 또다른 법학자 이재승과 아주 비슷하다. 그가 위안부 문제를 기본적으로 "범죄"라고 규정하는 이유도 그의 법학자적 사고에 있다. 하지만 김창록은 '누구의, 어떤 행동이, 왜' 범죄인지에 대해서는 명확히 말하지 못한다. 그리고 다른 이들이 대부분 그랬던 것처럼, 나의 논지를 구체적으로 비판하는 것이 아니라 그저 기존 인식을 가져와 위안부 문제에 관한 기존 인식은 "사반세기 동안 거듭 확인되어온 상식"이니 다른 말을 해서는 안 된다고만 주장한다. 말하자면 오래되었고 다수가 지지하는 인식에는 이의를 제기하지 말라는 주장이다. 그는 학자이면서도 학문의 본령이 끝없는 자기갱신에 있다는 것을 모르고 있다. 더구나 '진보' 지식인이면서도, 기존 상식에 대한 이의 제기를 통해 진보가 진보일 수 있었다는 사실을 외면하고 있다. 그 역시도 나에 대한 비판자들이 공통적으로 드러냈던 자세—이의 제기에 일단은 귀를 기울이거나 대화하는 것이 아니라 무조건 거부하고 비난하는 보수성을 드

러내고 만다.[18]

그리고 자신의 판단이 옳다는 증거로 "고노 담화가 법적 책임을 인정"(376)하고 있다고 말하기도 하는데, 고노 담화가 이들이 생각하는 '강제성'이나 '법적 책임'을 인정한 것이 아니라는 것은 김창록 자신이 잘 알 것이다.

마찬가지로, 김창록은 일본의 "진정성 없는 태도"(377)를 비난하지만, 무엇이 어떻게 "진정성 없"다는 것인지에 대한 구체적인 설명은 없다. 그저 이재승과 마찬가지로 오로지 위안부 문제를 둘러싼 일본의 대응에는 '법적 책임'이 없었다고만 주장한다. 물론 '법적 책임'이 왜 최고/최선의 책임 방식인지에 대한 설명도 없다.

그뿐 아니라, 그 또한 다른 이들과 마찬가지로 비판의 정당성을 확보하기 위한 왜곡을 서슴지 않는다. 내가 "청구권협정에 문제 자체가 존재하지 않았다"(378)고 말했다면서, 그것을 전제로 "1965년에 문제가 해결되었다는 것"은 "애당초 논리적으로 성립될 수 없는 주장"이라고 주장하는 것이다. 나는 그런 말을 하지 않았음에도, 한 것으로 전제하고 부정하고 비판하는 실로 소모적인 작업을 그 역시 행한다.

거듭 말하지만 『제국의 위안부』는 일본의 책임을 물은 책이다. 한국 비판도 있지만, 아시아여성기금 해산 이후 일본에서 잠시 잊혀졌던 위안부 문제에 대한 관심을 일본인들에게 환기하려 한 책이다. 위안부 문제에 대한 책임 추궁은 당연히 필요하지만, 지원단체

18 김창록, 「'법적 책임' 이해 못한 '뒤틀린 법 도그마'?」, 『제국의 변호인 박유하에게 묻다—제국의 거짓말과 위안부의 진실』, 말, 2016. 5. 김창록이 언급하는, 운동 과정이 얻어낸 각종 국제보고서의 문제는 따로 논할 예정이다.

가 주장해온 "법적 책임"만이 과연 최상의 해결책인지, 그런 해결책을 주장하기 위해 무리한 과장과 왜곡과 은폐를 하지는 않았는지를 묻고, 다시 생각해보면 좋겠다고 제안한 책이다.

하지만 김창록은 나의 논지를 위안부 문제를 부정하는 이들과 똑같은 주장인 것처럼 왜곡했고, 집단공격에 동참했다. 그리고 이제는 너도나도 가져다 쓰게 된 "부분의 전체화, 예외의 일반화, 자의적인 해석과 인용, 극단적인 난삽함, 근거 없는 가정에서 출발한 과도한 주장"(379)을 했다면서 나를 공격했다.

"부분의 전체화"라는 주장이 왜 문제가 있는지는 앞에서 본 대로지만, 그 이전에 그런 말을 하려면 김창록은 "강제연행" 주장이야말로 실은 그에 해당하는 증언이 극소수라는 사실을 무시한 "부분의 전체화"였다는 사실부터 말해야 한다. 할머니들의 증언에서 이른바 '강제연행'을 주장하는 이들은 압도적인 소수이므로. 하지만, 김창록은 그런 부분을 은폐한 채 나의 생각을 "과도한 주장"이라고 규정하면서, 스스로 "과도"함의 여부를 판단하는 주체로 나선다. 하나의 주장이 과도한지 여부를 상정하는 주체로 자신을 상정하는 김창록의 태도는 위안부 문제와 관련해 담론의 기득권을 가진 자로서의 가부장적 태도다. 구체적인 비판은 없이 "수많은 문제점으로 가득찬 『제국의 위안부』"라거나 "학술서로서의 기본을 갖추고 있는지 의심스러운 책"이라는 추상적인 주장은 권위주의적인 억압과 선동의 태도를 드러낸다.

이재승과 마찬가지로 모든 문제를 '법'에 대입해 판단하는 김창록이 『제국의 위안부』를 그저 "뒤틀린 법 도그마"(379, "뒤틀린"이라는 단어를 사용하는 이들의 무의식에 대해서는 앞에서 썼다)로 보는 건 어쩌면 당연한 일이다. 그는 내가 "조약이 강박에 의해 체결된 것이기 때문에 애당초 무효라는 한국 정부의 공식 입장을 오불관언" 한다고 말하지만, "애당초 무효"라는 입장은 한국인 모두의 입장이 아니다. 그리고 설사 한국 정부, 아니 세계정부가 그렇게 생각하고 합의했다 해도 나에겐 한 사람의 학자로서 다른 의견을 말할 권리가 있다. 그럼에도 그런 권리를 그저 "오불관언"으로 간주하는 그의 의식에서는 개인을 탄압하는 국가주의의 냄새조차 풍긴다. 김창록이 나를 향한 비판에서 언어를 순화시키는 노력조차 하지 않는 것은 권위주의와 국가주의를 지탱하는 가부장적 사고가 스스로의 상대화를 어렵게 만들고 있기 때문으로 보인다.

한일협정 당시 문제 자체가 존재하지 않았으니 "한국 정부가 일본군 위안부의 권리를 소멸시켰다는 증거는 어디에도 없다"(380)라고, 그는 주장한다. 하지만, 나는 구체적으로 "일본군 위안부"에 대해 말한 것이 아니라 (피해자에 대한) 개별보상의 여지를 남겨두자고 일본 측이 말했음에도 한국이 나서서 그 여지를 잘라버린 것을 문제로서 지적했을 뿐이다. 그런데도 김창록은 내가 지적한 논점을 무시하고 내가 "문제 자체가 존재하지 않았"다고 한 것처럼 왜곡했다.

"헌법재판소와 대법원의 공식 입장은 일본 정부에 법적 책임이 남아 있다는 것"라는 그의 주장은, 법원의 결정이면 모든 것이 옳다는, 이 역시 법지상주의적인 발상일 뿐이다. 무엇보다, 헌재의 그런 판결을 이끌어낸 주체 자체가 판단자료를 제공한 지원자들이었다. 『제국의 위안부』에도 구체적으로 썼지만, 헌재의 판단이라고 해서 전부가 옳을 수는 없다.

그 역시도 "그래서 『제국의 위안부』의 모든 주장은 업자에게로" 귀결되고 있다면서 업자에 관한 논의에 반감을 드러내지만, 김창록을 그렇게 만드는 것은, 자신들의 오랜 주장이 권위를 잃는 데에 대한 두려움이다. 그렇기 때문에 김창록에게는 『제국의 위안부』는 그저 "일제의 큰 불법에는 눈감고 말단의 실행행위에 가담한 업자의 작은 불법에 매달"(381)리는 책이 된다.

하지만 이런 사고는, 국가의 나쁜 정책에 대한 협력자 문제를 은폐하거나 간과하는 일로 결과적으로 오늘과 내일에 대한 성찰과 진단조차 부정확하게 만든다. 무엇보다, 관계자들 자신이 대부분 목소리 높여 성토해왔을 '우리 안의 친일파'를 면죄한다.

나 역시 일본을 가장 큰 책임 주체로 규정했지만, 나는 하나의 사태를 하나의 원인으로만 보지 않았을 뿐이다. 그런데 비판자들은 그저 모든 책임을 하나의 일면적인 주체로 생각하는 지적 태만 속에 안주하려 한다. 하지만 이러한 태도는 '조선인 위안부'라는 존재가 조선의 가부장제의 희생양이기도 하다는 것을 은폐할 뿐이다.

(박유하가) "업자의 책임이 알파요 오메가라고 주장"했다는 그의 무책임한 요약은 『제국의 위안부』를 왜소화하는 시도일 뿐 아니라 정치적 의구심을 일으켜 마녀사냥을 유발하려는 시도이기도 하다. 그는 "누가 업자에게 책임이 없다고 하는가!"라거나 "책임의 본질은 일본의 국가책임이라고 하는 것뿐"이라는 말로, 자신들이 오랜 운동기간 동안 연구와 운동에서 업자 문제를 무시 혹은 간과해왔다는 사실도 은폐한다. 나는, 관계자들이 주장해온 "법적 책임"이 그토록 중요하다면 일제 시대 당시에도 법적 단속과 제재를 받았던 업자부터 비판하는 것이 순리라고 지적했을 뿐이다.

김창록이 내용뿐 아니라 "업자의 책임에 매달린다"는 식으로 태도를 강조하여 독자들로 하여금 인성에 대한 부정적인 판단을 하도록 유도한다. '올바른 판단'은 자신만의 것이어야 하기 때문이다.

나는 전전뿐 아니라 전후 세계까지도 글로벌한 국가 욕망이 가난한 여성들을 착취하는 상황을 보려 했고, 그런 정황에 제국주의와 냉전이 깊숙이 관여하고 있다는 사실을 말하려 했을 뿐이다. 그런데 그는 "매달린다"는 표현뿐 아니라 '불쌍한 엉터리 학자' 이미지를 각인시킬 수 있는 다른 단어들도 반복적으로 사용해 상대적으로 자신의 권위를 부각시키려 한다. "책임은 일본이라는 국가가 아니라 개인에게만 물어야 한다고 우긴다", "위안부 문제의 본질이 일본의 국가책임임을 도무지 이해 못한 채, 애써 부인하려고 한"다는 식으로, 『제국의 위안부』는 그저 기존 권위자들의 논쟁에 분수를 모르고 끼어든 철없는 여자의 책이라는 이미지를 심으려 하는 것이다. 그런 김창록이 "문학자일 뿐 법학자가 아니다", "법에 대한 이해가 불충분"(381)이라는 말로, 정영환이나 이재승처럼 문학자에 대한 경시를 드러낸 것도 그 연장선상의 일이다.

그는 내가 "잘못된 법 이해"를 하고 있다면서 "그렇다고 해서 잘못된 법 이해에 터잡은 과도한 주장이 면책될 수 있는 것은 아니다"라고 말한다. 하지만 문제는 그들이 자신들의 생각에 대한 "과도"한 신뢰를 바탕으로 법에 적용해온 그 "사실" 자체에 잘못된 이해가 많다는 사실이다.

"일본 정부 스스로 보상한 적이 없다고 하는데 보상을 한 것은 틀림없는 사실로 우기니 일본 정부보다 한걸음 더 나아간 셈"(381)이라는 식의 어법과 손가락질은 '배신자' 취급을 위한 전형적 레토릭이다. 내가 성노예 피해자에게 "무의식적인 제국주의자"라는 지위를 "강요"(381)했다는 말 역시, 위안부를 그들이 만든 "성노예 피해자"라는 단어에 가두어두고 싶은 욕망을 드러낼 뿐이다.

그런데 김창록은 한편 『제국의 위안부』를 두고 "식민지배, 국가주의, 남성중심주의, 근대자본주의, 가부장제가 문제라는, 이미 많은 학자가 제시한, 그 자체로서는 타당한 주장"(381)이라고 말하기도 한다. 이 말대로라면 실은 그는 나의 책을 제대로 이해했다는 이야기가 된다.

그러면서도 그는 "줄기를 부정하다 보니 잎사귀만 공중에 둥둥 떠다니는" 책이라는 식으로 "줄기"와 "큰 책임"을 결정하는 주체를 자신으로 설정한다. 일관되게 자신만이 위안부 문제를 둘러싼 담론을 관장할 수 있는 '관리자'임을 강조하는 것이다. 비슷한 태도를 위안부 문제에 오래 관여해온 이들 중 많은 사람들이 취해왔다. 그런 공간에서 정치적/운동적/사상적 '진보'가 존재할 수 없었던 건 오히려 당연한 일이었다.

5. 양현아—가부장제가 허락한 페미니즘

법학자 양현아는 위안부의 증언 중 일부가 묻혀 있었다는 나의 지적에 대해 "묻혀 있지 않았기에 박 교수가 본 것이다", "대다수의 증언 연구 작업은 그녀가 비판해 마지않는 정대협의 지원하에 이루어졌다"고 주장한다.[19] 하지만 이 일견 그럴듯해 보이는 반론은 나의 지적에 대한 답변이 되지 못한다. 증언집을 만들어 내놓았다고 해서 곧 그 증언집의 의미를 충분히 이해한 것이 되지는 않기 때문이다. 더구나 비판자들은 오로지 매춘과 업자 문제를 두고 이미 모두가 알고 있었다는 식으로 주장하는데, 『제국의 위안부』는 그런 사안을 강조하기 위한 책이 아니다. 나는 『제국의 위안부』에서 '전쟁'에 고착되었던 위안부 문제의 기존 인식틀을 '식민지/제국'이라는 인식틀로 바꾸어 강제성이나 동원틀에 대한 재고찰을 시도했다. 매춘이나 업자 문제는 그 과정에서 피할 수 없었던 지적일 뿐이고, 앞서 말한 것처럼 나의 고찰은 매춘이나 업자라는 사안의 지적 자체가 아니라 각각의 의미를 재규정하는 데에 있었다.

---

19 양현아, 「한국사회의 일본군 '위안부' 인식: 피해자성의 영감」, 중앙대 사회학과 BK플러스사업팀 외 주최 한일 공동 심포지엄 『일본군 위안부 문제 Fight For Justice』 자료집, 2017. 4. 7.

오히려 양현아가 말한 것처럼 정대협이 증언집을 발행한 주체로서 다 알고 있었다면, 그 사실을 함구했다는 점에서 내부적으로는 국민을, 대외적으로는 세계인들을 기만한 것이 된다. 또 나는 그 점을 지적하고자 했을 뿐이다.

또한 양현아는 "증언의 일부를 떼어서 한 피해자의 체험을 표상하는 것은 방법론적으로 대단히 무리한 일"이라면서 "방법론적 문제일 뿐 아니라 학자로서의 진정성과 관련된 문제"(19)라는 식으로 인성 비판에 나서는 점에서 김창록, 이재승 등의 시각을 충실히 답습하고 있다. 페미니스트이면서도 가부장적 태도를 취하는 것이다. 이들이 내가 예시한 부분들을 어디까지나 "일부"이자 사소한 것으로 보고 싶어하는 것도 거대담론만이 가부장체제를 유지하기 때문이다. 위안부의 증언 중에 자신들만이 경중을 정할 수 있다고 믿는 태도는 앞서의 김창록의 태도와 다르지 않고, 이들 주변인들과 위안부=약자의 관계가 동등하지 않을 수 있음을 보여준다.

그런 의미에서 양현아가 내가 "모든 증언에 편만한 강간과 고문 등 고통에 대해서는 별 관심이 없는 것 같다"고 주장하는 건 정해진 수순이었다. 이들의 '정의의 독점' 욕망은 나의 논지보다 나의 공감력에 주목한다. 물론 그 주목은 언제나 '윤리의 부재'를 확인하기 위한 주목이다. 양현아는 법학자인 동시에 젠더 연구자이기도 한데, 『제국의 위안부』에 나오는 일본군의 강간 정황을 예시하고 비판한 부분에는 "별 관심이 없는 것 같다".

학자들조차 한결같이 빠져 있는 이런 식의 편향(그 편향의 심각성은, 내가 단순히 학문적 비판의 대상이 아니라 피고인으로 법정에 세워졌고 국민 단위의 여성혐오적 비난을 받고 있음에도 행해졌다는 데에 있다)

을 만들고 만 것은, 정대협의 증언집 제작에 참여했던 체험,[20] 위안부 문제의 중심에서 이 문제에 관한 담론을 생산해왔다는 입장일 것이다.

양현아는 페미니스트답게 "성을 대상화하고 그것을 수용하게끔 만든 폭력을 협력적이란 말로 표상하는 것만으로도 여성과 여성주의에 대한 모독"이라는 일갈도 한다. 하지만 나는 '주변인들이 표방했던 여성주의'의 문제점을 말했을 뿐이니, 그런 여성주의 비판이 "여성과 여성주의에 대한 모독"이 되는 건 아니다. 양현아의 인식은 나의 작업을 그저 "학자라는 권위로 위안부 피해자들의 경험을 마구 재단"한 것으로 보는 점에서 앞서의 비판자들의 의견과 다르지 않다. 더구나 그런 잘못된 전제를 바탕으로 나의 책이 "연구자들에게도 지적 폭력"을 행한 것이라고 일갈하는 양현아의 생각은, (일반 독자들조차 『제국의 위안부』가 여성주의적인 책임을 간파해주었음을 염두에 둔다면) 『제국의 위안부』에 대한 적대시가 만든 생각일 터이다. 위안부들의 총체적인 체험에 대해 잘 알고 있었다면, '말하지 않은' 이유는 결국 '해일 올 때 조개 줍는 행위'로 치부했을 것이기 때문이라는 것도 분명하다. 문제는 그러한 태도가 가부장이 주관하는 '거대담론'을 편드는 행위일 뿐 아니라 때로 스스로 그 거대담론의 주관자를 지향한다는 점에 있다. 그런데 그런 행위야말로 여성주의를 내부로부터 붕괴시킨다. '여성주의'란, 모든 여성은 남성과 국가에 협력적이 아니라 저항적이었다고 외치는 일이 아니다. 어떤

---

20 야마시타 영애山下英愛, 「제1장 한국의 '위안부' 증언 청취 작업의 역사–기억과 재현을 둘러싼 대응韓國の「慰安婦」証言聞き取り作業の歴史–記憶と再現をめぐる取り組み」, 우에노 지즈코·아라라기 신조·히라이 가즈코 편, 『전쟁과 성폭력의 비교사를 향하여』, 岩波書店, 2018, 49쪽.

구조가 그런 행위와 인식을 만들었는지를 여성의 시각에서 보는 일이 여성주의다.

나의 "주된 관심은 조선사회와 일본과의 연장선, 즉 운명을 같이하는 '제국의 일부'"였다는 양현아의 이해는 맞지만, 『제국의 위안부』를 "민족주의 비판"으로 생각하는 것은 앞에서 본 것처럼 잘못된 이해다. 나는 "민족주의"를 비판한 것이 아니라 '민족주의'를 표방했던, 그러나 실은 좌파운동이었던 '진보(여성페미니스트)의 문제 있는 운동 방식'을 비판했다.

양현아는 "지난 12·28 한일장관합의가 한국사회가 여전히 1965년 한일협정(기본조약) 그리고 미국의 방위전력체계 아래 있음을 여실히 보여주는 것"이라며 나와 연계지으려 하는데, 같은 책에서 내가 미군 위안부 문제를 언급해 한국이 "미국의 방위전력체계 아래 놓여" 있는 현실에 대해 비판했다는 사실에는 함구한다. 그러면서 "식민지적 강간과 성노예의 경험"이 "체계적 강간"이었다고 주장하지만, 이는 오히려 내가 했던 주장이다.

물론 나는 "1990년대가 되기 이전에 한국사회 그리고 지구상 어느 곳에서도 이 문제를 범죄라고, 피해라고 부르지 않았"다는 양현아의 말을 일부 긍정한다. 또 그러한 인식 전환에 커다란 역할을 한 정대협의 공로를 높이 평가한다.

하지만 동시에, "피해라고 부르지 않았"다는 주장은 정대협의 공로를 과대평가한 부분이 있다. 이미 1960년대에 한국인 감독이 만든 영화에서 위안부는 속아 끌려온 피해자로 그려지고 있고, 1970년대에 센다 가코는 한 권의 책을 써서 위안부의 슬픈 진실을 알렸다. 한국에서 도화선을 붙이는 데에 큰 역할을 한 윤정옥 선생 역시 센다의 책을 읽고 본격적인 활동에 나섰다는 건 이미 잘 알려진 사실이다. 야마타니 데쓰오山谷哲夫라는 다큐감독 역시 한국에서 아무도 주목하지 않았던 1970년대에 서울로 오키나와로 '위안부'를 찾아다녔고, 아직 50대였던 배봉기 할머니의 모습을 책과 영상에 담았다. 그리고 정대협의 유엔 활동이나 일본에서의 활동이 많은 부분 일본의 시민들에게 빚지고 있는데도, 그에 대한 언급이 없는 것 또한 기만적이다. 양현아의 주장대로 위안부 문제를 "범죄"라고 부른 이들은 정대협이 처음일 수 있겠으나, 그런 인식이 '강제연행'으로 인식한 90년대 초의 인식이 만든 것이라는 점도 돌아보아야 할 것이다.

양현아는 조선인에 대한 일본군의 강간은 "'식민지적' 전시강간"이라고 일갈한다. 하지만 이 말은 실은 내가 한 말—'매춘적 강간'이라는 개념과 다르지 않다. 또한 양현아가 인식하지 못하고 있는 것은 "전시"가 아니라도 비슷한 일은 늘 일어났다는 사실이다. 한 여성이 수십 명을 상대해야 하는 구조는 군의 이동 경로에 있는 교통요충지라거나 하는 경우에 극심해졌지만, 기본적으로는 미군 위안부가 그렇듯이 "비전시-군주둔지"에도 해당된다.

양현아를 비롯해 비판자들은 이구동성으로 『제국의 위안부』에 "식민지성에 대한 분석이 없"는 것으로 간주하고 싶어하고, 그런 "민족주의 비판은 절름발이 사회비판"이라고 주장한다. 하지만 양현아의 분석은 『제국의 위안부』가 민족주의 비판이 아니라 제국주의 비판이라는 점에서, 완전히 틀렸다. 명석한 여성/법학자 역시, 위안부 문제에 관한 판단에서 다른 남성 법학자들이 저지른 오류를 벗어나지 못했다. 물론 그건 양현아의 페미니즘이 민족주의의 자장 안에 존재하기 때문이기도 하다.

6. 정희진-페미니스트의 오류

한국의 대표적인 페미니스트 학자 중 한 사람인 정희진은 『제국의 위안부』를 읽고 놀랐다고 말한다.[21] "놀란 이유"는 "부적절하고 과격한 표현", "문체의 자신감"(459)이라는데, 구체적으로는 "군위안부 이슈를 다루는 한국 여성의 몸은 자신의 위치성 혹은 당파성에 대해 생각하지 않을 수 없다. 그런데 저자는 보편적 주체 같아 보였다"(460)는 것이 그 이유다.

그런데, "저자는 보편적 주체"(460)라는 반어적 말은 "저자가 상정하고 있는 독자가 누구인지에 대한 의문"과 다르지 않다. 표현은 온건해도 '당신은 누구 편이냐!'라는 물음일 수밖에 없고, 혹은 더 직접적으로 '당신은 일본 편이다!'라는 규탄과 정희진의 물음은 본질적으로 다르지 않다. 정희진은 페미니스트이고 이 비판글에서 처음부터 끝까지 나를 여성학 이론을 모르는 사람으로 취급하면서 여성학과 관련된 상식적인 이야기를 펼치면서도, 기본적으로는 시종일관 '한국인'의 눈으로 『제국의 위안부』를 재단하는 것이다. 정희진이 결국, 내가 다름 아닌 '한국인' '여성'으로서 『제국의 위안부』

21　정희진, 「포스트식민주의와 여성에 대한 폭력」, 『문학동네』 86호, 2016. 3.

를 썼다는 사실을 간파하지 못한 것은 그 때문일 것이다. 나는, 즉 '위안부'로 가지 않아도 되었던 나의 조선인 모친의 후예로서, 즉 국가 동원을 피할 수 있었던 중산층 계급 여성의 후예로서의 아이덴티티에 기반해 이 책을 썼다.

정희진조차 나의 논지를 제대로 이해하지 못한 이유는 다른 비판자들과 마찬가지로 『제국의 위안부』를 "'강제로 끌려간drafed'과 '전쟁 성노예sexual slavery' 비판에 초점이 있다"면서 "한마디로 법적 책임의 도그마에서 벗어나야 한다는 것"(461)이라고 이해했기 때문일 것이다. 나는 분명 우리 사회에 만연한 '강제연행'과 '성노예'에 대한 이미지를 분석하고 그 이미지들이 갖는 문제를 지적했지만, 그렇다고 해서 위안부 동원의 국가적 강제성과 성노예성을 부정한 적은 없다. 그리고 그렇게 만든 것이 가부장제와 국가주의/제국주의라고 지적하기도 했다.

하지만 정희진의 글 어디에도, 내가 반복해 강조한 남성중심주의적 가부장제와 국가주의와 제국주의 비판에 대한 언급은 없다. 정희진은 어쩌면 나의 신문 기고(『한겨레』 2016년 2월 6일자)만 읽고 비판에 나섰던 게 아닐까 싶을 정도다.[22] 그러면서도 정희진은 "이러한 지적은 전반적으로 기존 연구에서도 모두 주장된 내용"이라면서 다른 이들처럼 『제국의 위안부』가 그저 기존 연구를 반복한 진

22 이와 관련해, 정희진은 신문에 실린 기고의 제목을 가져와 내가 "한마디로 '법적 책임의 도그마에서 벗어나야'(박유하, 『한겨레』, 2016. 2. 6.) 한다는 것이다"라며 비판한다. 하지만 이 제목은 나의 글의 취지를 제대로 반영하기는커녕 오히려 고소고발 이후 줄곧 이어져왔던 방식—나의 논지를 거칠게 정리(그 정리 자체에 이미 비판이 들어 있기 십상인)하고 비난하는 방식이 반영된 제목일 뿐이다. 신문이 그 속성상 저자의 의도와 다른 제목을 붙이기도 하는 것을 정희진이 모르지 않을 터인데도 범한 이런 식의 오류에, 나를 향한 비판자들의 공격의 본질과 양태가 상징적으로 드러나 있다.

부한 책이라고 말한다.

"(정대협 설립 전인 1981년에 쓰인 책 이후) 거의 모든 관련서(정대협 간행물 증언집 시리즈, 한국에서 생산된 학위논문, 단행본)와 『제국의 위안부』가 크게 충돌하는 부분은 없다"면서 "결국 기존의 연구물과 『제국의 위안부』는 모두 부분적인 진실이며 나는 둘 다 부분적으로 동의한다"는 말로 획일적인 전부정과는 거리를 두고 있지만, 결국 정희진의 결론은 "이 책은 새롭지 않다"는 주장으로 이어지기 때문이다. 그리고 정희진의 그런 태도는 『제국의 위안부』의 전체 논지가 아니라 소재에만 주목해, 그 소재가 어떤 방식으로 다루어졌는지를 무시하거나 간과하게 만들었다. 세간의 비난에 대한 침묵 혹은 비난에 가세하고 만 것은 그 결과일 것이다.

예를 들면 정희진은 위안부 문제가 "대량 강간의 형식이라기보다는 군수품으로서의 동원이었다"고 말한다. 그런데 정희진은 내가 바로 그 "군수품"이라는 단어를 사용해 "군수품으로서의 동지"(『제국의 위안부』 55쪽)이라고 쓴 것을 몰랐던 것 같다. 심지어 그 부분을 강조하기 위해 소제목으로 쓰기까지 했음에도. 알고 쓴 것이라면 내가 사용한 개념을 도용해 나를 비판하는 아이러니를 저지른 것이고, 몰랐어도 아이러니이긴 마찬가지다. 정희진은 '위안부' 문제를 두고 "이 문제는 여성에 대한 폭력"이라는 인식이라고 주장하는데, 설명을 다시 들을 것도 없이, 그런 인식이야말로 『제국의 위안부』의 주 기조였다.

또 정희진은 "군 조직은 일종의 완결된 국가"(405)라면서, "한국인 업자와 일본 군대로 뚜렷이 구분되지 않았다", "국가권력으로서의 알선업자"라고 주장한다. 하지만 그 생각 자체는 틀리지 않았다고 하더라도, 이 주장은 국가권력의 관리 바깥에 있는 '업자'도 있었다는 사실을 모르는 주장이다. 말하자면 정희진은 여성학 논리에 기반에 '위안부' 문제를 추상적으로 접근하고 있다. 정희진의 글은 위안부 문제와 관련한 '사실'에 대해서는 잘 모르고 접근한 결과, 허공에 삿대질하는 글이 되고 말았다.

또 문제는 '업자는 국가권력'이라는 일견 옳은 생각은 그렇지만은 않았던 민간업자들을 배제한 생각일 뿐이고, 그저 "국가권력"만 처벌하면 된다는 기존 생각의 결함을 그대로 드러내고 있다는 점이다.

더구나 정희진은 나의 논지가 "자발적으로 돈을 벌러 갔다"는 입장을 (부정적으로) "강조"한 것이라면서 "가부장제 사회에서의 여성의 성에 대한 무지"(466)라고까지 주장한다. 그리고 그 이유는 정희진이 커다란 착각 혹은 악의로 나의 담론을 "군위안부에 대한 다양한 이론異論이 아니라 남성사회의 워딩"(463)으로 치부하기 때문이다. 하지만 나는 그런 단순한 이유에서가 아니라, 바로 그런 "남성사회의 워딩"이 내포하는 "자발적으로 돈을 벌러" 간 여성에 대한 사회적 차별을 환기시키고자 했다.

"또한 문제는 강제성 범주라기보다는 전쟁에서의 철저한 성별분업이 아닐까"라고 정희진은 말하지만, 문제는 '위안부' 문제가 단순한 학술적/여성학적 이론의 논의를 넘어 정치외교문제가 되고 말았다는 점이다. 그리고 학술적 논의와 정치적 논의는 참고는 해야 하지만 같을 수가 없다. 정희진은 특히 '위안부' 문제에 대한 기존 상식에 근거해 '사실'에 대해서도 논하고자 한 나의 책을 '재단'하는 실수를 저지르고 말았다.

다른 비판자들에 비하면 섬세한 논의로 접근하면서도 정희진이 결국 다른 비판자들과 동일한 태도에 머무르고 만 것은 아쉬운 일이다. 그리고 정희진이 결국, 결론을 "이제 와서 전시 성폭력의 성격 자체를 문제 삼는 논쟁은 생존자들의 피해와 헌신, 연구와 운동의 성과를 원점으로 돌리는 행위다"(461)라는 발언으로 맺는 것은 정희진 역시 본인의 의도 여부를 떠나 한국사회의 여성권력 카르텔을 지키는 위치에 서 있음을 보여준다. 정희진의 그런 주장은 운동 자체가 아니라 운동 방식(위안부 문제에 대한 이해)을 문제시했던 나의 시도를 완전히 무화시키는 시도이고, 결국 기존 연구와 운동을 지키는 '보수'성이 만든 것이다. 정희진이나 그 밖의 비판자들에게서 자신들의 생각과 행동에 대한 성찰과 겸허함을 전혀 볼 수 없다는 데서 나는 한국사회의 페미니즘 운동—민주화 이후 가장 성공적인 운동이었다고 할 수 있는 '위안부 문제' 해결 '운동'의 위기를 본다.

"'할머니'들이 〈일본군과 동지의식, 사랑을 나누었다〉는 주장은 부분적 진실일 수 있다"(460)면서 "그런데 이 이야기가 누구에게 중요한 것일까? (중략) 그것이 목적의식적이지 않을 때 이 책은 군위안부의 진상 규명을 두려워하는 이들에게 '한국 여성 저자'라는 정당성 아래 엉뚱한 근거를 제공할 수 있다"는 주장은 (일단은 유보적 태도를 취하면서도) 정영환 등이 주장한 박유하 이용론의 자장 안에 있는 주장일 뿐인데, 동시에 '이용'이라는 정치적 문맥이 두려워 학문적 시도를 무화시키는 운동가의 태도를 정희진 역시 고수하고 있음을 보여준다. 또한, 내가 언급한 증언들을 "부분적 진실"로 간주하는 태도는, "예외"로 치부하는 김창록 등의 가부장적 생각과 다르지 않을 뿐 아니라, 다양한 전쟁 성폭력의 현장에 대한 인식의 부재마저 드러낸다.

정희진을 비롯한 비판자들은 학문과 정치의 문제를 같은 차원으로 취급하고 있다. 자세한 논의는 다른 기회를 빌릴 생각이지만, 학문이 정치/외교문제의 참조물로 사용되고 마는 순간 학문은 구조적인 위기에 처하게 된다. 다시 말해, 일부 '일본'인들의 이용을 우려한다는 것은 곧 한국이라는 '국가'의 이익에 복무하겠다는 것이기도 하다. 내가 기존 연구자들과 다른 점이 있다면, 나는 그 양쪽에 저항하면서, 동시에 학문과 정치의 간격을 충분히 의식하면서, '위안부'의 개인성과 개별성에 주목하고자 했다는 점이다.

많은 이들이 '이용'의 우려를 주장했지만, 나는 그런 이용보다 훨씬 많은 비율로 학문의 진실과 담론의 진정성이 담보될 것을 믿었다. 그리고 결과는 내 예상대로였다. 그리고 '이용'이라는 측면에서는, 비판자들이 우려한 그런 부정자들 이상으로 지원자들조차도 자신들의 세력을 담보/확산시키기 위해 왜곡하고 이용했다. 나는 정희진이 그런 구조에 대해서 생각해보기를 바란다.

정희진은 "'표현', '학문', '자유'는 찬반의 문제가 아니라 담론의 효과의 차원에서 작동하기 때문에 편하게 주장할 수만은 없는 정치학이라는 것을 잊어서는 안 된다"(460)고 주장한다. 하지만 나는 우선 '표현의 자유'를 주장한 적이 없다. 왜냐하면, 비판자들이 '표현/학문의 자유가 지켜져야 할 영역은 따로 있고, 박유하의 책은 그 선을 넘었다'는 식으로 말한 이상, '표현의 자유', '학문의 자유'를 주장하는 일은 '그 선을 넘은 책'='아무말'책으로 간주되는 아이러니한 현상이 일어났기 때문이다. 말하자면 나는 다른 옹호/지지학자들이 그랬던 것처럼 당연히 '표현의 자유', '학문의 자유'를 지키겠다고 말해야 하는 입장이면서도 말할 수 없는 기묘한 위치에 세워진 상태였다. 그리고 그런 식의 아이러니와 모순이야말로 재판 과정 내내 나를 따라다닌 딜레마이기도 했다.

정희진이 우려하는 '담론의 효과의 차원'을 자각하지 않았던 것은 아니다. 자각했기 때문에 나 역시 신중하게 썼고, 지나치리만큼 나의 의도를 반복설명하기도 했다. 그리고 발간 직후 신문 서평 등이 보여준 것처럼 일반 독자들은 별 문제 없이 받아주었으니 정희진이 말하는 '담론의 효과의 차원'에서는 사실 아무런 문제도 없었던 셈이다. 그런 문제가 생기고 만 것은 오로지 위안부 문제 관계자들, 혹은 역사학자 등, '담론의 효과의 차원'에서 가장 마음을 열었어야 할 이들이 불편해했기 때문이다.

그런 의미에서는 어떤 주장을 '편하게 주장'하는 것이 불편해지는 순간이란 정희진이 말하는 '담론의 효과의 차원', 즉 책 자체가 만드는 게 아니다. '담론'은 똑같았음에도, 그 담론을 받아들이는 측의 감성, 이성, 자아의식, 혹은 역사를 마주하는 자세 등이 결정하는 반응에서 가장 불협화음을 일으키고 만 것은 바로 내가 『제국의 위안부』에서 비판한 이들이었다.

정희진은 다른 이들에 비해 비교적 진중한 자세를 취하면서도 위안부 문제에 대한 상식—세간에 유포된 상식과 "통념"으로 나에 대한 고소고발 문제를 재단했다. 그리고, 결과적으로 피상적일 뿐 아니라 틀린 진단을 내놓았다. 정희진은 "그들(위안부?)의 목소리를 가부장제의 통념대로 반박한다면 그것은 학문의 자유가 아니라 혐오발화가 되기 쉽다. 나는 한국사회에 공론장이 있다고 생각하지 않는다. 공론장이 있다 해도 이 문제를 공정하게 다룰 수 없다"고 주장한다. 하지만 나는 '위안부의 목소리'를 반박한 적이 없다. 따라서 기본적으로 혐오발화일 수가 없다. 문제는 나에게 있는 것이 아니라 나의 담론을 "혐오발화"로 각색해서 유포한 이들에게 있었다. 비판자 대부분은 위안부 문제 자체에 대해 충분히 알지 못하면서, 더 나아가 제대로 읽지 않고 『제국의 위안부』를 재단하는 만용을 휘둘렀고, 정희진 역시 그 범주를 벗어나지 않았다.

그럼에도, "가장 비생산적인 논의는 팩트를 둘러싼 싸움", "각자의 참고문헌만을 들고 자기만의 증인(할머니)"을 "가지고 있다"는 정희진의 지적은 옳다. 분명 "모든 자료는 선택적"이다. 하지만 나는 "자기만의 증인"을 강조하지 않았다. 나는 그 "자기만의 증인"만을 단 하나의 '위안부'로 강조하지 않았고, 어디까지나 기존 관계자들이 그야말로 알면서도 외부에는 기존의 "자기만의 증인"만을 내세우고 심지어는 그와 다른 "증인"을 배제하고 자의/타의로 침묵시키기까지 한 사태에 대해 말하고자 했을 뿐이다. 나는 어떤 "증인"도 절대시하지 않았다.

따라서 내가 (있을 수 있는) 강제연행을 부정할 이유가 없고, "여성에 대한 폭력이나 홀로코스트 피해자의 증언을 반박하는 책"을 쓸 이유가 없으며, 더구나 그것을 "학문의 자유로 매치"(462)시켜야 할 이유가 없다. 그럼에도 "무엇이 학문이고 무엇이 자유의 영역인지 생각해봐야" 한다고까지 말하는 정희진의 훈계 태도에 나는 그저 할 말을 잃을 뿐이다. 더구나 정희진조차 빠져버린 이런 얄팍한 이해를 만든 것이 "『제국의 위안부』를 둘러싼 일련의 상황을 만든 일등공신인 박근혜 정부"(462)라는 식의 근거 없는 정치적 추측을 마주하면서, 비판자들의 "지적 퇴보와 타락"을 만든 것이 이른바 '진보'세대의 트라우마와 공포라는 것을 재확인한다.

정희진은 "컨텍스트가 텍스트를 장악"(463)했다고 주장하면서도 『제국의 위안부』가 실제로 어떤 컨텍스트 속에서 나온 책이고 어떤 새로운 컨텍스트를 만들었는지에 대해 전혀 이해하지 못하고 있다. 물론 이해하려는 노력도 하지 않는다. 『제국의 위안부』가 정희진에게 그저 "페미니스트를 표방한 대학교수 여성이 남성사회의 워딩을 '똑같이' 사용"한 것이자 자신들의 비난이 그런 사태에 대한 정당한 "지지와 분노가 동시에 폭발"한 사태로만 보이는 것은 바로 그 때문이다. "모든 여성 연구자가 젠더 문제를 다루면 저절로 여성주의 연구자가 되는가"라고 정희진은 묻고 있지만, 나는 나 자신을 "여성주의 연구자"로 정희진을 비롯한 여성학 관계자들을 향해 프레이밍할 생각이 없다. 젠더 연구에 대한 관심과 "여성주의 연구자"로 불리는 일은 같지 않기 때문이다.

7. 박경신-가부장적 국가주의

법학자 박경신은 비판자들 중 유일하게 "이 글 어디에도 명예훼손의 증거는 없다"(국가주의적 견해만 있을 뿐이다)라고 말한다.[23] 그리고 그는 "박유하가 실제로 대다수의 위안부들이 심리적으로 자발적 협력을 했다고 주장하지는 않으며, 단지 그렇게 해석해야 한다는 취지로 보인다"(454)는 말에서 드러나는 것처럼, 비판자들 대부분이 '박유하는 위안부가 자발적 협력을 했다고 썼다'(그리고 이것이 고발의 이유이기도 하다)고 주장한 것과는 달리, 그 부분에 관한 기술이 어디까지나 나의 "해석"=의견이었다는 시각을 보여준다. 『제국의 위안부』가 법정에 가 있다는 것을 염두에 두고 '법리'에 근거해 발언한, 유일하게 공정한, 법학자다운 태도였다.

그런데 "박유하는 이들 일본 우익이 자극받지 않도록 할머니들이 자신의 표면적으로 자발적인 협력에 대해 고뇌하고 자성하는 자세—종국적으로는 법적 책임 요구를 철회하는—를 보여야 한다는 것이다"(455)라는 주장은, 박경신이 나의 책을 근본적으로 오해하고 있다는 것을 보여준다. 나는 "할머니"들을 대상으로 무엇인가를

---

23 박경신, 「누가 더 국가주의적인가?」, 『문학동네』 86호, 2016. 3.

요구한 적이 없다(위안부 할머니를 독자로 상정하지 않았으니 당연한 일이다). 그리고 "일본 우익이 자극받지 않도록"이 아니라 '일본 우익에게 엉뚱한 힘을 실어주지 않도록' 오히려 노력했다.

할머니에게 요구한 적이 없다는 말을 두고 할머니의 주체성을 무시한 것이냐고 말할 이들도 있겠지만, 위안부 문제에 관한 모든 정보를 전달하고 대변하고 대부분의 경우 할머니보다 앞장서서 목소리를 내온 주체가 지원단체인 이상, 내가 상정한 독자가 지원단체와 그들의 목소리에만 귀기울여온 언론과 국민들이었던 건 당연하다. 그럼에도 이런 식으로 부정확한(읽는 이들을 분노로 몰아갈) 요약을 하고 "'나는 일본 우익을 대변하지 않는다'는 박유하의 말은 한정적으로만 진실이다"라면서 『제국의 위안부』를 결국 일본 우익을 대변하는 소리로 치부하는 태도는 다른 비판자들과 다르지 않다. 분명 나는 (우익들의 표현을 빌려) "자발적으로 간 매춘부"를 무조건 부정해온 것이 오히려 위안부 문제를 어렵게 만들었다고 썼지만, 그것이 곧 "자발적인 매춘부라는 이미지를" "거부해서는 안 된다"고 말한 게 되는 것은 아니다. 그럼에도 박경신은 그것이 "박유하의 명확한 입장"(455)이라고 명쾌하게 정리한다.

그리고 "박유하의 동지론은 사실을 밝히는 것이 목적이 아니라 위안부 할머니들이 취해야 할 자세를 제시하고 있다"(일본인 창기 얘기를 인용하면서)는 식으로 "동지적 관계"를 "동지"로 바꿔 말하면서, 다시 한번 "위안부 할머니"를 호명한다. 이어서 나의 자세가 "국가주의적"이고 "사람들이 가장 경악"한 부분이며 "'기본적으로'라는 표현은 썼지만 사실은 '종국적으로'를 의미"(456)한다고 주장하는 것이다.

하지만 "기본적으로"라는 표현은 구조의 기본틀을 말하는 것이지만 "종국적으로"는 예외를 상정하지 않는다는 점에서, 그 둘은 결코 같지 않다. 비슷해 보여도 전혀 다른 의미인 것이다. 명예훼손은 아니라고 명백히 말해준 유일한 법학자였던 박경신조차 이런 방식으로 자신의 거친 "해석"을 나에 대한 비판을 위해 거침없이 사용한다. 그리고 그 연장선상에서 『제국의 위안부』를 "식민지배를 불가피한 현실로 받아들인다면 조선인 위안부와 일본의 창기가 법적으로 같다", "자국민 창기에게 법적 책임을 질 이유는 없다는 결론으로 가는 징검다리", "위안부 문제는 식민지배의 불가피한 산물이었지 별도의 악행이 아니었"(456)다는 주장을 한 책으로 왜곡한다.

"조선인 위안부와 일본의 창기가 법적으로 같다"는 말에서 드러나는 것처럼, 박경신의 사고틀은 어디까지나 "법"을 중심으로 하고 있다. 그는 "일본의 창기"와 "조선인 위안부"는 "법적으로" 다르다는 주장을 하고 싶은 듯한데, 그런 식의 법지상주의적 발상이야말로 국가주의적 사고라는 것을 그는 자각하지 못하고 있다. 나는 조선인 위안부와 일본인 위안부의 고통이 다르지 않다는 말(처우 면에서 다르다 해도, 처우가 고통을 경감하는 것은 아니다)을 했을 뿐, 그녀들을 "법"을 기반으로 사고한 적이 없다. 조선인 위안부를 옹호하고 싶은 자세에서 나온 것이기는 하지만, 이런 방식으로 '여성'으로서의 그녀들의 신체를 구별하고 "법"을 기반으로 대상화하는 태도야말로 가부장주의의 전형적인 태도다. 더구나 나는 박경신이 왜곡해 요약한 말을 하지도 않았을 뿐 아니라 의도한 적도 없다.

박경신이 나의 논지를 "식민지배 자체에 대한 법적 보상을 받을 권리는 을사조약에 의해 애초에 행사 불가능하게 되었거나 한일기본조약에 의해서 소멸된 것에는 이견이 없으니(232쪽) 위안부 문제에 대해서는 별도의 법적 보상이 필요하지 않다는 결론의 관문"(456)이라고 간주하는 것은 이 역시도 을사조약이나 한일기본조약에 대한 언급을 그저 일본의 책임을 면죄하기 위한 것으로 보기 때문이다. 하지만 나는 과거의 정치의 책임에 대해 생각하고자 했을 뿐이다.

그가 나를 국가주의적이라고 주장하는 이유는 "거시적인 변화가 있었다고 해서 그 변화에 개인이 동화된 것으로 봐야 한다는 주장", "개인들의 기억마저도 개조되어야 한다는 주장"으로 보기 때문인데, 나는 "개조되어야 한다는 주장" 같은 것을 하지 않았을 뿐 아니라, 박경신의 이런 주장은 그대로 '동화된 것으로 보지 말아야 한다는 주장'이자 '개조되면 안 된다'는 주장일 뿐 과녁을 맞힌 비판도 되지 않는다. 나는 증언에 나타나는 제반 심리와 행동이 보여주는 것들을 함께 보고자 했을 뿐, 당위성을 말하지 않았다. 남성 비판자들이 특히 보고 싶어하는 '동화되지 않은 위안부', '저항한 위안부'는 물론 없지 않았지만(예를 들면 일본군인의 폭력에 항거해 상대를 죽인 문옥주 할머니의 경우), 그것이 '일본'에 대한 항거인지, '남성'에 대한 항거인지, '폭력'에 대한 항거인지는 따로 보아야 할 문제다. 무엇보다 그렇게 일본군을 죽이기도 한 위안부가 자신을 '나는 군부대의 군속이었다'라고 말한 사실을 박경신이 모르기 때문이겠지만,[24] '동화되어야 한다'든 그 반대이든, 그런 사고야말로 국가주의

---

24 또한, "위안부도 군속이어서 모두 군속 신분증명서를 갖고 있었습니다"라는 기술도 존재한다. 하나 고헤이華公平, 『종군위안소 '우미노이에'의 전언–해군특별육전대 지정의 위안부들從軍慰安所「海乃家」の伝言–海軍特別陸戰隊指定の慰安婦たち』, 日本機關紙出版センター, 1992, 70쪽.

적 사고다.

박경신은 (박유하가) "'보상을 해야 한다', '국가의 책임은 있다고 강조'"했다고 명확히 쓰면서도, "그런데 이런 말들도 결국은 내가 보기에는 급진적인 위안부 할머니들의 주장을 주저앉히기 위한 도구일 뿐", "그 경험을 이제 와서 나라를 위해 접어두라는 말에서 나는 전체주의를 읽는다"라는 식으로 끊임없이 나의 의도를 의심하고 "위안부 할머니"를 대상으로 책을 쓴 것처럼 호도한다. 피해자와 대변자(지지자)의 관계 설정에서 박경신은 너무나 순진하다. 박경신은 강박적으로 '위안부의 주체성'을 보려 하지만, 그 주체성은 결국 '민족 주체성'일 뿐이다. 말하자면 박경신의 호명은 위안부의 주체성을 회복시키기 위한 것처럼 보이지만 여성으로서의 주체성을 오히려 은폐하고 억압하는 호명이다. 물론 계급적 주체성도 그에게는 관심 밖의 일이다. 그에게 '위안부'란 오로지 '민족의 딸'로 기능한다.

박경신은 나의 책에서 "화해조급증을 읽었다"는 누군가의 주장에 동조한다. 『제국의 위안부』를 개인의 고통을 묵살하고 망각하려는 국가주의적인 자세와 동일시하는 이런 식의 거친 요약이야말로 개인간/국가간 갈등을 유발하고 유지하는 방식이자 원인이다.

박경신은 위안부 문제를 "자신의 의사에 반하여 감금된 상태에서 총칼의 협박 속에서 협력을 강제당한 것"이라고 이해하고 있고, 그에 따라 일본 국가를 "거짓말에 속아서 왔음에도(위안부를) 이용하고 감금 상태 및 거부불능 상태에 있음을 <u>알면서도</u> 성관계를 강요한 인신매매의 최대 수혜자", "그 이용에 대한 보수를 업자들에게 지급"한 주체로 간주한다.

박경신은 "왜 '이중인격적'이라고 보는가, 왜 종국적인 피해자로 봐주지 않는가"라고 힐책하지만, '위안부'를 "종국적인 피해자"로 보지 않았다면, 즉 일본의 사죄·보상이 필요하다고 생각하지 않았다면, 내가 『제국의 위안부』를 쓸 이유는 없었다.

박경신은 "법적 책임은 실정법에 의해 규정되지 않는다", "홀로코스트가 당시 독일 내의 합법적인 절차와 문헌에 따라 저질러졌다고 해서 독일의 법적 책임이 없어지지 않는 것과 마찬가지"라고 주장한다. 하지만 내가 말하고자 한 것 역시 바로 그런 사태—'설사 합법적이라 해도 책임은 있다'는 내용이었다. 법학자 중에는 유일하게 『제국의 위안부』가 위안부 할머니들의 명예를 훼손한 것은 아니라고 말해준 박경신 역시 『제국의 위안부』와 제대로 마주하지는 않았다. 아쉬운 일이다.

8. 임경화-이데올로기의 정치

정영환의 책을 번역한 임경화는, 그 책을 번역한 이유가 "실증적이고 예리하게 『제국의 위안부』의 해독을 시도하여 논리를 확정했을 뿐만 아니라 논지의 도출 과정에서 드러난 수많은 사실관계의 오류를 지적하여 그 타당성을 부정했기 때문"이라면서 『제국의 위안부』를 "오류투성이의 결함서"라고 단언한다.[25] 그러면서도 "존재하지도 않은 사진을 가공하여 조선인 위안부를 경멸의 눈으로 바라보는 중국인이라는 구도를 상정"했다는 일본인 노가와 모토카즈能川元一의 주장이나 "조선인 위안부의 평균나이를 잘못 계산"했다는 김부자의 주장을 자신의 단언의 근거로 든다.

하지만 임경화가 주장하는 "증언의 취사선택과 자의적인 해석", "상호모순된 주장의 병존", "논리적 비약", "선행연구들의 주장 왜곡"이라는 주장에 어떤 문제가 있는지는 앞에서 살펴보았다. 임경화는 그런 정영환의 책을 아무런 검증 없이, "독자들은 이 책을 통해 『제국의 위안부』가 범한 다양한 오류들의 전모를 확인할 수 있을 것"이라며 "꼼꼼하고 성실한 독해작업"으로서 한국에 소개했다.

---

25 임경화, 「역자 후기」, 『누구를 위한 '화해'인가-〈제국의 위안부〉의 반역사성』, 푸른역사, 2016. 7.

심지어 "사실에 대한 왜곡"을 했다고 주장할 뿐 아니라 마치 내가 "자발적인 매춘부"라고 한국어판에 쓴 것처럼 주장하면서 일본어판에서 수정했다고까지 왜곡하는 데에 이르면, 임경화의 '방법'이 정영환과 다를 바 없는 선동에 이르고 있음을 알게 된다. 임경화는 내가 "자발적인 매춘부"라고 쓴 부분이 책의 앞부분에서 쓴 부분, 즉 일본 우익의 주장을 책 후반에서 재언급하며 요약한 부분이라는 것을 간과하거나 무시했다. 그 부분에서 나는 위안부를 '자발적으로 간 매춘부'라고 생각하는 사람들을 향해 그렇지 않다는 것을 말하기 위해 페이지를 할애했고, 그 때문에 그 부분에 '자발성의 구조'라는 소제목을 달았다(『제국의 위안부』 158~159쪽). 그리고 그들이 생각하는 '자발성'이라는 것이 결코 말 그대로의 "자발성"일 수 없다는 것을 "설사 '자발적'으로 '희망'했다 하더라도, 그녀들로 하여금 세상에서 '추업'이라고 불리던 일을 선택하도록 만든 것을 그녀들의 의지와는 상관없는 사회적 구조"였다는 설명으로 말했다.

임경화의 주장들, "조선인 위안부의 본질은 전쟁 수행에 협력하는 '애국'적 존재이며 일본군과 동지적 관계에 있었다는 이 주장은 사료의 오독, 증언의 자의적 해석과 취사선택, 연구 성과 등에 대한 잘못된 이해 등에 의해 '폭력적으로 도출된 억측에 지나지 않는다'는 것이 정영환의 책을 통해 명확히 드러났다"거나 "한일 간의 상대에 대한 올바른 이해와 갈등 해결을 방해하는 부정확한 정보와 인식의 산물"(227~229)이라는 식의 모든 주장 역시 이런 식의 왜곡이 만든 주장들이다. 정영환의 비판을 무비판적으로 받아들인 지적 태만이 허위사실 유포까지 불사하도록 만든 것으로 보인다.

"한국어판과 일본어판의 무시할 수 없는 차이", "아무런 근거도 없는 민족의 거짓말론"을 반복하는 모습이나 "의식적인 수정"을 의심하면서 "일본의 독자들의 기대에 부응하고자 했던 것은 아닌지 의심"스럽다는 주장은, 임경화가 정영환 못지않은 의구심으로 책을 마주했음을 보여주는데, 이는 임경화가 학자이면서도 '운동'가의 경직된 시선과 냉전 후유증이 만든 정치적 시선을 내면화한 결과다.

임경화가, 한국의 재판부에서 삭제 요구된 부분이 일본어판에서는 "해당 부분 9곳이 삭제"(232)되어 있다는 거짓말까지 하는 것은 아마도 그 때문일 것이다. 하지만 해당 부분을 일일이 일본어로 번역해준 한 일본인의 번역에는 삭제된 곳은 없다.[26] 구성을 바꾸었기 때문에 해당 부분을 찾기 어려운 곳이 있을 수 있었겠지만, 비판에 나서면서도 찾는 노력을 충분히 하지 않은 채로 '의도적인 삭제'를 의심하는 임경화의 모습은 경계심과 적대의식이 얼마나 쉽게 총명한 지성을 좀먹는지를 보여주는 현장이다. 임경화는 "삭제"했다는 자신의 억측에 기반해 "이러한 변용은 고소 당사자들이 명예훼손이라고 느끼는 부분들을 일본의 독자들은 동일하게 느끼지 못"하게 만든다고 주장하면서, 독자들이 일본어판에 그런 부분이 없었기 때문에 일본에서의 평가가 높았던 것으로 생각하도록 유도한다.

하지만 삭제된 곳은 없을 뿐 아니라, '허위사실 적시에 의한 명예훼손' 혐의로 검찰에 의해 형사 기소된 35곳은 '매춘', '애국', '강제성 부정'이라는 이유에서였다. 임경화의 말처럼 일본어판에서 이에 관련된 부분이 없어졌다면, 비판자들이 주장한 '일본 우익의 상찬'

---

26 박유하 홈페이지에 게재. http://parkyuha.org/archives/3781

이 있었을 리도 없다. 임경화의 논지는 비판자들의 논지가 대부분 그랬던 것처럼, 자기파탄에 이르고 만다.

비판자들 중에서도, 일본을 잘 아는 비판자들이 이런 식의 일본인을 향한 이간질—한국인 독자를 향한 음모론을 주창하는 경향이 있다. 임경화의 주장은 결국 『제국의 위안부』가 "한일 간 역사 인식의 심대한 낙차를 극복하기보다는 오히려 더욱 심화시키고 있다"(233)는 주장으로 귀착되는데, 그 주장은 『제국의 위안부』가 과분한 평가를 받고 일부 우익조차 위안부 문제에 관한 시각을 바꾼 사실은 묵살한 것이다. 임경화가 상정하는 '한일 간 역사 인식'의 주체는 자신처럼 생각하는 좁은 세계 안의 인물들로 고정되어 있다.

임경화를 비롯한 비판자들의 비판은, 『제국의 위안부』의 주장이 틀렸기 때문이 아니라 『제국의 위안부』가 일본에서 받아들여졌고 심지어 그 주체가 일본의 '진보'진영이었기 때문에 나온 것이다. 이들의 비판이 책 자체보다도 책에 대한 평가에 대한 반발에서 시작되었다는 것은 이들의 주장에서 거듭 확인된다.

임경화는 "한국의 적지 않은 사람들이" "검증 절차도 없이 지지를 표"한 이유를 "한일화해론에 심정적으로 동의하는 정서"의 결과라고 주장(김부자나 양징자처럼 한국에서 전혀 주목받지 못했다고 하는 말보다는 정직한 언급이지만)하지만, 이 주장은 출간 직후에는 언론이 대체로 나의 문제의식을 긍정적으로 받아들였다는 사실을 무시한 발언이다. 동시에, 한일 문제와 관련해 선두에서 발언하던 보수 학자들이 오히려 나에게 냉담했다는 사실을 모르기에 할 수 있는 주장이기도 하다. 보수 학자들의 냉담함은 오히려, '부끄러운 사실을 굳이 언급'하는 데에 대한, '위안부 문제'를 수십 년 동안 묻어온 보수/남성층이 흔히 보여주던 태도이기도 했다. 말하자면 비판자들이 나에게서 찾고 싶어하는 "한일화해론에 심정적으로 동의하는 정서"를 가진 이들은 대체로 보수층인데, 임경화는 그들과 나의 생각을 같은 것으로 취급해 나를 경계하라고 선동한다.

임경화는 나의 시도가 "일본을 용서한 '위안부'의 이미지와 일치"하는 것이었고, 내가 시도한 "'제3의 목소리'[27]가 드러낸 것은 피해자들의 증언을 자의적으로 '찬탈'한 또 하나의 '경직된 피해자 이미지'에 지나지 않았다"(235)고, 정영환의 주장을 반복한다. 하지만 "피해자들의 증언을 자의적으로 '찬탈'"한 것은 오히려 내가 비판한 지원단체 쪽이다. 그리고 나는 그들이 전하지 않았던 목소리를 조금 전달했을 뿐이다. 물론 그렇게 새로 전달한 목소리만이 유일한 진실이라고 말한 적도 없다. 내가 그저 "제3의 목소리"만이 진실이라고 주장하려 했다면, 위안부 문제를 해결하기 위한 한일협의회를 만들자는 의견을 『제국의 위안부』에서 내놓을 이유도 없었다.

"사회적 약자들이 생존권 투쟁이나 인권 회복 운동을 전개하는 것은 쉬운 일이 아니며" "대개의 운동은 장기화된다"는 임경화의 말은 옳다. 하지만 "송전탑 반대운동이나 강정 해군기지의 반대운동이 그렇다"(236)면서 "마침내 운동은 힘을 잃고 국가권력이나 자본으로부터 제대로 된 양보를 얻어내지 못한 채 패배하고 만다"는 식으로, 다른 정치적 운동들을 위안부 문제 해결운동과 동일시하는 것은 각각의 운동의 차이를 오히려 무화시키고 만다.

모든 운동은 공유하는 지점이 있지만, 동시에 모든 운동은 당연

---

27 2014년 4월 29일에 서울 프레스센터에서 내가 일본 전문 학자 및 언론인들과 함께 열었던 심포지엄의 제목이 '위안부 문제, 제3의 목소리'였다.

히 각각 다르다. 그리고 각각의 맥락을 살린 운동이 궁극적으로는 성공 가능성이 높다.

더구나, 강정이나 밀양에서 벌인 운동과 비교할 때 위안부 문제 해결운동은 전 국민의 강력한 지지를 얻었다는 점에서 최소한 한국에서는 언젠가부터 약자의 운동이 아니었다. 과거에 노무현 정권이 그랬던 것처럼 문재인 정권이 정대협 관계자를 여성가족부 장관에 임명한 것이 그것을 증명한다. 임경화의 주장은, 엄연히 다른 문맥을 가져와 문제의 본질을 흐리는 "피해자 약자론"이 곧잘 사용하는 수법이다. "박유하의 운동단체비판은 사회운동의 차원에서도 충분히 주의를 요한다"는 식의 경계는 임경화의 나에 대한 비판 의도를 알 수 있게 해 주고, 나의 논지가 "역사교육들을 통해 기억을 계승하도록 하는 해결책과는 상관이 없다"는 단언은 『제국의 위안부』가 일본인들에게는 반성의 촉매제가 되기도 했다는 점을 의도적으로 무시한 발언이다. 임경화는 일본의 정황을 잘 알면서도 진실을 은폐했다.

임경화는, 나의 책이 재일조선인들에게 "화해의 폭력"으로 다가왔다는 서경식의 익숙한 문법을 반복하고 재일교포가 "일상적으로 식민주의적인 차별과 억압"을 받았다는 말을 강조함으로써 마치 내가 바로 그 억압 주체인 것처럼 표상한다. 이 역시 문맥을 근거없이 확산시켜 적의를 부르는 방식이다. 임경화의 방식에서, 나는 다시 젊은 진보의 위기를 본다.

9. 강성현-의구심이 가 닿는 곳

강성현은 서울대 인권센터의 프로젝트를 수행하는 연구팀의 일원으로서 위안부 문제 연구를 시작한 듯하다.[28] 젊다는 의미에서 '기존 연구자'의 시각에서 자유로울 수 있는 입장임에도, 그가 참여한 프로젝트를 이끄는 이가 옛 정대협 대표이기 때문인지, 그의 연구는 기존학자들의 틀 안에 머물러 있다.[29]

강성현이 나에 대한 기소를 "피해자와 그 법정대리인에 의한 고소"라면서 '대리인'의 존재를 부각시키면서도 나의 정대협 비판을 "적대적"인 것으로 받아들이고 "망언에 가까운 주장"으로 치부하는 것도 그런 연장선상의 일일 것이다.[30] 강성현은 "민족주의 비판이 이 문제에 대해 더 민족주의로 대응하도록 유도"했다면서 나에 대한 세간의 비난을 옹호하고, 그런 비난을 유도한 책임을 왜곡된 보도자료를 뿌린 지원단체나 언론이 아니라 나에게로 돌린다.

책표지의 기모노의 의미를 "차별받았지만 일본제국의 '일원'"으

28 이 서울대 인권센터의 센터장은 정대협 대표를 지냈던 정진성 교수다.

29 이들의 일련의 연구 성과는 큰 틀에서 정진성 교수를 비롯한 정대협이 주장해온 주장을 답습/강조하는 방향을 향하고 있다.

30 강성현, 「일본군 '위안부' 문제의 쟁점과 해결-『제국의 위안부』의 비판적 독해와 일본군 '위안부' 문제 해결의 제언」, 『황해문화』 91호, 2016. 6.

로 파악하는 강성현의 주장은, 굳이 인물을 반으로 잘라 넣은 뜻을 파악하지 못했다는 것을 드러낸다. 책 내용이 "상호모순"이라는 인식은 정영환 등이 그랬던 것처럼 『제국의 위안부』의 다층적 독자에 대한 말걸기라는 시도를 이해하지 못한 결과다.

강성현의 비판 중 흥미로운 것은 내가 일본(정부)에 '위안부' 문제를 위한 "새로운 조치를 기대하고 심지어 호소하는 방식"을 구사했다면서 "직업외교관적"이라고 비판하는 대목이다. 그런데 지원단체를 비롯해서, 연구자들이 위안부 문제에 대해 발언하면서 일본정부를 의식하지 않은 이들이 있었던가? 위안부 문제는 학문의 장을 넘어 누군가에게 "해결"을 요구하는 문제, 그것도 "법적"인 국가책임을 요구하는 문제가 된 순간부터 누구나가 일본의 "새로운 조치를 기대"했던 문제다. 그럼에도 나의 시도가 "차고 넘치는 진실 속에서 결국 진실이 무언인지를 확인하고 이에 바탕을 두어 촉구하거나 설득하는 방식이 아니라 하나를 떼어주고 하나를 받는 방식"이라는, 어두운 거래를 연상케 하는 강성현의 인식은, 박경신이 주장하는 "국가주의", 혹은 서경식/정영환이 주장하는 '화해라는 타협'론의 자장 안에 있다.

또한 내가 "강제연행은 없다"고 말했다고 주장하는, 전제부터가 이미 첫 단추를 잘못 꿰는 오류를 강성현 역시 저지르고 있다. 잘못된 전제에서 출발한 강성현은 "일본국군 2개 사단이 상주해 식민지 '강점' 상태를 지탱했고, 전 사회적인 전시 강제동원이 이루어졌다. 전선과 구분되는 후방공간이 아니라 전선에 연동되는 전시동원사회였다"는 말로 위안부 문제와 식민지지배 초기의 일을 일원화하고, 한일합방과 전시 강제동원을 맥락 없이 동일시한다. 하지만 식민지화에 따른 일상적(간접적) 위협과 "전시 강제동원"은 같지 않다. 더구나 한편으로는 기피하면서도 다른 한편으로는 일본과 대등해지기 위해 징집을 자원했던 식민지의 청년들을 완전히 도외시하고 있다.

더구나 강성현은 "언니와 함께 산에서 나물을 캐다가 머리채를 끌어가 트럭에 태워졌고, 배에 태워져 제3국으로 끌려갔으며, 저항하면 구타당했던 '꽃할머니'의 증언은 거짓인가?"라는 말로 마치 내가 그런 증언을 무시한 것처럼 말한다. 하지만 나는 그런 주장을 부정한 적이 없을 뿐 아니라(그런 의미에서 나는 "강제연행은 없다"고 주장한 적이 없다), 그 주체들이 누구인지를 확인해보자고 했을 뿐이다. "직업소개령, 국가총동원 시스템과 법, 제도, 시스템의 권력에 의한 광의의 강제성이 작동했다고 해서 직접적 폭력 사용과 같은 협의의 강제성이 작동하지 않았을 것이라는 단정은 전시 식민지 공간을 일면적으로 이해하는 무지를 드러낼 뿐이다"라는 일갈, "전시 식민지 공간을 일면적으로 이해하는 무지"라는 말은 그대로 강성현에게 돌려주어야 할 것 같다. 더구나 '직업소개령' 운운하는 부분에서는 기존 연구를 무조건 신뢰하는 맹목적인 자세가 드러난다. 나는 어디까지나 "조선반도에서는" "공적으로는" 강제연행이 없었다고 했을 뿐, 협의의 강제성을 전부정하지 않았다. 굳이 "서로 유기적으로 연결"되었다는 양현아의 말을 빌려오지 않아도 모든 구조는 연결되어 있는 법이고, 그것은 나 자신이 말한 바이기도 하다.

강성현의 글이 지극히 적대적인 이유는, 잘못된 전제에서 출발했을 뿐 아니라 "일본군과 국가의 구조적 강제성에 대한 죄와 책임을 서술하는 이 대목의 진짜 의도는 무엇인가?", "저의가 정말 의심스럽다"(268)라는 식으로, 이 역시 비판자들 대부분이 그랬듯이 "의도"를 추정하면서 접근하기 때문이다. 그러나 비판자들은 무성한 추정을 남발할 뿐, 그 "의도"나 "저의"를 확인하기 위해 대화를 시도한 이는 한 사람도 없었다. 그 대신 그들은 편견 유지와 적대시를 택했고, 거기서 확인되는 건 학계에 만연한 패거리주의다. 그곳에 있는 건 배제를 정당화하기 위해 왜곡을 행하면서까지 나를 엉터리 학자로 모는 지적 나태의 현장이었다. 그리고 그 모든 비난이 '일본 국가'의 '법적 책임'을 주장해온 기존 연구와 운동의 정당성 주장으로 이어진다. 그런데 이들 대부분이 '친일파' 비판에 앞장서온 이들이라는 것을 생각하면, 이들의 업자 옹호는 최대의 아이러니가 아닐 수 없다. 또 강성현은, 내가 "작은 불법에만 매달린다"고 했던 김창록의 말을 빌려오는 데에서 알 수 있는 것처럼, 글의 내용 이전에 인성 비판으로 이어지는 감성을 김창록과 공유한다. "업자의 책임을 여기저기에서 주장하고 다녔던"(269)이라는 표현에도 역시, 김창록이나 박선아 등이 드러냈던 혐오가 보인다. "저자의 논리라면 예컨대 제노사이드와 대량학살을 기획한 국가권력은 면죄되고, 이 지시를 실행한 말단의 학살 가해자들만 처벌되어야 할 것"이라면서 "일본군과 국가의 강제성에 대해서는 그냥 '사죄와 도의적 책임을 묻는 수준'으로 형해화"(268)시켰다는 인식, "참고자료와 문헌은 대개 문학작품들과 증언집"이라는 인식 역시 앞서의 비판자들과 다르지 않다.

마구잡이로 끌어가는 업자들을 단속하라는 내용의 「군위안소 종업부의 모집 등에 관한 건」(1938년 3월 4일자, 북지나군 및 중지파견군에게 보낸 육군성 통첩)의 의미를 "사기와 협잡은 공식적으로 금지"

(270)한 것으로 내가 해석한 것을 두고, 강성현은 "윤명숙은 이 통첩으로 모집업자의 선정부터 모집에 이르는 업무를 군이 감독 통제하는 체제가 완성되었"(271~272)다고 했다면서 내가 그런 시각을 반대한 것처럼 주장한다. 하지만 나는 그런 사실을 부정한 적이 없다. 그런데 강성현은 내가 그런 사실을 부정한 것으로 전제하면서 "일본군에게 강제연행에 대한 법적 책임이 없다고 주장하기 위해 활용하는 것은 자료가 전해주는 진실을 찾아내려는 것이 아니라 저자가 의도하고 구성한 결과의 도구로 동원하는 것이 아닐까?"(272)라고 의심한다. 내가 찬동하기 어려운 것은 "각 모집 지역의 경찰도 군위안부의 모집에 적극적으로 관여하게 되었다"는 기술의 실질적 내용일 뿐이다.

그리고 강성현 역시, 비판에 급급해 왜곡/거짓마저 서슴지 않았던 비판자들의 경향을 공유하고 있다. 예를 들면 강성현은 내가 미트키나의 군인 미즈가미에 대한 위안부의 긍정적인 평가를 기술한 부분을 가져와서 내가 "수치스러워하는 일본군과 따뜻하고 부하를 생각하는 일본군을 부각"했다고 주장한다. 하지만 나는 그 부분을 이렇게 인용했다.

> 위안소에 와도 여자들과 자지 않거나 위안소를 이용하는 일 자체에 수치감을 느끼는 군인 역시 '짐승 같은 일본군' 이미지가 강한 우리에게는 익숙치 않은 모습이다. 그러나 "마루야마 대좌(대령-인용자)는 매일처럼 다니는 고객이었다. '요금'을 단번에 반으로 내렸다. 비정하고 이기적이었다. 미즈가미 소좌(소령-인용자)는 결코 오지 않았다. 그는 따뜻하고 부하를 생각하는 사람으로 알려져 있었다. 미트키나 함락 때, 마루야마

대좌는 자기가 먼저 도망갔고 미즈가미 소좌는 자결했다"(같은 책, 298쪽에서 재인용)는 것처럼, 군인들 역시 다양했다.(『제국의 위안부』 69쪽)

말하자면 "수치스러워하는 일본군과 따뜻하고 부하를 생각하는 일본군"(273)과는 반대되는 유형을 나는 먼저 인용했다. 그런데도 강성현은 그런 부분은 언급하지 않는다.

물론, 인용은 하면서도 나쁜 일본인에 대해서는 특별히 따로 언급하지 않았지만, 그건 글의 목적이 기존 이미지에 반하는 정황도 보기 위한 것이었으니 당연한 일이다. 하지만 분명히 군인들의 태도가 "다양했다"고 썼음에도 그저 한쪽을 "부각"한 것으로 간주하는(즉, 불편해하는) 이유는, 강성현이 주장하는바 "차고 넘치는 진실 속에서" "결국 진실이 무엇인지를 확인"하고자 하는 식의, "진실의 획일화" 욕망에 있다.

또한 그는 나의 언급이 "궁극적 목표가 아니라는 점"에 주의해야 한다면서, 이 보고서가 일본군의 올바른 관리로 이어진 "일본인 부부(업자)에 대한 심문 보고서가 아니"라고 지적한다. 그리고 이어 "단순한 착각이었을까? 그렇지 않다"면서 또다른 음모론을 전개한다. "업자 보고서는 따로 있"고 거기에는 "조선군사령부로부터 의뢰를 받았고, '허가권'을 받았으며 '위안부'의 수송, 배급, 의료 등의 모든 지원을 제공받을 수 있는 서한을 받았다"면서, "다시 말해 이 자료는 일본군이 주체가 되어 업자들을 말단에서 활용한 명백한 '인신매매'였음을 보여준다"(275)는 것이다.

그런데, 나는 위 인용문의 한 문단 위에 있는 이 부분을 이렇게 썼다.

앞에서 언급한 바 있는 미국 정부 전쟁정보국OWI이 전시에 포로로 보호한 조선인 위안부들에 관해 작성한 보고서(「Japanese Prisoner of War Interrogation Report NO. 49」)는, "버마 전선의 일본군 소탕작전에서 포로가 된 20명의 조선인 위안부(Korea Comfort Girls)와 민간인 일본인 부부"를 대상으로 "1944년 8월 20일에서 9월 10일에 걸쳐" 벌인 심문 결과를 담고 있는데, 거기에는 다음과 같은 내용이 보인다.(『제국의 위안부』 69쪽)

말하자면 "민간인 일본인 부부"라는 언급은 인용상의 언급일 뿐, 일부러 넣은 것이 아니다. 그런데도 강성현은 내가 '업자는 단순 말단 가담자'임을 은폐하기 위해서 나 자신의 의지로 그 부분을 쓰지 않은 것으로 억측을 펼친다. 하지만 나는 '업자를 활용한 일본군의 주체'성을 부정한 적이 없고, 그 활용(불법은 행하지 말라는 지시와 확인이 함께 존재했던) 사실을 '법적 책임'으로 묻는 것이 어렵다고 말했을 뿐이다. 인신매매의 주체는 이득을 보아야 하지만, 경제적 이득을 본 것은 군이 아니라 업자였다. 강성현은 자신의 의구심을 정당화시키기 위해 의심을 진실로 포장했다.

더구나 강성현은 "식민지인 '위안부'와 점령지인 '위안부'의 피해 실태에 차이가 있다는 주장이라면 관련 연구들이 있으니 문제가 될 것도 없고 새롭지도 않다"(276)고 주장하는데, 나는 나 이전에 그런 주장을 한 이를 알지 못한다. 어차피 좁은 학문의 세계에 던진 책이 아니니 굳이 "새롭다"고 주장할 생각도 없지만, 중요한 건 새로운지 여부가 아니라 담론의 보편성이다.

"일본군의 위안부 인식을 그대로 받아들인다"(276), "반론 방식은 매우 기만적이고 본의를 숨기고 있다. 공통적으로 나타나는 '물론'이라는 접속사는 이 책에서 매우 빈번하게 나타나는데 대개 저자가 하고 싶은 주장을 숨기거나 완곡하게 표현하기 위해 사용되는 장치다"(278)라는 주장 역시 정영환이나 '젊은 학자'들의 근거없는 경계심을 반복하고 있다. 또 강성현 역시 "이 책에서 보여준 '방법'은 실패"라고 단언하고 "피해자, 군수품, 지옥이라는 이미지의 다면성, 다층성을 재구성해보길 바란다"(280)라는 식으로 훈계하는데, 물론 이는 강성현이 내가 이미 분명히 적어둔 "군수품으로서의 동지"(『제국의 위안부』 55쪽)라는 표현을 보지 못한 결과다.

나는 "만주/중국전선에서는 위안부의 죽음이 없었던 것처럼 논의"하지 않았고, "'버려졌다'는 것의 의미를 퇴색"시킨 바 없다. 다만 "20만 명의 소녀들이 끌려갔고 238명만이 돌아왔다"는 식의 인식[31]의 문제를 지적했을 뿐이다. 물론 전쟁터로의 위안부 동원은 "죽음으로의 동원"이고, 나는 그 사실을 부정하기는커녕 오히려 독자의 주목을 환기하기 위해 노력했다. 강성현은, 내가 위안부에 대해 쓴 장의 마지막 부분, "전쟁터의 최전선에서 일본군과 마지막까지 함께하다 생명을 잃은 이들—말없는 그녀들의 목소리"에 대해 쓰고 "일본이 사죄해야 하는 대상도 어쩌면 누구보다도 먼저 이들"(『제국의 위안부』 104쪽)이라고 쓴 부분을 읽지 않았거나, 다른 이들처럼 그저 "안전장치"로 생각하고 싶어할 것이다.

"진실"에 집착하는 강성현은 "위안부의 귀국은 결국 연합군에 의해 이루어졌다. 그리고 충칭 임시정부와 조선인단체 등이 지원했

31 영화 〈귀향〉(2015)의 포스터.

다"면서도, 그 뱃삯을 결국은 일본이 지불했다는 사실은 모르고 있다.[32] 수천 명이 탄 배 안에 있었던 위안부에 대해 말하는 이들은 적지 않다. 그럼에도 강성현은 그저 "학살"이라는 기존 상식에 기대어 "온 곳으로 되돌아가는 말 그대로의 귀환이 많지 않았을 것으로 보인다"는 근거 없는 주장을 펼친다.[33] 위안부의 죽음이 폭격에 의한 것이거나 일본인 위안부의 죽음일 가능성에 대한 나의 반론에 대해 "일본군에게 직접적인 책임이 없다고 말할 수 있을까?"(284)라고 주장하지만, 나는 바로 그 "직접적인 책임"을 부정하기는커녕 오히려 반복해서 물었다.

군인은 물론 자국 국민들조차 일본 정부는 버리려 했었다. 위안부를 버리는 일이 일어난 건 그 안에서의 일이다. 그런 문맥까지 보아야만 제대로 책임을 물을 수 있다. 강성현은 강일출 할머니의 그림을 거론하며 "저자는 이에 귀 기울일 준비가 되어 있지 않아 보인

---

32 아사노 도요미淺野豊美, 『제국 일본의 식민지 법제–법역 통합과 제국 질서帝國日本の植民地法制–法域統合と帝國秩序』, 名古屋大學出版會, 2008.

33 폭격이나 병사의 희생자도 많았던 것 같지만, 적지 않은 '위안부'들이 돌아왔다는 것은 위안부 증언집에 적지 않게 나타나는 '귀환' 이야기에서도 나타난다.

"내가 딱하니까 그 일본 장교가 얘기를 하더라구. '내가 일본까지 데려다줄 테니까 가자구, 나하고 살면 어떠냐'고 그러더라구. 살게 생기면 살자고. 그래서 내가 따라붙었어. 거기서 배 타고 사세보까지 왔어. 배에 다른 여자들도 있었어. 타니까 사람들이 많더라구. 여자도 남자도 많고 막…."(대일항쟁기강제동원피해조사및국외강제동원희생자등지원위원회, 『들리나요? 열두 소녀의 이야기』, 2013, 203쪽)

"수용소서 설을 지내고 1946년, 스물네 살 되던 해 배가 왔다. 나는 조선으로 돌아가고 깊지 않았으나 조선사람은 조선에 가야 한다고 해서 배를 탔다. 배에는 위안부들이 가득 탔다. 나는 조선에 가도 일가친척 하나 없을 뿐만 아니라 집도 절도 없고 혼인도 못할 텐데 하는 마음이 들어 몇 번이나 바다에 빠져 죽으려고 했으나 무서워 그러지도 못했다."(이영숙, 『강제로 끌려간 조선인 군위안부들 1』, 한국정신대문제대책협의회 · 한국정신대연구회, 한울, 1993, 69쪽)

다"고 주장하는데, 영화 〈귀향〉의 소재가 되었던 강일출 할머니의 그림과 그 바탕이 된 증언은, 나의 판단으로는 일부 위안부들이 장티푸스 등 전염병으로 죽기도 했고 그 시체가 일본의 전통적인 관습=화장으로 처리된 정황을 보여줄 뿐이다. 그리고 그런 장면은 패전 직후 만주와 북한에서는 흔한 풍경이었다. 강성현은 그런 사실을 모르기 때문에 나의 책을 "사실상 면죄부"이자 "진상 규명 없이 금전적 보상으로 처리"하라는 책이라고 주장한다. 물론, "거창 사건의 해결이 이런 식으로 이루어졌다"는 식으로, 이 역시 많은 이들이 범했던, 맥락을 소거한 동일시/범주화도 빼놓지 않는다.

강성현의 결론은 "외교적 스탠스에서가 아닌 역사정의 수립의 차원에서 고려되고 이루어질 수 있어야 한다"(287)라는 그럴듯한 주장이지만, 위안부 문제가 끊임없이 외교에 의존했고 심지어 외교부를 나서게 하기 위해 위안부와 지원단체가 헌법재판까지 일으켜 승소했다는 사실은 모르거나 간과한 듯하다. 또한 정대협 인사였던 정현백 교수가 그런 정치적 기대의 연장선상에서 여성가족부장관이 되었을 때 주변인들이 바로 그 "외교적 스탠스"에서의 힘을 기대하고 기뻐했다는 사실을 어떻게 보는지도 묻고 싶다.

강성현이 학문적 논의를 넘어 나의 지원단체 비판(189~190)을 비난하면서 "근거 없는 과도한 주장, 논리 비약, 왜곡이 버무려진 음모론적 상상으로 가득한 글"(288)이라고 규탄하고 위안부와 지원단체의 운동을 "한국사회의 반일민족주의의 욕망에만 부응하고 조종되는 것으로 서술"했다고 주장하는 것은, 김부자나 양징자 등 지원단체 관계자 등의 반발과 궤를 같이한다. 하지만 앞서 말한 것처럼 『제국의 위안부』는 "반일민족주의" 비판이 아니라 민족주의의 '스탠스'를 취하고 있는 진보 비판의 책이다. 시작부터 단추를 잘못 꿰었던 강성현이 급기야는 나를 향해 "왜 이리 심사가 뒤틀려 있을까"라는 말로 나의 정대협 비판을 그저 "심사 뒤틀린" 행위로 취급하는 것은, 그의 비판의 근원에 있는 것이 감정이라는 사실도 보여준다.

그런 강성현이 (정대협이 만든) "소녀상도 주체성이 반영된 결과"라고 주장하는 것은 당연한 반응이기도 한데, 문제는 주체성이 아니라 어떤 주체성인지였다. 지원단체들은 사반세기 동안 "위안부의 주체성", "여성인권"을 표방했지만, 실제로 '위안부'가 "여성주체"로 인식된 적은 우리 사회에서는 많지 않다. 오히려 늘, 군중을 향해 "여러분, 저희들은 독립운동 선두에 섰습니다!"[34]라고 외치는 위안부 할머니의 존재가 상징하는 것처럼, 처음부터 끝까지 '위안부'의 주체성은 민족주체로 발현되었다. 강성현은 소녀상에 대한 비판을 반박하기 위해 "소녀상이 문제가 아니라 2007년부터 두드러지는 일본사회의 우경화가 문제"라고 주장하지만, 위안부 문제를 둘러싸고 일본의 반발이 심해진 것은 명백히, 소녀상이 만들어진 이후였다.

강성현은 『제국의 위안부』를 두고 대립하게 된 일본에서의 모임에 대해 언급하면서 "학술적인 토론을 하지 못하고 정대협 등 '지원운동'에 대한 적대적 속내를 드러냈다"(『한겨레』 2016년 4월 23일자에 실린, 『도쿄 신문』 기자 쓰치다 오사무土田修의 기사 「일본 기자가 본 『제국의 위안부』 논쟁: '학문의 자유' 방패삼는 건 우익에 손 빌려주는 꼴」

34 『경향신문』 2017년 3월 1일자 영상(https://youtu.be/FcvNltMWt8g).

을 인용하며)고 주장하지만, 당시 나를 옹호해준 이들이 대부분 위안부 문제 전문가가 아니었으니 정영환 등의 왜곡된 주장에 제대로 대답을 할 수 있을 리가 없었다. 옹호자들은 책에 대한 '지식인'으로서의 관점을 말했고, 책이 재판에 회부된 이상 그건 당연한 주장이었다. 강성현은 또 신문을 인용하며 모토하시 데쓰야本橋哲也 교수가 나에 대한 지지 성명 참여를 철회한 것처럼 언급했지만, 모토하시 교수는 여전히 나를 지지하는 성명문에 이름을 올려두고 있다. 또 "와다(하루키-인용자)가 이 책(『제국의 위안부』-인용자)을 비판적으로" 보았다고 주장하지만, 와다 하루키 교수는 명백하게 나를 지지했다.[35]

하지만 중요한 건 누군가의 찬성이나 비판이 아니다. 강성현 자신이 편견과 적대에서 벗어나 얼마나 자신과 타자에게 성실하게 한 권의 책과 마주할 수 있는지 여부다.

---

35 2017년 7월 21일, 와세다 대학에서 『대화를 위해서-〈제국의 위안부〉라는 물음을 펼치다對話のために-〈帝國の慰安婦〉の問いを開く』(일본어판은 크레인クレイン, 한국어판은 뿌리와이파리, 2017)의 공개서평회가 열렸고, '특별게스트'로 나도 참가했다.

제5부

도쿄 대학 3·28 집회에 답한다

이하에서는 미처 다루지 못한 또다른 비판자들의 비난에 대한 반론과 세간에까지 널리 유포되고 정착되기에 이른 비난에 대한 간단한 정리를 시도한다.

사실 위안부 문제 연구에 한국인 연구자들이 본격적으로 나선 것은 얼마 되지 않았다. 그리고 여전히 결코 많은 숫자는 아니다. 그리고 내가 알기로는 바로 얼마전까지만 해도 남성 연구자는 거의 볼 수 없었다. 나는 그런 초라한 현실부터 직시해야 한다고 생각한다.

이 4반세기 동안 위안부 문제 연구의 중심에 있던 것은 실은 많은 일본인 학자들이었다. 그들은 구체적으로 위안부 문제 자체를 연구하기도 했지만. 여성학, 역사학, 사상, 철학, 문학 등 각 학계의 선두에 있던 이들은 각자의 문제의식에 따라 위안부 문제에 대해 발언하고 토론하고 교육하고 해결을 위해 힘썼다(대표적인 인사로 우에노 지즈코, 와다 하루키를 들 수 있다). 앞에서 본 것처럼 아시아여성기금 등을 둘러싸고 진보지식인 간에 첨예한 대립이 발생했던 것은, 오히려 그런 관심의 결과라고 봐야 한다. 이들에게 위안부 문제가 충격적으로 받아들여졌던 이유는, 이 문제가 '전전 일본'은 물론 '전후 일본'에 대한 기존 생각을 근간부터 흔드는 일이었기 때문이다.

그런데, 내가 『화해를 위해서』를 낸 이후, 이른바 위안부 문제 연구자들과 운동가들은 대체적으로 나에 대해 비판적인 스탠스를 취하고 구체적인 (역사)연구자는 아니지만 여성사, 역사, 사상, 문학 등 각 학계의 선두주자들은 호의적인 입장을 취하게 되면서, 이들 사이에 분열이 일어났다. 앞에서 본 것처럼 전후일본관, 젠더관 등 여러 가지 '인식'의 차이가 발생시킨 문제라고 할 수 있겠는데, 이 대립은 『제국의 위안부』 이후 극도로 첨예해졌다.

내가 기소를 당하게 되자 이들은 2016년 3월, 한자리에 모여 토론했지만 접점을 찾지 못했다. 이날 나는 참석할 수 없었지만(주최자의 의도는 원래는 다 가까이에 있던 사람들인 만큼, 내가 없는 자리에서 허심탄회하게 나를 둘러싼 문제에 대해 토론하고 접점을 찾아보려는 데에 있었던 것 같다), 이날의 참석 여부와 상관없이 나를 옹호해준 이들은 한 사람의 지식인으로서 책을 읽은 소회를 긍정적으로 말해주었고 그중 일부 학자들은 훗날 책으로까지 만들어주었다(『대화를 위해서—〈제국의 위안부〉의 물음을 열다』, 뿌리와이파리, 2017. 6.).

그런데, 이 모임은 너무 디테일하고 앞에서 본 것처럼 꼼꼼히 원문을 확인하지 않고서는 비판자들이 (왜곡해) 주장하는 비판에 반박하기 어려웠던 한계가 있었다. 따라서 이들의 비난에 대한 답변은 내게 오랜 숙제였다. 이날의 비판 역시 대부분, 자료를 자의적으로 인용했다는 등의 정영환/김부자의 비판을 그대로 답습하고 있었고, 비판이라기보다는 인격과 정치적 입장에 대한 의구심이 앞선 반발이자 비난들이었다. 예를 들면 일본인 오노자와 아카네小野沢あかね는 나에 대한 비판을 쓴 다른 자료에서, 한 페이지에 '자의적'이라는 단어를 열 번 가까이 쓰고 있다. 이는 역설적으로, 그런 표현 말고는 구체적인 비판이 어려웠다는 이야기일 것이다. 나로서는 반론 의욕이 꺾이는 내용들이었음에도 그런 그들의 의구심이 한국에서 또다시 번역되고 인용되는 사태가 벌어졌다. 앞서의 비판과 상당 부분 겹치지만 간단하나마 그들에 대한 반론을 시도하는 것은 그 때문이다.

1. '위안부' 할머니들이 고소고발의 주체다

고소고발 당시 침묵했던 관계자들과 주변인들은, 검찰에 의해 책이 기소되는 사태를 맞자 이렇게 외쳤다.[1] "일본군 위안부들의 명예가 심각하게 훼손되었고 이를 다른 방법으로 회복할 수 없을 때에 법에 의지하는 것이 보장되어야 할 헌법적 권리"[2]라는 주장은 그 연장선상에서 나온 발언이다.

사실 이는 실질적 고소고발 주체였던 나눔의집이 줄곧 말해온 주장이고, 일본인 연구자와 지지자들 일부가 나에게 거리를 두도록 만들었던 주장이기도 하다. 이 연장선상에서 "이런 (폭력적) 시선이 있었기 때문에 피해자들은 일본의 패전 후에도 오래 고통받았던 것이고 그렇기 때문에 고소한 것이다"[3]라는 식의 주장 역시, 당연한

---

1 "그러나 이번 검찰 기소가 『제국의 위안부』로 인해 심대한 마음의 상처를 입은 일본군 '위안부' 피해자들에 의해 이루어진 것이라는 점을 고려할 때, 지금 이 시점에서 이번 기소를 평가하는 데는 매우 신중해야 한다고 생각합니다."(일본군 '위안부' 피해자들의 아픔에 깊이 공감하고, '위안부' 문제의 정의로운 해결을 위해 활동하는 연구자와 활동가 일동, 「『제국의 위안부』 사태에 대한 입장」, 2015. 12. 9.) 이 문장은 "우리는 원칙적으로 연구자의 저작에 대해 법정에서 형사책임을 묻는 방식으로 단죄하는 것은 적절하지 않다고 생각합니다"라는 문장 뒤에 이어진다.

2 손종업, 「제국의 변호인-박유하 사건과 학문의 자유 문제」, 『제국의 변호인 박유하에게 묻다-제국의 거짓말과 위안부의 진실』, 말, 2016, 25쪽.

3 나카노 도시오中野敏男, 「일본군 '위안부' 문제에서 여전히 물어야 하는 것-일한합

듯 나왔다.

하지만, 나눔의집 직원이 책을 할머니들에게 읽어드렸다고, 위안부 할머니 자신[4]이 나에게 말한 바 있고, 나눔의집 소장 역시 스스로 그렇게 말하기도 했다.[5] 최근에는 나눔의집 소장이 국민의당 정동영 의원 앞에서 나를 비난하면서 '박유하 처벌법'을 만들어달라고 청원하는 장면까지 볼 수 있었는데(정 의원은 그 자리에서 한일합의 폐기와 '박유하 특별법' 제정을 약속했다),[6] 나에 관한 모든 설명에 거짓말이 섞여 있었다. 물론 책에 관해서도 거칠게 각색해 전달하고 있어서 할머니들에게 『제국의 위안부』의 내용이 어떻게 전달되었을지를 유추할 수 있는 영상이기도 했다(유희남 할머니도 고소고발 직후, 나에게 "강제연행이 없었다고 했다면서?"라고 물었다). 그런 이상, 원고 이름에 할머니들의 이름이 올라가 있을지라도, 또 지원단체의 주장과 같은 생각을 가진 할머니들이 계시다 해도, 고소고발 주체를 할머니들이라고 주장하는 건 위선일 수밖에 없다.

의에 저항하며日本軍「慰安婦」問題でなお問われていること—日韓合意に抗して」, 나카노 도시오中野敏男 · 김창록金昌祿 · 김부자金富子 · 이타가키 류타板垣龍太 · 오카모토 유카岡本有佳 엮음, 『'위안부' 문제와 미래에의 책임—일한 '합의'에 저항하며「慰安婦」問題と未來への責任—日韓「合意」に抗して』, 大月書店, 2017, 16쪽.

4 유희남 할머니 통화기록, 2014년 6월 27일.

5 "그리고 나서(한양대 로스쿨 학생들에게 분석을 시키고 나서-인용자) 우리는 할머니들께 책을 읽어드렸습니다. 할머니들은 직접 책을 읽지 못하기 때문에, 우리가 여러 번 반복해서 읽어드렸습니다." 나눔의집 안신권 소장 강연(2016년 1월 16일), 기타하라 미노리北原みのり의 2016년 1월 17일자 페이스북 글에서 인용.

6 정동영 의원실 홈페이지. 정 의원 측은 이 영상을 2017년 12월 31일에 올려두었으나, 다음날인 2018년 1월 1일 내가 영상을 보고 내용에 거짓이 많다는 것을 페이스북에서 지적한 조금 뒤에 삭제되었다.

2. '형사조정'의 기회를 주었다[7]

분명 나는 가처분신청 재판 초기에는 공판에 서너 차례 불참했다. 변호사와 주변인들이 나를 보호하고자 한 조언에 따른 것이었지만, 잘못된 선택이었다고 생각한다. 가처분신청 소송에서 패소하고 손해배상소송이 시작된 이후부터는 재판에 적극적으로 출석했다. 또 거의 같은 시기에 진행된 '형사조정위원회'에도 긍정적으로 임했다. 하지만 형사조정위원회가 가져온 원고 측의 최종 요구는, 가처분신청 재판부의 '일부 인용' 결정에 따라 34곳을 ○○○○으로 복자처리하여 출간한 '제2판 34곳 삭제판'조차 절판하고, 일본어판을 비롯한 해외판에서도 요구된 부분을 삭제하라는 것이었다.

나는 고소 취하를 진심으로 간절히 바랐지만, 그렇다고 해서 그런 요구에 응할 수는 없었다. 나의 책은 '위안부' 할머니의 명예를 훼손하는 '아무말'책이 아니었고, 일부 사람들이 자의적으로 '아무

---

7 마에다 아키라前田朗는 일본/미국 지식인들의 기소 반대 성명을 비판하면서 "서울지검이 박유하를 체포하지 않고 자택에서 절차를 밟은 것에는 침묵했다"고, 그리고 이어서 "더구나 서울지검은 박유하에게 '형사조정'의 기회를 주었음에도 합의에 실패했기 때문에 소추에 이른 것이다"라고 주장한 바 있다. 그야말로 그 "폭력"성에 놀라지 않을 수 없는 주장이었다. 그런데 그런 인식은 누구의 것이었을까.(「'위안부' 문제와 학문의 폭력」, 『제국의 변호인 박유하에게 묻다—제국의 거짓말과 위안부의 진실』, 말, 2016, 81쪽)

말'책으로 받아들인다 해서, 혹은 법원의 일부가 원고 측 주장을 그대로 받아들였다 해서 책을 절판하는 것은 나 스스로 나 자신을 억압하는 일이었기 때문이다. 무엇보다, 그런 선택은 한국인 후학들의 위안부 문제 연구를 위축시킬 것이 분명했다. 그리고 일본어판은 애초에 번역이 아니라 다시 쓴 책이었으므로 한국 내 처분의 영향을 받을 이유가 없었고, 한국에서 온전하게 유통되지 못하는 이상 일본어판이나마 유통될 수 있도록 하는 것은 나로서는 한 권의 책에 대한 의무이기도 했다. 더구나 한국에서 당한 고소고발 때문에 나에 대해 나쁜 인식을 갖게 되었을 일본의 지인들과 일반 독자들에게 내용을 제대로 알리는 일은, 나로서는 실존의 문제이기도 했다.

그럼에도 나눔의집 측은 내가 왜 그들의 최종 요구를 거부했는지는 말하지 않고 자신들의 호의를 거절했다는 식의 악의적인 이야기를 퍼뜨렸다. 그리고 그 이야기를 그대로 믿은 이들 역시 나를 같은 말로 비난했다.

3. 고소 사태와 정대협은 무관하다

분명 나를 고소고발한 건 정대협이 아니라 나눔의집이다. 하지만 정대협은 그보다 훨씬 이전, 책이 나온 직후에 나를 고소고발하려 했다. 정대협이 나를 고소고발하지 않은 건 정대협 관계자와 함께 검토한 변호사가 '명예훼손죄'가 성립되기 어렵다는 의견을 내놓았기 때문인 것으로 안다.[8] 그럼에도 정대협 관계자들은 '책이 그럴 만한 가치조차 없어서' 무시했다고 말한다(앞의 이나영에 대한 반론 참조). 그리고 그 사실을 모르는 일본인들이 여전히 정대협 옹호에 나서고 있다. 운동 방식에 대한 나의 비판을 두고 "국제적인 식민지 해방 투쟁을 폄하"(마에다 아키라, 『제국의 변호인 박유하에게 묻다』, 82)했다거나, 소녀상 비판을 두고 "창끝이 빗나간 비판"[9]라는 식이다. 이들의 끈끈한 연대의식에는, 4반세기를 넘는 오랜 세월 속

---

8 정대협 윤미향 대표는 2014년 2월 19일의 홋카이도 강연에서 "이 책은 정면으로 정대협을 폄훼하기 위해 쓰인 책 같다. 명예훼손으로 고발하려 했지만 그렇게 반응하면 오히려 박유하한테 주목이 쏠릴 것이고 사람들의 관심이 생길 것인데 그것이 바로 박유하의 목표일 터라 무시하기로 했다"는 내용의 발언을 한 바 있다. 앞서의 이나영 발언과 놀랍도록 비슷한 발언이다. 변호사의 검토와 관련된 얘기는 어느 변호사의 전언이다.

9 기타하라 미노리北原みのり, 「추궁받고 있는 것은 일본사회의 언론과 일본의 페미니즘問われるのは日本社會の言論と日本のフェミニズム」, 앞의 2016년 3월 28일 도쿄 대학에서 열린 연구집회 자료.

에서도 어떤 잘못도 없을 거라는 과도한 신뢰와 오만이 있다. 하지만 그런 식의 옹호는 오히려 운동을 한층 더 망가뜨릴 뿐이다. 이들은 정대협의 자제력을 칭찬하기까지 한다.[10]

이하는, 처음에 '판매 금지… 등 가처분신청'을 낼 때 '명예훼손'에 해당한다며 320쪽짜리 책에서 109곳을 꼽아 문제 삼았던 항목 중에서 내가 반론을 써서 제출하자 '고소 취지 변경' 신청과 함께 빠진 내용들이다. 이 내용을 살펴보면, 『제국의 위안부』에 대한 소송을 표면상으로는 나눔의집이 제기했지만 실질적으로는, 혹은 암묵적으로는 정대협과의 합작이라는 것을 알 수 있다. 좀 많지만, 그 일부를 열거해둔다. 밑줄친 부분이 삭제를 요구한 곳이다.[11]

> 하지만 정신대를 위안부로 혼동했다는 것을 알게 된 사실을 공식적으로 밝히지 않았던 것처럼, 정대협은 위안부에 대한 이해가 바뀐 부분에 대해서도 명확히 밝히지 않았다. <u>그저 홈페이지의 콘텐츠를 바꾸거나 전시내용을 조금 바꾸었을 뿐이다.</u> 그러나 정대협의 인식이 한국의 '공적 기억'을 만들어온 만큼, 위안부에 대한 이해가 바뀌었다면 공식적으로 발표했어야 했다.(115~116쪽)

고소한 이들은 이 부분을 지목해 "저자는 이러한 주장을 통해, 정대협은 다른 지역 여성들과의 근본적인 차이를 배제하고 똑같은 피해자로만 설명한다고 비난하고 있습니다"라고 주장했다. 하지만 나

---

10 「집담회: 젊은 학자들, 『제국의 위안부』를 말하다」, 『역사문제연구』 33호, 2015. 4., 578쪽.

11 고소장 원문은 parkyuha.org에 있다.

는 사실을 말했다.

> 사실 정대협의 현 대표는 책에서는 일본이 '1965년의 협정 때문에 국가배상을 못하고 있다'는 사실을 말하고 있다(『20년간의 수요일』). 운동 초기에는 말하지 않던 일이니, 아마도 뒤늦게 알게 된 사실일 것이다. 그런데도 국민들이 정보를 얻는 중요한 정보창구일 박물관이나 홈페이지에서는 그런 사실을 말하지 않는다. (아시아여성기금을—인용자) '미봉책'으로 간주한다고 하더라도 위안부 문제를 둘러싼 '박물관'인 이상 미봉책의 내용—일본 정부가 국민기금을 만들어 사죄와 함께 보상금을 전달했다는 사실—이나 상당수의 위안부들이 이 보상금을 받았다는 사실도 말해야 옳다. 그러나 그런 이야기는 적히지 않는다. 말하자면 위안부 문제에 대한 객관적인 지식보다도 정대협의 주장을 전달하는 데에 훨씬 비중이 두어져 있다.(118쪽)

이 부분에서는 "보상금을 받은 일본군 '위안부'는 62명인데, 이를 '상당수의 위안부들'이라고 표현한 것은 문제가 있습니다"라고 주장했다(실제로는, 61명에게 전달했지만 매개인의 전달사고가 일어나 결국 60명이 받았다). '상당수의 위안부들'이 일본의 보상금을 받은 사실을 세간에 알리고 싶지 않았을 것이다.

> 2012년에 '위안부' 대신 '성노예'라는 단어를 공식적인 명칭으로 하자는 (정대협의-인용자) 제안이 나왔을 때 당사자들이 거부한 이유는 바로 여기에 있다. 그동안 자신의 위안부 생활이 '성노예'로 말해지는 데에 대해 암묵적으로 동의해왔으면서도 정작 그 명칭이 정착되는 데에는

> 반대한 것은 의식 여부와는 상관없이 그 이름이 자신들의 '과거'의 모든 것을 표현한다고 생각하지 않았기 때문일 것이다. '성노예'라는 호칭은 분명 '위안부'를 나타내는 중요한 부분이지만, '위안부'의 전부가 아니다. 그럼에도 그들을 '성노예'라고 부르는 것은 그네들이 애써 가지려 했던 인간으로서의 긍지의 한 자락까지도 부정하는 일일 수밖에 없다.(131쪽)

이 부분에서는 "이는 전혀 사실과 다릅니다. 일본군 '위안부'들이 성노예라는 단어를 꺼려하는 이유는 받아들일 수 없는 아픈 기억을 단적으로, 그리고 노골적으로 표현하는 단어이기 때문입니다"라고 주장한다. '성노예'라는 단어는 운동 과정에서 한 일본인 변호사가 만들어 확산시킨 단어다. 책을 판매 금지해야 한다고 주장한 주체가 누구였을까.

> 하지만 그런 욕망으로부터 자유로워지지 않는 한 우리는 언제까지고 등신대의 자신을 마주하지 못한다. 그건 자신의 신체에서 마음에 안 드는 부분을 가능한 한 보지 않으려고 하는 심리와 한없이 닮아 있다. 그런 욕구는 때로, 보고 싶지 않은 모습을 영원히 안 볼 수 있도록 해주는 성형에의 욕구까지도 만들어낸다.
>
> 그러나, 70세가 되어가도록 그 이전의 자신의 모습을 직시할 수 없다면, 그건 과거의 상처가 깊어서라기보다는 상처를 직시하고 넘어서는 용기가 부족해서라고 할 수밖에 없다.(134쪽)

이 부분은 해방 이후 한국을 의인화해서 쓴 부분이었다. 고소인들은 이 부분을 위안부 할머니를 지칭한 것으로 생각하는 어처구니 없는 오독 끝에(책을 '분석'했다는 나눔의집 고문변호사의 로스쿨 학생이 저지른 실수로 보이는데, 앞에서 본 것처럼 이 지적을 그대로 가져와 반복한 연구자들도 적지 않았다), "일본군 '위안부'의 명예를 악의적으로 훼손하는 표현입니다"라고 주장했다.

> 정대협 대표가 일본에 '우익'을 감시하는 시스템이 없다면서 '일본을 바꾸어야 한다'고 역설한 것은 그런 구조와 무관하지 않다(윤미향 대표의 도쿄 YMCA 강연, 2012. 6. 9.). 그것은 일본의 진보가 꿈꾸었던 '일본사회의 개혁'과 통하는 말이었지만, 그것은 정대협의 운동도 '위안부 문제 해결'보다 '진보'가 세상을 바꾸는('우익'을 물리쳐 세계를 이끄는) 정치적인 문제에 더 중점이 두어져 있었다는 것을 보여준다.
>
> 그러나 자신들의 주장과 다른 생각을 무조건 '우익'으로 몰고 비난해 온 진보의 운동 방식은 일본의 반발을 심화시켰을 뿐이다. 위안부 문제를 둘러싼 20여 년의 세월은 그런 20년이었다. 그러면서 기지 문제에서처럼 "주연은 여성운동가이고 현장 여성은 조연, 엑스트라"(김연자, 255쪽)가 되는 상황이 이어졌던 것이다. 그런 구조가 그동안 보이지 않았던 것은 위안부 문제 운동이 늘 '민족'과 '여성'을 앞세웠고 '위안부'라는 존재가 그 두 이미지를 상징하면서 그것이 한국에서는 절대적인 정의 담론으로 존재할 수 있었기 때문이다.(301쪽)

'세상을 바꾸기 위한' 것이라는 명제는 그 모든 모순을 덮으면서 강경파들이 중심이 되어 좌우대립을 격화시켰고 결과적으로 민족/국가 간의 대립을 만들고 유지시켰다. 90년대 초반, 일본의 우파들이 결코 다수도

> 아니고 목소리가 큰 것이 아니었는데도, 운동이 그들을 '일본'을 대표하는 것처럼 간주하고 존재해서는 안 될 존재로 취급하고 심지어는 우익과는 상관없는 이들까지 '우익'으로 딱지를 붙이며 적대시했던 것은 그런 냉전적 사고가 시킨 일이다. 정대협의 북한과의 연대는 '민족'으로서의 연대라기보다는 실은 '좌파'로서의 연대였다. 그 자체야 문제시될 일은 아니지만, 문제는 그 결속에 중점이 두어지면서 좌파와 우파의 합작품이었던 일본의 사죄와 보상을 거부한 것이 그런 구조 속의 일이라는 데에 있다.(301~302쪽)

고소인들은 이 부분을 들어 "일본군 '위안부'를 위한 정대협의 활동 내용을 마치 정치적, 특히 진보, 좌파라고 평가하여 폄훼하고 있습니다"라고 주장했다. 하지만, "진보좌파" 지적이 곧바로 폄훼가 되는 건 아니다. 나는 정대협의 운동이 민족주의를 등에 업고 있지만 실제로는 "진보좌파"의 운동임을 확인해두고자 했을 뿐이다. 1990년대 이후의 역사갈등이 냉전 종식에 따른 정체성 싸움이었고, 선의로 시작한 운동이라 할지라도 결과적으로 오류가 없지만은 않다는 것을 말하기 위해서였다.

> 정대협은 2000년대 이후 세계를 상대로 한 운동에서 미국 하원에 이어 캐나다와 유럽연합 등의 결의까지 이끌어냈다. 최근엔 미국에까지 위안부를 기리는 기념비를 세웠고, 2013년 3월부터는 다시 전 세계를 상대로 한 '1억 명 서명운동'을 전개하고 있다.
>
> 그런데 미국에 서는 기림비들은 모두 '강제로 끌려간 20만 명의 조선인 소녀'라는 인식에 기반한 것들이다. 최근 들어 그중에는 전부가 조선

인은 아니었다는 인식도 내놓고 있지만, 정대협이 인식의 변화를 공식적으로 말하고 수정한 적은 한 번도 없다. 2013년 1월에 이루어진 뉴욕주 상원 결의는 한국의 주장을 인정하면서도 '일본의 사죄'를 요구하고 있지 않다. 그건 일본의 사죄를 세계가 인정하기 시작했다는 하나의 사례일 것이다.

그리고 이제 정대협은 '아시아와 연대'해서 아시아 전역에 위안부상을 세울 계획까지 갖고 있다. 그런데 문제는 그렇게 단순하지 않다.(308~309쪽)

이 부분을 두고 고소인들은 "스스로의 주장을 바탕으로 말을 하면서 정대협이 이를 동의하지 않았다고 주장하고 있습니다"라고 주장하고 있었다. 그런 불만의 원인을 삭제하라고 요구한 건 누구였을까.

정대협은 제3국을 포함한 '중재위원회'를 만들라고 요구하고 있지만, '중재위원회'가 하는 일은 실질적으로는 양측이 진실을 놓고 치열하게 싸우는 본격적인 싸움이다. 그런 싸움에서 승리할 가능성도 적어 보이지만, 설사 승리한다고 해도 그런 식의 해결이 한일관계 회복에 도움이 될 리도 없다.

'위안부 문제' 해결은 필요하지만, 입법해결은 불가능하다. 정말 위안부 문제의 해결을 원한다면 정부는 일본과 대화를 시작해야 한다.

일본 정부는 사죄했고, 일본의 사죄를 받아들인 위안부도 많다. 그러나 그 사실은 알려지지 않은 채, 오랫동안 사죄하지 않는 자와 용서하지 않는 자의 대립만이 큰 목소리가 되어 위안부 문제의 중심에 있었

다.(312쪽)

이 부분 역시, 지원단체가 세간에 말하지 않았던 사실이 확산되는 것을 막기 위한 지적이다. '조선인 위안부'에 대한 이해를 포함해서, 『제국의 위안부』에 대한 고발이, 명백히, '다른' 생각이 한국사회에 확산되지 못하도록 하는 것이 목적이었음이 드러나고 만 지적이기도 했다.

정대협은 소녀상 건립운동에 이어 '1억 명 서명운동'이라는 것을 전개하고 있다. 그러나 위안부 지원(위안부들은 정부의 '인정급'과 생활지원을 받고 있어서 생활이 비교적 안정적이라고 한다), 박물관 건립 등 그동안 이어져 온 '모금'과 '기부' 운동에 수많은 일본인들이 여전히 참여하고 있다는 것은 아이러니가 아닐 수 없다. 그들의 '기부'는 정대협이 비난했던 (아시아여성-인용자)기금의 '동정금'과 어떻게 다른 것일까.

무엇보다도, 최근 들어 수요시위를 비롯한 정대협의 활동에 어린 학생들이 대거 동원되는 상황은 극히 우려스럽다. 그들에게 새롭게 심어진 '반일'적 적개심을 넘어서 같은 또래의 일본 청소년들과 대화하기 위해서는 또 얼마나 많은 대립과 감정소모의 시간이 필요할까.

정대협의 '운동'을 거대한 '국가적 소모'라고까지 느끼는 내 감성을 그저 '친일파'로 간주하려는 이들이 있을지도 모르겠다. 그러나 '빨갱이'나 '친일파'라는 명칭이 그저 개인에 대한 공격 자체를 목표로 하는 세월이 이어지는 한 제국과 냉전으로부터의 '해방'은 오지 않는다.(319~320쪽)

여기서 '국가적 소모'로 지칭한 건 정대협 운동 전체가 아니라 소녀상 건립 운동과 1억 명 서명 운동이었다. 그리고 나는 그런 운동을 성공시키기 위해 행해진 과장과 왜곡과 은폐를 비판했을 뿐이다. 그런데 고소인들은, 이 부분을 들어 "일본군 '위안부'들이 정부의 지원을 받아 생활을 하고 있는 사실을 통해, 현재의 '위안부' 지원 활동(일본의 배상과 사과를 촉구하는 활동 포함)의 필요성을 격하시키는 주장을 하고 있습니다. 또한 일본군 '위안부' 지원 활동은 일본 정부에 대해 비판적인 태도를 전제로 하고 있지만, 관심과 도움을 주는 일본인과는 연계하고 있다는 점을 오히려 아이러니한 상황이라고 하여 사실관계를 호도하고 있습니다", "지금까지 정대협이 이룩한 성과는 무시하면서, 정대협 활동 전체를 폄훼하고 있습니다"라고 주장하며 판매 금지를 요구했던 것이다. "지금까지 정대협이 이룩한 성과는 무시하면서, 정대협 활동 전체를 폄훼하고 있습니다"라는 말에, 나에 대한 고발이 과연 누구에 의한, 누구를 위한 것인지가 명백히 나타나 있다.

정대협에 대한 나의 비판은, 일부 당사자를 배제했다는 점에 있었다. 나는 위안부 할머니들 중에는 아시아여성기금의 존재조차 모르는 분들이 있고, 정대협이 주장해온 법적 책임 자체를 인지하지 못하거나 부정적인 할머니들도 있다는 점을 환기시키고 새로운 논의를 시작하는 계기가 되기를 바랐을 뿐이다.[12]

그런데 이 고소장에는 『제국의 위안부』뿐 아니라 그보다 훨씬 전

12 2013년 가을에서 2014년 봄에 걸친 기간 동안의 인터뷰. 자신을 밝히기를 원하지 않는 분들이었기에 이름은 명기하지 않는다. 일부를 앞에서 언급한 2014년 4월 심포지엄에서 얼굴을 모자이크로 가리고 목소리를 변조해서 내보냈다.

에 쓴 『화해를 위해서』, 그리고 출간 이후에 열었던 심포지엄까지 언급하면서, 박유하가 "앞으로도 이러한 활동을 지속적으로 할 것"이니 "출판을 금지하지 않는다면" 박유하는 "또다시 새로운 도서를 출판"할 것이며, "박유하의 활동을 방치한다면" "위안부 문제 해결에도 악영향을 미칠 것"이고, 그것은 "사회적 해악"이니 "잠재된 위험성을 간과해서는 아니된다"고 쓰여 있었다. 『제국의 위안부』에 대한 고소고발의 주체는 결코 할머니들이 아니다.

고소고발 직후, 나눔의집 직원이 책을 읽어주었다고 말했던 유희남 할머니는, 나중에는 "일본 현지에선 영웅 대접", "일본의 역사 왜곡에 이 책이 논리적 근거를 대줬으니까요"(유희남, 『제국의 변호인 박유하에게 묻다』 105쪽)라는 말로 나를 비난했는데, 이런 (왜곡된) 정보가 TV나 신문에서 얻을 수 있는 내용이 아니라는 사실도, 이런 말이 누군가의 말을 대변한 것일 수밖에 없음을 보여준다. 하지만 나는 "'위안부'의 주체성"을 부정하기는커녕, 오히려 바로 그 주체성이 왜곡되는 현상에 대해 이의를 제기하기 위해 『제국의 위안부』를 썼다.

4. 일본(군)의 책임을 부정했다

형사 기소 직후에 나를 비판하며 함께 목소리를 높인 연구자/운동가들이 발표한 성명은 위안부 문제를 "범죄행위"로 규정하면서, "이 엄중한 사실들을 도외시한 연구는 결코 학문적일 수 없다고 믿"는다고 썼다.[13] 하지만 나는 이미 쓴 것처럼 '엄중한 사실들을 도외시'한 적이 없다. 그저, 피해자이자 가해자적 요소를 지녔던, 이분법으로 나눌 수 없는 식민지인의 복잡성에 대해 말했을 뿐이다. 그러면서도, "압도적으로 비대칭적인 숫자의 군인을 감당해야 했다는 점에서도 '위안부'가 '군인'과의 관계에서 희생자였다는 것은 의심의 여지가 없는 일이다"(『제국의 위안부』 79쪽), "그 어떤 경우도 그들이 처한 상황이 불행한 상황이었다는 본질적인 구조가 달라지는 것은 아니다"(58쪽)라고 분명히 썼다.

비판자들의 사고는 강한 이분법적 틀에 사로잡혀 있다. 나의 기본적이고 최종적인 입장은 어디까지나 위안부의 피해자성을 명시하고 일본의 책임을 묻는 일에 있었음에도, 그런 부분을 "도외시"한 것은 오히려 비판자들 쪽이다.

---

13 앞의 「『제국의 위안부』 사태에 대한 입장」(2015. 12. 9.)

그럼에도 비판자들은 『제국의 위안부』에 "피해자성이 부족"[14]하다거나, 위안부를 "성폭력 피해자로는 인정하지 않고 있다"거나, 내가 책임을 피해자에게 돌렸다면서 한발 더 나아가 "지원단체 책임으로 돌리는 건 2차가해"[15]라고까지 말했다. '일본의 책임을 부정했다'거나 '한국에 양보하라고 했다'는 식의 주장들은 전부, 이 연장선상에 있는 주장들이다.

하지만 나는 이미 10여 년 전에, 이렇게 썼었다. "물론 현재의 일본 정부가 위안부 문제를 비롯한 식민지지배에 대한 책임을 정말로 느낀다면, 그리고 그것을 패전 이후 국가가 정식으로 표현한 일이 없었다는 인식이 혹 일본 정부에 생긴다면, '법적'으로는 끝난 한일협정이라 할지라도 재고의 여지는 있을 것이다. 여성을 위한 아시아평화국민기금의 국내외적 혼란은 그 재고가 원천적으로 배제된 결과이기도 하다"(『화해를 위해서』, 2005, 204쪽)라고. 말하자면 한일협정을 둘러싼 한국의 조치에 문제가 있다고 한국을 향해 말하기도 했지만, 일본을 향해서는 '한일협정으로 끝났다'고 한 적이 없다.

또 『제국의 위안부』에서도 나는 책임에 대해 이렇게 말했다.

> 대부분의 위안부들은 자신들의 몸값을 저당잡혀 있는 신세였다. 또 그 착취의 주체가 설령 포주들이었다 하더라도, 그런 착취구조를 묵인하고

---

14 "오롯이 피해자라는 관점에서 보지 않는다." 김정인, 「기억투쟁의 두 방향: 보편화와 파편화」, 2015년 일본역사문화학회/건국대학교 아시아콘텐츠연구소 공동주최 학술대회 자료집 『한일협정 50년, 〈제국의 위안부〉 소송을 어떻게 볼 것인가』, 8쪽.

15 이상, 앞의 나카노 도시오中野敏男, 「일본군 '위안부' 문제에서 여전히 물어야 하는 것—일한합의에 저항하며日本軍「慰安婦」問題でなお問われていること—日韓合意に抗して」, 『'위안부' 문제와 미래에의 책임—일한 '합의'에 저항하며「慰安婦」問題と未來への責任—日韓「合意」に抗して』, 大月書店, 2017, 16~17쪽.

허용한(간혹 그 구조를 바로잡으려 한 군인도 있었지만 그건 예외적인 일로 보아야 한다) 군의 상부에 책임이 없을 수는 없다.(146쪽)

물론 이 소설 속의 장면은 위안소의 규율 바깥에서 벌어진 일이니 예외적이고 '개인적'인 상황일 뿐 '조선인 위안부'에게 원래 요구된 역할은 아니다. 그러나 여기에서 벌어진 '개인적'인 일 역시, 군인들의 대화에서 보이는 것처럼 '공적'인 사회인식과 구조가 만든 일이었다. 그리고 그런 인식과 구조를 만든 일본의 책임을 부정할 수는 없다.(148쪽)

하지만 위안부를 모집한 중심 주체가 민간인이라 해도, 또 모집하는 데에 사기나 납치 등의 수법이 횡행하고 있다는 것을 병사들이 알고 있었다는 것은 상부 역시 그런 상황을 알고 있었다는 것을 의미한다. 군이 불법적인 행위를 막으려 했다 해도 불법적인 수단이 자행되는 시스템 자체를 방기했다면 시스템을 유지시킨 책임이 군에 돌아가는 것은 당연하다.(151쪽)

'위안부'가 임신했을 때 낙태시키는 일을 맡았던 한 군의가 '나는 검사관이라는 무기=권력을 쥐고' 있었기 때문이라고 말하는 것은 그런 상황을 가리킨다(http://www.ne.jp/asahi/tyuukiren/web-site/backnumber/05/yuasa_ianhu.htm).

그런 식의 일방적 권력의 존재는 군이 시스템을 '관리'한 관리자라는 사실, 다시 말해 '관여'했을 뿐 아니라 주체적으로 관여했다는 사실을 명확히 보여준다. 군이 모집에 직접 관여하지 않았다 해도 군의 관여가 없었다고는 말할 수 없는 이유다.(152쪽)

결과적으로 일본은 자신들의 손은 더럽히지 않고(온건통치를 유지하면서) 식민지인들에게 불법행위를 전담시켜 그들을 동족에 대한 가해자로 만들었다.

식민지에 살았던 일본인들은 조선을 지배하면서도 두려워했다. 그건, '지배'라는 것이 구조적으로 언제나 저항과 반발을 내포할 수밖에 없기 때문이다. 반체제 '사상범'을 잡아들이는 것은 '치안유지법'이라는 '법'을 작동시키는 일로 '법'망 안에서 가능했지만, 식민지인들을 마구잡이로 '연행'하는 것은 '온건통치'를 표방하는 한 불가능하다.

그러니, 위안부 문제에 관한 군의 관여는 더 이상 부정할 수 있는 일이 아니다.(153쪽)

물론 숫자가 중요한 것은 아니다. 20만 명이 아니라 2만 명, 아니 2000명이라 해도, 조선인 여성들이 '일본군 위안부'가 된 것이 '식민지'에 대한 일본 제국권력의 결과인 이상 일본에 그 고통의 책임이 있는 것은 분명하다. 그들을 직접 '동원'한 것이 업자들이었다고 해도, 또 그들이 '가라유키상'처럼 유괴되거나 자발적으로 팔려갔다고 해도 그건 변하지 않는다.(49~50쪽)

업자들이 과도한 착취를 하지 않도록 관리했다는 것도, 군이 위안소의 '올바른 경영'을 지향했다는 것을 보여준다. 물론 위안소에서 폭행 등이 없도록 노력했다는 것이 위안소 설치와 이용의 책임을 상쇄할 수 있는 것은 아니다.(72쪽)

설사 '이유'가 있었다 하더라도 갈등 해소는 자신의 책임을 먼저 생각하는 데에서 비로소 가능해진다. 위안부 문제를 부인하는 이들은 식민지배를 하게 된 '이유'만 강조하고 싶어하지만, 상대방의 문제만을 지적하는 한 대화는 결국 닫힐 수밖에 없다. 그리고 대화에는 상대방의 긍지를 생각하는 상상력과 끈기가 필요하다.

위안부 문제에 대한 새로운 사죄와 보상은, 이제까지 부정해왔던 이들이 마음을 표현할 수 있는 마지막 기회라는 점에서도 필요하다.(164쪽)

'조선인 위안부'들이 위안소에서 겪은 강간이나 가혹한 노동의 원인은 식민지배와 국가와 남성중심주의와 근대자본주의가 빚은 가난과 차별에 있다. 나아가 그들을 그런 장소로 내몬 가부장제에 있다. 다시 말해 구체적으로 그 시스템을 만들고 이용한 것은 '일본군'이지만, 직접적인 책임은 그런 시스템을 묵인한 국가에 있다.(191쪽)

이 외에도 나는 반복해서 군과 국가의 책임을 물었다. 그리고 앞서의 한국 신문 서평들과 일본의 반응은 그런 나의 의도를 있는 그대로 받아들였다는 걸 보여준다. 그런데도 이들은, 내가 "모든 죄는 업자에게 있다"[16]고 했다고 주장하거나 "군의 책임 쪽이 무겁다", "박유하는 그런 구조적 인식이 되어 있지 않다"[17]고 비난하거나 한 발 더 나아가 내가 "일본군의 책임을 면제"[18]했다고 주장한다. 그리

16 하야시 히로후미林博史, 『일본군 '위안부' 문제의 핵심日本軍「慰安婦」問題の核心』, 花伝社, 2015, 231쪽.

17 요시미 요시아키, 「박유하 『제국의 위안부』의 문제점」, 앞의 2016년 3월 28일 도쿄 대학에서 열린 연구집회 「'위안부 문제'와 어떻게 마주할 것인가—박유하의 논저와 그 평가를 소재로」 자료.

18 마에다 아키라前田朗 편, 『'위안부' 문제의 현재—'박유하 현상'과 지식인「慰安婦」問題の現在—「朴裕河現象」と知識人』, 三一書房, 2016, 3쪽.

고 그런 전제를 바탕으로 "(일본의) 변호인의 역할을 담당했다"[19]고까지 주장했던 것이다.

하지만, 앞서 본 것처럼 한국의 언론도 나름대로 주목해주었고, 반면에 일본의 주목은 오히려 전혀 한국에 보도되지 않았다는 것이 진실이다. 정영환이나 김부자, 김창록 등 한국/일본의 사정을 아는 이들이 이런 식으로 한국이나 일본을 향해 사실과는 다른 이야기를 전하고 있다는 것은, 학자의 윤리 위배 수준을 넘어 사회 인식을 조작하는 선동 수준의 것이라는 점에서 심각한 일이 아닐 수 없다.

나는 나가이 가즈永井和의 위안소=야전주보野戰酒保설을 그대로 받아들이는 입장임에도, 그 나가이조차 "박유하의 군 위안소에 대한 인식은 그저 하타 이쿠히코의 위안소=전쟁터공창시설론"이라면서 "일본군은 수요자(이용자)이며 위안소의 설치 주체로 인식하고 있지 않다"고 주장한다. 나가이는, "물론 위안소에서 폭행 등이 없도록 노력했다는 것이 위안소 설치와 이용의 책임을 상쇄할 수 있는 것은 아니다"(『제국의 위안부』 72쪽)라는 말로 내가 명백히 설치 책임을 물은 부분을 보지 못했거나 묵살하고 있다. 나가이는 또, 내가 "일본군이 위안소에 관여하고 있었다는 것은 인정하지만 그 관여 범위가 기본적으로는 군의 풍속경찰관의 행사를 넘는 것이 아니라는 이해에 입각해 있다"면서 "'일본군 무죄론'과 같은 인식"이라고 주장한다. 내가 "위안소는 군의 시설이라는 인식이 결여, 혹은 직시하려 하지 않는다"면서, 그런 인식이 있다면 "그 군의 시설 안

---

19 앞의 나카노 도시오, 「일본군 '위안부' 문제에서 여전히 물어야 하는 것–일한합의에 저항하며日本軍「慰安婦」問題でなお問われていること–日韓合意に抗して」, 『'위안부' 문제와 미래에의 책임–일한 '합의'에 저항하며』, 大月書店, 2017, 14쪽.

에서 인신매매 희생자를 그대로 성적 노동에 종사시키고 있던 일본군은 인신매매의 공범 혹은 주범이라고 말할 수밖에 없다는 것을 이해했을 것이기 때문"[20]이라는 것이다.

나가이는 일본군을 "인신매매의 공범"이라고 인식하는데(그렇다. 이것이 이제는 일본 학자들이 대개 공유하는 인식이다), 나 역시 그런 인식하에서 업자의 책임을 지적했던 것이고, '일본군도 공범', '책임을 져야 할 첫 번째 주체'라고 분명히 썼다. 더구나, 앞에서도 썼지만, 『제국의 위안부』를 하타 이쿠히코와 같은 인식으로 이해하는 것은 자신들의 주장과 배치되는 부분만 확대해(때로 왜곡해) 들여다본 결과다.

이들은 내가 일본의 책임을 부정한다고 주장하지만 이미 본 것처럼 내가 이의를 제기한 것은 이들이 주장해온 '법적' 책임일 뿐이다. 하지만 이들은 그런 부분은 애매하게 놔둔 채로 그저 '박유하는 일본의 책임을 부정한다'는 말로 독자들의 비난 동참을 요구했다. 이들의 그런 태도는, 2000년대 이후 일본의 운동과 연구가 지키고자 했던 것이 '정의'나 '책임' 이상으로 자신들의 주장 자체였음을 역력하게 드러내고 말았다.

---

20 이상, 나가이 가즈永井和, 「2015년 12월 28일의 한일합의 및 박유하의 『제국의 위안부』에 대하여2015年12月28日の日韓合意および朴裕河『帝國の慰安婦』について」, 앞의 2016년 3월 28일 도쿄 대학에서 열린 연구집회 「'위안부 문제'와 어떻게 마주할 것인가―박유하의 논저와 그 평가를 소재로」 자료.

5. 선행연구를 무시했다

정영환이 시작하고 다른 이들이 앞다투어 나섰던 '엉터리 학자 취급하기'에 적지 않은 일본인 연구자/운동가들이 동참했다. 이들은 "연구서로서 실격"[21]이라고까지 주장했고, "조선인을 포함한 업자의 연구의 중요성은 이전부터 오랫동안 지적되어온 일이고, 선행연구도 있다"[22]거나, 심지어 "나가이의 문헌이 참고문헌에 없다"[23]는 것까지 들어 나를 비난했다.

하지만 나는 이 책을 처음부터 학계가 아니라 일반인을 향해 썼으니, 일부 문헌이 누락되어 있다 해서 문제시될 이유가 없다. 학계를 향해 쓴 글이라면 위안부 문제와 관련해 나온 '모든' 자료를 보고 쓰는 것이 옳다고 할 수 있지만, 그런 것이 요구되어야 하는 책이 아니므로. 하지만 위안부 문제에 대한 관심을 가진 지는 이미 오래되었고, 따라서 위안부 문제를 둘러싼 연구 정황을 알기 위해 필

---

21 요시미 요시아키, 「박유하 『제국의 위안부』의 문제점」, 위의 자료.

22 오노자와 아카네小野澤あかね, 「박유하의 『제국의 위안부』를 비판한다—일본인 '위안부' 연구의 입장으로부터朴裕河『帝國の慰安婦』を批判する—日本人「慰安婦」研究の立場から」, 위의 자료.

23 노가와 모토카즈能川元一, 「『제국의 위안부—식민지지배와 기억의 투쟁』의 방법론을 둘러싼 비판적 고찰『帝國の慰安婦—植民地支配と記憶の闘い』の方法論をめぐる批判的考察」, 『여성·전쟁·인권女性·戰爭·人權』 15호, 行路社, 2017. 8., 87쪽.

요한 만큼의 문헌들은 읽어왔다. 특히 요시미 교수와 몇몇 전문가들의 글은 거의 다 읽었다.

물론 미처 보지 못한 연구도 있겠지만, 언급하지 않은 모든 자료가 곧 읽지 않은 자료가 되는 것은 아니다. 예를 들면, 기존 연구자들이 자주 언급했던 "불법" 관련 담론들—위안부 문제를 '불법'으로 규정하기 위한 국제/일본국내법을 둘러싼 논의에 대해 특별히 언급하지 않은 것은, 그 자료들을 읽지 않았기 때문이 아니라 공감하지 않았기 때문이었다. 따라서 나는 결코 "선행연구를 무시"하지 않았다. 윤명숙의 연구를 확인하지 않았던 건 나의 불찰이지만, 그런 경우는 극히 일부다.

이미 나는 2005년에 낸 『화해를 위해서』에서 『제국의 위안부』의 주요 논점('강제연행'설에 대한 이의 제기, 애국적 틀, 자발적 동원의 문제, 업자의 존재, 한국군 위안부의 존재, 박정희 대통령이 미군 위안부에 대해 취한 이중적 태도 등)을 썼던바, 그런 의미에서는 나는 (『화해를 위해서』를 확장시킨 내용이라는 언급 이외에는) 내가 썼던 내용조차 이미 언급했다는 사실을 굳이 다시 일일이 설명하지 않았다. 오히려, 비판자들이 『화해를 위해서』나 『제국의 위안부』의 인식을 원용하면서도 그 사실을 전혀 언급하지 않았던 경우는 적지 않다.

6. 사료가 아닌 (일본인 남성의) 소설을 사용했다

이미 앞에서 이에 대한 답변은 했지만, 일본인들 역시 좌파는 물론 우파까지도 "소설 이용은 무리"[24]라며 비판했다. 여기서는 내 대답을 반복하는 대신, 앞서 언급했던 역사학자 이에나가 사부로의 견해를 인용해둔다.

> 또, 다무라 다이지로田村泰次郎의 작품집 『메뚜기蝗』(1965, 新潮社)와 고미가와 쥰페이五味川純平의 창작 『인간의 조건人間の條件』(1956~58, 三一書房) 등은 소설이긴 하지만 군인으로서의 저자의 전쟁 체험이 소재가 되고 있어서 전쟁터를 실제로 체험하지 않은 이에게는 필독 참고문헌이라 할 수 있다. 특히 작품집 『메뚜기』 안에는 (작가의 사적인 편지에 의하면) 거의 픽션을 섞지 않은 작품이 많고, 높은 사료적 가치가 인정된다. 전쟁터의 극한상황의 사료로서는 당시의 공사의 기록/문서만으로는 불충분하고, 픽션을 섞은 구체적 상황을 추체험하기 위해서는 문학작품

24 니시오카 쓰토무西岡力, 「굳이 박유하의 『제국의 위안부』를 비판한다敢えて朴裕河氏の〈帝國の慰安婦〉を批判する」, 國家基本問題硏究所, 2017. https://jinf.jp/feedback/archives/19941

(체험자의 사실적 작품에 한해서지만)을 많이 활용할 필요가 있다는 점을 이 서문에 써둔다.

군인이 아닌, 작가 혹은 저널리스트의 조사기록에도 전쟁 실태를 잘 보여주는 명저가 많다. 그중에서도 다카기 도시로高木俊郎, 사와치 히사에澤地久枝의 글들이 드높은 휴머니즘적 시점과 깊이 파고든 조사에 의해 발군의 찬란한 빛을 발하고 있다. 권력이 가장 드러내기를 싫어한 중국 침략의 극한상태를 극명하게 묘사한 혼다 쇼이치本田勝一, 모리무라 세이이치森村誠一의 글도, 공적인 기록에는 결코 남겨질 리가 없는 전쟁의 가장 어두운 부분의 복원에 성공했다. 이러한 분야는 아카데미즘 내 연구자의 전통적인 연구 방법으로 규명하기는 어렵고, 이런 제반 업적들은 작가/저널리스트가 아니면 행할 수 없는 취재능력이 멋진 결실을 맺은 전형적인 예라고 하겠다.(「참고문헌해설」, 『태평양전쟁太平洋戰爭』, 岩波現代文庫 , 2002, 440~441쪽)

다무라 다이지로의 작품집 『메뚜기』에 수록된 같은 제목의 작품은, 있는 그대로의 사실로 볼 수는 없다는 얘기(저자에게 물어본 결과 저자의 답신)였지만, 조선인 위안부의 종군 상황을 추측/고찰하는 데 참고가 된다.(같은 책, 282~283쪽)

이에나가 사부로는 국가가 자신의 교과서 내용에 부여한 검정 조건에 항의해 국가를 상대로 교과서 재판을 일으켰던 저명한 진보학자다. 당연히 일본의 전쟁 책임을 추궁했던 학자이기도 해서 해외 지식인들에게도 존경받았던 역사가였다. 그런데 그런 명망 있는 역사학자가, 역사 이해에 "기록/문서만으로는 불충분", "문학작품을 많이 활용할 필요가 있다"고 말하고 있는 것이다. 많은 비판자들이 나의 "소설" 사용을 문제시한 건, 앞에서 본 것처럼 단순한 의문시를 넘어 문학 연구자에 대한 역사학자/법학자의 무시와 문학에 대한 무지가 만든 것이라고 해야 한다. 그 연장선상에서 (센다 책은) "일본인 남성의 필터를 이중으로 거친 것"[25]이라는 비판도 있었지만, 일본인 남성인지 여부가 아니라 어떤 내용을 말하는지가 중요하다. 이들의 논지라면, 비판자들을 포함한 모든 '일본인 남성'에 의한 자료는 한일 간의 역사 문제 고찰용 대상에서 배제되어야 한다.

25 노가와 모토카즈能川元一, 「『제국의 위안부』의 자료의 자의적 원용에 대해–센다 가코의 『종군위안부』의 경우 『帝國の慰安婦』における資料の恣意的な援用について–千田夏光 『從軍慰安婦』の場合」, 마에다 아키라 편, 『'위안부' 문제의 현재–'박유하 현상'과 지식인「慰安婦」問題の現在–「朴裕河現象」と知識人』, 三一書房, 2016, 121~122쪽.

7. 자료를 조작했다

요시미조차 정영환의 말을 그대로 가져와 "자료나 증언과 반대인 결론"이라면서, "연구서로서 실격"이라고 일갈했다. 정영환의 주장을 전혀 검증하지 않고 무조건 신뢰한 결과일 터이다.

그리고 요시미는 위안부에게 "외출의 자유"가 없었다면서 "(군인에 의한) 허가제라면 외출의 자유는 없는 것"이라고 주장한다. 하지만 같은 기준으로 말한다면 군인도 허가제이고, 결과적으로 "외출의 자유는 없"었던 것이 된다. "외출의 자유는 없"는 "노예"였던 셈이다. 요시미는 계약이 만료되어도 폐업할 수 없었다면서 동원 대신 '위안소에서의 부자유'(=강제성)를 주장해왔는데, "계약기간이 만료"되었을 때는 돌아갈 수 있었다는 나의 지적을 비판하면서, "병에 걸려" 위안부 "일을 해낼 수 없을 때", "군의 허가가 날 때"에야 허가되었으니 군 직영 위안소에는 폐업의 자유가 없었다고 주장한다. 하지만 이런 주장은 병에 걸렸을 때 이외의 군인의 부자유와 위안부의 부자유가 어떻게 다른지를 증명하지 못한다. 더구나 그런 경우는 군인이 직접적으로 관리하지 않을 수 없었던, 위험한 전쟁터에 한한다. 시내 유곽의 경우, 그 관리의 수준과 정도는 훨씬 낮아

질 수밖에 없었다. "자신의 주장의 논증이 안 되고 있"[26]는 것은 오히려 요시미 쪽이라 해야 한다.[27]

그럼에도 요시미는 그런 주장을 전제로 내가 "식민지지배 책임을 제대로 논하지 않았다"고 할 뿐 아니라, 앞서 논한 김부자의 설을 역시 검증 없이 가져와 내가 "미성년자임을 부정"했다고 주장한다. 요시미가 (위안부가) "식민지 차별인데, 박유하의 책에는 이런 분석이 없다"[28]고 주장하는 이유는 이들이 일본에서 실시된 '21세 이하는 내보내지 않는다는 법이 식민지에는 적용되지 않았다'는 사실을 일본의 의도의 결과로 간주하기 때문이다. 하지만 앞에서 언급한 것처럼 '본토법의 식민지 적용 제외'는 일본뿐 아니라 모든 제국 국가가 행한 일이었다.

그리고 실은 한반도에서도 민주로 넘어가는 이들을 무조건 내보낸 건 아니었다. 1940년의 한 신문기사는 "지나로 건너가는 사람을 적극 제한하기로 하였다 함은 기보한 바와 같다"면서 "그래서 외무성에서는 제한령을 내리어 이를 엄금하다시피 하고 있는데, 조선도 내지와 같이 오는 20일부터 절대제한을 하기로 하고 오는 12일경 총독부로부터 각 도에 이 제한에 관한 것을 정식 통지하기로 되었다"라면서 "황군 위문을 목적으로 한 경우에는 미리 해군성의 승인을 맡아야 할 것"[29]이라고 쓰고 있다.

---

26 요시미 요시아키, 「박유하『제국의 위안부』의 문제점」, 앞의 자료.

27 특히 『일본군 위안소 관리인의 일기』(이숲, 2013)에는 계약이 종료되면 위안부가 자유롭게 귀국할 수 있었던 정황이 잘 나타나 있다.

28 이상, 요시미 요시아키, 앞의 자료.

29 1940년 5월 11일자 『매일신보』 조간. 일제강점하강제동원피해진상규명위원회 편, 『전시체제기 조선의 사회상과 여성동원: 『매일신보』(1937.1~1945.8)를 중심으로』(2007)에서 인용.

이에 관해서는 좀 더 연구가 필요하지만. 최소한 그동안 일본의 연구자들이 말해온 것처럼 '일본은 21살 이상 매춘부를 내보냈는데, 조선에서는 그런 규약이 없어서 어린 소녀도 외지로 내보내기 쉬웠다'는 식의 주장은 수정되어야 한다.

『제국의 위안부』라는 '자료를 조작'한 것은 정영환 쪽이었고, 이들은 법의 해석에서 의도 여부를 떠나 결과적으로 '조작'을 저질렀다. 그럼에도 오히려 나를 향해 "자의적인 자료 조작으로 일본 우파의 주장을 드러내고 있는 점이 도저히 간과할 수 없다"거나 "아베 정권의 일련의 주장을 비판하기는커녕 실질적으로 부추기는 책"이라고 일본의 진보진영 독자를 향해 주장하고, "일본 면책"(이상, 김부자, 『주간 긴요비金曜日』 1067호, 2016. 12. 11.)이라고 주장한다. 마찬가지로 선행연구 인용이 나의 논지에 유리한 것만을 취사선택한 것이라면서 "억지 내지 자의적인 문헌/자료 독해에 입각해 있다"[30]고 주장하기도 한다.

그런데, 이렇게 말한 노가와가 구체적으로 드는 내용은 고작, 센다가 책에서 언급한 사진은 한 장이 아니라 두 장이라거나, 센다가 언급한 위안부를 조선인으로 볼 수 없다거나, 센다의 책에서 조선인 위안부는 자주 침묵하곤 하는데 '생생한 목소리'라고 하는 건 무리가 있지 않느냐는 식의 사소한 지적들이다.

하지만 예를 들면 중국인의 조선인 위안부에 대한 시선은 일찍이 『화해를 위해서』에서 지적한 일이고, 위안부 할머니의 증언집에도

---

30 노가와 모토카즈能川元一, 「『제국의 위안부』의 자료의 자의적 원용에 대해-센다 가코의 『종군위안부』의 경우『帝國の慰安婦』における資料の恣意的な援用について—千田夏光『從軍慰安婦』の場合」, 앞의 마에다 아키라 편, 『'위안부' 문제의 현재-'박유하 현상'과 지식인』, 111쪽.

드러나 있었기 때문에 썼을 뿐이다. 그런데도 노가와는 내가 "자신의 주장에 들어맞는 장면에서는 센다 씨의 기술을 무비판적으로 채용하면서, 자신의 주장에 반하는 경우는 센다가 강조한 주장조차 구체적인 근거 없이 무시, 내지 부정하는 경향"[31]이 있다고 주장한다. 하지만 인용했다고 해서 모든 논지에 찬성해야 하는 건 아니다.

노가와는 중국인들이 만주의 조선인(위안부)을 경멸의 시선으로 보기도 했다는 나의 지적이 센다가 언급한 사진에만 의거한 것으로 간주하고 있지만, 그런 장면은 이미 위안부 증언집의 증언에서 다수 등장했던 것이다. 나는 분명 센다를 인용했지만, 인용하면서 머릿속에 떠올리는 풍경이 꼭 그 대상에만 한정되는 것은 아니다.

노가와는 또, 내가 센다의 책이 "현재 우리 앞에 있는 전 위안부들보다 40세나 젊은 전 위안부들이 자신의 체험을 생생한 목소리로 증언하고 있다"(『제국의 위안부』 일본어판 26쪽)고 쓴 부분을 두고, "한국인 여성은 3명"[32]뿐이었고 실제로 인터뷰에 응한 것은 한 사람이었다면서 "'조선인 위안부가 자신의 체험을 살아 있는 목소리로 말하고 있다'라는 박유하의 소개는 공정한가?"[33]라고 비난한다.

하지만 "생생한 목소리"란 숫자와 상관없는 것이다. 내가 '생생한'이라고 표현한 것은 이미 오래전에, 아직 젊은 '위안부'를 센다가 만나 그 목소리에 귀 기울였다는 사실에 대한 경외심을 담은 표현일 뿐, 그 목소리가 많았는지, 혹은 다변이었는지 눌변이었는지는 논지와는 아무런 상관도 없다.

---

31 위의 글, 114~115쪽.

32 위의 글, 116쪽.

33 위의 글, 120쪽.

그런데도 노가와는 센다가 (위안부들이) "좀처럼 말해주지 않았다", "입을 다물고 말하지 않았다"고 센다가 쓴 것을 두고 "생생한 목소리"는 없었다고 주장하는 것이다. 또, "센다가 들은 복수의 전 위안부의 목소리가 『제국의 위안부』의 주요한 테제를 지지하는 것일 거라고 (독자가-인용자) 상정"하겠지만 그것은 부당하다는 식으로 주장한다.

하지만 앞서 말한 것처럼, 두 권의 책에 기본적인 괴리는 없지만, 그럼에도 불구하고 같은 책이 아닌 한 차이가 있는 것은 오히려 당연하다. 나는 센다의 책을 인용했지만, 그것이 곧 센다의 책과 『제국의 위안부』의 기조가 같아야 한다는 이야기는 아니다.

그럼에도 노가와가 이렇게 말하는 이유는 "박유하가 들으려 하는 '목소리'는 한국의 지원단체가 작성한 증언집을 빼면 센다 씨를 비롯한 일본의 남성 작가들이 남긴 텍스트의 것이라는 것이 된다"[34]는 말에서 보이는 것처럼, 『제국의 위안부』에 담긴 목소리가 '일본 남성'의 것이라고 주장하고 싶기 때문이다. 즉 센다나 센다의 책에 등장하는 병사들이 어디까지나 '일본 남성'이니 그들의 말을 인용하는 것은 부당하다는 입장이다.

하지만 노가와는 '아내'처럼 느끼는 관계에 있던 군인이 다음 순간 강간범으로 돌변하기도 하는 사실을 모르고 있다. 다시 말해, '아내' 부분에 주목했다고 해서 군인의 강간을 도외시한 게 되는 것은 아니다. 센다의 책에 등장한 일본 군인의 발언이 '일본인 남성'의 한계를 벗어나지 못한다는 것은 노가와가 지적하지 않아도 나

34 위의 글, 121쪽.

역시 잘 알고 있다. 그런데도 노가와는 마치 나에게 그런 시각이 없는 것처럼 전제하고 말한다. 그리고 그 연장선상에서 "학술적으로 타당한 과정으로 만들어진 '위안부'상인가 아닌가"[35]라면서, "사료 사용 방식에 간과할 수 없는 문제가 있다"고 주장하는 것이다. 또 노가와는 "『제국의 위안부』의 문제점 중 하나는 몇 가지 점에서 선행연구를 무시하거나 충분한 근거 없이 통설을 부정"하는 것이라면서 위안소 설치 목적이 "성병 대책"임을 내가 부정했다고 주장한다. "신체 이상으로 마음을 위안하는 기능이 주목"[36]되고 있다는 것이다.

하지만 이런 주장은 노가와가 책을 제대로 읽지 않았거나 비판을 위해 자의적으로 읽었다는 사실을 보여주고 있을 뿐이다. 나는 『제국의 위안부』 219쪽에서 "일본군이 위안부를 필요로 한 것은 군인들에게서 일상을 뺏은 대신 '성욕 처리'를 포함한 인간의 기본 욕구가 채워지는 대체일상을 제공하기 위해서였다. 군인들의 폭력적이고도 방만한 성욕처리와 그로 인한 성병을 관리하기 위해 군대 주변에 생겨난 위안소와 도회지의 기존 시설 중 '관리 가능한 위안소'를 지정하고 실제로 관리했던 것이 일반적인 '위안소'의 실상이다. 그중에는 점령지의 위안소도 포함되어 있었다"고 써두었고, 그 밖에도 56, 152, 219, 291쪽에서 '성병'에 대해 언급했다.

나는 '성병 방지'라는 목적을 부정하지 않았고, 그에 더해 다른 목적도 있었음을 (추가적인 '발견'으로서) 지적했을 뿐이다. 그런데도

---

35 노가와 모토카즈能川元一, 「『제국의 위안부—식민지지배와 기억의 투쟁』의 방법론을 둘러싼 비판적 고찰『帝國の慰安婦—植民地支配と記憶の闘い』の方法論をめぐる批判的考察」, 앞의 『여성·전쟁·인권』 15호, 85쪽.

36 이상, 위의 글, 86쪽.

노가와는 새로운 담론을 만나면 기존 인식을 부정했다고 생각하고 전부정한다. 노가와가 이런 식의 주장을 하는 것은, '정신적 위안'의 효용조차 내가 만든 것이 아니라 일본군의 문서에 적혀 있다는 사실을 모르고 있기 때문이다.[37] 위안부 문제에 대해 잘 알지도 못하면서 기존 연구에 기대어 무조건 비판에 나선, 정영환을 비롯한 몇몇 비판자들과 같은 오류를 저지른다.

나의 책에 "학술적으로 많은 문제가 있다"고 주장한 노가와의 지적 내용은 이런 식으로 나의 논지를 왜곡한 주장에 입각한 것이다. 나의 책이 "비판을 위한 날조"라는 말은 노가와에게 돌려주기로 한다.

---

37 제3부의 '정신적 위안' 관련 주6) 참조.

8. 자의적이다

내가 증언과 사료를 "자의적"(정영환)으로 독해했다는 의견도 이런 연장선상의 비판이다. 정영환은 위안부 체험을 '운명'이라 말했던 할머니가 (그래도) "일본 정부의 사죄와 보상을 요구하는 수요데모에 나"[38]갔다고 주장하지만, 하나의 체험을 '운명'으로 여기는 일과 그에 대해 목소리를 내는 일은 서로 모순되지 않는다. 황 할머니의 그런 태도를 상반된 것으로 간주하는 식의 인간 이해야말로, 그동안 자신들의 목소리에서 벗어나는 위안부의 목소리와 태도가 세상에 드러나지 않도록 만든 주범이라고 해야 한다. 정영환은 김창록 논문이나 장박진 논문, 그리고 헌법재판소 판결에 대한 나의 언급까지 들어가며 내가 그 자료들을 "자의적"으로 오독했다는 전제하에 그것은 "대일본제국의 논리"이고, 『제국의 위안부』는 "반동"이자 "지적 타락"[39]이라고 규탄한다. 하지만 이미 앞에서 살펴본 것처럼, 정영환의 모든 지적은 자신의 "자의적"인 해석으로 이루어진 것이었다.

---

38 정영환, 「『제국의 위안부』 사태와 일본의 지식인」, 앞의 2016년 3월 28일 도쿄 대학에서 열린 연구집회 「'위안부 문제'와 어떻게 마주할 것인가—박유하의 논저와 그 평가를 소재로」 자료.

39 위의 글.

그럼에도 비판자들은, 이를테면 오노자와 아카네[40]는 정영환의 주장을 그대로 답습해 "자의적"이라는 단어를 반복했다. 하지만 구체적인 지적 내용은 고작 "문맥을 무시"했다거나, "모리사키는 그렇게 말하지 않았다"면서 "자기 논지에 맞춰 해석"한다는 정도의 내용이다. 비판자들은, 하나의 텍스트를 인용하면 무조건 저자의 의도를 그대로 살려야 한다는 전제를 갖고 있는 듯한데, 텍스트는 많은 경우 저자가 의도하지 않은 균열을 보이는 법이다. 따라서 우선 말할 수 있는 것은 나는 『가라유키상』의 저자 모리사키 가즈에森崎和江의 논지를 전체적으로는 살렸고, 디테일에서 모리사키의 논지와 나의 논지가 일치하지 않는다 해서 문제될 이유는 없다는 점이다. 오노자와의 주장은, 모든 텍스트 인용자들은 독해마저 저자와 같아야 한다는 이야기밖에 되지 않는다.

그리고 오노자와 역시 다른 이들이 그랬던 것처럼 디테일에 관해서는 "양징자와 정영환이 구체적인 피해자 증언을 들어 자세히 설명"하고 있다면서 구체적인 지적은 하지 않은 채 그저 내가 "일본 국가를 면죄"한다고 주장한다. 하지만 그 두 사람의 비판 내용의 문제는 이미 앞에서 살펴보았다.

오노자와는 내가 '성적 혹사 이외의 경험과 기억이 조금이라도 존재하는 인간은 성노예가 아니다'라고 말한 것처럼 전제하면서, 노가와가 그랬던 것처럼 "성노예의 정의는 노예조약(1926년)에서 말하는 노예의 정의에 기반한 것이며, 거기서는 노예가 혹사 이외의 경험과 기억을 갖지 않는 존재가 아니라고는 말하지 않는다. 또

40 오노자와 아카네, 「박유하의 『제국의 위안부』를 비판한다–일본인 '위안부' 연구의 입장으로부터」, 위의 자료.

'감금되어 있는' 사람만이 노예라고도 하지 않았다"고 주장한다. 말하자면 학계에서 인지된 정의대로 이해해야 한다고 주장한다. 하지만 나는 어디까지나 한국사회에 널리 퍼져 있는 '성노예' 개념으로 논지를 전개했고, 그 성노예와 실제 위안부상이 꼭 일치하지는 않는다고 지적했을 뿐이다. 실제로, 한국인들은 오노자와가 말하는 그런 정의에 기반해 위안부를 성노예라고 하지 않는다.

그럼에도 불구하고 오노자와는 나의 주장을 "이런 성노예 이미지에 의거하게 되면 온갖 인간적인 감정을 지니고 '자발적으로' 매춘하고 있는 여성들의 주체성이나 인간성을 경시하게 되고 결국 '매춘부' 차별이 된다는 듯하다"고 정리하면서 이 책의 이 부분(일본어판 276쪽, "지원자들이 주장해온 '성노예' 인식 역시 매춘부 차별로 이어지는 것일 수밖에 없다")은 "얼핏 보면 '위안부' 피해자나 성노예제 안에 갇혀 있는 이들의 심정을 생각하는 말처럼 보이지만, 실은 널리 퍼져 있는 잘못된 노예 이미지에 기대어 성노예 개념이 원래 갖고 있는 가열찬 지배-피지배관계의 구조 고발 역할을 사라지게 만드는 효과를 갖는다"고 주장한다.

그런데 도대체 "널리 퍼져 있는 잘못된 노예 이미지"란 누가 만들었는가? 그것을 만든 이들에 대한 비판을 가져와서, 만들고 확산시킨 사람들이 아니라 비판한 사람에게 '원래의 정의', 즉 제3의 정의에서 벗어난 비판이라고 비난하는 오노자와의 논지는 궤변일 수밖에 없다. 2014년 앙굴렘만화제에 전시된 위안부 만화 자료집 『지지않는 꽃』(여성가족부, 2014. 6.)의 '위안부' 이미지, 영화 〈귀향〉이며 〈눈길〉에 나타난 '위안부' 이미지가 한국인의 평균적인 이미지이고, 나는 정대협이 '위안부=성노예'로 호칭한 것을 받아 그런 이미지가 중심인 '성노예' 개념을 사용했을 뿐이다. '노예' 개념에 대해 말하면서 일반인의 감각으로 쓰여졌을 위키피디아를 가져온 이유도 거기에 있다.

따라서 "위키피디아를 인용한 '성노예부정'설은 1995년부터 본격적으로 검증되어온 쿠마라와스미 보고서나 요시미 등의 성노예설을 읽은 적조차 없는 수준의 치졸함"이라고 멋대로 속단한 또다른 연구자 구로다 간고黒田寛吾[41]에게도 같은 답변을 돌려주어야 할 것 같다. 구로다는 아시아여성기금이 발간한 공문서 자료집을 언급하면서 내가 "이런 자료를 완전히 무시"했다고 비난하지만, 무시한 것이 아니라 증언집만으로도 논지 전개에 부족함을 느끼지는 않았기 때문에 언급하지 않았을 뿐이다. 그리고 이미 여러 번 말한 것처럼 역사가들의 이른바 문서중심주의를 벗어난 기술 시도의 의도도 있었다. 더구나 이 자료집은 사실 나의 논지를 배반하기는커녕 오히려 보완해준다.

"문학작품이나 몇 개 증언에 자신의 추측을 이어붙여 소수 사례를 전체로 적용"하여 "책임 완화와 부정을 꾀한다"는 구로다의 주장에 대해서는 더 이상 반론이 필요 없으리라 생각한다. 더구나, 어떤 우익 학자가 요시미 요시아키의 위안부 관련 글들을 "날조"라고 했던 일에 대해 요시미가 명예훼손으로 고소한 재판에서, 하타 이쿠히코가 피고의 참고인으로 나와 『제국의 위안부』를 인용하며 피고를 옹호했다는 이유로 나를 비판하는 것은 '친구의 적은 적' 수준의 너무나도 단순한 논리다.

---

41 구로다 간고黒田寛吾, 「『제국의 위안부』로 보는 피해자 무시의 계보『帝國の慰安婦』に見る被害者無視の系譜」, 위의 자료.

구로다는 나를 "말의 의미를 바꾸어 소설을 쓰는" 이로 치부하고, 그런 방식이 "아베 정권이나 넷우익의 상투수단"이라고 주장한다. 그러면서 "『제국의 위안부』가 이 계보에 있는 저작"이라고 주장하는 데에 이르면, 이 비판자들의 진정한 관심은 오로지 정치적 적대 대상의 처단에 있다는 것이 드러나고 만다. 결국 이 모든 지적 타락의 현상은, 이들이 모든 사안을 정치적으로 해석하기 때문으로 보인다. 부정하고 싶은 담론에서 어떻게든 정치적 입장의 차이를 확인하려 하고 그에 근거해 비판을 하는 식의 공간에 '지식인'이 설 곳은 없다.

"자의적"이라는 온건한 표현을 뛰어넘어 "거짓말"이라고까지 말하는 이들도 없지 않았다. 한국 언론에도 등장하게 된 하야시 히로후미林博史는 내가 "머릿속에서 상상한 것, 간절히 바란 것을 쓴 것이고 사실에 근거한 것이 아니다"[42]고까지 주장하는데, 구체적인 예는 "하나만" 들겠다면서 언급하는 내용은 다른 이들과 마찬가지로 고작 김부자의 소녀=미성년설뿐이다.

"'25세 정도'라는 기술에 이거다 하고 달려들었을지 모르지만, 박유하의 자료 조작의 자의성을 잘 알 수 있다"(같은 글, 233쪽)면서 "역사 연구 성과를 완전히 무시하고 너무나 엉터리 역사 서술을 행하고 있음에도 일본군을 면죄하고 한국에 모든 책임을 전가하기 때문에 환영한 일본사회와 일부 '지식인'의 모습에 대해서는 심각한 분석이 필요할 것이다"[43]라는 주장은 정영환의 주장을 벗어나

42 하야시 히로후미林博史, 『일본군 '위안부' 문제의 핵심日本軍「慰安婦」問題の核心』, 花伝社, 2015, 231쪽.

43 하야시 히로후미, 「일본군 '위안부' 연구의 현황과 과제日本軍「慰安婦」研究の現状と課題」, 『역사평론歴史評論』 784호, 2015. 8., 39~40쪽.

지 못했다.

정영환이 선도한 선입견이 만든 결과이기도 하겠지만, 결국 비판자들의 공간에는, 비판자들의 공간에 존재하는 건, 한 사람의 학자를 곡해/왜곡하고, 집단으로 난도질하는 방식만이 존재했다. 성실한 일본 연구자들이 결국 자신들의 연구와 운동을 지키려는 '보수적' 태도로 일관한 것은, 오랜 세월에 걸친 공헌과 열정에 흠을 내고 말았다. 아쉬운 일이다.

9. 한국어판과 일본어판이 다르다

정영환이 내세웠던 이 주장은 앞에서 검토한 것처럼 그저 '박유하 죽이기'를 위한 교묘한 왜곡의 결과였다. 그런데 아이러니하게도, 고노 담화를 부정했던 위안부 문제 부정파 니시오카 쓰토무西岡力마저 똑같은 주장을 한다.[44] 흥미로운 것은 진보좌파진영이 일본의 책임을 면죄했다고 비판하는 것과는 정반대로, 니시오카는 일본에 사죄 책임이 없다고 주장하기 위해 내가 지적한 "동지적 관계"를 부정한다는 것이다.

사실 니시오카의 독해는 위안부 문제를 부정하기 위한 것이기는 하지만 오히려 "동지적 관계"라는 표현에 담은 나의 의도(민족적/계급적/성적 개념을 각각 포함한 것이었고, 민족적 동지 개념은 오히려 얕은 수준의 것이었다) 중 하나를 명확하게 이해한 것이기도 했다. 나는 실제로 『제국의 위안부』를 발간한 이후 위안부의 '군속'으로서의 성격을 오히려 더 확신하게 되었고, '법적 책임'을 지우게 하고 싶다면 오히려 그 부분을 강조할 수도 있다고 재판 서면 등에서 말한 적도 있다.

---

44 니시오카 쓰토무西岡力, 「굳이 박유하의 『제국의 위안부』를 비판한다敢えて朴裕河氏の『帝國の慰安婦』を批判する」, 국가기본문제연구소의 「곳키켄 론단國基研ろんだん」, 2017.12.1.

그런데 니시오카는 (1980년대에 '위안부 강제동원'의 유력한 증거로 다루어지다가 신빙성에 문제가 제기되어 2014년에 『아사히 신문』이 그 증언에 근거했던 과거의 기사를 취소했던) '요시다 세이지吉田清治의 증언'이 한국에서는 크게 영향력이 없었다는 나의 지적을 두고, 『아사히 신문』을 옹호하기 위한 것이라고 주장한다. 『제국의 위안부』 일본어판이 『아사히 신문』이 요시다 증언을 최소한 이후에 나왔기 때문에 그렇게 쓴 것이라면서, "지적 성실이 결여된 대응"이라는 것이다.

하지만 일본어판 『제국의 위안부』는, 『아사히 신문』의 기사가 나오기 전에 편집이 끝난 상태였다. 그럼에도 그해 11월에야 책이 나오게 된 것은 한국에서의 고발 사태에 놀란 아사히신문출판사가, 사태를 이해하기 위해 출판을 연기했던 결과다. 그리고 실제로 요시다 증언과 『아사히 신문』의 보도는 1990년대 초기에는 한국에서도 영향력이 있었지만, 그 뒤로 오래도록 한국사회에서는 잊혀졌었다. 그리고 무라야마 담화나 고노담화가 그랬던 것처럼 2010년대 이후에야 비로소 다시 부각되었을 뿐이다.

좌파든 우파든, 양 극단의 사람들이 같은 논지를 정반대로 사용하면서 나를 비판하고 있다는 점은 대단히 시사적이다. 양쪽 다 『제국의 위안부』의 논지가 일본에 영향을 미치는 것을, 말하자면 좌파는 '법적 책임'이라는 자신들의 주장의 효력이 약화되는 것을, 우파는 반대로 나의 주장이 일본에 받아들여져서 정부와 더 많은 일본인이 사죄·보상이 필요하다고 생각하게 되는 것을 함께 두려워한 듯하다. 그런데 나의 책을 제대로 읽어주고 공감해준 것은 이들과는 관계없는 이들이었다. 한국에서든 일본에서든.

10. '동지적 관계'는 없다

니시오카는 앞의 글에서, 내가 "동지적 관계"를 말한 근거가 센다 뿐이라면서, (센다의 책에는) "박유하의 입론의 기초인 일본군과 조선인 위안부의 '동지적 관계'가 입증되어 있지 않다", "동지적 관계로 말하려면 거기에 같은 전쟁을 싸운다는 의식이 있어야 한다"고 주장한다. 그러면서 군사훈련을 받으면서 "내심 어떻게 생각했는지 불분명하니, 그것만으로 동지적 관계라고 말할 수 없다"는 것이다. 앞에서 살펴본 것처럼, 좌파 비판자들의 논지와 놀랄 만큼 똑같은 논지다. 다만 목적이 일본의 책임 부정에 있을 뿐이다.

하지만 나의 "근거"는 기본적으로 센다의 책이 아니라 증언들이다. 또 내가 말한 "동지적 관계" 중 민족 간 관계는 지극히 얕은 층위의 것일 뿐이다. 다만 그렇게 준비된 얕은 층위의 관계가 계급적/성적 아이덴티티라는 측면에서 동지적 관계망을 깔아준 것이었다. 나 역시 니시오카 말대로 (위안부에게) "국체호지 등은 머리에 없었을 것"이라는 것을 배제하지 않았고, 내가 말한 '내면화'란 강요된 구조 속에서의 일일 뿐이다. 하지만 동시에 일본의 패전을 맞아 짧은 기간이나마 실제로 슬퍼하거나 실망한 위안부들(문옥주, 배봉기)이 있다는 것을 니시오카는 알아야 한다.

한국인 남성 비판자들이 민족적 동지관계를 애써 부정했던 것처럼, 우파 니시오카는 동지적 관계의 가능성을 반대의 의미로 해석하고 부정한다. 이들은 사실 '위안부'의 진짜 심중에는 관심이 없다. 이들은 그저 위안부가 '일본인'적 심성을 가졌을지도 모르는 정황을 각기 다른 이유로 두려워할 뿐이다. 물론 그렇게 만드는 것은 이들의 가부장적 심성이다. 우파가 '진짜 일본인'이 아니면 일본인일 수 없다는 식으로 배제하며 책임의 여지를 밀어내고 있다면, 좌파는 '동지적 관계'가 있었다면 더 이상 '위안부'를 지지할 수 없어지기 때문에 부정하는 것이다. 이들은 양쪽 다 똑같이, '위안부' '여성'의 삶을 그저 자신의 정치적/심정적 이상에 맞추어 재단한다.

그렇게 이들은, 이들의 표현을 빌리자면 '자의적으로' 조선인 여성들의 삶과 생각을 관리한다. 나는 그런 정황을 양쪽 다 비판했는데, 그런 책에 반발한 이들이 바로 내가 비판한 그 양쪽 극단에서 대립해온 이들이었다는 것은 어쩌면 당연한 일이었다. "일본 정부에 대해 식민지지배의 속죄를 위해 한국인 전 위안부에 사죄하고 보상해야 한다고 주장한다"고 내가 말하고 있다는 니시오카의 주장은(정확히 읽기는 했지만), 내가 "일본을 면죄"했다고 주장하는 이들과 구조적으로 전혀 다르지 않다. 이들은 똑같이 '위안부'의 생각을 전유專有하려 했는데, 마찬가지로 이들은 똑같이 『제국의 위안부』의 진짜 의도에는 관심이 없다.

1998년에 나온 신문기사 「위안부 출신 할머니 일본군 장교와 '영혼결혼식'」[45]은 남녀 간의 관계를 보여주지만, 그런 관계가 '같

---

45 「위안부 출신 할머니 일본군 장교와의 '영혼결혼식'」, 『중앙일보』 1998년 8월 27일자.

은 제국의 신민'이었다는 기반이 있었기에 가능했다는 것은 분명하다. 물론 설사 '적'이었다 해도 심정적 공감은 가능하지만, '같은 제국의 신민'이었을 때 그 가능성이 높아진다는 것은 두말할 필요가 없는 일이다. 더구나 한국의 정부연구용역 보고서[46]도 "위안부를 간호노동에 종사시키는 일은 빈번히 일어난 일"이었다면서, 이들이 "문서에 등재"된 것은 "간호부 일을 하였으면 정식으로 유수(留守: 부재)명부에 기록하여 군속 대우를 하는 것이 타당하다는 제7방면군 수뇌부 판단의 결과"로, "유수명부에 등재하였다는 것은" "원호와 관련된 각종 조치도 함께 받을 수 있"고 "일본제국의 국민으로서 보호를 받을 수 있다는 점도 있"다는 의미였다고 말한다. "식민지 여성들을 여전히 일본제국의 한 단위로 인식하고 현지에 있던 일본인 여성들을 편입한 것과 마찬가지로 조선인 여성을 편입하였다라고 보여지는 면이 있다"는 것이다. 실제로 일본 국회에서 위안부를 원호(지원) 대상으로 하기 위한 논의가 있었다는 사실[47]은 이들의 추정이 옳다는 것을 보여준다.

그런데도 비판자들은 공개적인 성명[48]에서까지 자신들이 몰랐거나 무시하려 했던 그런 정황을 부정하기에 급급했을 뿐 아니라, 그 비판을 정당화하기 위해 위안부가 "일본제국에 대한 '애국'"을 위해 "군인과 '동지'적인 관계" "에 있었다고 (박유하가) 규정"했다는 식으

46 일제강점하강제동원피해진상규명위원회, 『인도네시아 동원 여성명부에 관한 진상조사』, 2009. 96쪽.

47 『〈제국의 위안부〉, 법정에서 1460일』을 참조하기 바란다.

48 일본군 '위안부' 피해자들의 아픔에 깊이 공감하고, '위안부' 문제의 정의로운 해결을 위해 활동하는 연구자와 활동가 일동, 「『제국의 위안부』 사태에 대한 입장」, 2015. 12. 9.

로 왜곡을 마다하지 않았다. 그러면서 "충분한 학문적 뒷받침 없는 서술로 피해자들에게 아픔을 주는 책"이라고 주장하는 그 성명에 무려 380명이나 동참했던 것이다.

일본군에 대한 위안부의 감정이나 행동을 기존 지지자들은 자신들의 이상을 투영해서 이해하려고 한다. '동지적 관계'를 부정하려 하는 이들은, 위안부의 주체성을 부정하면서 이렇게 말하기도 한다. "성노예가 된 여성에게도 어느 정도 '주체성'이 있었을 것이고 그런 방향으로 생각하는 것도 가능"하다면서도 "금방 총살당할 사람이 총을 든 자를 노려보는 차원에서의 '주체성'이라는 극한적인 상황에서의 주체성임을 도외시해서는 안 됩니다", "극한상황에서의 주체성의 강조는 제도구조의 폭력성의 과소평가로 이어지기 쉽다는 딜레마를 역사가는 제대로 직시할 필요가 있다고 생각합니다"[49]라는 것이다.

하지만 중요한 건 어떤 주체성인지이다. "동지적 관계"에서 발현되었던 것은 민족아이덴티티일 수도 있지만 계급적 아이덴티티이거나 성아이덴티티, 즉 여성으로서의 주체성일 수 있다. "총살당할 사람이 총을 든 자를 노려보는 차원에서의 '주체성'"이라는 고마고메의 말은 비판자들이 자주 업자와 국가에 관해서도 대입시키곤 하는(그리고 면죄하는) 말이기도 한데, 이런 발상에는 계급아이덴티티나 성아이덴티티를 기반으로 한 행동에 대한 이해가 결여되어 있다.

---

49 고마고메 다케시駒込武, 「식민지지배와 일본군 '위안부' 문제의 관련에(대하여) 植民地支配と日本軍「慰安婦」問題のかかわりに」, 앞의 2016년 3월 28일 도쿄 대학에서 열린 연구집회 「'위안부 문제'와 어떻게 마주할 것인가—박유하의 논저와 그 평가를 소재로」 자료.

더구나 한국에 위안부 문제를 알린 윤정옥 교수도 과거에는 병사와 위안부 사이에 "인간과 인간의 만남"[50]이 있었다고 쓰고 있다. 세월이 흐르면서 위안부를 둘러싼 기억은 물론, 발언한 이들에 관한 기억조차 망각되거나 은폐되었다는 사실을, 일본의 연구자들이 몰랐을 뿐이다.

---

50 "이러한 끔찍한 삶 속에서 한국인 위안부와, 출격이 곧 죽음을 뜻하는 육해군의 소년들은 완전히 모든 탈을 다 벗어던진 인간과 인간의 만남을 가진 모양이다. 다음날 그 소년이 돌아오진 않았을 때 위안부는 그의 죽음을 목 놓아 울었다고 한다. 그리고 이름을 쓴 종이를 방 한쪽에 세워놓고 꽃을 꽂아 그를 기억해주었다는 것이다."(「이화여대 윤정옥 교수 '정신대' 원혼의 발자취 취재기」, 『한겨레신문』 1990년 1월 24일자, 여성가족부 연구용역보고서 『일본군 '위안부' 신문기사 자료집』, 2004, 60쪽에서 재인용)

11. '강제연행'을 부정했다

앞서 언급한 것처럼, 나는 '조선인 위안부의 강제연행'을 부정하지 않았다. 다만 '군에 의한 물리적 폭행을 동반한 연행'이라는 한국에서의 일반적인 이미지를 '강제연행'이라고 한다면 그런 사실은 중심적인 정황은 아니었던 것으로 보인다고 말했을 뿐이다. 소수나마 '군인에게 끌려갔다'는 증언이 존재하는 이상 그런 증언들을 부정하지도 않았다.

그런데, 『제국의 위안부』 소송의 원고이기도 한 할머니들의 정황조차 이른바 '군인에 의한 강제연행'에 해당하는 사례는 없다. 내가 그 사실을 알게 된 건, 나눔의집 측에서 위안부 동원의 '강제성'을 증명하는 자료로서 법원에 제출한 할머니 다섯 분의 구술서를 읽고서였다.

대리인에 의해 고소고발/소송의 주체가 된 나눔의집 거주자 위안부 할머니 중 다섯 분의 이야기가 담긴 이 자료에 따르면, 이른바 '군인이 강제연행'한 이는 단 한 분도 없다. 이옥선 할머니는 모르는 조선인에 의한 피랍, 김군자 할머니는 수양아버지에 의한 인신매매, 김순옥 할머니는 아버지가 종용한 인신매매의 사례였고, 강일출 할머니는 형부에 의해 '보국대'라는 이름으로 가게 된 사례,

박옥선 할머니는 스스로 가긴 했지만 속아서 간 경우였다(검찰 증거자료 50). 게다가 강일출 할머니의 사례에 나오는 '보국대'는 다름 아닌 '애국'의 틀을 실제로 보여주는 것이기도 하다. 그런데, 나눔의집 측 원고 대리인 서면(2015년 7월 29일자 준비서면)에는, 이옥선 할머니는 "두 명의 남자에게 납치를 당하여", 김군자 할머니는 "군복을 입은 조선 사람에 이끌려", 김순옥 할머니는 "공장에 돈 벌러 가는 줄 알고 속아서", 강일출 할머니는 "집에서 군인과 순사에 의해 강제로 끌려"가서, 박옥선 할머니는 "돈을 벌 수 있다는 말을 듣고 따라나섰다가" 위안부가 되었다고 적혀 있었다(16~19쪽).

하지만 판사들은 원자료 등을 포함한 증거자료를 찬찬히 살펴볼 여유도 없으려니와 그들이 전문 연구자, 학자도 아니므로, 양측에서 제출한 준비서면만을 본 듯하다. 문제는 강제연행이 있었는지 여부가 아니라 나눔의집과 그 대리인들이 이런 식의 조작을 법원을 상대로 태연하게 저질렀다는 사실이다. 그리고 그런 식의 왜곡과 조작을 언론과 국민을 상대로도 오래도록 저질러왔다는 점이다. 연구자들 역시 "강제연행"을 어느샌가 "강제성"으로 바꿔 말하거나, 동원에서의 강제성이 아니라 '위안소에서의 강제성이 있으면 강제연행'이라는 식으로 '강제성'의 내용을 바꾸어가며 자신들의 원래 주장을 지키려 했다.

물론 나 역시 일찍이 "구조적 강제성"을 말했으니, 인식의 변화 자체를 문제삼는 것은 아니다. 다만 자신들의 인식의 오류를 한 번도 공식적으로 말하지 않고 내용만을 학회 안에서 바꾸어가며 공유한 탓에, 이중적인 이해가 병존하고 국민과 언론의 혼란은 가중되었다. 내가 거짓말을 한다고 주장한 하야시 히로후미는 "불법적인 모집을 단속했다는 건 무엇을 근거로 한 것일까"[51]라고 물었는데, 나는 하야시가 보지 못했을 한국 자료도 보았다. 그리고 그런 자료를 통해 식민지 경찰이 불법적인 인신매매를 단속했다는 것을 알 수 있었다. 그럼에도 나는 "'자발성' 속에 보이지 않는 구조적인 '강제'가 존재했고, '매춘부'라는 외견 속에 '성노예'라는 측면이 존재했다"(『제국의 위안부』 143쪽)고 쓰기도 했다. 그건 오로지, '자발적 매춘부'라고 생각하는 사람들을 향해 책임에 대해 생각하도록 하고, 이른바 '강제연행'이 아니어도 일본 정부에 책임을 물을 수 있는 길을 찾으려 한 결과였다. 그런 나의 시도를 비판자들은 책임을 희석시켰다고 주장했던 것이다.

나의 시도는 책임을 희석시키기는커녕, 기존 연구자들의 시도대로라면 도외시될 책임을 물은 시도였다. 바로 그 때문에 기존 연구자들은 연구의 진전에 따라 논지를 바꿔가며 망각/은폐시켜온 것이기도 하다.

물론 그 모든 것은 운동의 성공과 확산을 위한 고육지책일 수 있다. 하지만, 바로 그 점에서 그간의 위안부 문제 연구는 철저하게 운동에 복속되고 말았다. 그것은 목적이 앞선 연구의 운명이기도 했다. 나는 그런 연구를 지향하지 않았을 뿐이다.

---

51 하야시 히로후미林博史, 『일본군 '위안부' 문제의 핵심日本軍「慰安婦」問題の核心』, 花伝社, 2015, 232쪽.

12. 전략적 한일화해론이다

일찍이 『화해를 위해서』를 비판하면서, “화해론을 고대해온 일본의 지식인들이, 이 책이 자신의 마음을 대변해주었다고 생각하고 환영한 건 아닌가 하는 의심”이 들었다면서, 나의 책이 “화해하는 일로 부정의적 유산을 청산하고 잊어버리자라는 욕망”의 표현이라고 말한 이가 있다. 그는 내가 말하는 화해가 “진실 규명과 늘 같이 이야기되어”야 하는데 “실상은 (진실 규명은) 짓밟혀버렸다”면서, 내가 말한 화해가 그런 식의 화해이고 그저 역사를 도외시한 시도인 것처럼 치부했다.[52]

이후 이런 식의 이해는 일본의 진보지식인 중 일부에게 완전히 정착된다. 동시적으로 서경식, 정영환, 윤건차 등의 재일교포 지식인들은 비슷한 인식을 이런저런 매체를 통해 적극적으로 유포하기도 했다. 이들의 주장을 이어받아 여러 사람들이 다시 똑같은 말을 반복해온 것이 고소고발 이후 집중적으로 벌어진 일이다.

물론 나는 이들이 말하는 대로 한국에서 일본학을 가르치는 사

---

52 하야오 다카노리早尾貴紀, 「‘화해’론 비판—일란 파페의 ‘다리 건너기’의 내러티브에서 배운다「和解」論批判－イランパペ「橋渡し」のナラティヴから學ぶ」, 『전쟁책임연구戰爭責任研究』 61호, 日本の戰爭責任資料センター, 2008.

람으로서 과거사에 대한 직시와 함께 그런 과거사를 딛고 넘어선 날을 볼 수 있기를 바라고 있다. 하지만 그건 이들이 생각하는 국가 간 화해와는 거리가 멀다, 나의 관심은 그저 소모적인 대립으로 정작 봐야 할 부분이 은폐/망각되고 있고, 그 때문에 직시/성찰의 자세가 사라지고 말았으며, 그런 이들이 만들고 유지시키고 있는 갈등을 차세대에게 넘겨주지 않는 데에 있을 뿐이다. 10여 년 전, 『화해를 위해서』 일본어판 후기에서 내가 1퍼센트의 '전쟁 가능성'을 상정하면서 그것을 막기 위해 썼다고 한 것도 같은 맥락의 일이었다.

비판자들은 내가 "피해자"를 배제했다고 주장하지만, 정작 "피해자"를 배제한 것은 기존 연구자들이었다고 해야 한다. 나는 그들이 묻어버리거나 보지 않으려 했던 목소리에 귀를 기울였을 뿐이다. 그런데 비판자들은 나의 그런 시도를 '국가 간 화해'로 너무나도 쉽게 치환시키고 나의 논지를 단순화시켰다. 나의 순수한 의도를 의심하고, 그 자체로서는 나쁜 의미일 수 없는 '화해'라는 단어를 정치화했다. 그리고 결국 원래의 의미라면 문제될 이유가 없는 단어를 진흙탕에 처박아 부정적인 말로 만들어버렸다. 그 결과로, 2018년 봄 현재, 이들의 바람(?)대로 한일관계는 불화와 불신을 넘어 일부 일본인들이 '단교'를 거리낌없이 주장하는 상황에 이르렀다.

그렇다고 한다면, 그렇게 만들어진 불신과 불화에 대해 이제는 '화해' 비판자들이 대답을 내놓을 차례가 아닐까. 이들은 '국가 간 화해'라는 단어로 피해자가 배제되었다고 주장하지만, 실은 자신들이 주장해온 책임 방식이 아니었다는 데에 대한 불만을 토로해왔다. 더구나 정대협은 자신들이 법적 책임을 취소한 것이 아니라고 주장하고, 하야시 히로후미 같은 이는 실질적으로 운동 방식을 바꾸었다면서 한국의 운동이 강경하다는 인식을 바꾸어야 한다고 주장한다.[53]

내가 말한 화해는 성급한 단죄와 규탄 이전에 과거의 역사와 시간을 들여 마주하고, 조금씩 이해하려는 '자세'를 갖자는 제안이었다. 그런데도 비판자들은, 보수층이 지향하는 정치경제적 화해와 나의 책들을 난폭하게 동일시했다.

물론 나는 여전히 그들의 선의를 의심하지 않는다. 또 그들의 노력의 결과로 많은 위안부 할머니들이 목소리를 내고 세상에 당당하게 나선 데에 대한 경의를 여러 번 표한 바 있다. 그럼에도 불구하고 이들이 자신들에 대한 비판을 전혀 받아들이지 않을 뿐 아니라 오히려 나의 제안에 대한 집단적 공격을 가해온 것은, 이들의 권력이 이십수년의 세월을 거치면서 권력화/교조화된 결과라고 해야 한다.

앞서 쓴 것처럼 그 기간 동안 이들은 '위안부'를 민족주체화했다. 그 괴리와 아이러니는 오랜 기간 일본인 위안부에 대한 무관심을 낳았고, 이른바 '매춘부'에 대한 무관심을 조장했으며, 자신들이 인정한 "피해자" 이외의 피해자들에 대한 냉담한 대응을 낳았다.

비판자들은 "화해는 베트남 사람들이 먼저 제안하는 것"(한홍구) 이라는 말로 '피해자중심주의'를 주장하지만, 이들이 한 일은 "피해자"에게 자신들의 주장을 대변시키는 것이었다. 그런 의미에서는 '피해자가 무시된 화해'라는 이들의 비판은, 위안부가 아니라 '일부

---

53 하야시 히로후미林博史, 『일본군 '위안부' 문제의 핵심日本軍「慰安婦」問題の核心』, 花伝社, 2015, 238쪽.

운동가와 연구자들이 소외된 화해'가 의식된 말이라 해야 한다.

진정으로 '위안부' 할머니들을 생각한다면, 무엇보다도 먼저, 그런 정황에 대한 인식부터 필요하다.

에필로그

변검술. 복화술. 곡예적. 이중적. 살포. 선동. 슬쩍. 착종. 거짓, ….

비판자들이 나에 대해 반복해 사용한 단어들이다. 이들은 나에 대한 강한 의구심을 품고 비판을 시작했고, 대개는 의식/무의식을 떠나 선동의 단어를 사용했다. 그리고 그런 선동을 용이하게 하기 위해 나의 논지를 단순화시키고 많은 경우 왜곡마저 서슴지 않았다.

작가 장정일은 '일본을 향해서는 사죄를 했다고 하고, 한국을 향해서는 안 했다고 말한다'는 식으로 왜곡한 정영환의 주장이 나의 논지를 어떻게 곡해한 것인지에 대해서 찬찬히 분석하고 비판한 적이 있다.[1]

또다른 일본인도 이렇게 말한다.[2]

> 저는 한국어판을 읽지 못하기 때문에 일본어판에 근거해 말씀드릴 수밖에 없습니다만, 정영환 씨의 비판수법은 미리 『제국의 위안부』를 완전히 부정해야 하는 것으로 설정한 다음, 그 결론에 맞추어 이런저런 조각들

---

1 장정일, 「박유하 죽이기–정영환·이명원의 오독」, 『허핑턴포스트』 2016년 5월 15일.

2 2016년 2월 14일의 박유하 페이스북 페이지 글에 대한 시민운동가 도로 노리카즈泥憲和의 댓글.

을 이어붙이고 있고, 심지어 부정확하게 인용하고 있다는 인상을 받았습니다. (중략)

정영환 씨는 박유하 씨가 '동지적 관계'를 무비판적으로 인정하고 있는 것처럼 비난하지만, 박유하 씨는 '동지적 관계'를 어디까지나 외형적으로 강조하는 구조가 존재하고, 위안부도 살기 위해 그런 허구(표면적 관계성)을 받아들일 수밖에 없었다는 비극을 말하고 있지요.

피지배자가 지배자의 사상에 물들고 추종하는 관계가 되는 건 흔한 일입니다. 위안부가 의지가 강한 독립투사였을 리도 없으니, 주어진 정황에 몸을 맡길 수밖에 없는 약한 입장의 존재로서 살아가기 위해 '동지적 관계'라는 허구에 매달릴 수밖에 없었을 거라는 건 이상할 게 전혀 없습니다. 저는 오히려 박유하 씨의 관점을 갖지 않는 위안부론은 인간이라는 존재를 삭제시킨, 일면적 정치적 논의밖에 되지 않는 게 아닌가 생각합니다.(번역은 인용자, 이하 같음)

또 전 고교 교사인 하라구치 요시오原口由夫는, 정영환의 논리/주장에 대해 다음과 같이 비판한다.

"수많은 '오독'과 '곡해'가 있다", "무엇 하나 증거를 대지 못하고 있고, 그저 자의적으로 돌려읽기를 하면서 『제국의 위안부』를 비판하고 있다", "'누구라도 이해할 수 있는 기술'을 정영환은 이해하지 못한다", "(여기에서도) 정영환은 박유하의 글을 굳이 '이항대립'이라고 해석하면서 그 '기묘함'을 주장한다", "그 '기묘함'을 알아차리는지 여부가 『제국의 위안부』 평가의 분기점이 된다", "(박유하를 두고) '이항대립의 자의성'이라고 주장하지만, 이런 해석이야말로 자의적이다", "정영환은 강제성을 부정자의 견해로 치부하는 일로 이 문제를 왜소화하고, 박유하가 제기한 문제를 쟁점으로 하는 것이 아니라 박유하의 저작의 '이항대립'이라는 식으로, 자신이 설정한 논리로 문제를 슬쩍 바꿔치기해 이 문제로부터 쟁점을 바꿔놓으려 꾀한다", "(박유하는) 법적 책임을 부정하고 있지 않다. '법적 책임을 묻는 것이 쉽지 않다'고 하고 있을 뿐이다. 여기에서도 자의적인 멋대로 읽기를 자행하고 있다", "'연구 성과를 전혀 시야에 넣지 않은 엉뚱한 논지'란 정영환에게 돌아가야 할 말이다", "여기에도 '기묘한' 바꿔읽기, 정영환의 말을 빌려오자면 '트릭'이 있다. 박유하는 '일본군의 역할은 업자의 불법적이고 강제적인 모집을 단속하는 데에 있다'는 식으로 말하지 않았다. 그런 사실이, 군의 주체적인 관여가 있었음을 보여주고 있다고 지적하고 있을 뿐이다. 이해력이 부족한 건지, 자의적으로 해석해서 (박유하의 논지를) 바꿔 말하고 있다. 그리고는 '묵인' 책임론과의 모순, '묵인 책임조차' 부정하고 있다는 결론을 내리고 있는데, 폭력적인 주장이라 하지 않을 수 없다. 이런 글은 자의적으로 박유하를 끌어내리기 위한 '잘못된 논지'다", "논점을 슬쩍 바꿔놓고 있는 것은 정영환 쪽이다", "박유하의 명예를 훼손하기 위한 과장", "(나이에 대한 분석에서도) 정영환의 주장이야말로 사실오인이고 기만이다", "정영환은 (박유하의 말을 이해할 수 없다고 쓰고 있는데) 이해하지 못하는 것이 아니라 결국 이하에 가져오는 결론으로 끌고 가기 위해 박유하의 담론을 바꿔 말하고 있는 것이다", "찬탈이니 조탁이니, 과장된 언어다. 뿐만 아니라 오용하고 있다", "진지하게 쓴 것이라면 오독이지만, 박유하의 '애국'적 존재론을 부정하기 위한 거짓말이라 할 수 있다." "비약",

"오류", "궤변", "자의적 논법".[3]

그럼에도 불구하고 『제국의 위안부』가 '자의적'으로 자료를 왜곡했고 오류로 가득하다는 이들의 주장은 그대로 법원에 제출되었고, 또 인용되었다(2015년 2월 17일의 '판매 금지 등 가처분신청' '일부 인용' 결정 판결문, 2016년 1월 13일의 손해배상소송 1심 판결문, 2017년 10월 27일의 형사 2심 판결문).

운동 주변인들이 자신들과 다른 부분을 '우파'의 논지인 것처럼 왜곡하는 동안, 책임을 부정하고 싶어하는 일부 우파도 내가 한 말이 자신들이 하고 싶은 말과 같은 것처럼 인용했다. 말하자면 한쪽에서는 기본적으로 많은 부분을 공유하는데도 일부가 다르다는 이유로 완전히 다른 것처럼 취급하고, 그들과 대립하던 우파 쪽에서는 반대로 자신들이 하고 싶은 말과 같은 말인 것처럼 나를 인용했다. 그건 위의 하라구치의 표현을 빌리자면 "이해력이 부족한 것이거나" "트릭"을 구사한 지적 태만/퇴락 현상이었다. 참고로 말해두자면, 나는 하야시 히로후미의 위안부 문제 정리에 대체로 찬동하는 입장이다.[4]

---

3 이상, 하라구치 요시오原口由夫 페이스북의 2016년 8월 21일자 글 〈「정영환—망각을 위한 화해: 『제국의 위안부』와 일본의 책임」 비판〉.

4 하야시는 2015년에 "'위안부' 연구의 성과"를 이렇게 정리하고 있다. 간략히 요점만 정리해둔다.

1) 일본군 위안소의 계획, 설립, 운영에 일본군과 정부가 조직적으로 관여했다, 2) 일본군은 이른바 위안소를 점령한 대부분의 지역에 설치했다, 3) 일본군 '위안부' 제도는 군에 의해 조직되고 관리된 명확한 성노예제이고, 성차별, 민족차별. 계급계층 차별 등 차별의 복합(적 결과)이자 여성의 인권에 대한 중대한 침해였다, 4) '위안부' 제도는 제도화된 위안소부터, 부대별 개별위안소, 납치감금하의 윤간, 개별 강간 등, 다양한 전시성폭력 중 하나다, 5) 일본군 '위안부' 제도는 당시의 국제법에 위반되는 행위이고 전쟁범죄이며, 일본 형법 226조 위반에 해당한다. 6) '위안부'가 된 여성의

고소고발의 주체인 나눔의집 측의 보도자료가 언론에 노출되면서 가장 많이, 가장 격렬하게 비난받았던 '박유하가 위안부를 매춘부라고 했다'는 유의 '마타도어'와 함께 지적된 '가라유키의 후예'란, 사실 냉전 종식과 1990년대 이후의 이른바 '세계화'–글로벌라이제이션이 낳은 세계적 '이동'에 대한 관심이 만든 인식이다. 나는 『제국의 위안부』를 쓰기 이전의 10년 동안 '이동'을 테마로 한 국제 연구그룹의 구성원이었고, 그때 나는 1960년대에 한국을 떠나 먼 이국으로 가야 했던 사람들, 광부와 간호원들(즉 이주노동자)의 삶에 대해 생각하고 발표도 했다. 그들은 '자발적으로' 떠났지만, 그들을 떠나게 만든 건 누구/무엇이었을까. 그것이 내가 위안부를 '가라유키의 후예'라고 말한 이유였고, 내 안에서 '가라유키'란 우선 '이동(당)한 사람들'이었을 뿐이다. 하지만 비판자들은 나의 그런 문제제기를 이해하지 못한 채로 그저 '가라유키'라는 단어의 표피적 의미에만 반응했다.

『제국의 위안부』는 애초에 '한국'이나 '일본'이라는 '국가'를 위한 책이 아니라, 그저 자발적/타의적으로 고립(격리)된 이들에 대한 책이다. 국가(의 잘못된 정책이 유발한 사회적 환경에 의해)에 동원당했던 모든 개인에 대해 생각해보고자 한 책이었던 것이다. 하지만 적지 않은 이들이 '지식인'의 이름으로, 법정에 선 나를 날카로운 칼

고통은 전쟁 당시뿐 아니라 전후에도 이어졌다.

대체적으로 찬동하지만, 내가 다소 이견을 갖는 부분은 1)에서의 체계성의 일관성 여부, 3)에서의 군의 주체성 부분(시기와 공간에 따라 달랐다)과 '위안부'의 동원 과정 관계, 5)에서의 위법성 여부 부분뿐이다. 하지만 그 부분이 곧 기존 연구자들이 군의 '주체성'과 '강제성'을 강조하기 위해 노력한 부분이기도 하기 때문에 이들은 반발했던 것으로 보인다.(하야시 히로후미林博文, 「일본군 '위안부' 연구의 현상과 과제日本軍 '慰安婦' 研究の現状と課題」, 『歴史評論』 784호, 2015.8.)

로 다시 찌르고 조롱했다. 찌르는 것이 목적이었기에, 책 내용의 절반인 일본 비판은 없는 것으로 치부되거나 '진짜 속내'를 감추기 위한 '장치'로 취급되었다.

분명히 존재하는데도 없는 것으로 취급하는 태도는, 최근에 한국에 거주하는 일본인(이었던) 후지이 다케시藤井たけし가 2017년 12월에 동참을 호소하는 글을 낸 '『제국의 위안부』 소송 지원 모임'[5]에 대해 쓰면서, 그 글의 호소인으로 나선 국내외의 102인 중에서 안병직, 이영훈, 이대근만을 언급함으로써 『한겨레』 독자들로 하여금 이른바 '뉴라이트' 계열 학자들만 나를 지지한 것처럼 생각하도록 만든 일에서도 명료하게 드러난다. 하지만 그 모임 동참자들이 김우창, 윤해동, 놈 촘스키, 브루스 커밍스, 오에 겐자부로, 우에노 지즈코, 와다 하루키, 고모리 요이치小森龍一 등 이른바 '뉴라이트'와는 멀리 떨어진 곳에 있는 이들이 오히려 대다수라는 사실은 전혀 언급되지 않았다.

'편향'까지 불사하면서 연구와 운동을 지키려 하는 일은 국민들의 우민화를 초래할 뿐이다. 이들은 정도의 차이는 있지만 자신들의 생각을 지키고자, 한 지원단체가 한 학자를 사회적으로 매장시키려 했던 과정에 나란히 가담했다. 그 사태의 출발과 진행 과정은 학문적 판단을 국가에 맡겼다는 점에서 학문의 자립성을 국가에 넘겨준 일이기도 했다. 그들은 위안부 문제에 대한 상식에 기대어 오랜 시간 만나고 바라보고 증언집을 들여다보며 사유하고 고민한 결과인 나의 고찰을 가볍게 단순화시켰다.

---

5 「『제국의 위안부』 소송 지원에 참여를 부탁드립니다」(http://parkyuha.org/archi-ves/6415, 2017.12.7.)

일일이 다 언급하지 않았지만, 꽤 많은 영민한 학자/작가/비평가들의 그런 모습을 보면서, 나는 서문에서도 쓴 것처럼 오래된 과제—2007년에 시작된 진보/재일지식인의 나에 대한 비판/비난에 대한 사회적/사상적 분석—을 본격적으로 수행할 필요를 다시 한번 절감하지 않을 수 없었다. 하지만 그 문제는 좀 더 본질적인 문제이기도 하므로 다른 책에서 다루어야 할 것 같다. 이 책은 어디까지나 비판에 대한 표피적 반론에 불과한 책이다.

역사에 대한 이해는 동시대의 공간과 시간에서 멀어질수록 관념화된다. 관념에 기댄 이들일수록 그 언어와 행동이 폭력적이 되고 마는 이유이기도 하다. 그런 이들이 나를 향해 한국과 일본 중 어느 편인지를 분명히 하라고 추궁했던 건, 2010년대 동아시아라는 시공간이 아직 명확히 '근대'의 자장 안에 있음을 보여준 일이기도 했다. 그리고 바로 그 때문에, 그들의 '인권'운동은 '민족'적 관념—근대적 국경의 테두리 안의 사고를 넘어서지 못했다.

『제국의 위안부』가 '책임'을 '애매'하게 만드는 역할"을 한다고 일부 일본인들도 주장한 사실은, 그런 '선명성'에 대한 욕구가 한일 공통의 심성이기도 하다는 것을 알려준다. 그러나 민족/계급/성의 구분은 그렇게 명확하지 않다. 따라서 선명성 추구가 꼭 책임을 명료하게 만들어주는 것은 아니다.

식민지배란 무조건 적으로 치부하고 정복하고 억압해야 하는 전쟁과 달리, 억압과 동시에 포섭전략을 사용한다. 식민지 사람들을 죽이고 없애는 게 아니라 그들을 동화시켜 '자원'으로서 이용하려는 것이 제국주의의 본질이기 때문이다. 제거해버리는 것은 어디까지나 노골적으로 '체제'에 저항하는 이들에 한한다. 당연히 식민지인들 안에서 분열이 일어날 수밖에 없고, 그 분열은 때로 동일 인물 안에서조차 일어났음에도, 비판자들은 식민지의 본질, 그리고 그것이 빚은 복잡성을 이해하려고 하지 않았다. 이들의 성급한 규탄은 그런 몰이해에서 나온 것으로, 나는 이해한다.

사실, 위안부 문제에 오랫동안 관여해온 이들의 그런 태도를 이해하지 못하는 바도 아니다. 하지만, '더 큰' 목적을 위해 작은 것을 희생한다는 식의 발상, 스스로를 무엇이 '더 큰'지를 알고, 결정하는 주체라고 인식하는 것을 전제로 한 그런 생각은 그 자신이 이미 권력화되어 있다는 사실에 대한 무감각을 만든다. 그런데, 페미니즘도 마르크시즘도, 그런 압도적인 권력에 저항하며 발생한 것이 아니었던가. 비판자들이 고소고발 사태 이후 앞다투어 나서서 보여준 장면장면들에는 '보수화된 진보'의 모습이 드러났을 뿐이다. 비판자들이 나의 담론을 "예외적이고 사소한" 일로 치부하고, 낯선 담론(사람)에 대해 배타적 태도를 취하고, 학문적 담론을 정치화하고, 그들이 정착시킨 생각만을 중요한 '거대담론'으로 간주하고 지키려 했던 이유이기도 하다.

그중에서도 특히, 한국 여성학계의 오랜 침묵과 뒤늦은 비판은 내게 그런 현실을 아프게 보여주었다. 나는 "책임의 탈젠더화/탈계급화" 현상을 비판했지만, 내가 던진 공을 제대로 받아준 '지식인'은 극소수였다. '지식인'이라는 존재를 거대구조/보여지는 구조의 '틈' 혹은 '사이'에 주목하고 기존 대상의 '틈' 혹은 '사이'가 보여주는 미세한 '결'을 고찰해가는 이들을 지칭하는 것이라면, 비판자들 중에 '지식인'은 없었다.

하지만 앞에서 쓴 것처럼 이 책에서 정리하고 덧붙인 반론은 극히 최소한도의, 아주 얕은 수준의 것에 지나지 않는다. 정말은 역사 문제에 대한 사죄란 어떤 방식으로 이루어지는 것이 가장 바람직한지, 그리고 비판자들이 나를 비판한 계기가 된, 전후 일본과 현대 일본을 어떻게 봐야 할지 등에 대한 더욱더 근본적인 고찰이 필요하다. 그 숙제는 다음으로 미뤄야 할 것 같다.

또한, 소송 대응을 위해 이 4년 가까운 기간 동안 읽어왔던 자료들을 통해 새롭게 알고 깨닫게 된 것들, 중요한 논의를 하고 있지만 이 반론과는 직접적인 관련이 없어서 언급하지 않은 자료들에 대해서도 다른 기회를 빌려 정리해야 할 것 같다. 『제국의 위안부』가 출간되고 10개월이나 지난 어느날 갑자기 벌어진 고소고발 사태가 여러 방면에서, 여러 층위에서 한창 복잡하게 꼬여가던 중인 2015년 말에 나온 한일합의에 대한 생각도 그와 함께 정리할 수 있을 것 같다.

지금, 우선 말할 수 있는 것은, 비판자들 대부분이 '평화'를 말하지만 그들의 사유가 타자에 대한 이해와 평화를 불러올 가능성은 적다는 점이다. 나를 향해 휘둘러진 폭력에의 가담과 관망도 그 점을 드러내고 말았다. 폭력을 부르는 사고는, 세계는 물론, 개인도 구하지 못한다.

대중의 비난이나 재판 이상으로, 이른바 전문가나 '지식인'이라는 이름을 갖는 이들의 공격에 고통받은 기간이기도 했지만, 고소고발 직후부터 곧바로 사태의 심각성을 인지하고 고소고발과 가처분 신청 기각을 탄원하는 등 세간의 『제국의 위안부』 비난에 맞서준 지식인들도 물론 적지 않았다. 고소고발 직후에 내가 황망해하고 있을 때 여론 대응을 위한 대책이 필요하다고 조언해주고 함께해주었던 미국의 김미영 교수, 오랜 학문적 동지로서 몇 개의 탄원과 성명을 비롯해 다양한 지원활동을 주도해준 김철 교수, 성명문마다 초안을 만들어준 황종연 교수, 『제국의 위안부』를 둘러싼 오해를 풀기 위해 나를 위해 언론매체에 긴 글 짧은 글 가리지 않고 날카로운 글들을 가장 많이 써주었던 장정일 작가, 날카로운 필치로 비판자들의 문제를 지적했던 김규항 편집인, 일본학계의 전반적인 침묵을 뚫고 초기부터 예외적으로 목소리를 내주었던 박삼헌·이권희 교수와 일본경제학자이기도 한 조용래 전 『국민일보』 편집인, 고소고발의 부당함을 신문에 누구보다 먼저 당당하게 써주었던 황영식 『한국일보』 주필, 멀리 호주에 거주하면서도 나의 취지를 있는 그대로 이해하고 함께해준 박세진 교수, 재판 과정 내내 신뢰하는 조언자가 되어준 최규승 시인, 변함없이 묵묵하게 지켜보고 응원해준 김원우 작가, 그리고 외교관 출신으로는 유일하게 초기부터 함께해주었던 라종일 전 주일대사, 또 사회의 지탄을 받았던 사건임에도 사태의 문제성을 파악하고 변론에 흔쾌히 나서주었던 홍세욱 변호사 외 몇몇 변호사분들이 이 자리를 빌려 제일 먼저 깊은 감사를 전하고 싶은 분들이다. 이 외에도 이름을 밝힐 수 없으나 법원에 제출하는 탄원서를 직접 작성하거나 참여해준 원로 학자/문화인/정치가/외교관 분들의 지지에도 큰 힘을 얻었다. 처음부터 끝까지 함께해준 출판사 뿌리와이파리의 정종주 대표는 든든한 버팀목이 되어 출판인의 '지성'이 무엇인지를 보여주었다.

또 일본인 학자 이와사키 미노루岩崎稔, 오사 시즈에長志珠繪 교수

는 누구보다 먼저 나에 대한 고소고발 사태를 시야에 넣은, 전후 일본과 위안부 문제를 고찰하는 긴 논문을 써주었고, 기소 직후에는 한국보다 먼저, 지금은 작고한 일본의 와카미야 요시부미 전 『아사히 신문』 주필이 나의 지인들을 필두로 해서 무라야마 도미이치 수상과 고노 요헤이 전 관방장관까지 포함한 일본 지식인들의 성명을 모으는 일에 나서주었다. 또 니시 마사히코 교수, 아사노 도요미 교수, 오구라 기조小倉紀藏 교수, 우에노 지즈코 교수, 작가 나카자와 게이中澤けい 등이 일찍부터 나에 대한 지원에 나서주었고, 홈페이지를 운영하고 토론회를 개최하고 『대화를 위해서-〈제국의 위안부〉의 물음을 열다』라는 옹호글 모음집 제작에 귀한 시간을 쪼개주었다. 바쁜 와중에 나를 위해 위 글모음집에 참여해준 우에노 지즈코 교수를 비롯한 집필자들을 포함해 일일이 거론할 수 없을 만큼 많은 학자/문화인/언론인들이 서평을 비롯한 이런저런 글쓰기와 다른 형태의 위로로, 나에게 버틸 수 있는 힘을 주었다.

이하의 성명문들도 그런 '힘'들의 흔적이다. 처음에는 각각 따로 따로였던 한일 '지식인'의 목소리가, 형사 2심에서 패소한 2017년 말에는 보조를 맞추기에 이르렀다. 마지막 성명은 특히, 오랜 지인이거나 이 기간 동안 함께해주었던 분들께만 부탁을 했다. 일일이 이름을 넣지 못하지만, 이 외에도 재판과 세간의 비난에 반대하는 옹호글들을 써주신 분들은 적지 않다. 학자나 전문가가 아니더라도 날카로운 직관력으로 빛나는 사유를 보여주었던 이들도 적지 않았다. 홈페이지(parkyuha.org)에 그 흔적들이 다소나마 남아 있다. 이에 대해서는 언젠가 다시 쓸 수 있을 거라고 생각한다.

이 글을 맺을 무렵, 한국에서 위안부 문제가 문제시되기 훨씬 전인 1979년에 배봉기 할머니를 찍은 영상을 〈오키나와의 할머니〉라는 다큐로 만들어 공개했던 야마타니 데쓰오 감독과 대담할 기회가 있었다. 그 대담을 위해 〈오키나와의 할머니〉를 보면서, 나는 어쩌면 '법적 책임'이라는 것이 필요했을 수도 있었겠다고 다시(위안부의 군속적인 측면을 알게 된 이후, 나는 줄곧 징병된 군인/군속에 준하는 보상이 필요하다고 생각해왔다) 생각했다.

그런데, '법적 책임'의 필요성을 나에게 강하게 인식시켜준 것이 비판자들의 연구와 운동의 논지가 아니라 한 사람의 위안부 할머니의 영상을 통해서였다는 점은 시사적이다. 배봉기 할머니는 일곱 살에 남의 집으로 보내진 이후 집이라는 울타리의 안온함을 더 이상 가질 수 없었던, 전형적인 가부장제와 빈곤의 희생자였다. 세상을 떠돌며 살다가 속아서 오키나와까지 흘러들어 살아왔고, 일본의 패전 이후에도 오키나와에서 숨어살 듯 목숨을 이어온 배봉기 할머니에게는 그만큼의 묵직한 존재감이 있었다. 물론 배봉기 할머니는 이른바 '강제연행'의 희생자가 아니다. 위안부가 된 것은 서른 가까워서였다. 그럼에도 그런 기분을 일으켰던 것이다.

그런데 이미 40년 전, 아직 서른의 나이에 위안부 문제에 그토록 진지한 관심과 열정을 가졌던 감독은 지원단체의 인식을 비판하면서 이제 위안부 문제는 포기했다고 말했다. 비판자들은 아베 정권이나 우파 탓만 하지만, 비판자들이 직시해야 하는 건 바로 야마타니 감독 같은 이들의 변화다.

또한 이보다 앞서 일본에서 『전쟁과 성폭력의 비교사를 향해서 戦争と性暴力の比較史を向けて』(上野千鶴子·蘭信三·平井和子編, 岩波書店,

2018. 2.)라는 책이 나왔다. 최근 몇 년동안 나온 소련 여성에 대한 독일군의 성폭력, 프랑스에서의 미군의 성폭력 연구를 잇는 획기적인 연구 성과라 할 수 있는데, "증언이란 증언자와 듣는 이의 공동 제작물"임을 강조하면서 서문에서 이하와 같이 말하고 있다.

1) 최근 몇 년 사이, 전쟁과 성폭력 연구가 진전되면서, 성폭력은 전쟁 수행에 따른 병사의 일탈행위라는 식의, 우발적인 일화 같은 것이 아니라는 것이 점차 밝혀졌다. 실제로는 조직적인 성폭력에서 우발적인 성폭력까지, 군대가 관여하는 것부터 묵인하는 것까지, 다양성이 있음을 알게 된 것이다. 적에 대한 성폭력뿐 아니라 아군의 신체 관리를 위한 여성 동원에 이르기까지, 성폭력은 군사적인 전술의 하나로서 채용되어 온 것이 명백해진 이후, 전쟁 연구에서 성폭력은 필수 주제가 되었다.

2) 역사는 집합적 기억이라고 말했던 '기억론적 전회'는 많은 역사학자들로부터 격한 저항을 받았다. 그들은 실증과학의 신봉자로서 '사료 evidence'와 '사실fact'에 충실한 전문가를 자임하면서, 역사라는 것이 이야기이기도 하다는 것을 받아들이기 어려워했기 때문이다. 문서자료 중심주의의 실증주의 사학에 있어 증언이란 오랫동안 문서자료를 보완하는 보조자료로서의 가치밖에 갖지 못했다.

3) 가부장적 젠더 규범은, 그에 더해 더 교묘한 '성의 이중기준'이라는 여성의 분리지배장치를 내포하고 있다. 그것이 아내/어머니/딸 VS 창부라는 여성의 사용구분과 창부 차별의 장치이다. (중략) 정조를 지키도록 요구된 전자 여성들도, 그 '창부 차별'에 가담해왔다. '후방의 정숙한 여

성'과 '전선의 위안부'의 대립 또한, 그 과정에서 만들어졌다.

아무리 비대칭적인 권력관계하에 있다 해도 피해자는 그저 무력하고 수동적인 존재인 것만은 아니다. 거기서는 제한된 것이긴 해도 피해자의 에이전시가 작용한다. 여성사의 도전은, 무력화되고 희생자화된 여성이라는 '에이전시를 역사에 되살리는' 실천이었다. 그것은 여성사를 일면적인 '피해자사관'에서 구제해 냈지만, 반면 역설적으로 여성의 가해성이나 공범성을 폭로하고 마는 양의적 역할도 수행했다. 피해자와 가해자는 명료하게 분리가능하지 않다. 탈식민주의 이론가 스피박이 말하는 것처럼 "저항이 복종이 되고 복종이 저항이 되"는 정황에서는, 피해자는 피해자이기에 가해자가 되고, 가해자 역시 피해자가 될 수 있다.

'전쟁과 성폭력 비교사 연구'에는 문헌과 상황의 복잡성에 대응하는 섬세하고 치밀한 분석이 필요하다. '복잡한 것을 복잡한 대로' 말하는 화법도 필요하다. 왜냐하면 인간과 인간이 만드는 역사란, 복잡한 것이기 때문이다.

듣는 이들이 속하는 사회는, 특정 이야기를 끌어내거나 반대로 억압하는 일로, 증언을 통제한다. 기억과 증언의 문제계는 트라우마화되고 스티그마화된 경험에 대해서 '목소리를 존재하도록' 하기 위한 시도지만, 우리는 거기에 무엇이 있는지뿐 아니라 무엇이 없는지도 알아야 한다. 그 목소리의 부재와 그 침묵에서, 듣는 이인 우리 또한 공범자인 것이다.(5~18쪽)

나에게 『제국의 위안부』를 쓰게 만든 것도 이런 인식이었다. 『제국의 위안부』에서 인용한 증언들을 "예외"로 치부하고 싶어하거나, 한발 더 나아가 거짓말로 생각하고 싶어했던 학자들의 비난은, 결국 이런 부분에 대한 인식이 없었던 결과였다고, 나는 생각한다.

2018년 5월

'『제국의 위안부』 사태' 발생 4주년을 앞두고

박유하

부록

탄원과 성명

1. 『제국의 위안부』 가처분신청 기각을 요청하는 탄원 성명서(2014. 7. 7.)

일본군 '위안부' 문제가 세상에 알려진 것은 1970년대였지만, 당시에는 커다란 사회적 관심사로 발전하지 못했습니다. 1980년대까지도 '위안부' 문제는 한국과 일본에서 신문기사, 소설, 영화 등의 형태로 산발적인 문제제기가 이뤄졌을 뿐입니다. 이런 가운데 1991년 8월 김학순 할머니 자신이 일본군 '위안부'였음을 증언한 역사적 사건이 일어났습니다. 이를 계기로 50년간 사회적 무관심과 냉대로 자신의 존재를 숨기고 살아왔던 피해자들의 증언이 잇따랐으며, 이를 후원하는 단체들도 생겨났습니다.

그중 대표적인 단체가 '한국정신대문제대책협의회'(약칭 정대협)와 '나눔의집'입니다. 정대협은 1992년 1월부터 이른바 '수요시위'를 '위안부' 할머니들과 함께 1000회 이상 주최하면서 한국 정부와 일본 정부에 '위안부' 문제의 해결을 촉구하는 활동을 전개하고 있습니다. 또한 '나눔의집'은 일본군 '위안부'로 고통을 겪은 할머니들이 함께 생활하는 터전이자 전시 여성폭력에 대한 역사교육의 현장이기도 합니다.

지금과 같이 세계가 일본군 '위안부' 문제에 주목하게 된 것은 정대협을 비롯한 일본군 '위안부' 지원단체들의 헌신적인 활동의 결실이라 할 수 있습니다. 이렇듯 일본군 '위안부' 문제는 '운동'으로 발전해나가는 가운데, 2000년대에 들어서부터는 그 존재가 지니는 역사적 의미가 점차 '학문'의 대상이 되기 시작했습니다. 박유하 교수가 출판한 『제국의 위안부―식민지지배와 기억의 투쟁』은 일본군 '위안부' 문제를 '운동'이 아니라 '학문'의 관점에서 논의를 심화시킨 국내의 몇 안 되는 연구 성과물 중 하나입니다. 일본군 '위안부' 문제는 성·민족·식민·계급 문제가 응축된 20세기의 비극이라 할 수 있습니다. 때문에 일본군 '위안부'의 존재는 '운동'의 대상만이 아니라 20세기에 잉태되고 지금도 계속되는 여러 사상적 과제들의 해결책을 찾기 위한 '학문'의 대상이기도 합니다. 따라서 박유하 교수가 『제국의 위안부』에서 제기한 일본군 '위안부' 문제는 '운동'이 아니라 '학문'의 영역에서 진지하게 검토하고 논의해야 할 문제일 것입니다.

더구나 아베 정권이 고노 담화를 재검토하고 집단자위권 해석을 변경하는 이 시점에서 국내에서 일본군 '위안부'를 둘러싸고 '학문'적 논쟁이 아니라 '법정 소송'이라는 윤리적 논쟁이 벌어지는 것은 앞으로의 한일관계를 포함한 외교적 이해득실에도 크게 도움이 되지 않으리라 보입니다. 따라서 저희는 박유하 교수의 『제국의 위안부』에 대한 가처분신청이 기각되고, 이후 '학문'의 영역에서 보다 심도 깊은 논의가 이루어지길 바라는바, 탄원서를 제출합니다.

2014년 7월 7일

김철/박삼헌/김미영/박세진/라종일 외 224명

2. 일본인·미국인 지식인 67인, 박유하 교수 기소에 대한 항의성명(2015. 11. 26.)

『제국의 위안부』의 저자인 박유하 교수를 서울 동부검찰청이 '명예훼손죄'로 기소한 것에 대해 우리들은 커다란 놀라움과 깊은 우려를 금할 수 없습니다. 작년 11월 일본에서도 간행된 『제국의 위안부』에는 '종군위안부 문제'에 대한 일면적인 인식을 넘어 다양성을 제시함으로써, 사태의 복잡성과 배경의 깊이를 포착하여 진정한 해결의 가능성을 찾고자 하는 강한 메시지가 담겨 있다고 판단되기 때문입니다.

기소와 동시에 발표된 보도자료에 의하면, 검찰청은 본서의 한국어판이 '허위사실'을 기술하고 있다고 단정하고 그에 대한 구체적인 사례를 열거하고 있습니다. 그러나 그것은 박유하 교수의 의도를 있는 그대로 정확히 이해하려고 하지 않고 선입견과 오해에 의거하여 내린 판단이라고 생각합니다. 무엇보다도, 이 책으로 인해 위안부 할머니들의 명예가 훼손되었다고는 생각하기 어렵고, 오히려 위안부 할머니들이 경험한 슬픔의 깊이와 복잡함이 한국인들뿐만 아니라 일본의 독자들에게도 전해졌다고 느끼는 바입니다.

'위안부 문제'는 한일 양국민이 과거의 역사를 되돌아보고, 제국

일본의 책임을 어디까지 추궁해야 하는지에 대한 공통된 이해에 도달함으로써 비로소 해결이 가능해지는 문제입니다. 이에 관하여, 박유하 교수는 '제국주의에 의한 여성 멸시'와 '식민지지배가 초래한 차별'의 두 측면을 파고들어 이제까지의 논의에 깊이를 더하였습니다.

위안부가 전쟁터에서 일본군 병사와 감정을 공유하는 경우가 있었다거나 모집에 관여한 조선인을 포함한 업자의 책임 등을 이 책이 지적한 데 대해, 한국뿐만 아니라 일본 안에서도 여러 가지 이견이 존재하는 것은 사실입니다. 그러나, 이 책은 식민지지배를 통해 그러한 상황을 만들어낸 제국일본의 근원적인 책임을 날카롭게 지적했을 뿐이며, 위안부 문제로부터 등을 돌리고자 하는 일본의 일부 논조에 가담하는 책이 결코 아닙니다. 또한, 여러 이견들을 포함해서 위안부 문제에 대한 관심과 논의를 환기시킨 점에서도 본서의 의의는 크다고 할 수 있습니다.

기소에 관한 보도자료에 의하면, 박유하 교수의 '잘못'의 근거로서 '고노 담화'가 거론되고 있습니다. 그러나 이에 대해서도 강한 의문을 느끼지 않을 수 없습니다. 이 책은 고노 담화를 섬세하게 읽어내고 이를 높이 평가하면서, 담화를 기반으로 한 문제 해결을 호소하고 있기 때문입니다.

이 책의 일본어판은 올해 가을 일본에서 '아시아태평양상' 특별상과 '이시바시 단잔 기념 와세다 저널리즘 대상'을 잇달아 수상하였습니다. 이는 '위안부 문제'를 둘러싼 논의의 심화를 향해 새로운 한발을 내딛은 것이 높이 평가받았기 때문입니다.

작년부터, 한국에서 이 책이 명예훼손의 민사재판에 휘말리게 된 것에 대해 우리는 우려의 눈길을 보내왔습니다만, 이번에 더욱 큰 충격을 받게 된 것은 검찰청이라는 공권력이 특정 역사관을 기반으로 학문과 언론의 자유를 억압하는 행동을 취했기 때문입니다. 무엇을 사실로 인정하고 역사를 어떻게 해석할지는 학문의 자유에 관한 문제입니다. 특정 개인에 대한 비방이나 폭력 선동을 제외하고, 언론에 대해서는 언론을 통해 대항해야 하며, 학문의 장에 공권력이 발을 들여놓아서는 안 된다는 것은 근대 민주주의의 기본원리라고 여겨집니다. 학문과 언론의 활발한 전개야말로 건전한 여론 형성을 위한 중요한 재료를 제공하고 사회에 자양분을 공급하기 때문입니다.

한국은 정치행위뿐만 아니라 학문과 언론이 권력에 의해 삼엄하게 통제되었던 독재시대를 헤쳐나와 자력으로 민주화를 달성하고 정착시킨, 세계에서 보기 드문 나라입니다. 우리는 그러한 한국사회의 저력에 깊은 경의를 품어왔습니다. 그러나 현재, 한국의 헌법이 명기하고 있는 '언론·출판의 자유'나 '학문·예술의 자유'가 침해받고 있는 것을 우려하지 않을 수 없습니다. 또, 한일 양국이 이제 겨우 위안부 문제를 둘러싼 해결의 실마리를 찾으려고 하는 때에 이번 기소가 양국민의 감정을 불필요하게 자극하여 문제의 해결을 어렵게 하는 요인이 되지 않을까 걱정됩니다.

이번 기소를 계기로 한국의 건전한 여론이 다시금 움직여지기를 강하게 기대하고 있습니다. 일본의 민주주의도 현재 많은 문제를 드러내고 있습니다만, 한일 양국의 시민사회가 공명해감으로써 서로의 민주주의, 그리고 자유로운 논의를 존중하는 분위기가 영구히

지속되기를 진심으로 바랍니다.

이번 기소에 대해서는 민주주의의 상식과 양식에 부끄럽지 않은 판단을 법원에 강하게 요구함과 동시에 양국의 언론 공간을 통한 논의의 활성화를 절실히 기원하는 바입니다.

2015년 11월 26일

성명인 일동

淺野豊美(Asano Toyomi, 아사노 도요미), 蘭信三(Araragi Shinzo, 아라라기 신조), 石川好(Ishikawa Yoshimi, 이시카와 요시미), 入江昭(Irie Akira, 이리에 아키라), 岩崎稔(Iwasaki Minoru, 이와사키 미노루), 上野千鶴子(Ueno Chizuko, 우에노 지즈코), 大江健三郎(Oe Kenzaburo, 오에 겐자부로), 大河原昭夫(Okawara Akio, 오카와라 아키오), 大沼保昭(Onuma Yasuaki, 오누마 야스아키), 小倉紀藏(Ogura Kizo, 오구라 기조), 小此木政夫(Okonogi Masao, 오코노기 마사오), 加藤千香子(Kato Chikako, 가토 지카코), 加納實紀代(Kano Mikiyo, 가노 미키요), 川村湊(Kawamura Minato, 가와무라 미나토), 木宮正史(Kimiya Tadashi, 기미야 다다시), グレゴリー·クラーク(Gregory Clark, 그레고리 클라크), ウィリアム·グライムス(William Grimes, 윌리엄 그라임스), 栗栖薰子(Kurusu Kaoru, 구루스 가오루), 河野洋平(Kono Yohei, 고노 요헤이), アンドルー·ゴードン(Andrew Gordon, 앤드루 고든), 古城佳子(Kojo Yoshiko, 고조 요시코), 小針進(Kohari Susumu, 고하리 스스무), 小森陽一(Komori Yoichi, 고모리 요이치), 酒井直樹(Sakai Naoki, 사카이 나오키), 島田雅彦(Shimada Masahiko, 시마다 마사히코), 千田有紀(Senda Yuki, 센다 유키), 添谷芳秀(Soeya Yoshihide, 소에야 요시히데), 高橋源一郎(Takahashi Genichiro, 다카하시 겐이치로), 竹内榮美子(Takeuchi Emiko, 다케우치 에미코), 田中明彦(Tanaka Akihiko, 다나카 아키히코), 茅野裕城子(Chino Yukiko, 지노 유키코), 津島佑子(Tsushima Yuko, 쓰시마 유코), 東郷和彦(Togo Kazuhiko, 도고 가즈히코), 中川成美(Nakagawa Shigemi, 나카가와 시게미), 中澤けい(Nakazawa Kei, 나카자와 게이), 中島岳志(Nakajima Takeshi, 나카지마 다케시), 成田龍一(Narita Ryuichi, 나리타 류이치), 西成彦(Nishi Masahiko, 니시 마사히코), 西川祐子(Nishikawa Yuko, 니시카와 유코), トマス・バーガー(Thomas Berger, 토머스 버거), 波多野澄雄(Hatano Sumio, 하타노 스미오), 馬場公彦(Baba Kimihiko, 바바 기미히코), 平井久志(Hirai Hisashi, 히라이 히사시), 藤井貞和(Fujii Sadakazu, 후지이 사다카즈), 藤原歸一(Fujiwara Kiichi, 후지와라 기이치), 星野智幸(Hoshino Tomoyuki, 호시노 도모유키), 村山富市(Murayama Tomiichi, 무라야마 도미이치), マイク・モチズキ(Mike Mochizuki, 마이크 모치즈키), 本橋哲也(Motohashi Tetsuya, 모토하시 데츠야), 安尾芳典(Yasuo Yoshinori, 야스오 요시노리), 山田孝男(Yamada Takao, 야마다 다카오), 四方田犬彦(Yomota Inuhiko, 요모타 이누히코), 李相哲(Lee Sangchul, 리상철/Li Sotetsu, 리 소테쓰), 若宮啓文(Wakamiya Yoshibumi, 와카미야 요시부미)

추후 참여

山室信一(Yamamuro Shinichi, 야마무로 신이치), ダニエル・スナイダー(Daniel Sneider,대니얼 스나이더), アンドリュー・ホルバート(Andrew Horvat, 앤드루 호벗), ポール・ミッドフォード(Paul Midford, 폴 미드포드), ジュリオ・プリエセ(Giulio Pugliese, 줄리오 플리에세), 尾山令仁(Oyama Reiji, 오야마 레이지), 小林孝吉(Kobayashi Takayoshi, 고바야시 다카요

시), 鳥羽耕史(Toba Koji, 도바 고지), 川人清(Kawahito Kiyoshi, 가와히토 기요시), アレクサンダー·ブッフ(Alexander Bukh, 알렉산더 부흐), 安倍オースタッド玲子(Abe Auestad Reiko, 아베 오스타드 레이코), 楊大慶(Daqing Yang, 양다칭), ピーター·ドゥス(Peter Duus, 피터 두스), 놈 촘스키(Noam Chomsky), 브루스 커밍스(Burce Cummings)

3.『제국의 위안부』 형사기소에 대한 지식인 194명 성명(2015. 12. 2.)

2015년 11월 19일, 서울 동부지방검찰청은 세종대 박유하 교수의 저서 『제국의 위안부』가 일본군 종군위안부를 "자발적 매춘부"로 묘사하고 일본군과 종군위안부를 "동지적 관계"로 표현하였다는 이유로 저자를 형법상의 명예훼손죄로 기소하였습니다. 이에 앞서 지난 2월 17일, 서울 동부지방법원은 "국가의 안전 보장, 질서 유지를 위해 필요한 경우에는 학문의 자유를 제한할 수 있다"는 취지로 『제국의 위안부』의 내용 가운데 서른네 곳의 삭제를 명하는 "가처분 신청 일부인용" 결정을 내린 바 있습니다.

이 일련의 조치에 대해 우리는 당혹스러운 마음을 금할 길이 없습니다. 우선, 검찰 측에서 제시한 기소 사유는 책의 실제 내용에 비추어 타당하지 않습니다. "자발적 매춘부"라는 말은 저자 자신의 것이 아니라 위안부의 존재 자체를 부정하는 일본 우익 인사들을 비판하기 위해 저자가 그들의 발언 중에서 인용한 것이며, "동지적 관계"라는 말은 제국주의 전쟁에 동원된 식민지 조선인의 사정을 그 전쟁의 객관적 상황에 의거해서 기술하려는 의도를 가진 것입니다. 검찰이 과연 문제의 책을 정확하게 이해하고 있는지, 기소 결정이 과연 공정한 검토와 숙의의 결과인지 의문이 아닐 수 없습니다.

『제국의 위안부』는 한국과 일본 양국의 공론장에서 그 가치를 인정받은 책입니다. 특히 종군위안부 문제에 대해 진보적 입장을 취하고 있는 집단들로부터 높은 평가를 받아왔습니다. 『마이니치 신문』이 주관하는 '아시아태평양상', 와세다 대학이 주관하는 '이시바시 단잔 기념 와세다 저널리즘 대상'을 수상했습니다. 또한 국내 출판사 마흔일곱 곳이 참여하는 모임 '책을만드는사람들'은 이 책의 '삭제판' 출간이라는 오늘의 출판 현실에 주목하여 이 책을 '올해의책' 중 한 권으로 선정하기도 했습니다.

『제국의 위안부』의 주장에 논란의 소지가 없는 것은 아닙니다. 학술적으로 보다 철저한 조사와 정교한 분석을 요하는 대목이 있을 수 있고, 국내외의 이런저런 정치사회단체의 비위에 거슬리는 대목이 있을 수 있습니다. 그러나 종군위안부는 당초부터 갈등을 유발할 요소를 가지고 있는, 정치적으로나 학문적으로나 까다로운 사안입니다. 이 사안을 다루는 합리적인 방법은 어느 특정 정치사회집단이 발언의 권위를 독점하게 하는 것이 아니라 시민사회의 다양한 목소리가 자유롭게 표출되고 경합하도록 허용하는 것입니다.

이런 이유에서 검찰의 기소 조치는 참으로 유감스러운 일입니다. 사법부가 나서서 종군위안부 문제에 대한 여론을 국가의 통제하에 두는 것이 어떤 결과를 불러올지는 불을 보듯 뻔합니다. 이 문제에 대한 연구와 발언의 자유가 당연히 제한을 받을 것이고, 국가 이데올로기에 편승한 주장들이 진리의 자리를 배타적으로 차지할 것입니다. 그리고, 종군위안부 문제의 범위를 넘어 역사 문제 일반과 관련해서도, 국가가 원한다면 시민의 사상과 표현의 자유를 제한해도 무방하다는 반민주적 관례를 낳을 것입니다.

한 학자가 내놓은 주장의 옳고 그름을 사법적 판단의 대상으로 삼으려는 발상은 너무나도 시대착오적입니다. 우리 사회는 1987년 권위주의 정권을 퇴출한 이후 사회의 모든 부문에서 민주적 관례와 제도를 증진시키는 방향으로 발전해왔으며, 사법부를 포함한 국가 기구 또한 그러한 사회적 진보에 지대한 공헌을 해왔습니다. 검찰이 『제국의 위안부』의 저자를 형법상 명예훼손 혐의로 기소한 것은 그러한 민주화의 대세에 역행하는 조치와 다를 바 없습니다. 우리는 사상과 표현의 자유를 지키고자 하는 모든 시민들과 함께 박유하 교수에 대한 기소 사태를 깊이 우려하고 있습니다. 부디 검찰의 기소가 취하되기를 바라며, 사법부의 현명한 판단을 촉구하는 바입니다.

2015년 12월 2일

김철 외 194명

동참인

학계: 강남순(교수), 구인모(교수), 권보드래(교수), 권순엽(교수), 권영돈(교수), 권정희(연구자), 권창규(학자), 권희주(교수), 김경옥(교수), 김규현(교수), 김두철(교수), 김미영(교수), 김석희(교수), 김성보(교수), 김승구(교수), 김예림(교수), 김용규(교수), 김용찬(교수), 김우재(교수), 김유수(학자), 김철(교수), 김현석(교수), 김현주(교수), 나병철(교수), 나일경(교수), 남기정(교수), 남상욱(교수), 문정인(교수), 박경수(교수), 박노

현(교수), 박삼헌(교수), 박성현(연구자), 박세진(교수), 박슬기(교수), 박정란(교수), 박재석(학자), 박진영(교수), 박진용(학자), 박현선(교수), 박혜란(교수), 박혜성(교수), 배승주(강사), 배아란(연구자), 백규석(연구자), 백문임(교수), 서동진(학자), 서현석(교수), 소문수(교수), 송기문(교수), 송은영(학자), 신경숙(교수), 신인섭(교수), 신형기(교수), 심준섭(교육가), 오경환(교수), 오김숙이(연구원), 오덕재(교수), 오석태(학자), 오정환(연구자), 유승경(연구자), 유승진(학자), 윤성호(교수), 윤태진(교수), 윤현국(연구원), 이강민(교수), 이경분(교수), 이경원(교수), 이경훈(교수), 이권희(교수), 이기연(강사), 이순재(교수), 이승은(학자), 이승희(학자), 이영준(교수), 이우연(학자), 이윤석(교수), 이윤영(교수), 이종일(교수), 이진경(교수), 이창남(교수), 이한정(교수), 이혜령(교수), 이효석(과학자), 임정화(연구원), 임진영(학자), 장세진(교수), 장영철(교수), 정규영(교수), 정병호(교수), 정승원(연구원), 정영희(교수), 정의태(교수), 정종현(교수), 정혜선(교수), 정희모(교수), 조관자(교수), 조문영(교수), 조석주(연구자), 조세영(교수), 진영복(교수), 차승기(교수), 최건영(교수), 최길성(교수), 최순애(학자), 표세만(교수), 한승욱(연구자), 허병식(학자), 홍윤표(교수)

문단: 고영범(극작가), 고종석(작가), 김경옥(공연평론가), 김곰치(소설가), 김도언(작가), 김병익(평론가), 김원우(작가), 김현호(사진비평가), 류근(시인), 문강형준(문화평론가), 문부식(시인), 박일환(시인), 배수아(소설가), 배홍진(작가), 변정수(평론가), 서준환(소설가), 손이상(문화평론가), 송태욱(번역가), 신은실(영화비평가), 양한승(문인), 양혜진(번역가), 유시민(작가), 이광호(평론가), 이문재(시인), 이원석(문화비평가), 이제하(작가), 장윤선(번역가), 장정일(소설가), 정과리(평론가), 정숙희(극작가), 정찬용(작가), 조영일(평론가), 최규승(시인), 최범(평론가), 함성호(시인),

홍미화(번역가), 홍세화(작가)

예술계: 강운구(사진작가), 경순(다큐감독), 고성용(건축사), 김인범(예술가), 박진영(사진작가), 안악희(독립음악가), 유성준(예술가), 임옥상(화가), 장현우(사진작가), 정경록(독립영화감독), 조미영(예술가), 조민숙(예술가), 조세영(독립영화감독), 최정우(작곡가), 태준식(독립영화감독)

언론출판계: 김규항(칼럼니스트), 김다미(출판인), 김용범(프로듀서), 김종영(언론인), 김지현(언론인), 노재현(출판인), 박성태(언론인), 안보영(프로듀서), 오태규(언론인), 이강택(프로듀서), 이수경(언론인, 예술인), 임현규(광고인), 장혜경(언론인), 정종주(출판인), 조기조(출판인), 조동신(출판인), 조용래(언론인), 주연선(출판인), 최성욱(언론인), 황성기(언론인), 황영식(언론인)

법조계: 금태섭(변호사), 김용찬(변호사), 김향훈(변호사), 박도준(변호사), 정우성(변리사), 최명규(변호사)

의료계: 김택수(의학박사), 박성환(의사), 윤종완(의사), 윤준호(치과의사), 정부(의료인), 최명환(의사)

종교계: 이정우(목사)

4. 형사 2심 패소 이후 『제국의 위안부』 소송 지원 동참 호소문(2017. 12. 7.)

『제국의 위안부』 소송 지원에 참여를 부탁드립니다

지난 10월 27일 서울고등법원 재판부는 위안부 할머니들의 명예를 훼손했다는 혐의로 기소된 박유하 교수에게 벌금 1000만원의 유죄 판결을 내렸습니다. 대한민국이 학문과 표현의 자유를 존중하는 나라라고 믿어온 국내외의 모든 사람들에게 이것은 참으로 충격적인 일이 아닐 수 없습니다. 지난 1심 재판부는 약 1년 동안 학술토론장을 방불케 하는 재판을 무려 열 번 이상이나 거친 끝에, 박 교수에게 무죄를 선고한 바 있습니다. 이 판결을 간단히 뒤집은 2심의 유죄 선고에 우리는 심각한 우려를 금할 수 없습니다.

1심 재판부의 판단은, 『제국의 위안부』 중 명예훼손의 증거라고 검찰이 적시한 문구들은 모두 증거로서 유효하지 않으며, 저자에게 명예훼손의 의도가 있다고 볼 수 없다는 것이었습니다. 동시에 위안부 문제는 우리 사회의 공적 관심사인 만큼 이 문제에 관한 의견의 옳고 그름의 판단은, 국가기관이 아니라 자유로운 토론이 오가는 사회적 공론의 장에서 이루어져야 한다며 무죄로 판결했던 것입니다. 한국 사법부의 합리성과 공정성을 유감없이 보여준 그 무죄 판결은 2심에서 완전히 전도되었습니다.

유죄 판결의 근거는 두 가지로 요약할 수 있습니다. 첫째, 저자가 "허위사실"을 적시했으며, 둘째, 명예훼손의 "고의"가 있었다는 것입니다. 재판부에서 저자의 위안부 인식을 "허위"라고 보는 근거는 그것이 우리 사회와 국제사회의 "올바른" 인식과 어긋난다는 것입니다. 그리고 "고의"란, 저자가 위안부에 대한 "사회적 평가"를 "저하"시킬 효과가 있는 주장임을 스스로 알면서 그러한 주장을 했다는 것입니다.

그러나 이것은 학문적 저술을 대하는 태도로서 매우 위험한 것이라고 우리는 생각합니다. 위안부 문제와 관련하여 "올바른" 인식과 "허위" 인식이 이미 정해져 있다고 보는 것은, 위안부 문제를 활발한 연구와 토론의 대상이 되지 못하게 만들고, 아울러 그것을 한일 갈등의 원인으로 계속 남아 있게 하는 발상입니다. 또한 박 교수의 책이 명예훼손의 '효과'가 있다고 보는 것은, 그 책의 여러 효과 가운데 하나, 그나마도 독자 쪽의 특수한 이해관계 때문에 생기기 쉬운 효과를 과장한 것입니다. 우리는 2심 재판부가 보편적인 학문의 자유에 대한 관심보다는 특정한 의도를 지닌 학문 활동이나 독서 행위를 장려하는 것은 아닌가 하는 의문을 갖지 않을 수 없습니다.

『제국의 위안부』에 대한 찬반 여부와는 상관없이, 우리는 저자에 대한 2심 재판부의 판결이 우리 학계와 문화계에 중대한 위기를 초래하는 것이라고 생각합니다. 유죄 선고를 통해 재판부가 시사한 바에 따르면, 우리는 앞으로 신변의 위해를 입지 않으려면 국내외의 주류 집단에서 "올바르다"고 인정하는 역사 인식만을 따라야 합니다. 학문의 자유를 보장한 대한민국 헌법 조문은 듣기 좋은 수식

일 뿐이고, 주류 집단의 이익이나 견해와 상치되는 모든 연구는 처벌의 대상이 될 것입니다. 이러한 2심 재판부의 판결 앞에서, 군사독재 정권과 함께 사라진 것으로 여겨졌던 사상적 통제가 다시금 부활하는 듯한 느낌, 획일적인 역사 해석이 또다시 강제되는 듯한 느낌을 받는 사람은 한둘이 아닐 것입니다.

유죄 판결을 받은 박유하 교수의 앞길은 험난합니다. '올바르다고 인정된 견해'와 다른, 자신의 의견을 표현하고자 하는 모든 한국인의 앞길 또한 험난합니다. 박 교수가 처음 형사기소되었을 때, 학계를 비롯한 사회 각계의 많은 분들이 사태의 심각성을 이해하고 사법부의 현명한 판단을 촉구하는 탄원에 나섰으며, 1심의 무죄 판결로 그러한 노력이 헛되지 않았음을 확인했습니다. 그러나 2심의 시대착오적 유죄 판결은, '다른 의견'을 용납하지 않는 국가 및 사회 권력의 존재와 그 억압성을 명백히 보여주고 있습니다. 이에 맞서는 시민 의지의 표출이 다시 필요한 때입니다.

이에 우리는 박유하 교수의 소송을 지원하고, 이를 위한 모금을 시작하고자 합니다. 역사와 정치의 어떤 문제들에 대해서는 다르게 생각할지라도, 그 생각을 말할 권리는 보호되어야 한다는 것이 이 모금을 시작하는 우리의 기본적인 생각입니다. 박 교수를 비롯한 한국의 학자와 문화인들이 '다른 의견을 말한다'는 이유로 범죄자의 사슬에 묶이는 일이 다시는 발생하지 않도록, 부디 많은 분들께서 관심 가져주시고 참여해주시기를 간곡히 바라는 바입니다.

2017년 12월7일

『제국의 위안부』 소송 지원 모임

동참인

강신표(인제대 명예교수), 강운구(사진가), 경순(영화감독), 고영범(극작가), 고종석(작가 언어학자), 김경옥(연극평론가), 김성희(계원예술대 교수), 김영규(인하대 명예교수), 김영용(전 『한국경제』 사장), 김용균(이화여대 교수), 김용운(한양대 명예교수), 김우창(고려대 명예교수), 김원우(작가), 김택수(도서출판 디오리진 대표), 김철(연세대 명예교수), 남기정(서울대 교수), 라종일(전 주영·주일대사), 박경수(강릉원주대 교수), 박삼헌(건국대 교수), 배수아(작가), 서현석(연세대 교수), 신형기(연세대 교수), 안병직(서울대 명예교수), 유준(연세대 교수), 윤성호(동서대 교수), 윤해동(한양대 교수), 이강민(한양대 교수), 이경훈(연세대 교수), 이대근(성균관대 명예교수), 이순재(세종대 교수), 이영훈(전 서울대 교수), 이제하(작가), 정종주(도서출판 뿌리와 이파리 대표), 조관자(서울대 교수), 조석주(성균관대 교수), 조용래(『국민일보』 편집인), 최규승(시인), 최범(디자인평론가), 황영식(『한국일보』 주필), 황종연(동국대 교수), 황호찬(세종대 교수), 김학성(다벗합동법률사무소 대표), 김향훈(법무법인 센트로 대표), 이성문(법무법인 명도), 이동직(법무법인 신원 대표), 이민석(이민석 법률사무소 대표), 최명규(최명규 법률사무소 대표), 허중혁(허중혁 법률사무소 대표), 홍세욱(법무법인 에이치스 대표), 한정호(충북대 교수) (이상, 한국 50명)

淺野豊美(Asano Toyomi, 와세다 대학), 天江喜七郎(Amae Kishichiro, 전 외교관), 岩崎稔 (Iawasaki Minoru, 도쿄외국어대학), 池田香代子(Ikeda Kayoko, 번역가), 上野千鶴子(Ueno Chizuko, 도쿄 대학 명예교수), 大江健三郎(Oe Kenzaburo, 작가), 小倉紀藏(Ogura Kizo, 교토 대학 교수), 尾山令仁(Oyama Reiji, 목사), 加納實紀代(Kano Mikiyo, 전 게이와가쿠엔 대

학 교수), 淸眞人(Kiyoshi Mahito, 전 긴키 대학 교수), 金枓哲(Kim Doo-Chul, 오카야마 대학 교수), 熊木勉(Kumaki Tsutomu, 덴리 대학 교수), 古城佳子(Kojo Yoshiko, 도쿄 대학 교수), 小森陽一(Komori Yoichi, 도쿄 대학 교수), 佐藤時啓(Sato Tokihiro, 도쿄예술대학 교수 · 사진가), 篠崎美生子(Shiozaki Mioko, 게이센여자대학 교수), 竹內榮美子(Takeuchi Emiko, 메이지 대학 교수), 東鄕和彦(Togo Kazuhiko, 교토산업대학 교수 · 전 외교관), 東鄕克美(Togo Katsumi, 와세다 대학 명예교수), 成田龍一(Narita Ryuichi, 일본여대 교수), 中川成美(Nakagawa Shigemi, 리츠메이칸 대학 교수), 中澤けい(Nakazawa Kei, 호세이 대학 교수 · 작가), 西成彦(Nishi Masahiko, 리츠메이칸 대학 교수), 西田勝(Nishida Masaru, 문학평론가), 朴貞蘭(Park Jeongran, Oita Prefectural College of Arts and Culture 교수), 朴晋暎(Area Park, 사진가), 深川由起子(Fukagawa Yukiko, 와세다 대학 교수), 藤井貞和(Fujii Sadakazu, 도쿄 대학 명예교수), 和田春樹(Wada haruki, 도쿄 대학 명예교수), Gregory Clark(IUJ 명예교수), 四方田犬彦(Yomota Inuhiko, 비교문학연구자), 千田有紀(Senda Yuki, 무사시 대학 교수) (이상, 일본 32명)

Andrew Gordon(미국 하버드 대학 교수), Brett de Bary(미국 코넬 대학 교수), Bruce Cummings(미국 시카고 대학 교수), Chizuko Allen(미국 하와이 대학 교수), Daqing Yang(미국 조지워싱턴 대학 교수), Jin-Kyung Lee(미국 캘리포니아 대학 샌디에고 교수), John Treat(미국 예일 대학 명예교수), Mark Selden(미국 코넬 대학 교수), Michael K. Bourdaghs(미국 시카고 대학 교수), Miyong KIM(미국 텍사스 대학 교수), Noam Chomsky(미국 MIT 교수), Sakai Naoki(미국 코넬 대학 교수), Sheldon Garon(미국 프린스턴 대학 교수), Tomi Suzuki(미국 컬럼비아 대학 교수),

Thomas Berger(미국 보스턴 대학 교수), William W. Grimes(미국 보스턴 대학 교수), Sejin Pak(전 호주 애들레이드 대학 교수), Alexander Bukh(뉴질랜드 웰링턴 빅토리아 대학 교수), Reiko Abe Auestad(노르웨이 오슬로 대학 교수), Amae Yoshihisa(대만 창룽長榮 대학 교수) (이상, 미국 기타 세계 20명)

총 102명

『제국의 위안부』, 지식인을 말한다

2018년 6월 16일 초판 1쇄 펴냄
2018년 8월 20일 초판 3쇄 펴냄

지은이 박유하

펴낸이 정종주
편집주간 박윤선
편집 이소현 강민우
마케팅 김창덕

펴낸곳 도서출판 뿌리와이파리
등록번호 제10-2201호(2001년 8월 21일)
주소 서울시 마포구 월드컵로 128-4 2층
전화 02)324-2142~3
전송 02)324-2150
전자우편 puripari@hanmail.net

디자인 가필드

종이 화인페이퍼
인쇄 및 제본 영신사
라미네이팅 금성산업

값 18,000원
ISBN 978-89-6462-100-4 (03300)

이 도서의 국립중앙도서관 출판예정도서목록(CIP)은 서지정보유통지원시스템 홈페이지(http://seoji.nl.go.kr)와 국가자료공동목록시스템(http://www.nl.go.kr/kolisnet)에서 이용하실 수 있습니다.(CIP 제어번호: CIP2018016581)